中国社会科学院创新工程学术出版项目

考古学专刊甲种第四十号

夏鼐文集

A COLLECTION OF XIA NAI' S WORKS

第 五 册

中国社会科学院考古研究所　编辑

社 会 科 学 文 献 出 版 社　出版

目　录

第七编　历史学研究和其他方面文章

Contents

Part VII　Historical and Other Writings

第七编
历史学研究和其他方面文章

论永嘉学派[*]

宋儒中永嘉学派，是另有一种动人的地方。虽然没有那班谈性谈心的玄妙，然自有令人爽快的径直处。斩断了一切牵丝扳藤的玄虚迂阔的见解，径直以为除开"实用"外别无所谓"道"，这是何等精辟的言论。

永嘉学派以为"道"便在日用行事之间；并没有什么离开一切而独立存在的虚无缥缈之"道"，所以薛季宣说："上形下形，曰道曰器，舍器将安适哉！"（《答陈同甫书》）叶适也说："物之所在，道则在焉。"（《习学记言》）与当时一班道学家不同。因为那班人以为"道"是一种离开事物而存在，得着"道"的人便是心理上保存有一种至善的状态。这样一来，乡愿也可以自称道学之士。你自己的心理状态，别人如何知道。所以只要日用行事拘谨自守，便可混得过去。可是永嘉学派的思想便不同，他们既以为"道"便在日用行事之间，舍"物"即无"道"，那么你如自以为得"道"的，必须将这"道"显诸于事，立功业以益世。否则只好算乡愿而不能称得"道"之士。

---

* 本文系作者就读上海光华大学附属中学高中部毕业前夕所作，未曾发表，据其自存手稿编入文集。

　　永嘉学派既以为舍"物"即无"道"，于是在实践方面，遂主张舍功利外，即无仁义可表现。叶适说："正谊不谋利，明道不计功，初看极好，细看全疏阔。古人以利与人，而不自居其功。故道义光明，既无功利，则道义乃无用之虚语耳！"（《习学记言》）宋儒正统派的后裔，即以此詈水心为专言功利。然实际上水心并不错。假使一个人的人生哲学，如禅宗一派，专言出世之事；自然可以丢开"功利"二字。然而既言入世，而反排斥功利，便不免自相矛盾。并且永嘉学派所主张的功利，是"与义相和融"的功利。叶适也说："立节而不辨义下者为利，高者为名，而世道愈远矣。"（《习学记言》）可见他对于离开义的功利也是排斥的。

　　为明白永嘉学派的宗旨起见，不妨再谈几句。"功利"所包括的有二种：一是"与义相和融"的功利，一是离开义的利。永嘉学派所取的便是上一种。然而为什么不专言仁义而兼言功利呢？因为像水心所说的："既无功利，则道义乃无用之虚语。"玄虚的道义，可以离开功利，而真正的道义，决不能离开功利。而永嘉学派的特点便在此处。至于永康学派，则专言功利（包括二种意义的功利），而将道义完全弃之而不顾。以为功利成就，道义便在其中。所以陈傅良说："功到成处，便是有德，事到济处，便是有理：——此同甫之说也。如此则三代圣贤，枉作工夫。功有适成，何必有德，事有偶济，何必有理：——此晦翁之说也。如此则汉祖唐宗，贤于盗贼不远。"（《止斋致同甫书》）永嘉学派便站在同甫、晦翁之间，吾人既应该下功夫以修养善心，还应该将此善心，以施于世而建立功业，始成为德行之士。德道譬如桃树，功利譬如桃实，吾们称赞桃树有益于人者，是因它能长桃实。假使一株桃树永不开花结果，你还能说它有益吗？朱子说："还是有益，因为它是桃树啦！"叶适则摇头而道："没有益。这样的桃树，仅有虚名而已，我们要它作甚！"我的意思以为水心的话较好一点。禅宗一派，固然可以说桃树的生长，让它生长便是了，管它能结实与否。这种学说的是非乃另一问题，至少其本身不生矛盾。若既以桃树有益于人与否而言，还依旧主张桃树可不必定要开花结果，只要是桃树便好，便觉得有些矛盾不可解了。

一个社会中具有善心的人已经稀少了；若这班人又只以洁身自好为止，不思轰轰烈烈地替社会干一番事业，这种社会便难进步了。我以为就社会的实际利益而言，永嘉学派的学说中含有不刊的真理。

1930 年 4 月 28 日写

吕思勉《饮食进化之序》的商榷[*]

吕先生这篇文章（原文见《社会期刊》创刊号，第149页）的结论是："谷食精者之胜粗，犹其粗者之胜疏食（即食草木），亦犹疏食之胜鸟兽之毛也。此饮食进化之由也。"换言之，食物进化的次序是由食鸟兽之毛而食草木进而食粗谷，而进而食精谷。下面这几层没有什么问题，最上面这一层"人类是由食动物（鸟兽之毛）进化而食植物（草木之实）"，这实在有点错误，所以特提出商榷一下。现在分做二层来讲。

一　食物的进化是不是由动物而改食植物？

我以为这里有两点不对：①食物的进化并不一定是动物在前，也许是植物在前；②根本上，食物的进化是动植物同时开始，并不是由动物而改食植物。美国人类学家摩尔根（L. H. Morgan）在《古代社会》中说："在野蛮时代的初期是人类的幼年时代，一部分住在树上，以果实

---

[*]　本文原载《光华大学附中周刊》1930年第1期。《社会科学战线》1982年第3期，曾以《关于"茹毛"的正解》为题重刊该文第二节。

和草木的根作为主要的食物。到野蛮时代的中期，才知道利用小动物（鱼蟹之类）当食品，开始火的使用和武器的制造。起初从木石造枪棍，以此开始打猎"（见《妇人和社会》中译本，第6页转引）。他的意思是很明了的，明是说以植物为主要食品是在动物之前。这与吕先生的正相反对。这个固然未成定论，但比较近实。因为植物是树立着不动的，在武器未发达的野蛮时代，自然比较容易被采取得当作食品。不过我以为在野蛮的时代，食物是没有动植物的分别，只要是可食的东西，他们都要吃的。固然他们因为居处的自然环境关系，或者略偏于动物的或植物的食物（像摩尔根所说的以植物为主），然绝不是专注定一种的（像吕先生所说先为动物，后改为采生植物）。米勒 – 来埃尔（Muler-Lyer）说得好："只要是可以吃的，野蛮人都要取来维持他们可怜的生活。"（见《社会进化史》中译本，第50页）他又列举野蛮民族如布什曼人（Bushman）、维达人（Veddos）及澳洲土人的食品有蚁卵，蛆，野蜜，树枝，树根，蛇虱，草实树皮，腐木，树叶，果实，野菜，菌类，芥类，爬虫，蝙蝠，蛙……（同上书，第50页）好了，不要再抄下去罢，这些野蛮人的菜单，已足够使我们得到个结论："在野蛮时代的食物，人不论动物和植物，凡可以吃的都要采取的。"所以吕先生以为食物的进化分肉食与食植物的二期，以及食动物是否在食植物之先，都是不可靠的。并且《礼运》上明说："昔者先王……未有火化，食草木之实，鸟兽之肉。"动植物二者对举，明是说疏食（食草木之实）与荤食（食鸟兽之肉），"饮血"，"茹其毛"是同时的。至少并非指分前后，而吕先生竟抹杀"食草木之实"五字，以为其时系食鸟兽之毛血，其后始有疏食（即食草木之实），真使人们费解。

二 "茹毛"是否指食鸟兽之毛？

吕先生的结论有"食鸟兽之毛的时期"早于"食草木之实的时

期"，这"食鸟兽之毛的时期"的"毛"当然是兼指鸟兽的毛、血和肉。不过我很疑惑古代的人是否将鸟兽之毛当作食物。我现在将我疑惑的原因写在下面。

我们是知道采取食物的标准，是滋味好或者可充饥，二者必居其一。毛发的滋味如何，吾想不必说明；疮痂倒有人嗜食（《宋书·刘邕传》），可是嗜毛发的在我却未曾闻过。至于毛发能充饥否？我们人身所需要的食物不外蛋白质、脂肪和碳水化合物。草根树皮所以充饥是因为它的细胞中包有养分，并且植物纤维也是一种碳水化合物。至于毛发却是一种含氮化合物，它的分子式据鲍曼博士（Dr. Bowman）的试验大概是 $C_{42}H_{157}N_5SO_{15}$，所以是决不能充饥的。而野蛮人纵使偶然误食，也不肯再度尝试的。我们只听见饥区的灾民，草根树皮都掘尽了，然而不曾听过食鸟兽之毛，因为这根本上不能充饥的。在饥馑盛行、死亡枕藉的时候，尚且永没有发生的事，在常态下的人，竟有时常食鸟兽之毛么？所以我以为食鸟兽之毛的事是根本没有的。至于苏武以雪杂羊毛而食的故事，不过是关于伟人的传说而已。有天文学知识的人决不相信鲁阳挥戈，反日三舍的故事。同样的，有食物化学与生理学智识的人，也绝不相信啮雪吞氈可以充饥。

然而《礼运》上"茹毛"的话也不可靠么？我以为并不一定不可靠。因为"茹其毛"可以不必当"食鸟兽之毛"解释。"毛"字的原始固作"鸟兽之发"解，但在战国时普通已将其当作"草木"解了。如《左传·隐公三年》："涧溪沼沚之毛。"《公羊传·宣公十二年》："锡以不毛之地。"《周礼·地官·载师》："凡宅不毛者有里布。"都是作"草木"解的。所以在这时成书的《礼记·礼运》，也很有作这样解的可能。上面再加以"茹"字，却恰可断定这"毛"字应作"草木"解。"茹"者初为动词，《说文》："茹：饮（即喂）马也；从艸如声。"又"蓘：以谷萎（即喂）马置蓘中。"根据这"以谷喂马"及"从艸"看起来，"茹"自应作"食草"解（至少在原始应该如是），所以这

"茹"字也应作"食草木"解。《孟子·尽心章》："饭糗茹草。"《庄子·人间世》："不茹荤（注：荤，臭菜也）者数月矣。"他的句子结构正相同，"茹"字下都跟着草木的名称，可为我上面的假设作证。至于"茹"作名词用，我疑其是后起之义，《诗·豳风·七月》郑笺："耕治之以种菜茹"，《汉书·食货志》："菜茹有畦"，都是时代较迟。至于其他各义，都是由作"以草喂马"用的"茹"字的引申。吕先生谓："毛言茹，菜亦言茹，则古人之食菜，乃所以代茹毛也。"实是因果倒置之谈。纵使有作茹"毛"解的"茹"，也是食菜的"茹"的引申。并且我疑惑根本上"茹"字没有作茹"鸟兽之毛"的解释。所以我的意思，"茹毛"可作（并且应作）"食草木"解。我们再从修辞学上去看，《礼运》说："食草木之实，鸟兽之肉；饮其血，茹其毛。"上二句是对偶句，动植对举；后二句也该作对偶句。若照我的假设，饮鸟兽之血，食草木之根叶；也是俪偶的。所以根据科学和常识，"毛"字不可作"鸟兽之毛"。根据训诂和修辞，"毛"字都可作"草木"。至于确义为何，让读者去断定罢！

五四运动发生的原因之探究[*]

五四运动是中国思想史上划时代的运动。在这运动以前近世中国的学术思潮，虽然也有嬗变流转；然总是有类于溪涧中潺潺不息的泉水，漩缳波涟固然未尝没有，但气象未能雄伟。到了这运动的兴起，才像长江大河，怒涛汹涌，滚滚直下。目下虽觉稍有停滞，好像波澜不兴，水面静谧；但我以为并不是已"海不扬波"了；却是在准备着更雄壮的排山倒海而来的怒潮惊涛，为着这未来的运动之准备，我们很有清算这过去的伟大运动（五四运动）的必要。[现在因为时间关系，我只能对于这运动的原因略加探究。至于它的经过成绩批评只能俟之异日。]

五四运动一名新文化运动。这种新文化是从西方输入的，所以中西文化的接触，实是一个顶重要的原因。洋鬼子用兵舰、大炮打破了中国的闭关主义后，非但洋货、洋烟如潮水般涌进来，同时西方的学术思潮也航海东来了。于是梁任公以"笔锋常带情感"的文章，竭力介绍一班西洋学者如霍布斯、伯伦智理等的学说。同时侯官严复，

---

* 本文系作者就读燕京大学社会学系一年级时钱穆讲授国文课程的作文，未曾发表。据其自存手稿编入。

也用先秦诸子的文笔来翻译亚丹斯密、弥勒等的名著。胡适说他自己在读了这二人的书后，才知道中国之外，还有西洋的学术思想（见其在 *Forum* 杂志中所发表的《我的信仰》）。胡氏是五四运动的主要人物之一，可见西方思想的输入，实是五四运动的肥料，没有它是决不能开花结果的。我们只要看当时的所谓新思潮，其内容不外是民治精神、人的文学，等等，实在都是西方稗贩而来的。如果抽出了这些思想，便没有所谓新文化了。

五四运动的另一面是文学革命，便是刘大白说的"以人话文来打倒鬼话文"。然而这打倒的功劳，却不当归于胡适，而应归于随着洋鬼子而来的机械。因为生产的工具变了，人类的生活状态也随着变了。机械的文明是求"速"，不必远渡重洋到拜金国家的北美合众国去看，你只要在上海南京路畔站半点钟，瞧那风驰电掣的"摩托快"，便知道黄包车的落伍，更休说那些秀才老爷的八字式蹀步。所以文言改革为白话，便是适应这种需要而生的。一切改革运动能成功与否，不在论理上的对不对，而在于事实上需要不需要。陈独秀说假若胡适之的《文学改良刍议》早了五十年发表，只要教章孤桐一篇文笔严整的文章一驳斥，便要云隐烟消了。所以我以为新式工业的逐渐发达，生活状态的逐渐改变，是五四运动发生的第二个重要原因。

1911 年的政治革命，又成了五四运动的第三个重要原因。辛亥革命的影响，一方面使我们知道了专靠政治革命来改造中国是无济于事的。流了许多烈士的热血，不过换来了一块"共和"的假招牌。选举票既可以出卖，以钱猎位的议员，当然是干不出好事情来。知道了"攻心为上"的战略，当然要想用新思潮来洗刷"根深蒂固"的旧精神。只有国民精神的改革，政治才能上轨道，中国才能有复苏的希望，辛亥革命的另一方面影响，是招牌虽假，"共和"总算是"共和"。政府不敢以威势压迫人民的思想自由，因为圣谕的权力已因溥仪先生的退位而坠地，而"一党专政"的新名词，又还没有盛行。所以胡适、陈

11

独秀们敢于："批评孔孟，弹劾程朱，反对孔教，否认上帝"。学生们也敢于殴打公使，侮辱部长；否则只要文字狱一兴，机关枪一放，也不必烦劳段执政的三一八屠杀，更用不着蒋主席的整理学风。固然暴力的禁箍是终于不能成功的。然而如果专制政体尚未于1911年寿终正寝，恐五四运动发生便不能那么的早了，至少要延迟好几年才能发生。

　　五四运动的又一方面为整理国故。这件事的原因是应探源于中国思想史的自然趋势。梁任公以为清代学术是以复古为解放。由反王学而复于宋学，由宋学而汉学，更由经古文学而复于今文学，高山滚石不及于地不止。所以五四运动时的整理国故，便打开一切藩篱，以批评的理智的态度，要把这一本糊涂账的国故，整理出一个系统来。更加以由西洋而来的科学方法，像新发于铏的利刃，到处要去试试它的锋利。然而整理国故终究不是新文化运动的主流，而只是当时的领导者，假借着这思想史的固有趋向，以助长新文化的声势；同时以估定各先哲在历史上的地位，以推翻旧有的偶像。所以吴稚晖说胡适开了一纸最低限度的国学书目，只是想骗人家去读《七侠五义》、《九命奇冤》。真是一语道破。然而这种迷恋着过去残骸的事，实在是与新文化运动的本旨相冲突，本该先猛力输进西方文化，然后再谈国故。胡适说："新文化运动的根本意义是承认中国旧文化不适宜于现代的新环境，而提倡充分接受世界的新文明。"（见《新文化运动与国民党》）然而给他"整理国故"的呼声一喊，非但旧式的学者文人要借尸还阳，打起"整理国故"的旗号；并且有许许多多的活泼泼青年，也堕入故纸堆中，一世也钻不出来。于是乌烟瘴气的国学，又弥漫于中国的学术界中，而新芽发的新文化，却被压挤得连气也透不转来。五四运动的精神，因此而向右转，走进没落的路上去了。怪不得有人叹说："胡适是五四文化运动的遗老遗少；他在'文化运动'史上的确是过去的人物了，还是去'整理国故'吧！"（见《二十世纪》第二期）

现在我把上面所说总括起来，列一表以示明这些原因的互相关系，及对于新文化运动的影响，以做本篇的结束：

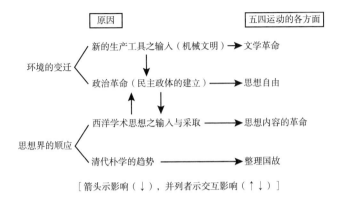

［箭头示影响（↓），并列者示交互影响（↑↓）］

（这表是我杜撰的，然而我以为这表很能明白地表示其间关系。但文中诠释尚多未能达意，有暇当改作之。）

1931 年 5 月 26 日

言语和中国文字二者起源的比较[*]

径直的谈到我们的题目上去吧，你们都是已知道中国人是用一种"象形"文字制。并且也许已知道这些象形文字的研究，是成一种顶动人的论题，而且在从前曾时常吸引起中国语言学者的注意。这种文字便是我们所称为中国古人思想成为化石后的标本。中国古人用这种他们所采取以表示种种观念的图形，来反映他们的风尚、习俗、宗教及关于事物的概念。实际上，我们可以发现中国古人心灵的考古学上的遗物，很丰富的散布在这种文字的点、画和方格的中间。这一支中国学术的研究，是需要对中国古人生活的充分智识，以及极端的科学式的慎重的训练。

但是这些不是我们今天下午所要谈的。现在我们所要谈的，并不是这种文字在初期时组成的内容，而是它们组成的所经过的历程。这最古的文字不但反映出中国古代文化，并且也反映出在奋力表现自身中的原

---

* 本文系林语堂著作的译文，署名"作铭"原载《清华周刊》第 37 卷第 1 期，1932 年。林氏原注称："此篇前曾在北平美国大学妇女协会（The American College Women's Club of Peiping）中宣读，现将其中国文字的举例略行删减，予以发表。"

译者附注：这篇原文登载在 *The China Critic* 第 2 卷第 50 期上。因为它可以指示我们一个研究国故的新方法，并且可以破除那种中国文字创始于"伏羲画卦""仓颉造字"的荒唐神话，所以特为译出。但其中有些术语及专名词，恐读者不大熟悉，所以译者特将它们一一注释在下面。

始心灵的某几种特性。原始心灵往往是很有趣味的，在此处也并不因为是中国式的而减少趣味。在这一点，象形文字供给我们以一种可以稍微分析研究原人心理学的无比机会；可以达到，与我们在世界所有的任何关于原人心理历程的精确记录，同样的精确不磨。言语起源的整个历史，是多少蒙蔽在神秘中。这是因为言语起源大部分是一种口头上的发展，对于初期的过程没有留剩下书面上的遗迹。可是，现在这里我们却有了那种过程的显明的记载；这岂不是可以对于口头上言语的起源的问题，给以些许的光明吗？固然，文字的历史并不便是口头上言语的历史，它的问题也并不和言语本身的问题完全相同。但是，这岂不是可以反映出和言语及文字相平行发展的原始人类心理的几种特点么？

在这篇中，我所能做到的，当然只限于叙述这种文字发展的极简短的纲要，以及指出几点普通的特性。我所特别希求的是想写出这种发展的特性或趋势中的四要点。就我们所知的，我相信这四点便在口头上言语的历史中，也有它们可互相对照的相似物。这四点便是：①言语是起源于游戏；②最初的言语与其说是简便，毋宁说是繁复；③言语是从具体的特殊的，发展成抽象的普通的；④言语是从富于情绪的图形，发展到合于逻辑的符号，并不是从符号到图形。在每点中，我将先行指出我们从言语的历史所知的事实，然后再示明在中国文字的历史中这种事实的相似物。

我在大部分地方是依照 Jespersen① 的言语起源说。关于言语的起源，是有许许多多的学说。例如模仿天然声音说（The Bow – wow theory）、感叹词起源说（The Pooh theory）、Yo – ho 说（The yo – ho theory）、自然发声说（The dirg – dong theory）②。但是这些许多都是毫

① Jen Otto Henry Jespersen（1860～1943）为丹麦言语学家，曾任哥本哈根大学教授。1909年曾至美国哥伦比亚大学讲学。著有《言语的性质、发展及起源》（1922）等书。
② 模仿天然声说创于 Herder（1744～1803），言语起源于模仿天然声音，如雷鸣、犬吠、狮吼之类。感叹词说，谓言语起源于感叹词，其后逐渐发展而成。自然发生说，谓言语由人类天赋能力自然而发生的。Yo – ho 说创于 L. Noire，以为言语原于人类共同劳动所发"亥育！杭育！"的声音。

无价值的，因为他们的方法是完全冥索的。对于这问题提出一种科学的方法，并且亲身的准照方法而行的，便是这位著名的言语学家 Jespersen 教授。他从①野蛮民族言语，②儿童的言语，③已知的言语历史，三者中所观察而得的事实以建设他的学说；于是使我们能看出几种普遍的趋势；并且在心中造成逆溯这种发展的线索，直到我们达抵未知的起源。这似乎是研究人类心理尚在幼稚时期所产生的古代语的性质的顶稳当的方法。

Jespersen 的学说是这样的：一切言语都起源于动人的歌谣，尤其是恋情的歌谣。这些并不是通常所指的诗歌，指那种半唱半说的歌调（一种合律应拍的语体，中国字"吟咏"二字最能达此意）。所以我们第一点是言语起源于游戏。Jespersen 说："言语起源于游戏，发音器言便由这种闲暇时信口乱唱的游戏训练成功。"从我们对于野蛮民族的言语及风俗的智识，我们知道言语并不是起源于哲学式的讨论。仅是源于乱讲毫无意义的字音及原始的歌唱。人类最早发明的言语是歌谣。言语并不是开始于人生平庸的散文式的一面，而是诗趣韵文式的一面。在原始的言语中占优势的不是理智方面，而是情感方面。要求直接表现的便是情绪。于是 Jespersen 要问到在言语的发展中，哪一种情绪最重要？是最有可能产生言语的可能性？当然，这不会是痛苦或饥饿时的情绪；这两种情绪仅足引起短促的比较单调不变化的叫号。不会的，绝不会是饥饿或痛苦的本能；而是那给我们以鸟类可惊的啭唱，孔雀焕华的锦翎，秋蝉的露天音乐会，蝴蝶的美丽色彩的那种本能——爱的本能。所以你们可以看得出在这整个的事业中，你们所占的地位是惊人的重要。（译者按：此语系对当时妇女协会的女性听众而发。）第一个能讲言语的人，不是端重的老年人；不是严肃的、好意的意识中充满罪恶及堕落的人民；也不是计较锱铢的、沉着的、富于经验的市民。让我从 Jespersen 氏的原书中引用下面这一段美丽的文章，因为我相信这对于现在的听众定是很感兴趣的。

"原始发言的人，不是沉默的不肯多言的人，而是年纪轻轻的青年和少女，毫不关心的很愉快的喋喋私语不休。他们并不是将每个字音都仔细的考量过。多两个或少两个字音对于他们来说算什么事？他们是专为谈话的愉快而谈话。在这一点颇类似我们现在许多做母亲的人，她们虽对于婴儿喋喋地谈个不休，但并不计较到她所说的字，或仔细地留意到每个字的意义。而且，她们不因为小宝宝对于她亲切动人的言辞一字不懂，而稍觉烦恼。"让我来引用 Elizabeth Browning[①] 的诗吧：

> "Women know
>
> The Way to rear up children（to be just）
>
> They know a simple，tender knack
>
> Of stringing pretty words that make no sense，
>
> And kissing full sense into empty words，
>
> Which thing are corals to cut life upon，
>
> Although such trifles：children learn by such
>
> Love's holy earnest in a pretty play
>
> And get not over early solemnized……"

译意："女人们知道抚养子女的方法，（这是很公正的话），她们知道一种简单，愉快，慈爱的妙法，将毫无意义的字连成一串，并且将完满的意义轻按进去。这些虽是琐细的事，却是可将生命刻画上去的珊瑚：在这一种悦人的游戏中，孩子们由这种慈爱的神圣热诚以获得智识，并且不致于过早的庄严肃厉化……"

故此，恰同通常观念相反，而同我们所知的关于野蛮民族中习惯

---

① Elizebytn Browning（1806～1861）为 Robert Browning 之妻，夫妇二人都是英国 19 世纪的伟大诗人。

及言语的事实相一致，我们可以说人类言语绝不仅是愤怒或恐惧的叫号，而是起源于那充满游戏精神，活泼精神，并且最富创造力及最丰足的能力根源——性的冲动。假使我们相信 Freud① 的话，这冲动是对于世界上最伟大的艺术创作，以及实际上一切文明的适意物，都要负极大的功绩的。我相信这种言语起源说是可以由太古文字的证据来证明。最古的文字较他们后来的形式是更富于象形的性质。图画对文字的关系，和歌唱对言语的关系，是同样的。恰同言语中有一个时期是半吟唱半谈话的，在文字中也有一个时期是文字和图画不能区别的。在这二个情形下，占重要分子的都是儿童和野蛮人的游戏本能，而不是圣哲的逻辑式的天资。并且在二者中，原始的性质都是多带情绪性而少带逻辑性。正如文字中象形的性质渐被忘弃，所以言语中情绪的性质也逐渐取较不重要的职务。以致到了现代，这情感的性质是常常被忽视不理的。关于表示我们欲望时，我们所谈的尽至于仅足以传达纯粹的观念。

我们在古代铜祭器上所得的太古记录中有几个是这样原始式的，我们几乎不能称它们做文字。它们甚至于没有文字的形式，实际上仅只是集合而成的图形。例如指"女性奴隶"的"奚"字，我们有一幅奴隶的图形（见图1）；指［沙土］的［沙］字，我们有一幅河畔鸟抓痕迹的图形（见图2）；人足的图形可以变化地使用去指示"出去"的"出"字（加履于足，见图3）；"返回"的"返"字（由足脱履，见图4）；"登陟"的"陟"字（在山畔加向上的两足，见图5）；"下降"的"降"字（山畔加向下行的两足，见图6）；等等。我们最近龟甲文的发现，也能证明这种古代象形文字到很可惊的程度。因为龟甲文比我们以前所知的后世文字形式更为象形的，试观"马"字（图7），"虎"

---

① Freud（1856～1939）为精神分析学之建设者，以为人类有两种天然的根本原动力：一为自存欲，一为性欲。尤以性欲力量为大，虽潜伏于下意识中，常要求表现于意识界，文艺宗教等也不过是这种下意识能力的"升华化"而已。

字（图 8），"鬼"字（图 9），"犬"字（图 10），"车"字（图 11），
"驱"字（图 12）诸字便可知。

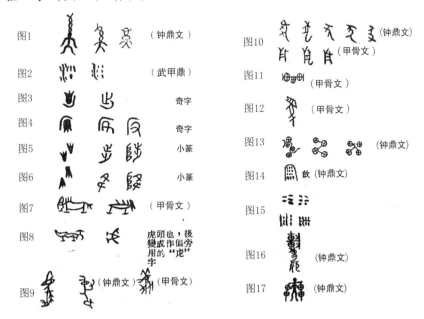

再者，那种说言语是始于简单逐渐增繁的见解，也是一种误解。甚至于像 Whitney① 那样的言语学家。也堕入这种错误。他说："起源必是简单，这条定律应用到言语上去，是和应用到别的工具上同样的自然和必要。"刚巧正相反对，野蛮民族的言语非但不简单，并且较之文明民族的言语，在性质方面既更繁复，在文法方面也更错综和纷乱。我们不得不相信"简便"是一种缓慢的费力的发展过程的结果。思索简单的思想是需要伟大的心智，发明简便的法则是需要伟大的发明者；正如在装饰艺术中（譬如说，计划一件妇女的服装）能懂得崇尚简朴是需要真正训练过的审美力。例如英语中动词用不着随性别而变化，但是在赛米族语中，动词便必须和句中主词的性别相适合。在美洲印第安人语

① Wlliam Dwight Whitney（1827～1894）为美国言语学家，曾任耶鲁大学梵文教授，著有《言语及其研究》（1867）等书。

中，动词是要和句中宾词相适合。阿拉伯语中有十五种变化（Conjyugations），美洲印第安语中的变化实际是数不胜数，因为每一句都是聚集而成的动词（Conglomerat verb）。辨别名词的性别已是够麻烦了，但在美洲印第安语中，我们必须视名词属于有生气类或无生气类而是用不同的语字；并且这种分类的细目，其参差和奇特同印欧系中语的名词性别的分类不相上下。Basque① 语又是冒充博言学家者的一种碍阻物。在 Bearn② 地方，下面这个故事是传说流行着：仁慈的上帝因为魔鬼诱坏夏娃，想惩罚他一番。于是将魔鬼遣送到 Basque 去，命令他要学会那地方的言语后，才得放回。七年后，上帝发生了恻隐之心，觉得这种惩罚太严苛了，于是将魔鬼唤回来。魔鬼仅走过 Castelando 桥，他用这许多努力才略学会的一切都立刻忘记掉了。Jespersen 经过一番野蛮民族语和现代语二者的文法比较考核后，归纳出一条定律来："言语的演化表示一种逐渐增进的趋势，这种增进的趋势便是从不可分析的不规则的堆聚物，趋向到那可以自由地有规则地联合起来的简短元素。"换句话讲，我们可以说言语的演化是从综合的逐渐趋向于分析的。综合的思想是原始心理的一种特性，并不是因为要想这样做，只是因不曾知道任何更好的方法。

现在这一点特性也可以用中国文字史的研究来确切的证明。同普通的观念正相反对，中国文字不是起源于一点一画，却是起源于那极不规则的不固定的组合而成的图形。文字史是一种逐渐简便化，逐渐规则化，逐渐更富于分析性的历史。大篆较小篆为繁复纷乱，小篆比隶书也是繁复纷乱。写"雷"来代表雷轰是比写"靁"或画例图13（见上）较为简便。写"雨"比画例图14来代表淋雨也较简便。写"米"来代表谷米比不规则的例图15来的简便得多，规则得多。更看那表示"结

---

① Basques 为一种民族名称，一部分居于法国西南部，但大部分居于西班牙北部庇里尼斯山附近。其民族居住于西班牙甚早，但现在仍保存其繁复的古代语言及古代风俗。

② Bearn 为法国南部之古省名，现属于下庇里尼斯省，其边境即为 Basques 族所居的地方。

婚"的麻烦的图形（见图16），不用从女从昏的较晚的形式，而用一结婚辇、一雀、一女、一耳来表示。这似乎很奇怪的，用最近形式的"毋"来表示"穿过"的观念是需要长时间的发展；这字其实在较古的形式中是叠文的，在更古的形式中是用一个人负挑一串担子的图形中表示（见图17）。

再者，言语是从具体的特殊的，发展到抽象的普遍的。原始的言语是必定比受过文化洗礼的言语在性质上具体得多、象形得多。这是因原人心理仅能想到具体的想象。至于普遍的抽象的观念，照我们看起来虽简单，却是十分悠长的缓慢发展的结果。我们知道 Tasmanians① 人对于各种异类的树有各异的名称（橡树、荆球树），但对于全体树木却没有一个总称；因为思索到一株抽象的树的能力，是超出原人心理以外的。非洲 Zulus② 人对于红牛、白牛都各有名称，但对于全体牛类却没有一个总名称。实际上我们连"红牛"、"白牛"的观念也该看作已经归类过的概念；这名称最初时或仅应用到某一头红牛，而不是全体的"红牛"。野蛮人所知的一切，不过是他有一头红牛或一头白牛在他的田中；他只需要名词去指明这两头牛而已。一个抽象的"红牛"观念对于他是没有用处的；"全体牛类"的概念更是毫无用处。言语不是开始于普遍性的名词及普遍性的动词，只是开始于特殊的名词及非常特殊的动词，一个像"事物"这样简单的名词，在最初时期是不能被采用的。例如 Tasmanians 人是不能将二加二等于四这观念输进脑中，因为二粒石子和二柄长矛依旧是二粒石子和二柄长矛。能够说出二粒石子加二柄长矛成四件"事物"，是需要抽象的"全体事物"的概念。美洲

---

① Tasmanian 为居于澳洲南之塔斯马尼亚岛（Tasmania）的土人，属黑人族，文化低下。自从白人移殖其地后，已渐归消灭。

② Zulus 为居于南非洲联邦纳塔尔省（Natal）的土人，种植玉蜀黍等以为食，已能应用铜器及铁器，但仍行买卖婚姻制，以牛为货币，娶妻以牛相易。

Cherokees① 人没有一切的"洗濯"的总概念，但只能敏捷地思索得出"洗濯"的特殊活动譬如"我洗濯自己"、"我洗我的头"、"我洗别人的头"、"我洗我的手和足"、"我洗碗碟"、"我洗食物"等，这些概念都是用一个单字来表示。一切古代的或野蛮的言语中都富于这种例子。古代中国人也是这样的，对于一岁马有一个字，二岁马另有一字，一眼白的马有一字，两眼都白的马又另有一字；于是更依照那马的毛色有赤白相间的条子，或黑赤相间的条子，或是带有黄白色，或左后腿是白色，或黄毛黑喙……，而给以各种不同的名称②。

　　中国文字中抽象概念的表现是一种最有趣味的研究。固然的，因为他们文字是象形的，他们的想象是必须要具体的，而不能抽象的，所以这理论在自身上所能证明的很少。我也承认这事实：中国人是一种很爱好综合的民族，很显然不利于需要分析天才的地方；在整个的中国文化史上是有很丰富的例子可以证明这事实；因此中国的文字也是非常高度的富于具体性及象形性。但是我却可证明这事实：较早的文字比较后来的形式是在性质上更富于象形性，在观念上更加富于非常的个体性。像长尾禽（鸟）和短尾禽（隹）二者间的区别，是现代人类心中连梦也梦不到的。他们似乎毫不踌躇的用一定的图形来表示抽象的概念，有时这些方法似乎是非常巧妙，并且的确可表示一种非常具体性的思维方法。例如表示"尊贵"、"尊敬"的"尊"字是用一个奴隶执一酒杯来代表；"甘甜"的"甘"用口含食物来代表；"说话"的"曰"字用张开着的口，或者是为表示呼吸的呼出，或带有发表意见的观念。"艰涩"的"涩"是用四个互相对象"停止"的符号（"止"字）来代表；

----

① Cherokees 为北美印第安种易洛科族（Iroquois），现多居于美国俄克拉荷马州（Oklahoma），以耕稼为生，行宗族制，崇拜太阳神。但已渐受美国感化，文化颇有进步。
② 馬，马一岁也。马二岁曰驹。一目白曰骃，二目白曰驔。骇，马后左足白也。骠，白马发黄色。（以上悉见《说文》）。騢，马赭白色似鰕鱼。骥，马如铁赤黑色。骦，黄白色。骊，黄马黑喙。（以上见《玉篇》）。

"到达"的"至"是用一鸟达抵地面来代表。其后这种文字失掉大部分的真确象形的性质，逐渐趋向于代表观念的方法。实际上，连这个原则还觉不够，我们必须更依赖所谓"偏旁"的方法。"偏旁"的方法不外是一种归类的作用，尽量使用类属的概念去区分同音的字。现今中国文字的十分之九不是尽成的图形，只是一个谐音的符号和一个类属的系号组合而成。这在性质上是分析的，并非是具体的。

于是我们到最末的一点，这点是上面那点显明的结果，便是：一切图形的习惯化，变成逻辑的符号。像我们今日所喜欢说的一般：文字是观念的符号。但是我们知道这句话在原始时代是不确的，逻辑式的内容是随着人类心灵的发展而始逐渐成为重要，最后成为非常重要。在文字中也发生了同样的事情。不仅是图形逐渐被那表示逻辑范畴的经过习惯化的符号所代替，并且我们甚至于将整个的文字当作符号，而忘记掉这逻辑范畴的来源。于是代表"开始"的"始"，用音符"台"和偏旁"女"来代表，"终结"的"终"，用音符的"冬"加上偏旁的"系"；但是没有人思索过，而很少的人能够解释，为什么"开始"是特别带女性，或"终结"和"系"有什么关系。我们老早完全忘记掉将"肉"字的观念和"愿肯"的"肯"字相联络，将一种动物的图形和"能够"的"能"字相联络。更想想看，这是何等的可笑，去教儿童说英国的"英"是归类到"艹"字下，美国是归到"羊"字下，法国的"法"字是归到"水"字下，意国的"意"是归到"心"字下，俄国的"俄"是归到"人"字下，德国的"德"是归到"彳"之下。这事实是这样的，以图形起源的中国文字，经过了长时间的日积月累，已经完全取得了习惯性的职务。并且同言语本身一样，已经逐渐成为一种对于更分析性的、更顺应性的、更逻辑化的观念，能够表示出来的习惯性方法。

宾词数量限制说之批评[*]

宾词数量限制说的内容，在木武君所译的那篇文中，已叙述得很详细。大意是要修改亚里士多德的推论式体系，将每个命题的宾词，都加上数量的限制，以表示其包括全部，抑仅指一部分。于是原来分划命题为 A. I. E. O 的"四分法"（Fourfold Scheme），便要伸展成为"八分法"（Eightfold Scheme）了。修改后所得到的八种命题，如下表所示，都有其特别名称：

U······*All X is All   Y*
A······*All X is Some   Y*
}由原有的 A 命题伸展出来。

Y······*Some X is All   Y*
I······*Some X is Some   Y*
}由原有的 I 命题伸展出来。

E······*No X is Any   Y*
N······*No X is Some   Y*
}由原有的 E 命题伸展出来。

O······*Some X is not Any   Y*
W······*Some X is not Some   Y*
}由原有的 O 命题伸展出来。

---

[*] 本文原载《清华周刊》39 卷第 4 期，1933 年。署名"作民"。

这一个学说，似乎还没有介绍到中国来。坊间所出的论理学书籍，十之八九是供给初学者用的，对于这比较深艰的学说，都不曾提起过。所以，我在木武君的译文之后，加上几句话，以略述这学说的小史及其所遭受的批评。

这八种命题的全表，据耶芳斯说，边泌在 1827 年出版的《新论理学大纲》里早已说过。据 John Venn 说，则在 1765 年时，Lambert 便已发明，但都未能引人注意。（见 Venn's *Symbolic Logic* pp. 8 - 9）. 到了 19 世纪中叶，英国康德派哲学家哈密顿爵士（Sir William Hamilton，1788～1855）加以发展，成立了这 "宾词数量限制说"（Hamilton's Doctrine of the Qnantification of Predicate）. 初颇震动一时。如耶芳斯等著名学者，也加赞许。但不久即遭人指摘，批评其欠妥。始终未曾为一般论理学者所接受。（见 F. Enriques：*The Historial Development of Logic*，1929）我现在将 Gibson 及 Joseph 二氏对于哲学说的批评，介绍于读者，以便对于这学说有进一层的认识。

（一）W. R Boyce Gibson 的批评

Gilbson 是英国人，生于 1869 年，现任墨尔本大学（Melbourne University）哲学教授。他的批评见其与 Augusta Klein 合著的 "逻辑问题"（*The Problem of Logic* ，1921）第十七章中。他承认这一命题的宾主二词之间，是有 "外延的互相联系" 存在，因之，宾词数量要加限制这一个观念是很合理的。不过，他以下面所说的两个理由，反对 Hamilton 的 "八分法"，仍旧维持旧有的 "四分法"。

（1）术语义歧，易起误解。依照 Hamilton 的意思，在肯定命题的宾词前加上 "All" 或 "Some" 的数量记号，在否定命题的宾词前，则加 "Any" 或 "Some"。但 "All" 或 "Some" 这两个字都是双关语，各有二个歧异的意义，有时它们的意义，是含有普及各部分的，（Distributive）。例如我们说 "凡（All）人皆动物"，这句话含义是 "每一个人" 都是动物。又如说 "有一些（Some）清华学生是江苏人"，这句话含义是"这一些清华学生中每一个人"都是江苏人。但是有时他们的意义，却完全不同，是含有综括全部（Collective）的用意。例如我们说，"凡（All）购书之费，计十二万元"，这句话是指购书之费的全部，决不能分析开来，说每一次购书之费是十二万元，更不能说每购一书之费是十二万元。又如说"有了一些（Some）空闲日子，便足够预备大考的功课了"这一句话，绝不是说"这一些空暇日子中每一天"都是已够预备大考功课。（英文中之例如"All the men in the room were but a tithe of those who were invited"及"Some coppers will make these children happy"，意义亦同，皆为总括全部，不能分散开来普及各部分）。如果采取了这两个字做表示宾词数量的术语，便免不得要引起"普及用法"（Distributive use）和"总括用法"（Collective use）的混乱和迷惑。不过，在论理学中这两个字通常都是指"普及用法"的，所以这一点还不是 Hamilton 学说的致命伤。

（2）画蛇添足，毫无用处。Gibson 承认将宾词加上限制这一观念是很合理的。但是他以为亚里士多德的"四分法"中，已含有"宾词数量限制"的意思，不过隐藏在"宾词的周延与否"这一个外套之内，粗心者看不出来而已。如果我们认为"Some"一字是指示不周延的，读命题时又专就"外延"着想，则修改后所得到的 A. I. E. O 四命题，与旧有的亚氏"四分法"的四命题，显然无别。All X is Some Y 和 Some X is Some Y 二命题的宾词前"Some"一字既是指示不周延的；而旧有的 All X is Y 和 Some X is Y 二命题，就其外延而言，其宾词也是不周延的。我们看不出它们的区别来。旧有的 E. O 二命题的宾词，本是周延的，虽没有加上"Any"一字，实际上与已加的毫无分别。所以这四个命题，可以丢开不谈。

现在再看 Hamilton 所新添加的四命题，即 U，Y，N，W 四命题，是否有用。据 Gibson 的意思，这四命题都是冗多无用的，大可以不必要。

先说 U 命题"All X is All Y"。在旧有的 A 命题"All X is Y"中，宾词一定是"不周延"的。因为形式逻辑（Formal Loyic）所注意的，并不是两类具体事实间实际的关系（即主宾二词的外延全等与否的关系），他所注意的，只是一般事实的各类间关系的叙述。纵使具体上有"一切等边三角形是一切等角三角形"这一判断，但 A 命题的宾词，总是被视为"不周延"的。U 命题可以用下面（图 1）的甲图来表示，主词 X 的外延与宾词 Y 的外延相等。但这样的一个命题，可以分为二个旧有的 A 命题，并且为简单起见，有这样将一个复合命题分解为二个基本命题的必要。若用图形来表示，即下面乙丙二图的合并。故 U 命题是与"复合命题"（Compound Proposition）"All X is Y and all Y is X"相等，在文法上是一个句子，在逻辑上可算是二个命题，其成分依旧是旧有的 A 命题。例如"一切等边三角形是一切等角三角形"可转换为二个 A 命题："一切等边三角形是等角三边形"又"一切等角三角形是等边三角形"。

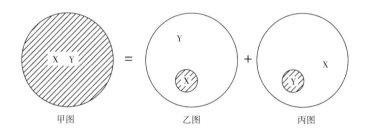

甲图   乙图   丙图

图 1　U 命题图式

再说 Y 命题"Some X is All Y"，这命题本来有点牵强，例如说"有些动物是一切人类"（Some animals are all men），它的意思是说，动物中的一部分是人类全体，这种句法在通常的言语及文字中是看不到的。它的意义与旧有的 A 命题完全一样，即"人类是动物"（All men are animal）（肯定命题的宾词是不周延的，已如前述）。所以这样的命题，可以很容易地用旧有的 A 命题"All Y is X"来表示。

至于 N 命题"No X is some Y"，也可以用同样的方法来驳斥。我们先举例来说明这命题的内容。"任何人都不是有一些动物"（No men are Some animals）这句话的意思是说动物中有一些种类（例如爬行，禽鸟）并不是人类。又如说"任何清华学生都不是有一些外国人"，意思是说清华中虽有外国学生，但并没有某一些外国人在清华做学生（例如萧伯纳、伯希和）。如果用图来表示，则不外下列二者（图2）。

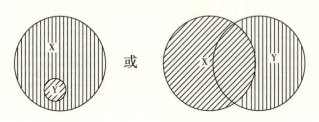

图2　N命题图式

我们仔细一看，便知道如果我们将图中 X 和 Y 的地位一对易，即可以得到旧有的 O 命题的图式（图3）。

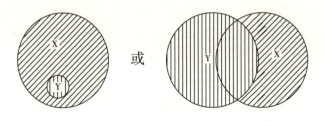

图3　O命题图式

用上面所举的例子来解释，我们可以将第一例变成"有些动物不是任何人类"（Some animals are not men），将第二例变化成"有些外国人不是清华学生。"这样的表现，不是比 N 命题干脆得许多，清楚得许多么？所以"No X is some Y"这一命题在事实上与旧有的 O 命题"Some Y is no X"无异。

最后，说到 W 命题"Some X is not Some Y"。这命题确实是亚里士多德"四分法"中所没有的。但这一命题可选用与一切的判断（Judgements）。一切的判断或命题中所表示主宾二词间的外延方面关系，不外下列五种（依 Dr. Venn 及 Professor Welton 之说）。

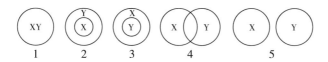

图 4　W 命题图式

其中后四种判断，很显明的都可以说"有些 X 不是有些 Y"，即就第一种主宾二词全等的判断而言，X 中的某一部分，也绝不会便是 Y 中的某一些部分。W 命题既可适用于一切的判断，我们不能够将一切判断中划出一部分，说它是 W 命题，以别于其他各种的命题。那么 W 命题岂不是毫无用处吗？（也许有人说，我们不能用 W 命题去适合"伦敦是英国首都"这一种判断，似乎 W 命题仍有独立自成一类的必要。但仔细一想，便知道这命题的使用，便在这种情形之下，也是不适当的。如果我们想表示这一种的判断，便应该用单称命题）。

总括上面所说的话，Hamilton 所新添的四命题，都是应该撤裁的冗员。何必画蛇添足，自寻多事？

（二）H. W. B. Joseph 的批评

氏亦为英人，生于 1867 年。自 1927 年后，任牛津大学哲学讲师。他对于 Hamilton 学说的批评，见其所著《逻辑概论》（*An Introduction to Logic*，1917）第 9 章中。这书虽出版较早，其批评亦有偏宕之处，但发挥得淋漓尽致，多有 Gibson 所未言及者。Gibson 虽见其书，但以篇幅关系，且二人见解也稍不同，故未能多加采取。所以在介绍 Gibson 的批评之后，再来叙述 Joseph 的批评，以便互相补充。

（1）Joseph 批评的出发点。Hamilton 说，同一命题，如果他的宾词前面加上"All"一字，便与宾词加上"Some"一字的，大不相同。我们下判断时，必先要明白这宾词是属于二者中的哪一种，所以我们应该书明"All"或"Some"以表示之。Joseph 说，这可怪了，在世界各种言语中，都没有在宾词前面加数量的限制。这并不是人类言语的缺点。我们所以不在宾词前面书明"All"或"Some"的缘故，是因为我们做出这命题时，并没有想表示这宾词的数量。既无所谓"All"，也无所谓"Some"．我们只是表示命题中主词的属性（Attribute）。

这是 Joseph 批评的出发点，所以有详细解释的必要。他说我们下肯定判断时，对于这判断中的宾词，我们完全没有想到他的外延。命题的主词固然是其宾词外延中的一部分；但我们把宾词拿来和主词对立时，我们只想到它（宾词）的内涵中为主词所有的那些属性。对于宾词的外延，我们完全没有顾到，也用不着顾到。"一切肯定命题的宾词都是不周延的"这句话中"不周延"一词的意思，便是指此，即完全没有明白涉及宾词的外延，并不是说仅涉及宾词外延中的一部分。否则遇到"凡等边三角形都是等角三角形"这一类命题，这句话便成为不通了。我们说"凡人都是动物"，在事实上，人类只是"动物"一词外延中的一部分；但是我们下这判断时，并没有想到"动物"这一词的外延，只想到他的内涵。"动物"的外延中，包括有爬虫、禽鸟、人类等许多动物；我们既不是想表示"人类是这许多种动物的全部"；也不是想表示"人类就是人类"。我们的真意，是想说这许多种动物的公共属性，即"动物"一词的内涵。

在否定判断中，主词必定在宾词外延的外面。但是我们下这种判断时，也只想到宾词的内涵。我们说，"凯撒不是野心家"这句话时，用不着顾到这宾词"野心家"的外延。谁是野心家，这与我们无关。我们所要表示的，是说"野心家"的属性，并不曾在凯撒身上找得到，可见得我们所注重的是宾词的内涵，不是外延。

（2）对于 Hamilton 八命题的批评。既然明白了 Joseph 的出发点，现在可以进一步看他如何批评 Hamilton 的八命题。依他的意思，这八命题中，除了 E. 和 O. 外，其余六个都不能成立。

先讨论 A 命题。Hamilton 主张将通常的"All X is Y"改做"All X is Some Y"。例如"凡动物都是生物"这一命题，应改做"凡动物都是有些生物"。但是这样地一修改后，我们要问"到底是哪一些生物？"如果说动物是生物中植物界那一部分，这判断当然是错误。如果说动物是生物中动物界这一部分，这等于说"动物都是动物"，完全无意义，也非我们下这判断的原意。我们所要表示的是动物的属性，即动物是有"生命的"，并不是想表示动物是归属于有生命的物类中的哪一种。我们已知道它是动物，用不着在宾词重复提起。

也许有人说，为了表示"凡动物都是生物"这种判断与"凡等边三角形都是等角三角形"一类判断的区别起见，我们有采用"Some"一字的必要，以示生物中除了动物以外尚有他种生物。这一说也似是而非。我们说"动物是有生命的"，我们并没有判断动物以外的他种事物是否是有生命。纵使我们觉到动物以外尚有植物也是有生命的，但这显然不是"动物是有生命的"这一判断中的一部分。如果想要同时表示动物以外尚有他种生物，便需要二个命题"凡动物都是生物，但有些生物不是动物。"所以"凡动物都是有些生物"这一句在文法上是一句，在逻辑上是二个判断，不是一个判断。这命题实不能成立。

再说 U 命题 "All X is All Y"，在有些判断中，我们确曾想到命题中的主判二词是同量的。下定义是，便是如此。例如"动量是质量和速率的乘积"或"财富是有交换价值的东西"，在这二定义中，已含有"质量和速率的乘积是动量"或"有交换价值的东西是财富"的意思在内。不过这种判断若用 "All X is All Y" 的形式来表示，却是拙劣极了。我们并没有想到每一个动量，或每一种财富；只想到动量的整体或财富的整体。换言之，即将动量或财富当作一个整体来看待，并不曾将它分析开来普及于各部分。若用"All"一字，即令人有觉得它是有部分所集合，而非一整体，所以表现得很不适当。并且"All X is All Y"这一公式，使我们觉到 X 和 Y 是两种不同的东西似的；而定义的作用是确定主宾二词所指的是同一东西。

此外像"凡等边三角形都是等角的"这一命题，虽然不是定义，但主宾二词是同量的，似乎也该由"All X is All Y"来表示。不过仔细一想，便知道"一切的等边三角形是一切的等角三角形"这一句并不能正确的表示前命题的真意。纵使我们说"凡等边三角形都是等角的"一语时，我们已想到二词是同量的。但我们下这判断时所要确定的是每一三角形所含有的二属性之互相联系。由于这个判断，我们知道每一三角形如果有等边这一属性，必同时有它一属性（即等角）。并不是说等边三角形是一组，等角三角形又是不同的另一组。若依 Hamilton 的话，在宾词前面也加上一个"All"，便好像将一个名词的外延来确定它一名词的外延。甚至于说到各个体时，好像这一名词中各个体可以用它一名词中的各个体来确定。例如说"一切的等边三角形都是一切的等角三角形"这一命题，我们把它应用到各个体时，便好像是说"任何一个等边三角形都是任何一个等角三角形。"我的数学教科书中有一个等边三角形甲，假若我说这等边三角形甲是任何另一个等角三角形，这当然是不可能。假若我所指的主宾二词都是这三角形甲，这便成了"同语重复"（Tautology），不能成为一命题。

"All"这一字绝不能成为宾词的一部分，除非那命题中主题是作综括用法，不能拆开。例如说"这几件东西便是他所有的一切了"（These things are all that he possesses）"这几件东西"是作综括用法（Collective use），不能分拆开指各件东西之一，所以宾词前还可以加"一切"（All）一词。但在普通命题中主词都是可以分析开以普及各部分。例如说"一切生物都是能繁殖子孙的东西"一命题若真，则改取生物中一种（例如人类）做主词的命题也是真确的。（即"人类是能繁殖子孙的东西"）。如果采取 Hamilton 的说法，把"一切"（All）加到宾词前面，则成为"人类是一切（All）能繁殖子孙的东西，"将置其他能繁殖子孙的东西于何处，不怕他们提抗议吗？所以把宾词加以数量的限制，反使这些宾词只能适用于当作综括用法的主词，岂不是弄巧成拙吗？然则"一切等边三角形都是一切等角三角形"这一语作何解？

我们可以说，这是"一切等边三角形是等角的，"又"一切等角三角形是等边的"二判断的合并，与上面所驳斥的"All X is Some Y"一样，都不是一个判断，故不能成为命题的一类。

Hamilton 的"八分法"中，U 命题最受人称许，所以讨论也较详细。现在再讨论特称肯定命题。Hamilton 主张将"Some X is Y"分化成二类，即"Some X is Some Y"或"Some X is All Y"。先说"Some X is Some Y"，例如"有些清华学生是有些江苏人"如果我们的意思是说"江苏人"的属性（Attribute），我们可以在这些清华学生身上找得到，（换言之即注重其内涵），则仅说"有些清华学生是江苏人"便够明白了，用不着在宾词前面加上"有些"（Some）一词。如果我们注重它的外延，那么便立刻要追问哪一些清华学生是哪一些江苏人，（即"Which X are Which Y"），唯一的答复是"那些江苏籍的清华学生是那些清华学籍的江苏人"，同义重复，试问有何意义？

再说"Some X are All Y"例如"有些动物是一切的蜘蛛，"这话的意思是说动物中的一部分是蜘蛛的全部，就外延而言，那一部分的动物是蜘蛛的全部，当然是蜘蛛类。试问"蜘蛛类是蜘蛛的全部"一语有何意义？如果前面的命题是说蜘蛛类以外尚有他种物，则这判断的真正主词是"别的动物"而不是"蜘蛛"。即应该改做否定命题"别的动物（非蜘蛛类的动物）不是蜘蛛"。这 Y 命题也用不着。如果说这判断的真意是说凡蜘蛛都是动物，但有些动物不是蜘蛛。那么和上面所驳斥的一样，又是两个判断合并在一句。一语是一判断与否，不由文法上是否一句而定，是要依思维的过程，是作一次判断与否而定。显然的，如果我们想到凡蜘蛛都是动物，而有些动物不是蜘蛛，我们在思维过程中是作了两次的判断。所以"Some X is All Y"便做这样解释时，也可不通。

至于否定命题中所添的二命题，也是不能成立。N 命题"No X is Some Y"的意思是和"Some Y are not X"相同。有了 O 命题便可以不需要（参看 Gibson 氏对于这命题的批评）。W 命题 "Some X is not Some Y" 意义也很模糊。我们仔细一考究，知道它所代表绝不会是下面甲图所示的意思；它所要代表的，必是下面乙图的意思（图5）。

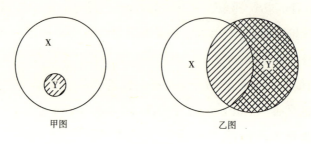

甲图 乙图

图 5

如果所表示的意思，如图甲所示；例如 "有些动物不是猪类中的任一头"（Some X is not Y at all），即有斜纹的 Y 圆以外的任何那一些 X（例如羊或牛），都不是 Y 中的一部分；这种意思可以用 I 命题来表示，即 "Some X is not any Y"，故知 Y 命题的用意决不如此。它的用意当如乙图所示，即有些 Y 是完全与有些 X 不同（若在甲图，则 Y 必在 X 以内，故不合）。换句话说，虽然有些 X 可以是 Y（例如有斜线的一些 X 是和有斜线的那些 Y 重合），但这些 X 绝不是 Y 中的任意一部分（Those X are not every Y 即不会是有方格纹的 Y 中任何部分）。举例来说明，"有些杀人犯并不被捕" 这句话，可以用甲图或乙图来表示。但是说 "有些杀人犯不是有些被捕的东西" 这判断时，便仅能适用乙图。意思是说鱼类、禽鸟、野兽也是 "被捕的东西"（即乙图 Y 圆周中有方格纹的各部分），但有些杀人犯（X 的一部分）却不是这些被捕的东西。意义既然明白，现在考察它有什么用处。它的用处是做 "Those X are every Y" 这一判断的矛盾对当（Contradictory Opposition）。假若 "Some X are not every Y" 一判断是错误的，则与之矛盾的判断 "Those X are every Y" 比是对的（例如说着一些杀人犯是被捕的鱼类、禽鸟、野兽或其他任何被捕的东西）。这样一个判断"Those X are every Y"是不可能的；无论那一些 X 绝不会是 Y 中任意的一部分。所以与之相矛盾的命题"Some X are not every Y"（即 W 命题）也没有成立的必要。

最后，Hamilton 的八命题中，只有 E. O 两命题，是可以使用的。但旧有的 E. O 两命题，其宾词原是周延的，故在宾词前虽未加"Any"一词，其意义与已加相同。并且命题的用意，本是注重内涵，而不注重外延，给 Hamilton 一加"Any"，将宾词的外延过分注重，反失原意。还是仍维持原状为佳。

（3）余论 Joseqh 对于 Hamilton 的八种命题分别加以批评后，又对于那些主张"判断是比较主宾二词外延"的见解，加以概括的驳斥。

有些人说，每一个判断，是比较主宾二词外延的大小。"All X is All Y"是说 X 类和 Y 类二者外延相等。"All X is Some Y"是说 X 类是包括在 Y 类以内，较 Y 类为小。现在 先讨论前一种命题。X 类是和 Y 类外延相等，则这些为什么会是两类呢？因为依照宾词数量限制所主张的说法，"外延"是判断的着重点。那么，就外延而言，所谓"X 类"或"Y 类"，并非指那些表现于许多事物中的公共属性 X 或 Y；只是指含有这属性的一群事物（即 X 类事物或 Y 类事物）。如果 X 类是一群含有公共属性 X 的事物，而公共属性 Y 也在这同一群的事物中出现；那么，显然无疑的，这时候只有一群或一类的事物，并没有外延相等的两类。所以，分析到最后的结果，只有 X 类的事物，我们不过把它们的公共属性 Y 拿来做它们的宾词而已。换言之，我们并没有就 Y 的外延着想。

再看后一种命题，"All X is Some Y"所谓"X 类是包括在 Y 类以内的"这一句是什么意思。例如说"一切人类是有些动物,"（All men are some animals），假使我们将一切动物聚集在一处，那么我们必定在其中找到一切的人类，即人类必在这动物群中。这种命题中所要表示的主宾二词间外延关系，不外如此。我们说"All X is Some Y"的时期，我们意思是说一切的 X 都包括在 Y 群中。但这样的一来，这判断的宾词不复是 Y，而变成"包括在 Y 群中的东西"。我们既然要将一切的宾词，都加上数量的限制，这个宾词也逃不出例外。所以这判断变成"一切 X 都是包括 Y 群中的有些（Some）东西"。试问一切的 X 是 Y 群的哪一些东西？当然是 X 类自己。例如说人类是动物群中的一些东西，当然是指动物群中的人类，绝不是指犬类或牛类。但是"人类是人类"这一句有何意义？换言之，"All X are the X's themselves," 这种判断是无意义的。也许有人说"Some"一词专指外延关系，即表示"包括于这一群之中"（Included in the class of）的意思，并不确定在这一群中的地位。所以"All X are the X's themselves"这一答语是不能接受的。我们便承认这解释吧，看它的结果怎样。我们将"包括于这一群中"一话来代替前面判断中的"一些"（Some）一字，结果得到"一切的 X 都是包括在 Y 群中的那种东西群中的东西"。后面的宾词，又需要加以数量的限制了，于是成为"一切的 X 都是包括在 Y 群中的那种东西群中的有些（Some）东西。"这一个"有些"又可化为"包括于这一群之中"一语；变成后又需加上一个宾词数量限制的符号"有些"一词。这样的下去，是没有尽期。我们不能用一类事物的全部或一部分做宾词去表示另外一类的事物。我们可以比较两类事物的大小，例如说男生是比女生多。但这一句话并不是将女生做男生这主词的宾词，男生这主词并不是包括在女生之中，做宾词中的一部分，"比女生为多"是一个属性，这判断不过表示主词"男生"有这一属性而已。我们可以用类名来做种名的宾词，例如"人是灵长类"，这"灵长类"的类名与"人"这种名相比较，是有较大的外延。但是用做这判断的宾词的，既不是"灵长类"外延的全部，也不是"灵长类"外延的一部分，而只是它的内涵而已。

在论理学中，时常用圆圈来图解命题，以二圆的关系（如重合，一部分组合，全部不合等）来表示命题中二词的关系。于是常人便以图式的性质误为命题中名词的性质，遂以为宾词也应由有外延着想。这是一种错误，Hamilton 的"宾词数量限制说"便建筑与这错误之上，所

以不能成立

作者附志：本文中所说的 η 命题与 ω 命题是希腊字母中的 Eta
与 Omega 二字母，用意是采取这二字母的首一音，以表示全称否
定及特称否定二种命题中之有特称宾词者，同时以区别于二种命题
中之有全称宾词者（即 E，O）。因为承印者缺乏此种铅字，所以
都能误作英文字母中的 N 与 W，改不胜改，只好任他如此了。

附录：宾词之数量限制*

译者按：这篇译自耶芳斯（W. Stanley Jevons）的《名学浅说》
（*Elementary Lessons in Logic*），这书曾由严几道译为中文，大概为初
学者的便利起见吧，他割去了许多比较难懂的部分，这篇也在被割
之内，王宠惠曾将这书重编校订，做大学的教本，他也明白的说，
为初学者的便利起见，只得削去较难的几章，这篇又不幸在被削之
内，但是，这终究是一篇重要的文字，这篇曾指明当时伦理学上一
种很重要的运动，这运动简直要使那成权威的亚里士多德伦理学，
大加修改，因此，我现在且将这篇也试译为中文。

在前三章里，我们解释三段论法同两千多年前的完全一样。正如几
何学向来遵照着古代希腊著者欧几里得的讲法，论理学也向来遵照着亚
里士多德在纪元前 335 年前的讲法。

但是近年来英国的教师们，已经觉得欧几里得的观念，并不十分完
善，如我们所能希求的了。在最近的三四十年来，亚里士多德的推论式

---

* 本文是夏蕑的同学王杖（署名"木武"）所译耶芳斯著作，原载《清华周刊》第 39 卷第 4
期，1933 年。

（Syllogism），也逐渐明确的，并不是演绎法中绝对完善的体系了。事实上，几位精明的学者，尤其是哈密顿爵士（Sir William Hamilton）、摩根教授（Professor de Morgan）、汤姆生大主教（Archbishop Thomson）及布尔博士（Dr. Boole），都曾表示过，我们对于这门科学应有一种根本的改革。

这种论理学上的改革有一个很玄妙的名称，叫作"宾词之数量限制"（Quantification of the predicate），但是，如果读者在上面几课里并不感觉到极度的困难，这里请你不必怕。给宾词一种量的限制只是表明究竟宾词的全部或部分同主词发生肯定或否定的关系。譬如在下面这命题里。

凡金属都是元素

主词有数量的限制，但宾词却没有；我们果然知道凡金属都是元素，但是这命题不曾指定究竟金属包有元素的全部或不是。在一个有数量限制的命题里。

凡金属都是"一些"（Some）元素。

这"一些"两字就很能清楚地表示着，实际上金属只是元素的一部分。亚里士多德不许用任何"数量"的标记，因为他假定了，凡肯定的命题都该有一个特称的宾词，像我们刚才所举的例子；同时只有否定的命题有周延的或全称的宾词。但是，实际上它是完全错误的，他从他的推论式体系中勾出去了无数的命题——那些主词同宾词都是周延的命题。下面这个命题当然是对的：

一切的（All）等边三角形是一切的（all）等角三角形

但这个命题不能在它的体系内出现，除非削足适履地改成这样形式

一切的等边三角形是等角三角形

像下面这个命题，无论如何，也不能在它的体系中找到适当的位置

伦敦是英国的京都

铁是最便宜的金属

因为宾主二词都是单称的（Singular），并且原就是一样东西，所

以，都是全称的。

只要我们承认所说的宾词之"数量限制"，推论方式就要简单清楚得多了。我们且先讨论换位法（Conversion）的手续。在我们讨论这个题目的那一课时，我们必须分别清楚简单换位法（Simple conversion）与限量换位法（Conversion by limitation）。但是，现在只要一个简单换位法的手续，便够应付各种命题的换位了。因此，曾受数量限制的 A 命题

一切的金属都是"一些"元素

可以很简单地换位了，换成

"有些"（Some）元素是一切的金属

特称肯定命题

有些金属是一些脆的物体

只需互换了两个名词（Terms），就变成了

有些脆的物体是一些金属

特称否定命题

有些人不是"任何"可以信托的人（Some man are not any trustworthy persons）

也只要很简单地换位了，换成

"任何"可信托的人都不是有些人（Not any trustworthy persons are some men）

不过这结果同肯定命题的相较，不很叫我们满意，例如

有些（Some）人是一些（Some）不可信托（Not – trustworthy）的人

可以很简单地换成了

有些不可信托的人是有些人

全称否定的 E 命题也可以如上面简单地换位了，最后，我们来了一种新的肯定命题，主词同宾词都是全称的；

一切的等边三角形是一切的等角三角形

这很明确地可以简单地换位了，换成

一切的等角三角形是一切的等边三角形

这种两个全称的肯定命题是常常出现的；像在定义时或作单称命题（Singular proposions）时便是；我可以随便举几个例：如"诚实是最好的策略"，"最大的真理是最简单的真理"，"自得是愚人的天国"。

若是肯定的命题，当表示出来时，有数量的限制，那么，一切直接推理都很容易举行了——只需遵守一条规则："我们怎样处置了一个名词（Term），我们必须也同样地处置其他一个名词（Whatever we do with one term we should do with the other term）"，这样一来，从两个全称的命题"诚实是最好的策略"里，我们可以推出"凡不是最好的策略不是诚实"，并且，还能推出"凡不是诚实的不是最好的策略"，从这命题里我们能够推出两个"相反的命题（Contrapositives）"来；但是读者该会当心地记住，从普通一个未加"数量限制"的 A 命题里，我们只能够推出一个"相反的命题"来，因此，假若"金属是元素"，我们就不能推出"不是金属的都是一些元素"，但是，若使我们对于宾词加以数量的限制，成了"凡是金属的都是一些元素"，我们就可以推出，"凡不是金属的都不是有些原素"。我们对于系语附加（Added determinant）及概念复合（Complex conception）的直接推理，也可以应用到这类曾加数量限制的命题，并且还可不必怕在 86 至 87 页所指出种种易犯的错误。

假使我们承认了宾词之前所加数量的标记，那么，很清楚的，在推论式里该有命题的种类数目便要增加一倍了，因为 A. E. I. O. 四种命题的宾词可以是全称的，也可以是特称的。这样，我们就可以作一个包有八种推想得到的命题种类表，如下面

U All X is all　　Y

I Some X is Some　Y

A All X is Some　 Y

Y Some X is all　　Y

　　　　　　　　　　肯定命题

E No X is（aug）　　Y

ω Some X in not Some　Y

η No X is Some　　Y

O Some X is no　　Y

　　　　　　　　　　否定命题

X 代表主词，Y 代表宾词，读者只需换进各种名词，便很容易造成了各样的命题。顶上几个符号是汤姆生大主教选来作八种命题的简便符号的，这也选得很好。两个全称肯定的命题叫作 U；A 命题之简单的倒转便是 Y；将 E 命题全称的宾词勾去了，代以特称的宾词，变成了这希腊字 η 所代表的命题；将 O 命题加以同样的做法，便变成了这希腊字 ω 所代表的命题，这八种命题，哈密顿爵士都给采用了，但汤姆生大主教以为 η 及 ω 两种命题在实际上是永远用不着的，但教人惊奇的是上面八种命题的全表边泌（Mr. George Bentham）早已在 1827 年出版的《新论理学大纲》（*Outline of A New System of Logic*）里说了，这正在哈密敦最早发表他论理学著作的前几年。不过边泌以为有几种命题是很难分别的，如 Y 与 A，只是简单的换位，η 与 O 也是这样。

我们只要加上了汤姆生所引用的 U 及 Y 两种命题，可能推论式的数目就大大地增加了。汤姆生同哈密敦不曾采用第四格（Figure），但这数目也就共有 62 个了。若八种命题都给采用，我们就要在头三格里每格包有 12 个肯定式及 24 个否定式的可能推论式了。这些式（mood）的全数可以很简单地列于表 1，这表见于汤姆生大主教的《思想律》188 页。

表1　推论式之语式（moods）表

	（第一格）		（第二格）		（第三格）	
	（肯定的）	（否定的）	（肯定的）	（否定的）	（肯定的）	（否定的）
i	UUU	EUE UEE	UUU	EUE UEE	UUU	EUE UEE
ii	AYI	HηYω AOω	YYI	OYω YOω	AAI	ηAω Aηω
iii	AAA	ηAη Aηη	YAA	OAη Yηη	AYA	ηγη AOη
iv	YYY	OYO YOO	AYY	ηYO AOO	YAY	OAO YηO
v	A I I	ηIω Aωω	Y I I	OIω Yωω	A I I	ηIω Aωω
vi	I Y I	ωYω IOω	I Y I	ωYω IOω	I A I	ωAω Iηω
vii	UYY	EYO UOO	UYY	EYO UOO	UAY	EAO YηO
viii	AUA	ηUη AEη	YUA	OUη YEη	AUA	ηUη AEη
ix	VAA	EAE Uηη	UAA	EAE Uηη	UYA	EYE UOη
x	YVY	OUO YEE	AUY	ηUO AEE	YUY	OUO YEE
xi	U I I	EIO Uωω	U I I	EIO Uωω	U I I	EIO Uωω
xii	I U I	ωUω IEη	I U I	Uωω IEη	I U I	Ωνω IEη

　　哈密敦爵士又造了一种很奇特的方式，来清楚地表示推论式里各"式"的观念，他常常用 M 这字母代表推论式里的中名词，C 与 T 两个字母来表示结论中的两个名词。命题的系词用一条越近主词越变粗大的线来表示；所以 C▶M 表示 C 是 M。为要表示名词之数量起见，哈密敦插进了一个双点（Colon）在名词与系词的中间，去表示那数量是全称的，用一个逗点（Comma）来表示那数量是特称的。这样一来，我们

就可表示肯定的命题如下：

C : ▶ , M	*All C's are some M's*	（A）
C : ▶ : M	*All C's are all M's*	（U）
C , ▶ , M	*Some Cr's are Some M's*	（I）

余可仿此。并且，我们只消在表示系词的那条线上加上一撇，那么，任何一个肯定命题都能加以调换，变成与原命题相当的否定命题了。下面便是：

C : ▶: M No C is any M		（ E ）
C , ▶: M Some C is not any M		（ O ）
C , ▶, M Some C is not some M		（ W ）

任何一个推论式都能这样代表着——将做中名词的 M 放在中央，两面用其他的名词来连接着。表示结论的系词就在下面；Barbara（译注①）的命题可以表示如下：

C, ◀ :M, ◀ :T
◀

否定的 Celarent（译注②）命题也是相似的。

C, ◀ :M, ◀ :T

第二格的 Cesare（译注③）可以这样表示着。

C, ▶ : M, ◀ :T
◀

哈密敦爵士又创设了一条新的推论式法则，根据这法则，我们可以查验各式各样推论式的有效性（Validity）。这法则是："假若主词与宾词间的'劣等关系'（worse relation）存在于宾主二词之任何一词与二名词俱与发生关系之第三名词间，而二名词中其他一个则为优等的，那么，这种劣等的关系就存在于主词与宾词的本身间。"（What worse relation of subject and predicate subsists between either of two terms and a common third term, with which both are related, and one at least positively so that relation subsists between these terms themselves）。

所谓"劣等关系"（ worse relation），哈密敦爵士是说，一种否定的关系较肯定的为劣等些，特称的较全称的为劣等些，这法则说：假使有一个前提是否定的，结论也必须是否定的，假使有一个前提是特称的，结论也必须是特称的，关于三个格的每格，他又给些特别的规律，但这样一来，使体系更加复杂，使"数量限制"命题的种种好处，似乎都失去了。

摩根教授也发现了"数量限制"宾词的种种便利，他发明了一个与哈密敦大大不同的体系。在他的《形式论理学》（ *Formal Logic*），《新论理学纲要》（ *The Syllabus of a new System of Logic*）以及剑桥哲学会报告书（ *Transaction of the Cambridge Philosophical Society*）关于推论式的重要记录里。他说明得很清楚，摩根教授又在那些著作里，说明一称"定数"的推论式（ Numerically Definite syllogism）。他指出两个特称的前提也常常可以得到一个有效的结论，只要两个名词的数量能说出来，并且这两数目相加的总数超过中名词的数量。因此，假若一个公开大会中多数的人对于第一个议决案加以表决，多数的人又对于第二个议决案加以表决，这必然的可以推出有些人表决第一个议决案的也表决了第二个，两个多数相加的总和既超过了大会的全体人数，这总数里决不会包括完全不同的人，也许两次里就包括了完全相同的人呢！但是我们所能从前提里推出来的只是，两次多数的总和较在会总数所超过的那些人数，曾确然表决两次议决案罢了。哈密敦曾说这种推论只能靠着超总数的分配（ Ultra – total distribution）上，于是，数值命题（Plurative Propositions）这名词就用来表示那些在断语里曾清楚地给予一件事物的分数或数目的命题了。

二二年三月五日，在清华园

译者注：

①Barbara，是一种推论式的符号，为 A，A．A．三个命题构成，是一个最普通的推论式，其式如下：

All M is C

All T is M

All T is C

②Celarent 如下：

All M is not C

All T is M

All T is not C

③Cesare 如下：

All T is not M

All C is M

All C is not T

秦代官制考[*]

一　绪言

　　秦代统一了中国后，虽不到 20 年便崩溃了，然而在中国史上的影响却是非常之大。历来的史家，以为秦是第一个废分封建立郡县的朝代，近来国内史学界闹着中国社会史的论战。陶希圣以为："秦乃是官僚政府和农民的国家，所以能够一举扫灭残余封建国家的六国。"（《中国社会之史的分析》，第 191 页）又说："秦汉以后，中国已由封建制度进入官僚政治时期。"（同上书，第 59 页）而郭沫若说："秦始皇不愧是中国社会史上完成了封建制的元勋，他把天下统一了……"（《中国古代社会研究》，第 20 页）。两人的说法，虽刚是相反，然而都把秦代拿来做划分时代的界线，便可见秦代这 16 年（公元前 221 ~ 前 206 年）的重要，它实是结束了以前千余年的历史，同时开创了以后千余年的局面，是中国史上的一个关键。

　　本篇所讨论的，虽只限于秦代政治制度一方面；并且因为"法律

＊　本文原载《清华周刊》1933 年第 38 卷第 12 期，署名"作民"。

和政治的制度，只是建立在社会经济结构这一基础上的筑物"；所以这并不是最重要的一方面。但是政治制度的一定形式是适应于这个基础的，而是这个基础的反映。明白了当时的政治制度，可以推测到为它所反映的那个时代的社会。所以本篇考证秦代的官制，范围虽觉稍狭，仍是值得做的工作。

本篇的着重点是秦在统一中国的过程中，如何订定了它的官制，以求适合于这一新的使命。因之所述的多是始皇即位以后的官制，至于始皇以前的，只在有连带叙述的必要时才述及，否则便阙略不书。

秦代的史料，现在所遗留的大部分在《史记》中。《汉书》断代为史，《百官公卿表》中虽或述及秦官，略而不详。本篇以《史记》为主，引及《史记》中的本纪、列传时，不复更标举书名，以省篇幅。

二　中枢政治之中心——三公九卿

相国，丞相　相国一称，起源较早，丞相则实始于秦。秦代丞相，其姓名尤多可考。兹列举于后。

《秦本纪》及《六国年表》：秦武王二年（公元前 309 年）初置丞相，樗里疾、甘茂为左右丞相（据《甘茂传》，甘茂为左丞相，樗里子为右丞相）。此外《史记》中尚有向寿（《甘茂传》）、楼缓（《秦本纪》、《六国表》、《穰侯传》）、田文（《秦本纪》、《六国表》、《孟尝君传》）、魏冉（《秦本纪》、《六国表》、《穰侯传》）、寿烛（《穰侯传》）、范雎（《范雎传》）、蔡泽（《蔡泽传》）、吕不韦（《秦本纪》、《六国表》、《吕不韦传》）等，皆曾为秦相，其时皆在武王之后而始皇以前。至于始皇以后的秦相，则有下列诸人。

《始皇本纪》、《六国表》、《吕不韦传》：始皇初立，以吕不韦为相，十年免。

《始皇本纪》：九年，"令相国昌平君、昌文君发卒攻毐"。

《始皇本纪》：廿六年丞相绾等议帝号，廿八年立石琅玡台，从臣题名，有丞相隗状、丞相王绾。

《始皇本纪》、《李斯传》：三十四年，丞相斯议焚诗书，三十七年，始皇出游，左丞相斯从，右丞相去疾守。

《始皇本纪》：二世三年冬，赵高为丞相。《李斯传》：二世拜高为中丞相。按：《战国策》卷四，"甘茂约秦、魏而攻楚，楚之相秦者屈盖"。《史记·六国表》及《楚世家》谓"楚怀王十七年秦败我将屈丐"。《索隐》云："丐音盖，楚大夫"，或即其人，相秦当亦在秦武王时；又始皇九年，吕不韦尚未免相，而史言有相国昌平君、昌文君，是秦有三相，必有误。昌文君未见于他处，疑原文当作"相国昌平君文"其下昌君二字为衍文，或涉上文致误。又按王先谦云："《周纪》：赧王令其相国之秦，又云苏代见韩相国。《赵世家》：烈侯相国公仲连，是秦尚在后。"按赧王令其相国之秦，事在赧王五十八年（公元前257年），苏代见韩相国，事在赧王八年（公元前307年），实皆在秦武王二年之后，故《史记集解》云：诸国共放秦也，但裴骃之语亦未确。赵烈侯六年（公元前403年）即有赵相国公仲连，故余以为相国之名，实起于三晋，秦自三晋吸取文化，因亦采其制，惟改称丞相，至于前代虽亦有"相"之称，如管仲相齐（见《管子》）之类，则郑樵所谓"黄帝六相，为之辅相，不必名官"也。又按《汉书》谓：相国、丞相皆秦官，然余疑秦仅称丞相，而相国乃战国后期各国宰辅之通称。武王初置，而二世亡国时，仍称丞相，似中间并未改称，此其一也。《史记》虽称魏冉、范雎、吕不韦为相国（见《穰侯传》、《范雎传》、《吕不韦传》），然未曾言明何时改称，故当为史迁以六国宰执之通称称秦相，而非秦国之改称也。观吕不韦于庄襄王元年为"丞相"（见《吕不韦传》），而《秦本纪》云庄襄王元年东周君与诸侯谋，使"相国"吕不韦诛之。则"丞相"、"相国"二名，在史迁固未加以区别，可以互易，故常称秦丞相曰相国。后世不悟，遂以为秦有"丞相"、"相国"

二称，此其二也。惟《吕不韦传》云：始皇立，"尊吕不韦为相国，号称仲父"。似乎秦另有"相国"一官，爵位较隆。然此处实有谬误，《史记》叙秦史，丞相、相国二称可通用，似无轩轾于其间，观上文所举范雎、魏冉诸例可知，且即令相国较丞相为尊，则据《秦世家》，吕不韦在庄襄王元年即称相国，不待始皇即位而始然，故余疑此处有误文，《史记》原文当为"尊称相国吕不韦，号为仲父"，故《吕不韦传》下文言秦王责备之，谓君何亲于秦，称号仲父，后人以汉高祖有拜丞相萧何为相国事，遂改此文，致有此误，而史迁原文仅以当时六国宰执通称以呼之耳，并未言秦改称丞相曰相国也。

秦丞相之职务，乃"掌承天子助理万机"（《汉书·百官公卿表》），其初多有由宗室近亲为之者，如樗里疾、魏冉为王与太后弟，但其后则多由布衣而擢升（如范雎、蔡泽、李斯等），其罢免亦多由国君之专断（如魏冉等之免相），可知丞相与上古卿士之不同，其一在于无所袭之制，其任罢皆出于国君。其二在于人数较少，政权集中于一二人之手，若将晋之六卿，鲁之三桓，与之比较，其区别显然可见。而此种制度甚适合于由政治上的部落封建制向集权军国制之推移；其优点显然，不须赘述。案：秦虽置左右丞相，然其权力实集中于左丞相一人之手，故武王二年甘茂、樗里疾为左右丞相，而昭王元年甘茂免左丞相，樗里疾升任，《秦本纪》云"严君疾（即樗里疾）为相，甘茂出之魏"，然樗里疾虽于武王三年兼相韩国，但未闻免右丞相职，则此时当由右丞相升任，史迁在此处似仅视左丞相为相矣。至始皇时，王绾、隗状为相，而《史记》廷议帝号时"丞相绾、御史大夫劫、廷尉斯等皆曰"，而未提及隗状，及后李斯、去疾为相，政权亦多操诸左丞相李斯之手，《史记》仅于三十七年李斯从始皇出游时，始提及右丞相去疾守，至于魏冉等为相，其同列为何人，便不能详，后赵高为中丞相，则更归并二者为一，废除左右丞相之制。汉高祖时即仅置一丞相。凡此皆是以证明政权之集中化，而为余上文所举第二点之证据。

国尉　《汉书》云："太尉秦官，掌武事。"《史记·秦始皇本纪》十年以尉缭为国尉。《正义》云："若汉太尉大将军之比也。"《白起传》昭王十四年起迁为国尉。《正义》云："言太尉。"然秦之国尉，其职位似远不及汉之太尉，如白起为国尉，乃由左更迁升，后一年始为大良造，后十五年始为武安君，尉缭则由布衣即擢升为国尉，其后亦未闻有所设施。应劭曰"自上安下曰尉，武官悉以为称"，疑秦时之国尉，仅在尉中地位稍隆，未必相当于汉之太尉。更观《白起传》昭王四十八年苏代说秦相应侯曰："今赵亡，秦王王，则武安君必为三公，君能为之下乎？"则白起其时未为三公可知，若武安君在昭王十四年即为太尉，而太尉又为三公之一，则苏代安能出此语，故知国尉决不能与汉之太尉相比。盖战国以来，军事频繁，故有另设将军以务军事，与民事划分。但事属草创，故仅逢攻征之时，指派一将军以领率之。在平时尚无掌四方兵事之太尉。及始皇统一全国，即图"永偃戎兵"（芝罘刻石中语），故疑禄比丞相而专掌兵事之"太尉"或起于汉。

御史大夫　《汉书》云："御史大夫，秦官，……掌副丞相。"应劭曰："侍御史之率，故称大夫云。"秦之御史大夫，其地位仅卑于丞相：

《始皇本纪》：二十六年议帝号，丞相绾、御史大夫劫、廷尉斯等皆曰……

《始皇本纪》：二年丞相臣斯、臣去疾、御史大夫德昧死言（又秦泰山刻石、琅玡刻石、峄山碑、秦权等亦同，其拓本皆曾收入冯云鹏《金石索》中）。

御史大夫之下，有御史。其职务为：

（1）掌图籍秘书　《史记·张苍传》："秦时为御史，主柱下方书。"又云："苍乃自秦时为柱下史，明习天下图书计籍。"

《萧相国世家》："何独先入收秦丞相御史律令图书藏之。"

《汉书·百官公卿表》："在殿中兰台掌图籍秘书。"

（2）受公卿奏事举劾按章，换言之，即司法上的职务　《始皇本纪》：三十五年，"使御史悉案问诸生"。又三十六年，"黔首或刻其石曰：始皇帝死而地分"。始皇闻之，遣御史逐问。

《蒙恬传》："而遣御史曲宫乘传之代，令蒙毅曰：……朕不忍，乃赐卿死，亦甚幸矣，卿其图之。"

《李斯传》："赵高使其客十余辈，诈为御史、谒者、侍中，更往覆讯斯。"

《汉书·百官公卿表》："受公卿奏事，举劾按章。"

（3）由中央派遣各郡，巡视考察　《萧相国世家》："秦御史监郡者与从事，常辨之。"《集解》云："秦时无刺史，以御史监郡。"又"秦御史欲入言征何，何固请，得毋行"。

《曹相国世家》："西击秦将杨熊军于曲遇，破之，虏秦司马及御史各一人。"则御史且得监视军队，汉时有监军御史（见《汉书·胡建传》），即承秦制也。《汉书·百官公卿表》："外督部刺史"，此指汉制，然亦承秦制而略变通之而已。

余以为御史之名，即"皇帝左右之秘书"之意，故第一种掌管图书之职务为其本来之职守，但以其遭皇帝之信任，故常受命讯审及出京巡视，此二事之关系更为重要，为"法治国"及"统一国"所不可缺少，故汉承秦制而不改。

诸卿　据《汉书·百官公卿表》：汉之九卿，皆承秦制。按秦之官制，有所谓"卿"者，其地位仅低于丞相，或称为"上卿"，乃泛指较高级之中都官。

《始皇本纪》："二十八年琅玡刻石题名：丞相王绾、卿李斯、卿王戊、五大夫赵婴……"（按是时李斯尚未为丞相，据《秦本纪》及《李斯传》，当居廷尉之职）。

《蒙恬传》："蒙骜事秦昭王，官至上卿。"又云：始皇时蒙毅位至上卿，出则参乘，入则御前。

《甘茂传》："甘罗还报秦，乃封甘罗以为上卿。"

然秦之上卿是否相同于汉之九卿，除廷尉一职外，已无可考，兹姑按《汉书·百官公卿表》述之：

（1）奉常　《汉书》云：秦官，掌宗庙礼仪，其属官之见于史者有太祝、太宰。

《史记·封禅书》：始皇封泰山禅梁山，"其礼颇采太祝之祝雍上帝所用"。又云："诸祠皆太祝常主，以岁时奉祠之……郡县远方神祠者，民各自奉祠，不领于天子之祠官。"又云："高祖悉召故秦祝官，复置太祝太宰，如其故仪礼。"

及太史、太卜、太医、五令丞。

《汉书·艺文志》、许慎《说文解字·序》：秦太史令胡毋敬作《博学篇》。

《李斯传》：二世"乃召太卜，令卦之"。

《扁鹊传》："秦太医令李醯。"

（2）郎中令　《汉书》云：秦官，掌宫殿掖门户。

《秦本纪》："二世元年赵高为郎中令。"

《李斯传》："初，赵高为郎中令，所杀及报私怨众多。"

《始皇本纪》：二世三年丞相赵高使郎中令为内应。《集解》："徐广曰一云郎中令赵成。"

其属官有大夫，掌议论。《史记》言秦官有中大夫令，疑即《汉志》之"太中大夫"或"中大夫"。《始皇本纪》：卫尉竭、中大夫令齐等二十人皆枭首（按汉时亦有中大夫令，乃景帝初卫尉之更名，与此同名异实）。

按：《秦纪》云，穆公时以百里奚为五羖大夫，蹇叔为上大夫，其名称虽相似，然商鞅云百里奚相秦，则决非郎中令之属官可知，故不列入。又秦代有"五大夫"，则为爵禄之称，亦非郎中令之属官。郎，掌守门户，出充车骑。

《李斯传》："不韦贤之，任以为郎。李斯因以得说。"

《刺客列传》：荆轲刺秦王时，"诸郎中执兵，皆陈殿下"（《汉书》：郎有议郎、郎中……）。

《始皇本纪》：二世元年，"以罪过连逮少近臣三郎"。《索隐》"三郎谓中郎、外郎、散郎"。又二世三年，"阎乐直将吏入，行射郎宦者"。谒者，掌宾赞受事。

《始皇本纪》：二世元年，"谒者使东方来，以反者闻二世"。

《李斯传》：赵高使客诈为御史、谒者、侍中。

《范雎传》："秦昭王使谒者王稽于魏。"

（3）卫尉　《汉书》云，秦官、掌宫门卫屯兵。

《始皇本纪》：九年，卫尉竭等二十人皆枭首。

其属官有卫士令。

王先谦曰：卫士令，秦官，省文称之曰卫令。《李斯传》：赵高将弑二世，诈诏卫士，而《始皇本纪》之遣阎乐至殿门，缚卫令，可参证也。

（4）廷尉　《汉书》云秦官，掌刑辟。

《始皇本纪》：二十六年廷尉斯等议帝号及封建诸子。

《李斯传》：李斯"官至廷尉"。

（5）太仆　《汉书》：秦官，掌舆马，其属官有车府令。

《始皇本纪》：三十七年中车府令赵高。

《李斯传》：始皇三十七年出游，丞相斯、中车府令赵高皆从。

《蒙恬传》："秦王闻高强力，通于狱法，举以为中车府令"（观此条，中车府令似不仅专掌乘舆路车）。

（6）典客　《汉书》云：秦官，掌诸归义蛮夷。

（7）宗正　《汉书》云：秦官，掌亲属。

（8）治粟内史　《汉书》云：秦官，掌谷货。

（9）少府　《汉书》：秦官，掌山海池泽之税，以给共养。

《始皇本纪》：二世二年冬，少府章邯。

《陈涉世家》：秦令少府章邯发兵击楚。

其属官有符玺令（即汉之符节令）。

《始皇本纪》："中车府令赵高行符玺事所。"

《李斯传》："赵高兼行符玺令事。"

佐弋，掌弋射者。

《始皇本纪》：九年，佐弋谒等二十人皆枭首。

铁官。

《太史公自序》：祖先司马昌，为秦主铁官，当始皇之时。

按《汉书·百官公卿表》有铁市长丞，属治粟内史。然古代中央政府之财政，分国家财政及皇室财政，凡皇室之收支，皆归少府，故如符节令掌皇帝之御玺（《始皇本纪》：九年，嫪毐，作乱，矫王御玺），佐弋掌助皇帝弋射之事，在当时皆视为皇帝之费用，而非国家费用，故应由少府支出。至于山泽之收入，亦属之少府，与田赋之收入不同。铁盐之利，为山泽收入之一种，故《盐铁论·禁耕篇》谓差时，"盐铁"未笼，胊邴吴王皆专"山泽之利"，则铁官应属之少府无疑。《汉书》以之为治粟内史之属官者，以汉武帝将盐铁收归国营，又将其管理权由少府移归大司农。故其官制之统属，乃指汉武帝以后之事，非谓秦时即已然。故余在此处将其改归"少府"一项之下。

三　其他中央官吏

博士　《汉书》云：秦官，掌通古今。其职务不限于习六艺。

《始皇本纪》：三十六年，使博士为《仙真人诗》。三十七年，始皇问占梦，博士曰。

《始皇本纪》：二十六年议帝号，丞相绾等奏臣等谨与博士议。

其人数似为七十人。

《始皇本纪》：三十四年，"始皇置酒咸阳宫，博士七十人前为寿"。又三十五年，"侯生、卢生相与谋曰：博士虽七十人，特备员不用"。

其属有博士仆射及博士弟子。

《李斯传》："博士仆射周青臣等，颂称始皇威德。"

《叔孙通传》：二世召博士诸儒生问，博士诸生三十余人前曰：……

（王静安之《汉魏博士考》一篇，对于秦代之博士，考证颇精核，兹不多赘）。

东宫官　太子有师傅，疑二者相等于汉之少傅、大傅。

《商君传》：刑太子之傅公子虔，黥其师公孙贾。

属官有中庶子及舍人。

《刺客列传》："厚遗秦王宠臣中庶子蒙嘉。"

《始皇本纪》：李斯为舍人。案《始皇本纪》又有嫪毒舍人、吕不韦舍人，乃指二人之门下客，与太子舍人不同，又据李斯为吕不韦舍人，似李斯未必为太子舍人，但《始皇本纪》以吕不韦为相，李斯为舍人，蒙骜等为将军，则又似为秦王之属官，故姑存之。

内史　《汉书》云：周官秦因之，掌治京师，然秦之内史常将兵攻外，其职务似与汉时稍同。

《秦本纪》：秦缪公问内史廖。

《始皇本纪》：九年，内史胜等二十人皆枭首。

《六国表》及《始皇本纪》：十七年，内史腾攻韩。

《蒙恬传》：始皇二十六年蒙恬破齐，拜为内史，其后将兵防御匈奴，暴师于外十余年。二世时无辜遭诛，二世使人令蒙恬曰："卿弟毅有大罪，法及内史"，仍称内史。

客卿　又秦有所谓"客卿"者，数见于史。

《白起传》、《六国表》：昭王十八年客卿错击魏。

《秦本纪》：昭襄王三十三年客卿胡伤攻魏卷，又三十六年客卿灶攻齐。余初以仅泛指异国人士之仕秦者，然细审之疑为秦之官名，用以待异国初来仕秦之人，犹民国初元时之外人顾问，及仕秦稍久，则依功绩为秦之正式卿相，即无客卿之名，惟此点仍缺强证，故不敢即下断论。

《李斯传》：李斯，献灭关东诸侯之策，秦王拜斯为客卿，后官至廷尉。然廷尉仍为"卿"，何以不仍称为客卿，又初拜为客卿，其"卿"为何官？皆有可寻味处。

《秦本纪》：昭襄王三十三年客卿胡伤攻魏卷，三十八年更胡伤攻赵，亦先称客卿，而后改称秦官。

《张仪传》：张仪得见秦惠王，惠王以为客卿，与谋伐诸侯。

《范雎传》：秦王乃拜范雎为客卿，谋兵事，后秦王乃拜范雎为相。

《蔡泽传》："秦昭王召见与语，大说之，拜为客卿。……范雎免相，昭王新说蔡泽计划，遂拜为秦相。"

此或因当时诸国并立，秦文化落后，故有设此官之必要，及始皇统一后，即不复有此官，后世遂以为泛指异国人之仕秦者，余以为此为可能的假设。

长史 即后世"秘书长"之意，汉书言丞相、太尉、御史大夫等皆置有长史，秦时即已有此一职。

《李斯传》："秦王乃拜斯为长史。"

《始皇本纪》："二世益遣长史司马欣、董翳，佐章邯击盗。"

其他 据《汉书·百官公卿表》，此外尚有将作少府、詹事、将行、水衡都尉、护军都尉、主爵中尉等，皆秦官，已不可详考矣。

四　武官

将军 秦时之军事领袖。将军之为官名，乃起于战国以后军民分化之结果。秦以军国制度立国，所置之将军尤多。

《秦本纪》：昭王八年，"使将军芈戎攻楚"。

《穰侯传》："昭侯即位，以冉为将军。"

《始皇本纪》：始皇即位时以蒙骜、王齮、麃公等为将军。十年，以桓齮为将军，二十六年，秦使将军王贲攻齐，三十二年使将军蒙恬北击胡，二世二年杀将军冯劫。

《六国表》：二世二年将军章邯……追楚兵至河。

如遇重要战争，则置上将军，一军之中不能有二统帅，则以他将为裨将军。

《白起传》：昭王四十七年，以白起为上将军，王齮为尉裨将（即长平之役，与赵括对抗）。

《蒙恬传》："始皇二十三年，蒙武为秦裨将军，与王翦攻楚"（据《王翦传》，翦是年代李信为主帅攻楚，杀项燕）。

《李斯传》：诈诏赐将军蒙恬死，以兵属裨将王离。

其属官有长史。

《项羽本纪》：章即使长史欣请事，至咸阳。

尉　尉为武官之通称，故上至独当一面之主帅，下至领率戍卒数百人之长官，皆得称尉。

应劭曰：自上安下曰尉，武官悉以为称。

《六国表》：魏昭王元年（即秦昭王十二年），秦尉错来击我襄城。又秦昭王二十三年，尉斯离与韩、魏、燕、赵共击齐，破之。

《陈涉世家》：戍渔阳，九百人屯大泽乡……吴广起夺剑而杀尉，陈胜佐之，并杀二尉。

至于"尉"字与他字连称而成特定官名者，有卫尉、国尉、中尉（悉见前中央官吏二章中）。

都尉。

《王翦传》："杀七都尉。"

《六国表》及《项羽本纪》：都尉董翳。

《樊哙传》：至霸上，杀都尉一人。

校尉。

《陈涉世家》："秦左右校复攻陈。"《索隐》云：即左右校尉也。

《黥布传》："北击秦左右校，破之清波。"

郡尉（见下"州郡吏"章中）。

候、司马、监军御史　除将尉外，尚有候、司马，亦为军吏。此外则尚有由中央派遣之监军御史。

《项羽本纪》："章邯遣候始成。"

《樊哙传》："斩侯一人，首六十八级。"

《曹相国世家》："虏秦侯一人。"

《曹相国世家》："虏秦司马及御史各一人。"

封爵　《汉书》云：秦制爵二十等；以赏功劳。然秦人所称之功劳，多为军功，即偶有以献策得爵者，亦为数无多。《商君传》云：有军功者各以率受上爵，故今将封爵与武官并为一章述之。秦时亦已有赏爵，《六国表》及《始皇本纪》：四年，民内粟千石，拜爵一级，较汉文帝时入粟边六百石爵上造，为价更昂，又赐爵亦起于秦，《始皇本纪》二十七年，是岁赐爵一级。

（1）公士

（2）上造

（3）簪袅

（4）不更（《左传》成公十三年五月，晋师获秦成差及不更女父）

（5）大夫

（6）官大夫

（7）公大夫

（8）公乘

（9）五大夫　《秦本纪》：昭王十三年五大夫礼出亡奔魏。《范雎传》：昭王使五大夫绾伐魏。《集解》：徐广曰昭王三十九年。《秦本纪》：昭王四十五年五大夫贲攻韩。《白起传》及《秦本纪》：昭王四十八年，使五大夫王陵，攻赵邯郸。《始皇本纪》：二十八年琅玡刻石题名，有五大夫赵婴、五大夫杨樛。

（10）左庶长　《商君传》及《秦本纪》：孝公六年以鞅为左庶长。《白起传》：昭王十三年，而白起为左庶长；四十七年，秦使左庶长王龁攻韩，取上党。

（11）右庶长

（12）左更　《白起传》及《秦本纪》：昭王十四白起为左更。《秦本纪》：昭王十六年左更错取轵及邓。

（13）中更　《秦本纪》："昭王三十八年中更胡伤攻赵。"

（14）左更　《樗里子传》："秦惠王八年，爵樗里子右更。"

（15）少上造

（16）大上造　《商君传》、《六国表》、《秦本纪》：孝公十年卫鞅为大良造（《索隐》：即大上造也）。《秦本纪》、《白起传》：昭王十五年，白起为大良造。《秦本纪》：惠文君五年，犀首为大良造。

（17）驷车庶长　《汉书补注》：沈钦韩曰，秦纪惠王十二年庶长疾攻赵，《六国表》为樗里疾，参考纪传七年疾为庶长，上左右庶长也，八年为右更，后则此驷车庶长矣。

（18）大庶长　《秦本纪》：秦宁公卒，大庶长弗忌、威垒、三父废太子而立出子为君。按：《左传》襄公十一年秦庶长鲍庶长武伐晋以救郑，襄公十二年秦庶长无地伐宋。《秦本纪》：怀公四年庶长晁围怀公，怀公自杀。惠王后元七年秦使庶长疾与五国战，十二年庶长疾攻赵，十三年庶长疾助韩攻齐，又庶长章击楚（《六国表》同）。武王三年使庶长封伐宜阳，昭王二年庶长壮与大臣诸侯公子为逆，皆诛，六年庶长奂伐楚。皆仅称庶长，而秦之庶长有四爵，故除庶长疾（即樗里疾）一条见驷车庶长项下外，其余皆莫悉其孰指。

（19）关内侯　《汉书》师古注：言有侯号而居京畿，无国邑，始皇二十八年琅玡刻石题名有，伦侯建成侯赵亥，伦侯昌武侯成，伦侯武信侯冯毋择。《索隐》：伦类也，爵卑于列，无封邑者（按：《始皇本纪》：八年王弟长安君成蟜将军击赵，九年相国昌平君昌文君发卒攻毐。《白起传》及《六国表》：昭王三十年起迁为武安君。《蔡泽传》：泽乃谢病归相印，号为纲成君，皆不言有封邑，疑皆关内侯之类也）。

（20）彻侯　《秦本纪》及《商君传》：孝公二十二年，封鞅为列侯，号商君（《商君传》云封于商十五邑）。《穰侯传》：乃封魏冉于穰，复益封陶，号曰穰侯。又魏冉同父弟号为辜阳君，秦昭王弟曰泾阳君及高陵君，皆于昭王四十二年出关，就封邑。《范雎传》：秦乃封范雎以应，号为应侯。《吕不韦传》：封为文信侯，食河南洛阳十万户。《始皇本纪》：八年嫪毐为长信侯，予之山阳地，令毐居之。又二十八年琅玡刻石题名有列侯武城侯王离，列侯通武侯王贲（按秦时当称彻侯，列侯当为避讳而改，《汉书》谓避武帝讳曰通侯，或曰列侯。《李斯传》：赵高说李斯曰扶苏即位必用蒙恬为相，君侯终不怀通侯之印归于乡里明矣。然《史记》中他处并不避讳，如《蒙恬传》：始皇乃使蒙恬通道，及《始皇本纪》"决通堤防"之类皆是。故知史迁有时常以当时官名以名秦官，如称秦丞相曰相国，秦彻侯曰通侯，非全由于避讳改书，此点亦可为余上文辩白丞相一称之旁证）。

五　郡县官吏

监御史　秦郡之最高长官为守尉监。

《始皇本纪》：二十六年，分天下为三十六郡，郡置守、尉、监。

监御史乃由中央遣派地方，以司监视之责，乃由封建改为郡县后所不可省略，故汉初虽一度省去，不久即复置部刺史可见秦代官制之善。

《汉书·百官公卿表》：监御史，秦官，掌监郡。

《萧相国世家》：秦御史监郡与从事，常辨之……秦御史欲入言征何。

《高祖本纪》、《樊哙传》、《滕公传》，有泗水监平。《曹相国世家》："攻秦监公军，大破之。"《索隐》据《高祖本纪》谓即泗水监平，公为相尊之称。

《汉书·严助传》：秦击越，使监禄凿渠通道。王先谦曰，即监御史也。

郡守 监御史为中央政府与地方官之联络者，所以使中央政府便于指挥及监视地方事务。而地方行政之执行，则在郡为守尉，在县为令丞，守之名始于晋（《左传》僖公十五年："晋侯问原守于寺人勃鞮"，昭公二十二年"晋灭鼓，使涉陀守之"），秦人由三晋输入此名以名郡长官。

《始皇本纪》：三十四年下诏焚诗书，令人民悉诣守、尉烧之。

《始皇本纪》：二世元年：赵高谋曰：案郡县守尉有罪者诛之。又陈涉发难后，使者谓群盗郡守尉方逐捕，不足忧。

《始皇本纪》：二世元年山东郡县少年苦秦吏，皆杀其守尉令丞。

《张耳陈馀传》："县杀其令丞，郡杀其守尉。"

郡守之职，颇为重视，如任鄙为汉中守，其就职及去世年月皆记于《秦本纪》及《六国表》中。且掌有兵权，不仅限于文事。惟每年须上计，否则视为不称职（此制汉代犹承不改）。

《范雎传》：昭王乃召王稽，拜为河东守，三年不上计。后王稽为河东守，与诸侯通，坐法诛（据《六国表》乃昭王五十二年事）。

《秦本纪》及《六国表》：昭王十三年任鄙为汉中守，十九年任鄙卒。

《陈涉世家》、《李斯传》：李斯子由为三川守，守荥阳。

《曹相国世家》、《周丞相世家》、《灌婴传》、《高祖本纪》与南阳守龁战。

《高祖本纪》："泗川守壮败于薛。"

《项羽本纪》："会稽守通谓梁曰……"

《六国表》：昭王六年，"司马错往诛蜀守煇"。

《陈涉世家》：秦嘉等围东海守庆于郯。

《陈涉世家》："陈守令皆不在。"《索隐》："张晏云郡守及令皆不在，非也。《地理志》云秦三十六郡，并无陈郡，则陈止是县。"全祖望曰："楚郡即陈郡也，楚郡治陈，故亦称陈郡。"按：全氏之说是也，《高祖本纪》："南阳守齮走保城守宛，……沛令围宛城三匝，南阳守欲自刭，其舍人陈恢……乃逾城见沛公曰……沛公曰善，乃以宛守为殷侯，封陈恢千户。"《地理志》及秦三十六郡亦无宛郡，盖以南阳治宛，故南阳守亦可称"宛守"，此处陈守令即楚郡之守及郡治陈县之令也，谓"陈守令皆不在"，用"皆"字则所指非一人，《索隐》以为守非官，乃是衍字，说实未当。

郡尉 《汉书》云：秦官，掌佐守典武职甲卒。

《曹相国世家》："其后从攻东郡尉军，破之。"《周勃世家》："攻东郡尉于城武，破之。"《灌婴传》："从击破东郡尉于成武。"

《南越列传》："二世时南海尉任嚣病且死。"

县令 《汉书》云秦官，掌治其县，令为官名亦起于三晋（如西门豹为邺令，李克为中山令），秦之文化多采用三晋，故孝公变法，每县置长官，名之曰令。

《秦本纪》：孝公十二年，"并诸小乡聚，集为大县，县一令。"

《李斯传》及《秦本纪》：咸阳令阎乐。

《项羽本纪》："东阳少年杀其令。"

《张耳陈余传》：蒯通说范阳令。《汉书》曰范阳令徐公。

《田儋列传》：儋见狄令，因击杀令。

《周勃世家》：攻都关，得单父令。

郡县佐吏 郡官除守尉外，尚有卒史，萧何即曾为之。

《萧相国世家》："何乃给泗水卒史事。"《索隐》："如淳按：律，郡卒史书佐各十人也。"

县中则有主吏，即功曹掾。

《萧相国世家》："为沛主吏掾。"《索隐》："《汉书》云何为主吏。主吏，功曹也。又云何为沛掾，是何为功曹掾。"

《高祖本纪》："萧何为主吏。"又云："掾主吏萧何曹参。"

狱掾。

《项羽本纪》："狱掾曹咎书抵栎阳狱掾司马欣。"

《曹相国世家》："秦时为沛狱掾。"

令史。

《项羽本纪》：阳东令史陈婴。

《滕公传》：夏侯婴时以县令史为高祖使沛。

厩司御。

《滕公传》："为沛厩司御。"《索隐》："按《楚汉春秋》云：滕公为御也。"

此外尚有丞、尉，地位较隆，谓之长吏。

《汉书·百官公卿表》：县"皆有丞、尉，秩四百石至二百石，是为长吏……皆秦制也。"《陈涉世家》："攻陈，陈守令皆不在，独守丞与战谯门中。"《索隐》云，陈是县名，守令、守丞之守皆是衍字（按：司马贞之说非是，南阳守得称陈守已见上"郡守"项中，故守令之守非衍字，至于"守丞"之称，言郡守县令皆不在时，县丞代司守城之责，犹《始皇本纪》言"始皇出巡，左丞相斯从，右守相去疾守"，之"守"字，故亦非衍字）。

《陈涉世家》："将尉醉。"《索隐》云：将尉，官也。《汉旧仪》：大县二人。其尉将屯九百人，故云将尉也。

又有斗食佐史，是为少吏。

《汉书·百官公卿表》："百石以下有斗食、佐史之秩，是为少吏……皆秦制也。"《始皇本纪》：十一年，"军归斗食以下，什推二人从军!"《索隐》："言王翦为将，诸军中皆归斗食以下无功佐史，什中唯推择二人令从军耳。"

乡官　县以下之政治区域，有里、亭、乡，其官吏由人民推择，以资产及品行为标准。

《淮阴侯传》："始为布衣时，贫无行，不得推择为吏"（据《高祖本纪》，"试为吏，为泗水亭长"。则所谓吏者，即指乡官而言）。

里有里宰（？）及里门监。

《陈丞相世家》："里中社，平为宰，分肉食甚均。"疑里有宰，社时即司宰肉之责任。

《张耳陈馀传》："为里监门以自食。"

亭有亭长及求盗。

《汉书》：十里为亭，亭有长。

《高祖本纪》："试为吏，为泗水亭长"《滕公传》作沛泗上亭，未知孰是。

《淮阴侯传》："常数从其下乡南昌亭长寄食。"

《高祖本纪》："令求盗之薛治之。"《集解》云："求盗者，旧时亭有二卒，其一为求盗，掌逐捕盗贼，一为亭父，掌开闭扫除。"

乡有三老、有秩、啬夫、游徼。

《陈涉世家》："乃入据陈，数日，号令召三老、豪杰与皆来会计事。"

《汉书·百官公卿表》："十亭一乡，乡有三老、有秩、啬夫、游徼……皆秦制也。"

六　结论

就上面所叙述的秦之官制，我们可以得到结论三点：

（1）秦代官制的来源，一部分是三晋输入（或采用其实而更改其名，例如改相国为丞相；或兼取名实，例如郡守县令），这是因为三晋的文化较高，而且地域毗连，文化的灌输进去比较容易。一部分是秦人所特创，以求适应时代上的新需要和地理上的民族特殊性。至于周的官制，秦人罕加以采取，因为时势已经变了，旧皮囊不能盛新酒浆，自然"弃之如敝屣"了。

（2）秦代官制的作用，在于极能适应当时的时代要求。当时的时代要求，不外二点：一为政治上由封建改为郡县，力求政权的集中；一为造成军事上的严密组织，以武力统一中国。秦国对于前一点，多采用三晋的制度，如置相、立郡县等。关于后一点，因秦民族本来富于尚武的精神，故武官及封爵的制度及名称，多为秦国所原有，而罕稗贩自异国。这两方面的优点综合后，秦人便能无敌于天下，遂统一全中国。

（3）秦代官制对于后世的影响，更为伟大。读《汉书·百官公卿表》可知汉代官制，什之八九，袭自秦代。班孟坚说："秦之制作政令，施于后王"，实非虚语。人类社会的一切制度，都是人类利用以适应环境的工具，政治制度便是此中的一种，时代变了，需要变了，上层建筑的政治制度，也不得不随之而改变。尽管后人怎样地唾骂秦始皇，称秦代曰"暴秦"，而他所创的官制，却为后世所仿袭，历千余年而不衰，直到西洋的资本主义国家，用铁舰大炮击破了中国的闭关主义，中国的官制，才有根本的改革。

1932 年 6 月 28 日　温州

魏文侯一朝之政治与学术[*]

一　引言

　　"平王之时，周室衰微，诸侯强并弱，齐楚秦晋始大，政由方伯"（《史记·周本纪》）。这是春秋时的局面。但是到了战国初期，这形势便不同了。楚败于吴后，势渐衰；齐自景公以来，也无力顾及中原；晋六卿不睦，无力向外发展；秦僻处西疆，还未能涉足中原。越虽继吴而霸，勾践以后，便不参与中原盟会攻守的事情。这时候魏国崛起中原，遂为一时的强国。历来史家，多以公元前403年的三家分晋，为战国的始点（如《资治通鉴》），其实此说未妥，实际上，在公元前403年以前，三家便已各自为政，不受晋侯的干涉，三者之中以魏为最强盛，所以现在特别提出来加以叙述。

二　魏文侯之年代　（公元前446～前397年）

　　《史记·六国年表》中的《魏表》和《魏世家》，都有错误。例如

---

　　[*]　本文原载《清华周刊》第39卷第8期（1933），署名"作民"。

以孟子见梁惠王系于惠王三十五年前（公元前 336 年）。但是《孟子·梁惠王》章句上说："梁惠王曰：晋国，天下莫强焉，叟之所知也。及寡人之身，东败于齐，长子死焉；西丧地于秦七百里；南辱于楚。寡人耻之，愿比死者一洒之。"这里所引及的三件史事，除掉齐魏之战为惠王三十年事外，其他二次，都是惠王以后的事，据《史记·六国年表》及《魏世家》，襄王五年（公元前 330 年）与秦河西地，六年秦取汾阴史氏，七年入上郡于秦。这便是西丧地于秦七百里的事实。楚魏之战，在襄王十二年（公元前 323 年）楚败魏襄陵也不是惠王时的事情。

《史记》和《孟子》的记载，既相冲突，那必有一是一非。《孟子》为当时人记当时事，史料的可靠性自较大。并且还有一个很强的证据，足以明《史记》之误。《史记》的《魏表》是：

370 ~ 335B. C. 惠王 共 36 年	334 ~ 319B. C. 襄王 共 16 年	318 ~ 296B. C. 哀王 共 23 年

但是据《竹书纪年》的魏王年表如下：

370 ~ 335B. C. 惠王 共 36 年	334 ~ 319B. C. 惠王后元 共 16 年	318 ~ 296B. C. 襄王 共 23 年

这两个表，当然以《纪年》为是，因为《纪年》是魏国史记，故比较可靠，并且又恰足以解释《孟子》中惠王道及"丧地于秦，辱败于楚"的事情。至于《史记》弄错的原因，也有可得而言。考齐王与魏惠王徐州相王，是由于惠施的建议，改称为王，次年改元。《史记》误以惠王的改元为新主的嗣立，所以将公元前 334 ~ 前 319 年这一段时间划为襄王的时代，而另以和"襄王"二字形近的"哀王"以称原来的襄王时代（见顾亭林《日知录》）。孟子抵梁是惠王卒前一年（公元前 320 年）即惠王后元十五年，经《史记》这样一改，便成为惠王三

十五年的事了，所以遂和《孟子》的事实相冲突。

关于梁惠王的在位年代，既由于《孟子》的旁证，知道《纪年》较《史记》为可靠；那么惠王以前的年代，也可由类推而知《纪年》的可靠。魏文侯的在位时代和年数，《史记》和《竹书纪年》不同。

《史记》	魏文侯	424～387B. C. 共38年	魏武侯	386～371B. C. 共16年

《竹书纪年》	魏文侯	446～397B. C. 共50年	武侯	396～371B. C. 共26年

《竹书纪年》将文侯的即位时代提早22年，将其在位年数增多12年。这二者又以《史记》为错误，其证有二：①《史记》以文侯为魏桓子孙（见《魏世家》），《竹书》则以为其子。这便是因《史记》将文侯即位的时代移后22年，桓子的死和文侯的即位二者之间便生出空隙，所以《史记》凭空造出一君，以置于其间，因为这位文侯之父是乌有先生，所以他的名字谥法，便都不书了。②《史记·魏世家》："文侯受子夏经艺。"相传子夏享寿百另五岁，似觉太长。〔按：《仲尼弟子列传》，子夏少孔子44岁，即生于公元前507年。《魏世家》将"文侯受经子夏"事系在二十五年（公元前400年），子夏便非享寿百另八岁不可。便是依《六国年表》将此事系在十八年（公元前407年），也非享寿百岁以上不可。传说言子夏享寿百另五岁，当即由此而来〕今若依《竹书》将文侯即位年代提前22年，则文侯元年子夏仅62岁，似较合情理。

然《史记》何以致误，它的原因也可以探求，魏文侯二十二年（公元前425年）称侯，二十三年改元。《史记》误以文侯后元元年

（即文侯二十三年）为文侯元年，于是便以为公元前 424 年以前非文侯的时代，遂弄错了。秦惠王十三年四月戊午为王（据梁玉绳《史记志疑》改订，今本《史记》作魏君为王），次年便为元年（见《六国年表》及《秦本纪》）。司马迁曾读《秦纪》（见《六国年表》序），所以不误，但对于东方诸国，因为秦"烧天下诗书，诸侯史记尤甚"（《六国年表》序），史迁未得披阅，所以常有错误。但魏文侯二十二年改元这件事，《竹书纪年》今已残缺，未有确证。不过我们仍可以由《史记》找出证据来：①《魏世家》："文侯二十二年魏……列为诸侯。"然此次称侯，据《六国年表》及《魏世家》，乃在公元前 403 年〔即《史记》中所指文侯卒年（公元前 387 年）前 16 年〕而非公元前 425 年〔即《史记》中所指文侯卒年前 36 年或改订后之文侯卒年（公元前 397年）前 26 年〕。②《六国年表》之《楚表》，声王五年（公元前 403年）三晋称侯，但《楚世家》则谓简王八年（公元前 424 年）三晋始侯，恰为吾人所假定魏文侯称侯改元之年。史迁初亦以公元前 424 年魏便已称侯，所以在《楚世家》中便写下这句话，后来作年表时，加以整理，始改为声王五年（公元前 403 年）魏始称侯，计移后 22 年。不过《楚世家》中未遑修改，便露出马脚来，我们可由《楚世家》以探求三晋称侯的真相。后人多依从《六国年表》而言《楚世家》之非，实非确论。

由以上的讨论，我们可以得到两个结论：①魏文侯即位之年应较《史记》提前 22 年（即由公元前 424 年改为前 446 年）；②魏文侯在位年数，也应较《史记》增加 12 年（即由在位 38 年改为 50 年）。至于武侯在位的年数，也应增加 10 年，以凑足 22 年之数。

　　按：以上所证明的仅是魏文侯的时代应该改订，至于武侯在位的年数应该增加 10 年，却没有什么证明。这是因为这篇所讨论的是魏文侯的时代，所以可以略去不谈，不过我以为武侯的时代增加如果能得证明，也可间接的证明"魏文侯的时代应该提前"。考《史记索隐》引《纪年》云武侯二十六年卒。除这一条孤证外，我却又找出一条旁证。《魏世家》："武侯九年使吴起伐齐，至灵丘"，据《史记》的说法，武侯九年是公元前378年，但是《史纪·孙子吴起列传》却说楚悼王死，楚宗室大臣作乱，射刺吴起，楚悼王的卒年是公元前381年，所以伐齐至灵王之役，吴起早已死掉。梁玉绳《史记志疑》没有办法，只好说《魏世家》弄错。据我的意思，如果依《竹书纪年》武侯即位于公元前396年，即早于《史记》所定者前10年。那么武侯九年是公元前388年，即吴起死前七年，所以吴起也能参与伐齐至灵丘之役。我疑"武侯九年使吴起伐齐至灵丘"是原文；不过《史记》将武侯即位年代移后10年，其他各事多依之更改，只有这一句偶存原文。遂闹出与列传相矛盾的事来。《六国年表》不书"吴起"二字，恐怕也是史迁整理后的结果。

三　魏文侯时代之风俗——社会背景

顾亭林《日知录》卷一三《周末风俗》条云："《春秋》终于敬王三十九年（公元前481年）庚申之岁西狩获麟；又十四年为贞定王元年（公元前468年）癸酉之岁，鲁哀公出奔；二年（公元前467年）卒于有山氏，《左传》以是终焉。又六十四年，威烈王二十三年（公元前403年）戊寅之岁，初命晋大夫魏斯、赵藉、韩虔为诸侯，又十七年，安王十六年乙未之岁，初命齐大夫田和为诸侯。又五十二年，显王三十五年（公元前334年）丁亥之岁，六国以次称王，苏秦为从长；自此之后，事乃可得而纪。自《左传》之终以至此，凡一百三十三年（公元前467～前334年），文史阙轶，考古者为之茫昧，如春秋时犹尊礼重信，而七国则绝不言礼与信矣；春秋时犹宗周王，而七国则不言王矣（原注：《史记·秦本纪》考公使公子少官率师会诸侯于逢泽以朝王，盖显王时）。春秋时犹严祭祀，重聘享，而七国则无一言及之矣。春秋时犹宴会赋诗，而七国则不闻矣。春秋时犹有赴告策书，而七国则无有矣。邦无定交，士无定主，此皆变于一百三十三年之间，史之阙文，而后人可能意推者也。不待始皇之并天下，而文武之道尽矣。"

所以知道在此 133 年（公元前 467～前 334 年）风俗变迁。最显著的是下面的六点，都是春秋时流行而战国时消灭的风俗：①尊礼重信。②宗周王。③严祭祀重聘享。④论宗姓氏族。⑤宴会赋诗。⑥赴告策书。我们一细察这六点，便可知道都是宗法社会封建世袭制度的特征。这便是表示封建制度宗法社会便是在这 133 年之间崩溃的。魏文侯恰生这时代的初期（公元前 446～前 397 年）以国卿而篡晋，其自身便是破坏封建制度的先锋，用军国制以代封建制，是这社会转变的机运中一位非常重要的人物，所以越发有注意的必要。

以上二节叙魏文侯的时代和风俗，是了解魏文侯时政治学术的前提，将这二节弄清楚后，可以接下去讲当时的学术政治。

　　按：钱先生所讲的这一段叙述魏文侯的风俗似稍偏于消极的方面。我们不仅要知道当时逐渐消灭的风俗是什么，并且还要知道当时所新兴的风俗是些什么。后者较前者还要重要，然而本节却省略了去，很是可惜。

四　魏文侯时代之学术

（甲）**魏国的儒家**　文侯以子夏为师，此外尚有田子方、段干木、李克、吴起等。田子方是子夏的弟子（见《吕氏春秋·当染篇》），段干木为子贡的弟子（见《吕氏春秋·尊师篇》），李克为子夏之弟子（见《汉书·艺文志》），吴起为曾子（曾申）（按：吴起从曾申受《左传》，见于刘向《别录》，然此为西汉末之传说，《史记》所称之曾子，疑指曾参而言）的弟子（见《史记·吴起传》），所以这一班人都是儒家的嫡派，儒家一派的光大发挥于魏国，也赖于这一班人。历来史家都以为孔子周游六国，弟子三千。其实孔子仅游过鲁、齐、蔡、卫、宋、曹、郑而已，至于吴、楚、秦、晋，都未曾涉足，他的弟子也仅七十七人，说其整数为七十人（古人书七十七作七十，所以或误为七十二人），《史记》以为三千弟子，来自四方，但是仔细一审查，便知他的弟子多为鲁人，南方人仅有宋人（子张《史记》以为陈人，《吕氏春秋》以为鲁人，子游《史记》以为吴人，然曾仕鲁为武城宰，且与子张通婚姻，故《家语》以为鲁人，详细考证可阅崔东壁《洙泗考信录》），孔子自身既未曾周游六国，他的弟子人数不到三千，并且也不是由四方来的。孔子的学说流传各国，实是魏文侯以后的事，崔东壁的《洙泗考信录》说：孔子的弟子，可分二派，在他 50 岁以前未为大司寇的时候，很讲求实用的学问，50 岁以后，已经没有政治上活动的希望，所以所讲的多是文学伦理的思想，在这二时期中所教出来的弟子，也自然各不相同。前期的子弟多涉足政治舞台，颜回早死，不要去说他。子路为卫大夫孔悝之邑宰，后孔悝作乱，子路斗而死。宰我为临淄大夫，助齐简公以攻田成子，失败被杀（见《说苑》）。宰我善于外交，然其政事未见于《论语》。至于子贡，在《论语》中也常见关于他的政事的记载，"常相鲁、卫，家累千金"（《史记》），孔子死时，前辈弟子中仅子贡存在，故孔子丧事，由子贡主丧，庐墓 6 年。至于后期的弟子，多不涉政治，以讲学为主（见《洙泗考信余录》卷一）。这一班后辈弟子中，曾子、有子、子张、子游在鲁国（按：《史记·儒林列传》："孔子卒后，七十子之徒，游散诸侯，故子张居陈……"此处以子张在鲁国，疑非是），鲁是小国，所以儒学也未能发扬光大，所讲求的多是繁文小节，由《檀弓》中可以看得出来。只有子夏为魏文侯师，魏为当时中原霸主，儒家的兴盛就有赖于此。当时齐国还未有孔子学派的输入，鲁国一派，已萎缩不振，只有魏国儒家，颇能整理兴盛孔子的学派，于是魏国遂成儒家的大本营。墨子时代与子思相近，虽周游各国，但未曾到过魏国；魏文侯好文士，墨子不往的原因当然由于看出魏国是儒家的天下。墨子虽是鲁人，仅游鲁一次，也因为当时子思、申祥、子西一班儒家正垄断鲁国的学术界。

　　按：《吕氏春秋·当染篇》云："田子方学于子贡。"《尊师篇》云："段干木，晋国之大驵也，而学于子夏。"《当染篇》云："段干木学于子夏。"笔记中以子贡为段干木之师，子夏为田子方之师，当为笔录时之误记（？）。分孔子弟子为二派自属妙思。分派之标准和根据，除了（1）崔东壁所谓："《论语》，康子之问，先由而赐而求，武伯之问，先由而求而赤。《春秋传》多载子路冉有子贡之事，而子贡尤多，曾子游夏皆无闻焉，载记则多记孔子没后曾子子游子夏子张之言，而冉有子贡罕所论著"这一重要旁证外，还有（2）《史记·仲尼弟子列传》所载的弟子年岁，崔东壁虽斥之为"不足尽信"，但也不得不承认"大要不甚远"。现在假定20岁左右为从师的年龄，那么孔子50岁以前弟子，大约年龄少孔子30岁，50岁以后弟子，少孔子40岁。考《史记》子路少孔子9岁，闵子骞少15岁，冉有少29岁，颜回少30岁，子贡少31岁（宰予无考）；而后期弟子子夏少44岁，子游少45岁，曾子少46岁，子张少48岁，恰相符合。只有有若《史记》作少孔子13岁，崔东壁已言其误（崔氏云："吴之伐鲁也，微虎欲宵攻王舍，有若踊于幕庭，当是少壮时事，而《列传》谓其少孔子十三岁，则当伐鲁之时年已五十有四，力已衰矣"）。《家语》作少孔子33岁。《家语》虽为伪书，亦"王肃掇拾诸传记为之"（姚际恒语），此点当有所本。若依《家语》，则有若适为前后二期弟子中之过渡人物，故孔子在时，虽无所表见，而孔子没后，弟子相与尊之（见《史记》及《孟子》）。子贡虽为前期弟子，但"子贡当孔子世，已显名于诸侯，仕宦之日既多，讲学之日必少，是以不为后学所宗耳"（东壁语）。

（乙）魏国儒家之学术（礼治主义）　儒家在魏所讲求者是："礼之变，法之立。"孔子之礼是古代那种"君君臣臣"的礼，想把这"礼"应用到当时，以拘束当时的贵族。但是时代已经变了，这一种严分阶级的"礼"，当然不能实行。所以孔子着着失败，毫无成绩。到了孔子的弟子，这种"礼"的主义也变了。在鲁国的弟子，多专诵繁文小节，而不及"君君臣臣"的大礼。在魏国的弟子，看见时代已变了，魏文侯自身便是及序，但内容相同。惟近人卫聚贤氏作《左传之研究》（见《国学论丛》第 1 卷第 1 期），主张"著者系卫卜商子夏，传者系卫左氏人吴起"之说，曾列举著者系文学家、军事学家，长于诗及易，并好谈神怪；与孔子及鲁季氏有关系，曾游于楚，熟于晋事，祖偏魏国，籍贯似为卫人，所在地为晋国。这种种的证据，以证明和子夏所具的条件恰相符，故断言为子夏所著，而以《左氏春秋》之得名，由于传者吴起而来。此节中引姚姬传所指出的吴起和《左传》之关系，未详所出。又此节关于《周礼》、《毛诗》、《尔雅》的著者"籍贯"及"时代"，似乎作断语太速，这三书的著作时代及地点，还是学术界上一个争执的问题，似乎不应便放在讨论"魏文侯时代的魏国学术"一节中。又以《周礼》为李克、吴起这班人所讲的制度，也是猜度之辞，没有确实的证据，以《公羊》《穀梁》亦出于晋地，似乎由于先认定魏国经典多关于历史及政治，再一转而成为关于历史及政治之经典多出于魏，因之把二书也归于晋人。这是不妥当的；欲下断语还似乎是需要更强的证据。

五　魏文侯之政治

魏文侯初年所用的多是治学之士，但晚年所用的多为事功之臣，所以现在接下去叙述魏文侯的政治。春秋二百四十年，多言礼而没有提到"法"，到了战国，礼一变而为法，魏国便是第一个言"法"的国家。现将魏国政制的改革中最重要的几件，略说一说：

（甲）推行郡县制　相传秦始皇统一天下，始废分封，立郡县。这话是靠不住的：郡县制的发生，绝非突然由天上掉下来。春秋战国中间，封建渐破坏，郡县渐成立。最初行郡县制的便是晋国，晋国宗室，遭了三次的残杀，封邑多遭没收：①晋献公从士劳之计，尽杀群公子（按：此事见《左传》鲁庄公二十五年，即晋献公八年）。桓庄之族多被杀，封邑渐消灭。②骊姬得宠后，诸公子多遭杀害，太子申生自缢，重耳夷吾出奔（见《左传》鲁僖公四年）。经过这两次后，晋国遂无公族，所以文公重耳返国时，所用的多为卿士而罕公族。③晋顷公时，六卿杀公族，分其邑为十县，以六卿子弟为大夫。此为县制发生之始（见《左传》鲁昭公廿八年）（按：十县大夫，并非皆六卿子弟，仅知徐吾、赵朝、韩固、魏戊四人而已）。天子封诸侯，诸侯封公族，才有采邑发生，现在公族消灭，采邑也随之消灭；地方政府于是直接归中央管辖，郡县制遂告成立。由封建制向郡国制转变的痕迹，便是由地方割据转变成中央集权。晋国县制发生很早，鲁僖公三十三年（公元前 627 年）以先茅之县赏胥臣。其次为楚国，楚惠王十年，灭陈而县之（见《史记·楚世家》）。所以县制的来源有二：①国内公族之消灭。②邻国之灭亡。这两条路都是封建制破坏，郡县制成立时的情形。魏文侯称侯后，便正式实行郡县制，分封子弟的封建制度便不施行了。令守是秦时郡县的长官，魏时便已有此称，如吴起为西河守（见《史记》及《韩非子》），李克为中山守（见《史记·魏世家》），西门豹为邺令（《史记·魏世家》、《滑稽列传》、《战国策·魏策》），这些都是直接隶属中央的郡县，并非分封的采邑。可惜《史记》未曾详载，以致这重大的政治改革竟湮没了。但郡县制的推行，不得不算是魏文侯的伟绩之一了。

　　按：郡县制之发生，虽非起于秦始皇，然亦仍以秦国为最早，秦武公十年（公元前696年）伐邽、冀戎，初县之，十一年初县杜、郑（见《史记》）。晋襄公（公元前627年）以先茅之县赏胥臣，约在其后七十余年，晋顷公十二年（公元前514年），六卿诛晋宗室祁氏羊舌氏，尽取其邑为十县，则时代更后。这是因为郡县制的发生分二途：晋国所走的路是"国内公族的消灭"（《左传》杜注："先茅绝后故以其地赏胥臣。"故知先茅亦为旧邑）。秦国所走的路是："邻国之灭亡"（这也仅就大概而言，不可作固执的解释），这由于地理的关系，秦国僻处西疆，容易开拓疆土，而新攻服的地又为文明低下之戎狄所居，没有已根深蒂固的封建遗制存在，所以易于改变使成郡县。又魏文侯并没有立刻废止封建制，《史记·乐毅传》："乐羊取中山，魏文侯封以灵寿。"吕东莱《大事记》引《说苑》："魏文侯出小子挚，封之中山，而复太子击"，可见当时是郡县封建二制并行。又"守"之官名，为晋国早已有之称，春秋时已有此称。《左传》僖公二十五年"晋侯问原守于寺人勃鞮"。昭公二十二年"晋灭鼓，使涉伦守之"，可见不始于魏文侯。我所指出的这几点，只是表明魏文侯并没有实行过划时代的政治大革命，不过他能循着当时的时势而行，总算是一时雄主。

　　（乙）**军民的分治**　在魏文侯前军民不分。人民在平时耕种土地以纳贡赋，战时负干戈以卫国家。所以平时的采邑封建主，在战事便是军队的将官。及郡县制推行以后，这种军民合治制便发生变化。因为地方官既然直辖于中央，军民遂分治。魏文侯欲攻中山，以乐羊将之；及中山无守，乃以李克为令（见《史记》）。所以知道军民分治是郡县制推行的结果。相传孙武子专领军事，这种专领军事的制度，要等魏文侯才发生，《左传》中无孙武，所以有人疑孙武这人是后人捏造出来的。又"将军"这一官名，是专领军事的意义，老子中有"偏将军居左""上将军居右"（见《老子》三十一章），所以知道也是魏文侯后的作品。

按：叶水心云："自周初至春秋，凡将兵者必与闻国政，未有特将兵于外者。六国时，此制始改。孙武于吴为大将，乃不为命卿，而《左传》无传焉，可乎？"（《习学记言》）但此节所举之例，殊属可疑。《乐毅传》虽云："乐羊为魏文侯将，伐取中山"，但《魏世家》仅云"伐中山，使子击守之"，《六国年表·赵表》则云："赵烈侯籍元年，魏使太子伐中山。"我疑伐中山之役，太子击为主帅，乐羊在其下为大将。太子击伐取中山后，即受命守之（见魏、赵世家），军民似未分治。且魏文侯封乐羊以灵寿（《乐毅传》），《索隐》云"《地理志》：常山有灵寿县，中山桓公所都也"，则乐羊亦以军人得征服地一部分以统治。至于李克，《魏世家》虽云使守中山，但为辅助太子击治理民事，并非独当一面。《大事记》引《说苑》："魏文侯使太子击守中山，居三年，往来之使不通。仓唐使于文侯，以诗讽之。文侯乃出太子挚，封之中山，而复太子击。"可见初攻服时，守中山者为太子击其后则中山为子挚之封地，林春溥《战国纪年》引《水经注》云："李克书曰魏文侯时李克为中山相"，《吕氏春秋》："魏武侯之居中山也，问于李克曰：……"可见李克仅为帮助子击守中山；后人以为李克守中山，实由此致误。所以我以为军民分治是战国逐渐成功的制度，不必归之于魏文侯一朝，更不必以中山守一事来证明军民分治，因为这段史实根本可疑。

（丙）食禄制之改革 采邑制以地方奉贡赋以供给采邑的封建主，所以不必由中央政府再予以禄米。春秋时"卫灵公问孔子居鲁得禄几何，对曰奉粟六万，卫人亦致粟六万"（见《史记·孔子世家》），因为孔子不是贵族，没有采邑。做起官来，自然不得不依赖禄米过活。但是这种事在《左传》中很少见。普通升擢一个人做官，大概多给以采邑。魏文侯的弟弟魏成子，食禄千钟（见《史记·魏世家》），可见当时已不采用的，所以给以米。就此可以看得出来当时财政已统一中央政府之下。便是宗室贵族也只能从中央政府领取禄米，不能占据一个采邑，抽取贡赋。这表示中央政府的权力增高，能够统一财政。

（丁）井田制之废除 以上所述的多是关于政府的事情；但同时有一社会上的重大变迁，不可不详细叙述，这便是井田制的废除。这件事普通一班人以为商鞅开始做的，但实际上商鞅以前已遭破坏，这可由三方面来证明：①公田的废除；②爰田制的施行；③阡陌的开除。现在一一分述于下：

（1）公田的废除 战国以前是行过井田制，田有公私之分，《诗·小雅·大田》："雨我公田，遂及我私"，便是明证。《孟子》说："方里而井，井九百亩，其中为公田，八家皆私百亩，同养公田"（《滕文公上》）。既讲到田制，不得不兼及赋制，《孟子》说："夏后氏五十而贡，殷人七十而助，周人百亩而彻"（《滕文公上》），但是孟子的话不可靠，井田制是什么时候开始，还是一个待解决的问题。郭沫若氏在《卜辞中之古代社会》一篇中说殷商还是游牧时代，农耕制不能早于商代，他的论据很正确，不过孟子的话也并不是完全出于杜撰。他引"龙子"的话："治地莫善于助，莫不善于贡；贡者校数岁之中以为常，乐岁粒米狼戾，多取之而不为虐，则寡取之，凶年粪其田而不足，则必取盈焉。""龙子"一名，未见于他书，关于助法的制度如何，这引语中也未见申述，不过孟子曾说："惟助为有公田"，公田位于私田之中，农民耕种其私田，同养公田，所以知道贡法是没有公田的，就此可见古代赋税法有二种：贡法，助法。所谓彻法只是这二法并用而已。孟子分税法为三赋：助，贡，彻；也许是错误的，不过决不至于捏造一个"龙子"，用以证实自己的论理。所以井田制是存在过的。不过井田并不是作方整的"豆腐干块"形；也不是一定划作九块，公田适在中间。也许田形是不规则，仅分作数块，以划别公私的界限。孟子说："方里而井，井九百亩，其中为公田……"只是指模型的形式。实际上不必一定如此整齐，并且也不可能如此整齐。家数可不同，公田的位置可以不同，每家所得的田数也不同，即每一井的田数也不必定为方里。井田制的最主要特征，仅为划有阡陌，以助法来耕公田，是最初的赋税方法。后世始改为贡法。由助法变为贡法的原因，在于大家不肯尽力于公田（此语见何休《公羊》注），因为私田的收获是归于农民，公田的收获要奉诸公家。到了公私的观念渐强以后，大家便都不肯尽力于公田，谁肯做白费劳力而得不着报酬的事情呢？这种心性仅能由我们的猜度以知之，不必一定要文字上或实物上的证据，井田制的起源由于贵族有田而平民无田，所以用契约的关系，人民为贵族耕地。此种制度，后世亦有之，如《晁错传》：错献策垦边境以制边县。便是今日的垦荒也可以应用，先择定一片土地，略加划分，然后招农民来垦辟耕种。周初天子分封诸侯，诸侯至封地后，先于山上立堡，以为私室，更于余地划分田亩令农民耕种，情形也是差不多的，所以知道古代赋税法有二种，而助法先于贡法。孟子分之为三，次序又加以颠倒，自然是错误的。不过我们要知道他也有所本，不可一概抹杀。田畴的制度，虽不必像他所说的那样方整，然大概也是相差不远。

以上所说的是井田制在历史上可以存在的理由，现在更进一步在书本中找出证据，以为印证。《春秋》："鲁宣公十五年（公元前594年）初税亩"，可见以前是不税亩的，但公家的费用将如何支付呢？所以知道必定是行助法的。《穀梁传》："无公田，履亩十取一也"，是否是十取一，我们可暂勿过问，但井田制是由此次开始破坏的痕迹很显明。

《左传》云：“非礼也，谷出不过籍，以丰财也”，籍，便是助法。《王制》：“古者公籍而不税”便是明证，由助法变为贡法的原因有二：①私有观念兴，人民不肯尽力于公田；②政府欲多取于民。时代已变了，制度也不得不变，龙子欲复助法，可以说是一种反动的思想。鲁既税亩，同时他国也必定废助法而税亩。孟子对滕文公说的：“请野九一而助，国中什一使自赋”，便是一种折中二者的办法，“都”为君子所居，“野”为平民所居，诸侯受封后，先建立一堡垒，大者叫作国，小者叫作邑，多在高原的地方，所以荒芜的故国遗址，名为墟，即荒丘的意义。在这立堡的山旁四围平原的地方为野，使奴隶居住（多由掳掠而来）；令耕种以奉赋。住在邑中的地位较高，或是诸侯的亲族戚党，或是具有特别才能的。诸侯也给他们以田亩，这些田亩多在堡邑附近的山陂上，便是所谓“郊”。孟子主恢复助法，但是仍令“国中什一使自赋”者，便因为下列的理由：①这一班人地位较胜，智慧也较高，私有观念也较强，所以难返于那种主张土地公有的“井田制”。②“野”的地形较平坦，易划分为井田；不若“郊”地隘狭陡斜，难于划分为井。③“什一使自赋”，表示地属于耕者；“九一而助”，则地权犹在邑主手中。并且平民时常迁徙，所以地权也难于确定。孟子因此便想出上述的变通办法来。

（2）爰田的实行　《左传》僖公十五年（公元前645年）“晋于是年始作爰田（《国语》作辕田）”。则是年以前无爰田。《汉书·地理志》：“秦孝公（公元前361年即位）用商鞅，制辕田，开阡陌。”所以知道爰田制是代替井田制的。这种辕田制以前已推行于晋国，商鞅不过以此制输入西方文化落后的秦国而已。孟子是谈政治的人，也许为政见的关系而作伪。《汉书》是史书，谅不至于捏造事实，犹之《诗经》中“公田”二字，同为可靠的事实。爰田制的办法，据孟康说：“三年爰土易居，古制也。末世浸废。商鞅相秦，复立爰田。上田不易，中田一易，下田再易。爰自在其田，不复易居也。”何休注《公羊传》说：

"肥饶硗埆不同，故爰田以平均之。"至于授田的办法怎样，是用抽签法呢，或是输流法呢，或是另外他法呢？已不可知。我们就可知的而言："中田一易"，是受田二百亩，每年轮耕百亩，而他一百亩休养地力一年。"上田不易"，是因为所受的百亩田都很肥沃，年年可耕。"下田再易"，是受田三百亩，办法与中田一般，在自己的田中轮耕，不复与他人的田互换。张晏注："周制三年一易，以同美恶；商鞅始割裂田地，开立阡陌，令民各有常制"，所以知道古代的田制是农民互易田亩以同美恶；到了后来采用轮耕法，有些农民所受的田虽是瘠硗，但是面积较大，仍可以维持生活，是谓爰田制，于是不必再行三年互易田亩的办法了。古代的田三年一易，可以在《诗经》中找出旁证来。《唐风·硕鼠》："硕鼠硕鼠，无食我黍，三岁贯汝，莫我肯顾，逝将去汝，适彼乐土。"汪中释三九以为"三""九"是虚数；但这一说不能一概适用，"三""九"有时也指确数的。虚数的用法是由确数引申而来。这里的"三岁"便指三年，所以知道三年易居的井田制古代确曾存在过。《孟子》："死徙不出乡。"赵岐注："徙谓爰土易居，平肥硗也，不出于乡，易为功也。"孟子仅知道旧制，所以仍主张三年易居的井田制；商鞅便知道了爰田法，使人民死徙不出乡，"令民为什伍，而相收司连坐"。因为战国时的诸侯，都希望人民繁庶，所以总想设法使己国人民不出乡，同时又希望他国人民来归。商鞅召三晋之人来耕，便是为这一目的。在公田制度下，平民无土地权，所以易于离开乡井，到别处谋生去。商鞅用了爰田制后，平民有了地权，"有恒产者始有恒心"，是以轻易不出于乡。《孟子·告子下》："天子适诸侯曰巡狩……入其疆，土地辟，田野治，则有庆；……入其疆，土地荒芜……则有让"，这是因为当时行井田制，人民不满意于邑主，可弃田离乡，所以野有荒田。《史记》："史起进曰：魏民之行田也以百亩，邺独二百亩，是田恶也"，这便是上田百亩，中田二百亩的证据。可见爰田制，确曾继井田制而发生。井田制破坏后，土地遂为耕者所有，魏文侯废井田，行爰田，使土地所有权由邑主转移于平民之手；邑主失所凭依，中央政府之集权，便告成立。平民阶级中也有资产者兴起，耕者以前是要对贵族纳赋的，至这时仅对国君纳赋，不过到后来却要对地主和国君纳二重的租税，农民竟受了较前更甚的剥削，所以便有提倡恢复井田的；这种事情要到汉代才发生。

（3）开封疆阡陌　除了废公田，制爰田以外，还有件重要事情，便是开封疆阡陌。井田制本来是散的疏的；后人误以为是整的密的，于是一切的论断，便无往不误，古代地广人稀，所以得行封建制；田亩散处于"郊"、"野"，这种田亩间及封建领土间的格子线是事实不能免的（《左传》中即有其证），不过并非密相接触，也不一定作豆腐干块的正方形。到后来人口增殖，界线逐渐向外扩展，遂密相接触，"封疆"便是各国间分界的格子线，阡陌是私人田亩间的格子线。

"封"是建筑所成的泥堆，在这泥垄以内的土地便是这一国的封疆。《左传》僖公廿四年："晋侯赏从亡者，介之推不言禄，禄亦弗及……（推与其母），偕隐而死，晋侯求之不得，以绵上为之田。"《史记》说："晋文公环绵上山中而封之，以为介推田，号曰介山。"环山而封之"的"封"字，是土木建筑的意义，非指抽象的封赠。《楚辞·惜往日》曰："封介山而为之禁"，即指圈介山之地，不准闲人擅入的意义。现代私人土地界址，是以界石为标志，古人是以泥堆环绕为标志。"封禅""蚁封"的"封"字，便作此解（又"略"字也是这样意思。《左传》："封略之内，莫非王土"便是说在这泥城以内的土地，"封"字本为名词，后人借作动词用，"略"字起初也是指"泥城"的名词，后来成为动词，作"侵略"解。《左传》"吾将略地焉""以略狄土"，便是说侵略人家的土地，以泥城圈绕之。"以略武夫"，"牺牲不略"，是说不掳掠他国的武夫和牛羊，携入自己的泥城中）。《孟子》说："域民不以封疆之界"，便是在边疆以土筑界，有实物可见。"固国不以山溪之险"，古时"国"字指首都，首都以外的地方称"邑"不称

"国"。"邑"可以在平原旷野,而"国"必在山溪险要的地方,以山溪为界线,不过古代地广人稀,毗连的二国,仅以土地圈定自己一国的范围;土城以外,称之曰"疆",不归二国所属。后来各国逐渐扩充,始相接触,争夺的事情便因之发生。诸侯封国,多住居在中央险要之山丘,子孙蕃殖,便散向故国的四方,另筑土城。假若以某种关系,离开故国;那么这故国所在的山,便成为"墟"。封国之法,先用土圭测日影,立"国"(首都)于险要的地方;再测定水泉所优劣,开垦田亩;又以大道为交通之用,这种大道和荒地,便是阡陌。两田的中间,虽不必密相接触,也不必作整齐的方格形;不过一定有格子线以为分界。毫无疑问,后来这种阡陌封疆,都有变动。《左传》襄公六年:"(齐灭莱),迁莱于郳",便是使原来的莱地放弃不理,将莱人迁到郳地,郳近于齐,以前弃置未曾垦治。于是令高厚崔杼定其田;便是划好阡陌,令莱人耕种,在今日地狭人稠,所以只有向外殖民,绝没有像这样将外人移入内地的事(偶然有之,也不过掠俘敌人以为奴而已)。《左传》襄公八年:"莒人伐我东鄙,以疆鄫田。""鄙"字从邑,便是泥堆所圈围的土地。"以疆鄫田",便是划分鄫人的土地。鲁襄公一代中,这种"人口移动,田亩划分"的事很多,这便是格子线自身的移动(划分土地),和格子线中所有物的移动(移动人口)。《孟子》云:"仁政必自经界始","经界"是以线纵横划分土地。"经界不整,井地不钧,谷禄不平",井田制并非共产制,耕者所得之田,仅百亩耳,并不会加多的。不过贵族可以因土地增多而田赋也加多,所以竭力扩充疆界,或侵入他一贵族所占有的土地,或开垦多余的荒地。"故暴君污吏,必慢其经界"(以上见《孟子·滕文公上》)。古人取氏,多由所封的采邑。如介之推,烛之武,但是介人烛人的意思,氏同坻(即封地),即以土工所筑成的泥堆。在这一泥城以内的人民,逐渐蕃殖增多,遂谋向外扩充,于是各国遂互相接触。因为愁邻国的侵占,战国时筑长城的风气很盛,便是古代封疆的遗风。秦始皇筑万里长城,也由于受了这种遗风的影响，不过秦始皇所筑的仅是北方和匈奴为界的长城，至于各国所筑的内城长城，始皇多加铲平。

以上所说的是："封疆"；封疆以内的格子线便是"阡陌"。《史记·商君传》："为开阡陌封疆而赋税平。"后人多以为"开阡陌"便是开创阡陌，废除井田，使豪强得了兼并的机会。这一说实大错，"开阡陌"是指除去阡陌；朱熹有一篇《开阡陌辨》，说得很精确明了。古代阡陌所占的地面很广，田亩为阡陌所限，地力不能尽，商鞅为求增加出产量起见，所以除去阡陌，以尽地力。并且古代田亩的归授，是封君的权利。耕者如果迁移到别地方去，他们的田亩便要归还封君。至于赋税的多少，也由封君自定，各处不同，封君中的贪婪者，常要尽量剥削农民，所以商鞅开除封疆而赋税平。《战国策·秦策》云："蔡泽、范雎决裂阡陌，以静生民之业"，"决裂"便是"开"字恰当的解释。后人因为董仲舒有"富者连阡陌"一语，疑"阡陌"是汉代的制度，古代是没有的。实则商鞅所铲除的阡陌，仅是数亩小区之间的阡陌；至于数千亩的各大区之间的阡陌，依旧存在。所以"连阡陌者"是了不得的富翁，因为他占有几千亩的大区好几区。《汉书·匡衡传》："初衡封僮之乐安乡，乡本田提封三千一百顷，南以闽陌为界，初元元年郡图误以闽陌为平陵陌；积十余岁，衡封临淮郡，遂封真平陵陌以为界，多四百顷。"可见二陌之间，包括有四百顷的田地。"商鞅开阡陌，以静生民之业"，是因为古代井田制下，封君可任意收租；封建制废除后，井田制也随之而崩坏。农民不复纳租于封君，而仅纳一定量的赋于中央政府，所以"赋税遂平"。齐田氏欲示惠人民，便是以轻租为方法，可见封君得任意增减租赋。封建制崩溃以后，田亩便成了耕者的永业田，各小封君所占有的田亩间之广大阡陌，也成为不必要。人民和土地的关系，遂更深一步。

商鞅在秦所行的新法，是仿法魏文侯的。魏文侯时封建制渐坏，已见上节，所以阡陌也成为赘累物。《汉书·食货志》说："李悝为魏文

侯尽地力之教。"李悝即李克；尽地力之教便是开阡陌。尽地力之教的
办法中有云："地方百重，提封九万顷，除山泽居邑，三分去一，为田
六百万亩"，所除去的仅山泽邑居，至于阡陌封疆，并不算在内；可见
李悝行尽地力之教后，阡陌封疆已铲除，所以没有计算到封疆阡陌所应
除去的田数。商鞅开阡陌，不过是把这方法搬到秦国来实行而已。土地
既不属于封君，尽归中央政府所有；中央政府与人民相距较远，不能如
封君归授田地；所以土地便归耕者所私有。政府不必明令须示将土地由
封君手中夺归人民私有，而自然的趋势，必定如此。于是封建制和井田
制便告崩溃了。

按：井田制曾在中国古代实行否，是一个尚在争执的问题。我
现在因为时间的关系不能详细论述，只把我自己的大略意思说一
说。井田制据《孟子》说来，特征有三：①经界整齐，所谓"方
里而井，井九百亩，其中为公田"。②土地所有权为公有，农民受
田，各人皆为百亩，分配平均，所谓："八家皆私百亩。"③赋税
用助法，所谓，"九一而助"，"八家皆私百亩，同养公田，公事
毕，然后敢治私事"。自然孟子所说的是指理想的状态，即最模式
的井田制。事实上虽有经界，不必那么整齐；虽是土地公有，分配
平均，不必每家皆百亩；虽行助法，不必税率定是九一。这便是钱
先生在本节中所述的。不过这样一修改，孟子若还生在世上，是否
承认这仍是"井田制"，我以为是一个疑问。也许他像孔二先生一
般板起面孔说："井田不井，井田乎哉，井田乎哉！"所以我称这
为"修正派的井田制"；而称《孟子》那种井田制为"孟子的井田
制"，或"典型的井田制"。后者我以为是不能通行于世的（即有
之也是例外的"偶然有之"而已），因之否认他曾在中国历史上以
一种田制的形式存在过。前者我承认他有存在的可能，不像一般反
对派之一概抹杀；不过我仍不敢作十二分坚决的肯定，而以为还有

待于将来的研究。又钱先生以为井田制的特征仅是划有阡陌，以助耕公田为最初的赋税方法。阡陌是贡法中也有的，恐不能成为井田制所专有的特征。至于助法是一种赋税方法，像胡适所说的"田制是田制，赋法是赋法"，二者不同。我以为田制的分类之重要标准，还是所有权关系，和田畴形式；至于赋法，似乎只有作一辅助的标准。假若今日有一位地主令农民耕种二亩田，使农民得一亩田的收获，而将其他一亩的收获当作租谷归于自己，这样是否也可称为"变相的井田制"？又王莽的"王田"制，元魏的均田制，王安石的"方田"制，不是后人也称之为井田制么？然而他们的特征，只是土地国有，而非实行助法。

又按：反对"井田制曾经存在过"的人，最著名的是胡适。不过他的理论不能使我折服。他所作的《井田辨》中曾叙述"井田说"史料的沿革，以明《公羊》、《穀梁》及汉儒的井田说是由《孟子》中的井田说加以扩大而成的。所以都是靠不住。这是顾颉刚治古史的方法。不过这只是井田"说"的沿革史，对于井田"制"本身曾否存在，既不能肯定，也不能否定。徐文长的故事是民间的传说，可是"徐文长这个人曾否存在"这问题，却不是研究徐文长的民间故事沿革史的人所能解答。这只有在其他的书本中才能找出徐文长的真史料来。同时我们也可以由"民间故事"中推知徐文长是什么地方人，以及他的才智优劣。研究"井田制"的人，也应该由"井田制传说"中推出他可能的几点，则由旁证以肯定之，或否定之。否则但能存疑，不能抹杀；这是吾以为研究古史的应有态度。至于胡适的其他理由，如"豆腐干块的井田制是不可能的"之类，只是反对"孟子的井田制"，而不是"修正派的井田制"，所以可以不必具论。至于他所说的"无论《诗经》的'公田'"应作何解，《孟子》的"私田"，并不是农夫享有的公产，仍是贵族的"禄田"，却很有可注意的必要。我在前面不是说过土地所有权为"公有"么？然而我又承认当时的田是贵族的禄田。采邑内的田是贵族的禄田，不过在行井田制时这禄田中仅有"公田的收获"归贵族，而"私田的收获"则归农夫。农夫虽不是私田土地的所有者，却是"私田"收获的享有者。就收获享受而言，"私田"是农夫享有的公产；就农夫耕种这公产的"私田"必须同时多耕一定量的"公田"以纳赋于贵族这一点而言，私田仍是贵族的禄田（这里所说的"公""私"指收获的享受，不指所有权关系）。不知胡氏怎样把二者相对立起来，以为不能并存。又胡氏引证贵族争夺采邑禄田，以证私有权的存在。我仍以为土地所有权是公有，是根据于下面的论理：所谓"公有"是指在这一采邑或村落之中，除封君外，每人对于土地有同等的使用权，但是都不能私有其所耕的土地；所以耕者死亡或离乡时，土地归还封君。然而这样是否可说封君是土地所有者？我以为又不然。封君只有抽赋税的权利（赋税的起源，是由于管理村落公共事务的报酬。封君是以公务员的名义抽赋税，不是以土地所有者的名义收租谷。后来封君虽有尸位素餐的，然这种性质未变。犹之今日"未能卫国又未能保民"的地方政府，可以任意增加土地的赋税，但我们称之为贪官污吏的苛捐杂税，而不称之为地主的加租；因为他们是以公务员的名义，不是以土地所私有者的名义）。农民还受土地于封君，并不是以封君为土地的私有者，却是由于封君是村落公有财产的管理者。君以采邑赐诸侯或卿士，只是以赋税抽取权给予他们，与私有权无关。封君受得采邑后，只能依公务员的资格，抽取赋税，此外便只能依习惯法将土地比较的平均分配于农民；不能像土地私有者任意撤换佃农，或令采邑中农民耕种的土地分配不均，或无土地耕种。胡氏将赋税权的转移，认作所有权的转移，便是看落了这一点。土地私有权发生是井田制破坏后的事；井田制时农夫仅有土地使用权（"私用"非指土地权私用，只是收获的享受归入私家），封君仅有以公务员的名义所行的抽税权（便是朱执信所谓收益权）。（我疑周时中央政府的收入，大部分靠未曾赐给臣下的田赋。至于封君所得的赋税，归入自己私囊；至多也只能由腰包中吐出小部分以奉中央政府。至于农夫除缴纳封君以赋税外，并没有向中央政府另纳赋税，也没有向任何人纳缴后世的那种纳给地主的"租谷"）。假使国民政府将东三省赐给张学良，说此后的税收都给予他，不必再缴交中央（或仅微额的收入缴交中央），不过地方政费开支，中央政府也不负责任。我们如果说张学良是东三省土地的私有者，这种错误是显然的。只因现代有地主阶级，所以错误易见。古代无私有权，因之也无地主阶级；所以易将"赋税"与"租谷"混为一谈。不知道"赋税"是交与政府的（不论是地方政府或中央政府）；"租谷"是交与地主的。贵族的收税是以政府的名义并不是兼具政府与地主的名义（因为私有权未发生），更不是仅仅以地主的名义收租。所以视赏赐采邑田地为私有权的转移，是以现在的情形推测古代，完全不对的（这节所说的名义，都是指"资格"，不是普通意义的"名目"）。

又按：郭沫若氏《周金中的社会史观》一篇，以为周金中无井田制的痕迹。事实上的证据是比胡适强得多了。不过他所否定的依旧是"孟子的井田制"，而不是"修正派的井田制"。孟子的那种"豆腐干块"的井田制，本难成立，所以不必再讨论。郭氏又举出周金中有赏赐田地，及贵族间抵押、租借转移田地的事实，以作否认井田制的证据。但是假若我在上节中所举的"假设"能成立，这也不成问题。他的证据只足以否定孟子那种"典型的整齐的井田制"，而不足以动摇"修正派的井田制"。

又按：最近出版的《读书杂志》第1卷第4、5期合刊中，王宜昌《中国社会史短篇》说井田制可以有两种解说：

（1）指古代共产氏族分配土地与小家族时，应用轮耕方法，于是以土地的形式名田，两年轮耕的土地形式如图甲，称为"田"，三年轮耕如图乙，称为"井"。

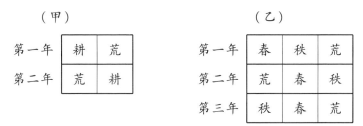

（甲）		
第一年	耕	荒
第二年	荒	耕

（乙）			
第一年	春	秩	荒
第二年	荒	春	秩
第三年	秩	春	荒

（2）是说古代耕田时，择取水源，以水源为中心，而向四方扩张经界成井字形，水源在中心，故称为井。但中国耕地的灌溉大都是引用河水成沟洫，并不是中间掘一井为水源，以灌四围的地，所以后一说难于成立。即使是可信的，也只能解释"井田"的"井"字的来源，而不能解释"井田制"这一个经济组织的性质与特征。至于前一说虽新颖可喜，但在西周晚期及春秋时，已不是共产氏族社会，而是已进化到封建制；并且轮耕法是较进化的耕种技术，汉代赵过为代田（即轮耕法），还值得班固特书之于正史。战国时曾否已发明，尚属疑问，更何况较前的井田制时代。即使退一步说井田制时已有轮耕法，但古代也不能如作者所想象那样将时间和空间混合起来，以造成"井""田"二字。田字只是略示阡陌沟洫之状，如埃及文作▦，巴比伦文作⊐，并没有含着轮耕的意思在内（此二字见 Mason's *A History of writing*）。井字是孟子提出以表示他"八家为井"的"典型的井田制"中土地划分，更与轮耕法无关。

又按："爰田制"是一种授田的制度，其特征是农民永耕于其地，不复与他农相易换。《左传》杜注云："分公田之税，应入公者，爰（易）之于所赏之众。"这解释于"晋国制作爰田"的事虽可通，但"商鞅制辕田"的事，便不可解了。这是由于杜氏见"爰"字可释为"易"，因之望文生义，不可从。"爰田制"又有一种误解，以为是"三年爰土易居"的田制。"三年爰土易居"是井田制下的办法，张晏说"周制三年一易，以同美恶，商鞅始割裂田地，开立阡陌，令民有常制"。意义很是明了。孟康说："三年爰土易居，古制也。末世浸废。商鞅相秦，复立爰田。"用了一个"复"字，似乎说三年爰土易居的古制也是一种"爰田制"，这是由"爰"字有二义所发生的误会。又有一种误解，以为"爰田制"便是轮耕法，自爰田制推行后，轮耕法也为人所采用。但爰田制并不一定需要轮耕法。"魏氏之行田以百亩，邺独二百亩"，仍不能证明魏已行轮耕法。也许是二百亩同时耕种，惟每亩收获量较少，二百亩仅抵肥田一百亩而已；并且一是耕种技术，一是授田制度，不能混为一谈。《汉书·食货志》："民爰田，上田夫百亩，中田夫二百亩，下田夫三百亩。岁耕种者为不易上田，休一岁者为一易中田，休二岁者为再易下田。三岁更耕之，自爰其处。"把爰田制与轮耕法混而为一，便是由于这种误会。我以为最好还是解释"爰，于也"，即永耕于其地的意思。

1932. 1. 9

作者附记：1931 年秋，余从钱宾四先生诵习战国史。此篇正文，即整理当时笔记而成，曾承钱先生阅过，指正数处。至于每节正文后所附之按语，则系作者之私见，亦曾就正于钱先生，钱先生谓大体尚佳，惟论爰田制一段多未精。取回后，乃将此段按语，完全改写，此外则多仍旧贯，无暇加以更正。

二程的人生哲学[*]

——读《宋元学案》札记之一

一　程明道的"物来顺应"

二程是北宋哲学界上的台柱；但是他兄弟二人的哲学，并不相同。冯友兰先生说："二人之学，开此后宋明新儒家所谓程朱陆王之二派，亦可称为理学心学之二派。程伊川为程朱一派之中坚人物，而程明道则陆王一派之先驱也。"确为深入肯綮之论，而为前人所罕能见及者。我现在专就二人的人生哲学方面来讨论。

程明道的哲学，是"出入于老释者几十年，返求诸六经而后得之"，所以能融合儒家佛家，加以消化而后自成一理论系统。他所作的《识仁篇》，第一句便说"学者须先识仁。仁者浑然与物同体，义礼智信皆仁也"。后半所说是儒家本色，但前半所说的"浑然与物同体"，便是宋儒独有的特色。

汉儒埋首于章句训诂，隋唐的儒者更加肤浅。宋儒阐明性理之学，

＊　本文原载《清华周刊》1934 年第 41 卷第 1 期，署名"作民"。

将学者们的精神从书堆中解放出来。尤其程明道拈出"物我同体"一语，使学者可以自由离开书本子，将此心顺应万物由一种毫不带先见的静观，以省察大自然。刘蕺山说程子的道理，是在"天理微妙之中，著不得一毫意见伎俩，与之凑泊；才用纤毫之力，便是以已合彼之劳矣"。

程明道这种"物来顺应"的人生哲学，是有他的形而上学作理论的根据点。他说："形而上为道，形而下为器，须著如此说。器亦道，道亦器；但得道在，不系今与后，已与人。"这个盛在臭皮囊中的"我"，与弥漫宇宙的"天理"，实是一物，我与世界既是一体，便应该破除我执，将"自我"融化在整个宇宙中。故云："学者须先识仁。仁者浑然与物同体，义礼智信皆仁也。识得此理，以诚敬存之而已；不须防检，不须穷索。"又云："故君子之学，莫若廓然而大公，物来而顺应。"心如静水，与万物融合为一，这便是他的理想生活。

这种心境，我们有时候也可以体验到。例如在书斋中读书读得昏头昏脑，蒙然觉倦；这时候假使立刻跑到水滨，丢开一切心事。斜依着柳树，让轻风将柳枝拂在脸上。胸中一尘不染，万虑俱消。只觉得长天似乎分外碧青，流水也分外明朗，草儿微笑，水波低语。这时的心儿，与大自然整合为一。那一种心境，不要说没有恶念，连善念也没有了。只有一种美妙的心情，将"自我"完全融化在大自然中。明道所说的"无将迎，无内外"，便是这一种的心理状况。我们只能够偶尔享受这种清福；明道便想将这种艺术化的生活方式，扩充到整个的人生中。宋儒的诗："云淡风轻近午天，傍花随柳过前川。时人不识余心乐，将谓偷闲学少年。"便是这一种生活的具体描写。看他那样的悠然自得，真教人羡慕煞！

程明道既主张"物我同体"及"物来顺应"，所以竭力想以自身与"活泼泼地运行着的大自然"时常相接触。这种心情可将在他的轶事中看出来。相传程明道书窗前有茂草覆砌，或劝之芟；曰："不可，欲见造物生意。"这大概是模仿他的老师周茂叔。茂叔窗前草不除去，或问之；云"与自家意思一般"。葱翠可爱的茂草，在一茎一叶上，都可以看出生机的蓬勃。静对着这些茂草，自有一种活跃可喜的生气，传道到观者的心里。假使观者是已经识得此中道理的人，那更可对着这"与自家意思一般"的茂草，互相印证；命令我与万物更可融洽浑和了。这种理论，使人想起英国诗人 Blake 的诗来：

To see the world in a grain of sand and a heaven in a wild folwer；

Hold infinity in the palm of your hand and eternity in an hour.

有人说：西洋人重论理，注重认识论；中国人重伦理，注重人生哲学；便是在人生哲学的范围中，西洋人时常要问："人为什么生？"中国人只问："人应怎样地生活？"人为什么而生活，这也许是一个永远不能解决的问题。人应该怎样地生活，却可以拟议各种不同的计划。程明道这一种"物来顺应"的艺术式生活，未尝不是一个良好的方案，只要我们能够办得到。我所以要提到"能够办得到与否"的问题，是因为一个人的人生态度的决定，除了个人的性癖以外，与其所处的社会环境也有关系。不同的社会的人，或同一社会而阶级不同的人，时常采取不同的人生观。在汽车电车交织着飞驶的马路上，如果采取葛天氏之民的"鼓腹而游"式的散步，也许一个不当心便被汽车轧毙。不过，对于这个问题，我在这里不想讨论它。

二 朱子批评程明道学说

朱熹说："明道说话浑沦然太高，学者难看。"又说："程门高弟如上蔡、定夫、龟山下，皆稍入禅宗去。必是程先生当初说得高了。他们只晓见上一截，少下面著实工夫，故流弊至此。"

我在上一节中，曾说明道的《识仁篇》内"仁者浑然与物同体，义礼智信皆仁也"二句，下一句是儒家本色，上一句实带有佛学气味。

朱子所批评他的流弊，便是因为他的门弟子偏重了上一句。

明道原初的意思，是想融合儒佛。所以在"物我同体"之外，还加上了儒家的"伦理实践方面"的"义礼智信"。他想使人一方面能"物来顺应"，"无将迎，无内外"；一方面又能不轶出儒家所主张的德目"义礼智信"以外。于是由两者的综合，构成了他的人生哲学。他所以定要加上"义礼智信，皆仁也"一语，是因为"物我同体"一语太空洞，难能做实践的明确指导。中国人是喜欢讲实践的，所以他要举出"义礼智信"这些实践的伦理节目来；并且当时儒学的气焰还盛，不得不采取这些儒家的伦理规范。

然而这样一来，我以为他却破坏了他自己学说的统一性。他本是"出入于释老者几十年"的人，所以他的人生哲学中佛学气味很浓；但是他又对儒家伦理作让步；这样一来，便形成了道德标准的二元化。假使我只放任我心之自然，浑然与物同体，毫无内外；这当然是合于他所说的"仁者浑然与物同体"的"仁者"的标准了。但是假使不幸有时我们"心之自然"要与儒家所定的"义礼智信"不合，那要怎样办呢？所以这样一来，反造成他的学说的不彻底。

我以为专就程明道的人生哲学而论，与其这样勉强融合两个不同的道德标准，不若专从"物我同体"一方面来引申，反来得灵活超脱。虽然也未必即为真理，然而至少学说自身可免矛盾。刘蕺山虽因此称赞明道，说他"具见卫道之苦心"。但是像我这样没有"卫道之心"的人，反因此觉得他的学说在理论方面的不彻底。他的弟子专向朱子所斥为"禅学"的一方面去发展，我以为这倒是自然的趋势，应有的趋势。朱子以为这是程明道学说的"流弊"，不过是从朱子自己的观点来批评人家而已，殊未可为定论。

程明道对于儒家的让步，使人记起西洋大哲学家康德的故事来。海涅在《德国宗教及哲学史》中说：康德反对上帝的存在，反对灵魂不灭的邪说，著了一部《纯粹理性批判》。可是他的老仆人南伯一听这话，便忧郁起来，随又流泪；心想上帝如不存在，灵魂如终消灭，那人生还有什么趣味呢？康德一看见这情形，遂生矜怜便说："老南伯要有上帝，不然穷人就得不到幸福。"于是再著一部《实践理性批判》，说由纯粹理性看去，上帝不存在，灵魂定消灭；可是由实践理性看起来，为实际的便利起见，我们要承认上帝存在灵魂不灭。这样魔杖一挥，已杀死的死尸又复活起来。康德因此被尊为集大成的伟大哲学家。然而纯粹唯心论者与唯物论者都有点不表同意。

程明道虽采取佛家哲理，但为实践起见，又采取儒家的伦理规范，恐怕也由这种原因。我们虽不得不原谅他的苦心，然而对于他的学说在理论上的缺点，似乎也不妨指出一点。他所说的"物我同体"、"物来顺应"，便是任"天理流行"的意思。他曾说："吾学虽有所授受，天理二字，却是自家体贴出来。"可见他对于"天理"的注重；又说："天则不为尧存，不为桀亡。"可见他所说的"天理"是指自然运行的道理。既然应任天理流行，便该任我性之自然运行不必再加以拘束。若欲以"义礼智信"为行止的规范，以求不逾越于界外，那只要依这些死板板的条规做去便好了，又何必多加"廓然而大公，物来而顺应"，以为行止的另一标准呢？若以为初学者或钝根人须先求于合人为的伦理规范；君子始能"物来而顺应"，以"天理"为标准。那么试问"人为的伦理规范"，是否是合于"天理"的？如果答案是肯定的，那么我们只要依我性之自然而行，便能合于天理；因为物我同体，天理已具于我心中；何必再加以伦理规范，多此一举。若以为"人为的伦理规范"与"人性"不同，故吾人应以这些规范来矫正吾们的性情。这样一来，其结果有二：①是将"人性"与"天理"拆开；"天理"是善的，"人性"则未必善，故用"伦理规范"来矫正我们的性情，俾合于"天理"。但是他曾说过"物我同体"，信奉孟子"万物皆备于我"的学说，决不能把二者拆开。②"人性"与"天理"是相合的，但都不是最高的完善，所以要拿伦理规范来助他们趋于完善。然而这样一来，又与他所主张"求合于自然之理（天理）"相矛盾了。在这种情形之下，只有二个办法，或是偃下"求合于自然之理"的旗帜，跑回儒家的老营去，专讲名分礼义，不顾人性之自然；否则只好去开儒家的伦理，专以求合于自然之理，"勿忘勿助"、"廓然而大公，物来而顺应"。依我的意思，是后一方法较善。这种"物来顺应"的生活方式，纵使是实践上难能达到，然而若能万一达到，便是一种安静舒适的生活。假使达不到，碰壁以后，自能去另找出路。至于儒家所主张的，专讲礼义不顾人性，其流弊更大。他们的意思，以为这些礼义虽违反"人性"，但合于"天理"的。却不知道这些礼义只是前一时代的生活的残余，在前一时代中是合于生活的需要的，因之也是合于当时的人情。到了后一时代，已经完全失去社会的意义，在社会生活上找不到根据，只好推之于不可捉摸的天理。所以在程明道的人生哲学中，我宁取其难以实践的"物来顺应"的哲学，而不要那些曾产生过"吃人的礼教"的儒家伦理。

三　程伊川的严肃主义

程伊川提出"性即理也"，于是遂将程明道所说的"天理"，由自然界搬到心中去。吾心即便是理，那只要根据我的理智以行事便好了。伊川在形而上学方面，又提出二元论，将"道"与"器"分成两橛，以为"一阴一阳谓之道。道非阴阳也，所以一阴一阳者道也"。在人性方面，又将"性理"与"才气"分为两橛，以为"性即是理，理则自尧舜至于涂人一也。才禀于气，气有清浊，禀其清者为贤，禀其浊者为愚"。于是主张以"合于道"的"性理"，来矫正"才气"。所以伊川的人生哲学，采取严肃主义，以心中之理智为行止的标准。程明道那种"廓然而大公，物来而顺应"的态度，便不可复见。明道主张"内外俱忘"，而以外诱为不足恶。伊川便不然。他以为"人有秉彝，本于天性；知诱物化，遂忘其正"（他所说的"知"是指形气之感）。便以为外诱是可恶的了。于是要"造次克念，战兢自持"，抱着一种严肃的克欲主义。吾心对于外物的反应，是要加以选择，不能如明道所说的"无内外，无将迎"的"物来顺应"了。

他这一种严肃主义，也自有他的好处。用一种坚铁般的意志，来克制一切的私欲。外诱来时，毫不为之动心。这种刚毅的精神，自具一种壮美。程伊川的行事，也常可看出这种精神的流露。不过如果为沽名钓誉起见，伪装起正经脸孔，背后却无所不为，这自然完全失去严肃主义的精髓。但这只是冒牌的伪道学，每一种思想都有随声附和的冒牌者，我们不能以此来责备程伊川。

不过，严肃主义也有他本身的缺点，即是过于呆板，欠缺一种活泼流动的生气。固然，在性情相近的人看起来，这种严肃主义中，自有一种刚毅的精神，细加体味，自有乐趣。怎奈这种人并不多。在性情不相近的人看起来，便觉过于涩重难堪。相传程伊川有一次被韩公维邀去游西湖。韩氏诸子侍侧，行次有言貌不庄敬者。伊川回视，厉声叱之曰："汝辈从长者行，敢笑语如此！韩氏孝谨之风衰矣！"我读这段故事时，仿佛觉得面前站着一位带着铁板板脸孔的老先生，满面严霜，睁圆眼睛，厉声疾色的大发脾气。怪不得当时人说：伊川在坐，则坐间无问尊卑长幼，莫不肃然。这种严肃主义，在性情不相近的人看起来，是格格难相入的。所以陆象山幼时闻人诵伊川语，便自觉若伤我者。

我们将伊川与他的哥哥明道一比较，便可知道二人不但在人生哲学上有这种不同，即在日常行事上也处处显露二人的差异。相传二程有一次随侍他们的父亲大中知汉州，宿一僧寺。明道入门而右，从者皆随之。伊川入门而左，独行至法堂上相会。伊川自谓此是某不及家兄处。这个"伊川不及明道"的评语，不仅可以应用到他们的性情，并且也可以拿来以评他们所主张的严肃主义与"物来顺应"主义的优劣。一个人生观是为他的性情所影响的；同时人生观造成后，又可以影响到其人的性情与行事。二者是有互相因果关系的。

　　伊川主张严肃主义，想用"敬"的功夫，作为修养方法。但是他这种"敬"的功夫，易流于矜持拘谨，胸襟不能旷达阔大。有一次，伊川乘船于涪州，渡江中流，船几覆；舟中人皆号哭，先生独正襟安坐如常。已而及岸，同舟有父老问曰："当船危时，君独无怖色，何也？"曰："心存诚敬肃！"父老曰："心存诚敬固善，然不若无心。"上半段可见伊川克己的功夫，后半段父老的话，可见他的缺点。我以为明道的"廓然而大公，物来而顺应"的学说，比较这种战兢自持的严肃主义，似乎活泼可喜一点。

1934 年 1 月

奥本海末尔的历史哲学[*]

一　引言

近年来中国史学界中，对于中国社会史的研究很是起劲。这派社会史研究者的特点，是他们都有一整套的历史哲学做他们历史研究的骨骼；然后在中国史料中寻找材料，拿来附丽这骨骼上做血肉，造成一个有系统的条理井然的中国史。他们所采用的历史哲学，大都是采用马克思那一套，但也有少数人采取奥本海末尔的历史哲学。马克思的唯物史观是大家所熟闻的，用不着我再介绍。现在让我来介绍这比较晦僻的奥本海末尔的历史哲学。

奥本海末尔（F. Oppenheimer）是德国人，生于 1864 年；他的历史哲学，见于他所著那本《国家论》（*The State*）。这部书的副题是"由社会学观点来观察的国家历史及其发展"[①]。这书出版于 1908 年，奥氏曾任 Frankfort University 的教授，又曾著过好几本关于社会科学的书籍。

*　本文原载《清华周刊》1933 年第 40 卷第 5 期，署名"作民"。

①　F. Oppenheimer 著作的中译本（［德］弗兰茨·奥本海：《论国家》，沈蕴芳、王燕生译）1999 年由商务印书馆出版。

由于上面所说的话，我们可以推想得他的历史哲学的来源：①他是生于 1864 年的德国，正在马克思与恩格斯发表《共产党宣言》之后的十六年。《共产党宣言》的第一句便是"既往一切社会历史都是阶级争斗的历史。"所以奥氏也受这种阶级争斗说的影响。他以为国家在初发生时完全是战胜人群强加于战败人群之上的一个社会构造（见页 12，本篇所引的《国家论》字句及页数，皆根据陶希圣的中译本。）②《国家论》出版于 1908 年。自 1859 年达尔文发表《进化论》后；"进化"这一观念传入社会科学中，许多人研究人类社会的进化。19 世纪的后半叶，民族学（Ethnology）大为发达，想由研究当代野蛮民族的情形，以窥见我们自己祖先的生活。如 1886 年有 Mc Lennan 的《古代史研究》。1877 年有 Morgan 的《古代社会》。1894 年有 Ratzel 的《民族学》（*Volkerkunde*）。1891 年有 Westermarck 的《人类婚姻史》，奥氏的《历史哲学》，便充分的引用了民族学者搜集所得的材料，以印证其所述的国家进化过程（尤其是 Ratze 及 Westermarck 二氏的著作，《国家论》中时常引及），故自称"由社会学的观点来观察国家的起源及其进化"。

现在叙述的奥氏历史哲学的本身，在没有叙述以前，先将"什么是哲学"和"什么是历史哲学"二问题，略讲几句。所谓"哲学"有两点很重要的性质，一、综合的；二、最后的。哲学不肯自安于零碎的智识，必想加以综合。由物理学、化学、生物学等所得的智识，遇到哲学家，便要将他们组成一有系统的世界观和人生观。哲学所求的是最后的原理，抱着"打破砂锅问到底"的精神，要一层一层的推求下去，非达到最后一层不肯甘心。历史哲学便是关于历史方面的哲学，也有哲学的"综合的"和"最后的"二特征。历史哲学家不肯自安于零碎的历史智识，他要从大处着眼，组立一个毫无矛盾的有系统的历史观，想找出历史进化的途径和通则。例如 August Cointe 对于人类思想发达，分期为三；又如 Karl Marx 关于人类社会的进化，划分为四期。除了划分时期，以求历史进化的通则外，历史哲学又要找人类历史进化的最后原因，既知道人类社会是变动的，那么必进一步要找出他变动的原动力，例如 Carlyle 以英雄为历史的原动力，Le Bon 以群众为历史的原动力，Karl Marx 以经济为历史的原动力。

二 国家起源

奥本海末尔的历史哲学所涉及的范围，限于国家。他的书中，仅探究国家是如何发生，如何演化，及此种发生及演化的原动力。关于人类社会其他方面的生活，如经济生活，智识生活等，未能加以讨论。但这并不是他的缺点，因为他的目的本来是想专门讨论"国家"这一个政治组织。

他说狩猎民和浅耕民（huntsmen and grubbers）是没有国家的组织。国家的目的，是战胜群对于战败群之经济剥削。狩猎民的经济生活幼稚，没有创造出超过需要以上的剩余物品，所以也不能发生以夺取剩余物品为目的的国家。浅耕民的经济生活，使他们既没有武装征服邻人的冲动，也没有这种可能。所以称之为"无国家的民族"（People Without State）。

至于游牧民族（Herdsman）便不然，他有发生国家的可能性：①牧畜的经济生活，使财产及收入有显著的分化，因之引起阶级的差别。富者对于贫者有统治的关系。②游牧生活使令他们身体强健，遇事敏捷果断，且习于集团的生活养成有训练的秩序，故一成战士，所向罕敌。③他们掳掠俘虏夷为奴隶而使用之于牧场，于是创造了国家的萌芽，遂开人对人的经济剥削之端。不过虽已有了国家统治的形式，但还没有取得确定范围的土地，所以称之为"前国家的民族"，（People Preceding the State）

此外还有一种民族，也是"前国家的民族"，即海上游牧民（Sea Nomads），或称海寇民（Yikings），这是很自然的，因为在人类史最重要的事例中，海上游牧民不过是陆上游牧族迁移于海上。在他们中间，发达了富贫阶级的差别，发达了严厉的纪律，发达了奴隶制度。所以与畜牧族一样，有选择"政治的手段"做他们经济生存的基础能力。同样的是，他们也会是大规模的国家的建设者。不过他们所建立的是

"海国"（Maritime State）与畜牧族所建立的陆国（Land State）不同。

这样"前国家的民族"遇到了"无国家的民族"，其结果是怎么样呢？先说"无国家民族"中的狩猎族，这些狩猎族是实际的无政府主义者，屡屡宁遭刑戮而不能屈服以从事于有规则的劳动。因为这理由，所以与"前国家的民族"发生冲突时，从没有发生过"国家"。但是农民则不同，他们是粘着于土地，而习惯于有规则的工作；武装游牧民袭来时，他居留，他屈服，而贡助于征服者，所以遂有国家的发生。我现在做一图表，以示奥氏的国家发生说。

三　国家的形成过程

奥氏以为从一个农业民族被征服于游牧或海上渔捞族以至于国家的发生，可以分别为六个阶段（Stages）。这分期法是奥氏学说中重要的一部分。

（1）边界战争中的劫掠和杀戮，其特征是男子的屠杀，妇孺的掠走，畜群的抢夺，及住所的焚烧。其目的在劫掠而不在征服。

（2）后来游牧民族逐渐意识到杀戮了农民便不能够耕耘，砍倒了果树便不能够结实，于是为了自己的利益计，只要能够做得到，他便任农民生存，任果树植立。每次只收夺农民的剩余生产品，这便是说他们留住宅、农具及次期收获以前的给养于农民。这是很重要的一阶段，掠夺者与被掠夺者之间，初有了法律的关系，承认农民有保持生命必要的权利。是为法律的滥觞。又在危险袭来时，农民渐习于向游牧族求援，视之为保护人与救护人。于是发生了感情，助成了国家的"完整化"。

（3）农民所得的"剩余"，以"贡赋"的方式，有规则地献纳于游牧民的天幕。这种规则给予双方以明了且多量的利益。尤其是游牧民一方面，可以无需再为这种"业务"去耗费"费用"和劳力。因此他们可以把节省的时间和力量，专用于"业务的推广"。换句话说，再征服别的农民。

（4）征服民族一方面欲保护向他们纳贡的臣民，一方面欲防止臣民冲抉其压制；或更由于外部的影响（如强邻威迫，人口过庶，兽疫盛行等），于是便进入被征服的民族中，与之杂居。从此以后，在一片的土地上结合两个种族群，国家的发达更为健全了（因为没有领土的观念，则国家的法律的定义不能成立）。但是其主要目的，仍在收贡赋，而不问其他。

（5）邻近的村落或民族间发生了争端，领主却不任其战斗，因为作战终将使农民劳役的能力归于破坏。侵居被征服民族中的征服民族领主，乃僭取裁判权，于必要时，执行其判决。其结果，在每一个村落王侯或民族首长的"法庭"，设立一个官僚的代表以行使职权，而被服从民族的原有首长，则保留其形式上的权力。

（6）为维持臣民的秩序并同时维持他们使有劳动的完全能力的必要，于是干涉、弹压、刑惩，及强制服从的必要，逐渐增加，遂发达了支配的习惯及统治的惯例。在此阶段中，因有了完全的国内性，因"民族性"的进化，而国家在一切意义上，皆臻于完全发达之境。在形式上，在实质上，原始国家完成了。（以上是 43 至 62 页）

以上所说的，是从以经济为内容，而以政治法律为形式的客观生长上，追溯国家的发生。奥氏又由社会心理的观点，来观察其主观的生长。他说从第二阶段起，征服民族对于被征服民族不复是冷酷的劫掠残杀的关系，在经济的融合过程进行之际，心理关系之网也渐加紧密。前者视后者为产金卵的鹅，不忍加以宰杀；后者视前者为保护者，诚心出赋而无怨言，于是发生了社会心理的"完整化"（Integration）。即两族的语言、宗教，及血统，皆糅杂融合为一。乃产生一种互相联带的强大感觉，即"国家认识"（A consciousness of belonging to the same states）是也。但是同时有一种反方向社会心理发生，即"分化"（Differentiation）统治群与被统治群的利益不同，群的利益产生了强大的群的感情；上层与下层各依其特殊利益而发达其"阶级意识"（Class Consciousness），两个群各为自己的利益斗争了。新起的国家，如果没有共同利益的向心力，没有更有力的国家意识，便会因这种离心力的爆发而分裂。外来异族及共同敌人的压迫，克服了互斗的阶级利益的内部冲突，于是国家又向前发展。

四　国家形成后的发展过程

奥氏接着叙述国家如何从"原始国家"（Primitive state）逐渐发达到现代的"立宪国家"（The constitution state），其间经过了几个阶段，其主干是什么？其枝桠是什么？又就以前国家发展的过程，以推测将来的去路。现在我先做一图表，以示其大意，再加说明：

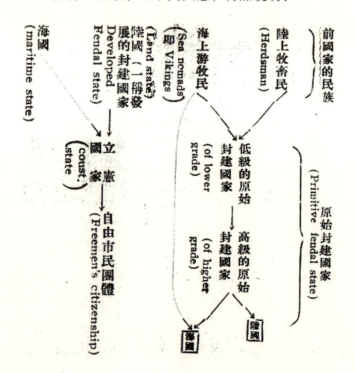

　　先说低级的原始封建国家成立后，如何发达为高级的原始封建国家。"统治群的经济欲望是没有限止的，富人之富，无论如何是不能够满足他的欲望的，政治手段必转移于尚未臣服的农民群之上，又或发现了尚未掠取的新海市。原始国家的膨胀，直到它利益范围的边境上与同样成立的别个原始国家发生冲突为止。"（84 页）这样的两群有组织有纪律的群众互相冲突，其结果是两个原始国家融合成为一较大的国家。这便是"高级的原始封建国家"。在此新国家内，统治群可以分化为权力或较多或较少的各种社会层，同时被治群也分裂为若干层，其被侮蔑的程度及强制劳动的多少各异；与初级的原始封建社会仅分为统治群及被统治群二层者不同。

　　由原始封建国家再向前发展，便分为二途，性质互殊。"但此二者的相反，是基于两种经济财的相反"。此两种经济财系各依"以现存财富为核心之蓄积法则"各自增值，其一为动产，其他为地产，此为商业资本，彼为土地财产，各蓄积于数量愈减的少数人手中。因此激烈的变改了阶级的结构，依此乃变改了整个的国家。海国是动产发达的剧幕，陆国是土地财产发达的体现。前者的最后结果是奴隶的资本主义的剥削，后者的结果便是发达的封建国家。（93 页）

　　因为海国是国家生活较高形式的导线，让我们先来叙述海国的历史过程。在国家的发展过程中，"我们初次在这儿看见经济手段不做政治手段剥削的目的，却做一个产生国家的协动原因（a cooperating agent）"。（96 页）经济手段在海国的产生原因中占有重要地位，海国（martime states）或都市国家（city states）都是以海港市场（harbor markets）为政治中心而发达的。这些海港市场的起源有二：①直接且故意设在敌人领域内的海贼城堡（piratical fortress），即仍依战斗的征服而成立。②依条约上的权利而设立于异族的原始或发达的封建国家以内的商人殖民地（merchant colonies），这便是依和平的方法而成立的。因为海国起源于海盗与商业，他的存续原则也是这两个手段，与陆国以

"土地及人民的征服"为原则者不同。因之发生了海国的两个要素：①政权集中。因为无领土的野心，限于商业海港，没有分权的倾向。②采用货币经济。因为商业交易的发达，以免麻烦。但是海国的命运，必渐趋于溃灭，"即令没有外族的侵入也会终局的"。（134 页）这因为：①都市住民，生活于密集的群居状态中，有群众意识，较富于反抗及叛乱的精神；加以经济条件，商业资本不似土地财产的固定，富者易流于贫，贫者也易致富，阶级不固定。所以贵族政治渐崩溃，成为富豪政治，成为平民政治，最后成为暴民政治（Ochlocracy）。②又因为海国必取资本主义的奴隶劳动，这样便促成中间阶级及下层阶级的瓦解。以其不能敌廉价的奴隶劳动，于是便产生了"贫穷的，无用的莠民"（a Pauper good for – nothing mob），此阶级因此时期内造就的暴民政治而成为国家的主权者。由这一班莠民掌政权的国家，在政治上，在军事上，路程的终局只是一个时间的问题。

现在撇开了"昙花一现"的海国，再去追踪国家发展的主干。即"原始的封建国家"如何发展为"发达的封建国家"（即陆国）。陆国的命运是决定于土地所有权，与海国决定于商业资本者不同。贵族中的王侯，能够取得较多的土地，这是因为：①贵族或者从始便追随畜牧部落的惯例，比普通自由民受取较多的"土地与农民"。②贵族能蓄养战斗的扈从，以仆役，懒惰自由民，及逋逃客来组织。因为他们的助力，他遂愈能向外获得更多的奴隶，以增值其地租。③依一般的法律，中央权力常有处分未垦地的权利。王室为增强诸侯的忠心起见，常以此项土地赐予他们。积上三因，故"土地以继长增高的数量而累积于土地贵族之手，遂使高级的原始封建国家进化为含有完全的封建等级的末期封建国家"。（14 页）其结果：①在政治方面，各个贵族的权力，因土地及农奴的增多而扩大，遂不利于中央，而国家愈大，中央对于边疆鞭长莫及，将官吏职权委托于边疆的贵族。于是贵族的守官与封土不久遂成为一个产业，世代传袭。②在社会方面，因为封建领主由于公然暴力，及无耻侵权，或国王的授予，遂取得了"平民的"土地处分权，于是普通自由民的地位骤降。同时封建领主在反对王室及普通自由民的战争中，必须有亲信的战士和纳税人，遂与农奴相联合。于是农奴的身份上升。这样的一阶级下降一阶级上升的结果：①多层的等级构成为相互依赖的金字塔，由最下级的奴隶到天王为止，有一个人工的重叠的身份制度。②原来分立的种族群之相与融合，农奴有上升为贵族者；小贵族或普通自由民有下降为农奴者。于是从前存在的人种差别意识完全消灭了，只存留着阶级的差别。

国家内部诸势力的促进，可以把成熟的封建国家，以严正的论理的程序，引进到立宪国家。这一种过程是为经济手段所支配。这种经济手段的创造者，是都市及其货币经济制度。因此把国家的基础改变了，流动资本渐次代土地资本而居优势了。因为在封建制度发达后，大土地的所有权集中于少数的诸侯手中。这些土地广散于全国之中，远离开领主的原有领土。领主不能施以严密的监察，且为获取农民的爱戴，也想实施温和的统治。因之农民的总生产物，只除了作为地租而缴纳于地主的定额负担以外，在权利上皆属于农民。农民生产的剩余，发生对于农业生产经济所不生产的物品的需要；同时集约的农业又减少了从前农民家庭工业所产生的副产物。于是遂发生了"工业都市"（Industrial cities）以专门从事于制造工业。工业都市是政治经济的集体，即以其经济的政治的武器颠覆封建的国家，他所用的政治的武器（如勾结王室以镇压诸侯，以自由权的赋予引诱农奴离开土地，甚或对封建国家作直接攻击等），已够强有力了。但他的经济武器也不弱于此。这便是改变现物支付制度而以货币为交换手段的制度。这种变革增加了中央政府的权力，并促进了官僚制度，封建贵族遂失势，资本阶级起而代之。但社会中仍有相与分别的二阶级，其一是统治阶级，对于国民劳动的总生产（经济手段），取得超过其贡献的数量；其一为被治阶级，从总生产中得到较少于其所贡献的数量。这便是今日立宪国家的内容。

奥氏更进一步预言，相信国家发达的趋势必可脱离"发达的政治手段"，而成为"一个自由市民团体"。即外壳上仍保留立宪国家的所发达的形式，但国家的内容，将因一阶级对他阶级经济剥削的消灭而变更其重要本质。虽仍有官僚制度，但这些官僚将成为公共利益的公正无私守护者。他由两方面来验证这个预断：①历史哲学的观察，国家发达的趋势，是由经济手段向政治手段坚决的胜利的战争。②政治经济学的观察，经济发达的趋势，正在破坏大土地所有权（政治手段最初的产物及最后的堡垒）。都市发达的结果，引起了农民离开了土地，于是地租继续不断地减低，必渐次降到零点，大土地私有制遂遭破毁了。此制一消灭，即不复有"自由劳动者"的供给过剩，工人抬高工资，资本阶级将不复有剩余价值，于是产生了"自由市民社会"。这样一个转变，可以不依革命，单依进化而实现。他反对无产阶级的怀疑态度，说："无产阶级理论，在原理上，亦预见同一的结果，这是无疑的。但是此种理论的主张者不信进化可以到达目的，而以为必经革命。"（209 页）

五 历史的原动力

以上所说，虽只是撮述 Oppenheimer 关于"历史进化过程如何划分阶段"这一方面的见解，但已经在好几处顺便提及他关于"历史进化原动力为何"这一方面的意见，现在将关于后者的再行提出，放在一块儿，以见奥氏这一方面的理论。

他以为经济的冲动是社会进化的原动力。向生存的倾向，是一切生物进化的原动力。这求生存的倾向，推进一切生命，发达一切生命；从前史时代温海中漂浮的蛋白质一个细胞，发达成脊椎动物，然后成为人类。（17 页）这一个力量，在人类发生以后，仍旧继续的发生作用，以推进人类社会的发展，所以他说"社会发达的主要力量，仍然要从那使人为自己为家族求得食衣住的生存需要上去寻求；所以到底还是

'经济的'冲动。"（18 页）为什么发生了国家呢？这是因为强悍的游牧族想以对于农业族的经济剥削，来满足自己的经济需要。为什么国家的发生由第一阶段逐渐向后推移，一直发展到第六阶段，造成了原始国家？这也是由于经济的冲动，使战胜者采取较巧妙的方法，以求经济欲望的更大的满足。为什么原始国家又继续的发展，以达于高级的国家？这也是由于经济的冲动。因为"统治群的经济欲望没有限制；富人之富，无论如何是不能满足他们的欲望的"（83 页），所以一定要将国家的发展继续推进。在上节所说国家的每一次的新发展，都有经济冲动在背后作祟。奥氏在这一点上，与 Karl Marx 的学说很相近。

但是奥氏虽称许 Karl Marx 的理论为"灿烂的理论"（Splendid theory），而对于 Karl Marx 不分别清楚"经济的目的"（Economic purpose）与"经济的手段"（Economic means）则表示不满。他说这两种的混淆是 Marx 学说错误的基础。人类为求生存，必为"经济的目的"所鼓动，以寻求满足经济欲望所必要的资料。但是达到这个目的确有两个方法，并不限于"经济手段"。一是工作，或由个人自己的劳动，或将个人自己的劳动与别人的劳动作为等价交换，以求满足需要。这便是"经济手段"（Economic means）；一是掠夺，便是把别人劳动的无代价收夺，这叫作"政治手段"（Political means），（19 页）"经济的目的"犹如蒸汽锅炉，是社会进化的最初原动力。"经济手段"与"政治手段"，则犹如汽船的旋轮，起重机的杠杆，是社会进化的直接原因；由于这些直接原因，汽船才能行驶，起重机才能工作，人类社会才能进化，所以也不可忽视。

奥氏说，在国家的起源上，"政治手段"占绝对优势，"国家—阶级国家—除了征服及平定以外，不能有别种的起源。"（11 页）不但反对 Rousseau 一班人的民约说，连 Marx 和 Engels 所主张的氏族社会内部发生阶级对立而直接成立国家这一学说，也不表示同意。所以在政治学上，对于奥氏这种国家起源说，特称之为"暴力说"（Force theory）。奥氏不仅博引例子以证己说，（见 13 页），并且用理论来证明。他说除了征服及平定以外不能有别种的起源。因为到现在止，地球上仍有三分之二的土地无人"耕种"（经济的占有）。若不是用"政治手段"（即征服与平定）来强迫农民留居本土交纳贡赋，则农民必移徙去耕无人耕种的肥土。但是一切土地已被一个统治阶级"所有"（法律的占有），排斥被治阶级而阻碍其拓殖。由于这种"政治手段"，农民只好处于被治地位，受着经济的剥削（8 至 11 页）。以最小的劳力取得最大的收获，这是人类的自然欲望。"只要有机会，有权力，则人必舍经济手段而取政治手段，以保持其生命。"（40 页）一度有了这经验，于是便不肯再勤苦的从事劳动工作，而专以劫掠为事。统治群所用的"政治手段必转移于尚未臣服的农民群之上，又或发现了尚未掠取的新海市。"（84 页）"原始国家继续膨胀，与别个原始国家相接触时，也以武力来解决，于是产生了高级的原始封建国家；更进一步成为发达的封建国家"。即立宪国家的成立，也有一部分靠赖"政治手段"，以推翻封建统治。

不过，奥氏又以为"国家发达的趋势，是经济手段向于政治手段的坚决的胜利的战争"。（210 页）国家愈发达，其新阶级的转变愈侧重于经济的手段。在海国的起源中，"我们初次看见经济手段不做政治手段剥削的目的。却做一个产生国家的协动原因。"（96 页）由封建国家向立宪国家的转变过程，也是为经济手段支配。（176 至 177 页）而将来从立宪国家向自由市民团体的突变，可以由经济发达的自然趋势来完成，用不着政治手段的革命。（209，又见 212 页）而在将来的自由市民团体中，政治手段必消灭，（218 页）所剩下来的只有经济手段，以作社会进化的动力。

六　批评

Oppenheimer 的历史哲学，其大概已见上述。现在就我自己的私见，试做一批评。

他的优点有二：①理论方面之大胆无顾忌。历史进化的原动力是经济，国家的特征是阶级统治，这些是 Marx 已经提出的。但是 Marx 却没有注意到"政治手段"（即暴力的征服）在国家演化上所占的地位。奥氏指出国家的起源是暴力的征服和平定，国家的演化，也多是这种作用在后面做推动机。这样爽直地揭穿国家统治的遮幕，将统治阶级的残酷真相，毫无顾忌地暴露于大众。这不得不说是奥氏的贡献。②方法的正确。奥氏所谈的虽是历史哲学，但能够用社会学的方法来探究这一个问题。他充分地利用社会学家、民族学家的材料，每一个断论都竭力的找出事实的证明。他并不悬空设想，以自己的幻想代替外界的实物，这一点与玄学派的历史哲学家不同。也许有人嫌他的学说不深奥耐寻味，但是这是一个切实的方法，是很可采取的方法，毫无疑问。

他的学说有两点，虽是他的历史哲学的缺点，但不是他的过错。①他的历史哲学仅能解释阶级国家的起源和进化，对人类生活中其他各方面的演化（如文化方面，经济方面等）都没有涉及。但是奥氏著《国家论》的原来目的，本只是想解释这一方面，故不足为奥氏病。②奥氏所述的原始国家产生所经过的六阶段，次序井然。但实际上人类社会的进化，未必都是如此。不过奥氏自己也知道，所以他说"在下列的讨论中，决不能够固执以实际的历史的发达，在每个特殊的情形中，都必须一级一级地经过阶段的全部。……有些国家显曾经过阶段的全部，但还有多数国家却躐过诸多阶段中的一步或两步。"（42 页）他只是叙述"典型的"国家进化过程，并不以为可推论到每个特殊的情形，所以也并足不为奥氏病。

奥氏学说的缺点有二：①他的国家起源论是一元的，以为"勇武善战的部落侵入战备不完的部落的边疆，遂贵族自为而建立国家。"（12 页）"国家——阶级国家——除了征服及平定以外，不能有别种的起源。"（11 页）但是我们观察时代较晚的新国家的建设，如北美合众国，虽然建立起来的仍然是阶级国家，但是其起源却不是暴力的征服或平定，而是"社会契约"的性质。即使将这些例一二作为例外，但是我们在原始民族中，常看到因为私有制度的发达，在一个民族内发生了阶级的分化，于是产生了国家。建立后的国家，虽带有强制的政治性质；但是其起源不一定由于暴力的侵占，有时是经济发达的自然结果；且又不一定是一种族对于他种族的征服，而可以是社会内部分裂的结果（见 Engels, *Origin of the Family*, *Private Property and State*, Chapters V，VI，VII，VIII）。奥氏概归于一元，似属未妥。②奥氏以为"国家发达的趋势，是经济手段向于政治手段的坚决的胜利的战争，"这似乎含有一部分的真理。但是在国家的所有形式中都是以经济剥削为目的。即在最高级的立宪国家中，统治阶级所用的方法，仍旧不是经济手段（即使用自己的劳动，或以自己的劳动所交换而得的等价物），仍旧是政治手段（即收取他们的劳动生产物）。所以这一种进化的趋势，由战争向和平的趋势，只是外观上的改变，骨子里仍是政治手段占优势。如何由阶级国家转变为无阶级的自由市民团体，这是一个由"以政治手段占优势的组织"突变为"毫无政治手段在内的组织"的大转变。并不是"经济手段逐渐发达，政治手段逐渐萎缩，以至于最终达到仅有经济手段而无政治手段"的渐变。这一种突变是否可能是一个问题，这样的一个市民团体也许永远在梦想中，不能实现。即使有实现的可能，是否可以不用革命，也成一问题。因为他所说的国家发达趋势，只是外观方面的进化，实际上仍是政治手段始终占绝对优势。这一进化阶段是难以渐近的方法达到，而只有飞跃的突变才可能。他所说的经济发达的趋势，使地租消灭，也乏缺确据。资本主义社会（即奥氏所称的立宪国家），似不能够自然消灭。所以革命仍是这突变所未可免的手段。

洋书辨伪[*]

这本书是外国人所作的中国伟人传记之一；据说所根据的材料，便是这伟人自己的日记。李鸿章的名气，远播欧美，西方人士目为中国近代的大伟人。所以这书初出版时，很受欧美读者的欢迎，但是不久便发觉这是赝品，是一位无赖的新闻记者伪造出来的东西。

我现在用审查伪书的方法，来检讨这书的真伪，以作明确的定谳。审查的方法，可分三方面：①编著者的人格之不可靠；②著作传授来源之不足信；③书中所载事实之错误矛盾。前二项的工作，Paine 已曾做过，所以本篇着重于末一项的工作。

一　编著者的人格之不可靠

本编著书者 W. F. Mannix 是一位无赖的新闻记者。他靠卖文为活，时常伪造消息，投送各报，以骗稿费。在本书新版（指 1923 年新版。

---

* 本文原载《清华周刊》1933 年第 40 卷第 9 期，署名"作民"。所评"洋书"为：*Memoirs of Li Hung Chang*，edited by W. F. Mannix，1913（1923 年再版，增添 Paine 所作之引言），Hougihton Mifflin Company，Boston and New York.

这版子与初版的不同点，只在于增加了一篇 Paine 的引言）卷首有 Ralph D. Paine 所作的 Mannix 小传，叙述他作伪的事迹很多。现在选出几段有趣的事以为例。①西印度群岛中的古巴于 1895 年至 1898 年间，发生革命，住民蜂起反抗西班牙的统治者。当时 Mannix 恰巧在古巴，便投寄通讯稿给美国各大报，自述如何追随革命领袖于血肉飞搏的战场，自述如何与革命领袖诸人会商一切计划，说得有声有色。后来经人家一打听，这位马先生压根没到过那战场，并且从来没有与那班革命党人见过面。他的通讯，完全是他在古巴首邑 Havana 咖啡店中杜撰出来的。他把道听途说的话，加上他自己的想象，写出来当作事实。②后来他又组织了一个通讯社，叫作太平洋联合通讯社（The Pacific Associated Press），自云组织规模很大，分所遍设于太平洋沿岸如横滨、东京、长崎、香港、上海、北京、奉天、海参崴、新加坡各处；自己做社长，下面还有会计、秘书、庶务等科以分任职责。但是实际上只是他一个人在檀香山岛上一间小屋中做独角戏。所谓社长 Mannix，会计 Burr，秘书 Ressenger，庶务 Leonard，都是他一个人的化身。至于他所标举的各处分社，也仅存在于他的脑子中。他独坐在檀香山岛上小屋子中，燃起香烟，一面吸烟，一面低首疾书，捏造消息；在篇末随意填上"东京"或"上海"等地名，便算从那些地方寄发的了。碰巧有些报馆主笔被骗，收取他的稿子，他便有稿费可拿了（以上二事，见本书卷首 Paine 所作引言中 pp. XII – XV，pp. XXXII – XXXIV）。

Mannix 喜欢捏造消息，尤其喜欢捏造关于西洋人所目为神秘之国的中国的消息。这神秘的东方古国，西洋人中很少能知他的真相，所以最容易上当。民国四年（1915 年）日本对华提出二十一条，一时耸动世界耳目。Mannix 便利用这机会，寄了二篇《袁世凯访问记》给美国《独立报》（*The Independent*），说自己亲访袁世凯于紫禁城中，承蒙袁氏接见，并承宣示关于内政外交的意见。于是煞有介事地瞎造一大堆谈话，说是从袁氏处亲听得来的；弄得驻美的华使连忙致电询问真相。中国政府的回电说，袁氏从来没有接见过 Mannix 这个人，并且从来没有发表过这种内政外交的意见。原来这两篇访问记中的谈话，是这位马先生在隔着太平洋的北美合众国内凭着空想杜撰出来的（见 Paine 所作引言 pp. XLIII，LXVI）。

这部 Memoirs of Li Hung Chang 便是这位马先生编著出来的。伪造文件是他的惯技，瞎造关于中国的事情尤其是他的拿手好戏。这样的人所编著出来的东西，我们在未施行历史鉴别法以前，便可武断地下结语：这书大概又是他伪造出来骗钱的。至少在没有积极的证明以证其真确以前，我们不能相信这书是可靠的东西。

二 著作传授来源之不足信

仅有上面这一条罪状，尚不足做判决这书死罪的定谳。编著者的人格确是不可靠，但对于这书也许出于至诚。我们不能以其人的一般特征，便断定其对于某一特殊事件也必定如此。章太炎当初相信殷墟龟甲文字是出于伪造，说"作伪有须臾之便，得之非贞信之人"（见《国故论衡》），便患了此弊。清末今文学家以刘歆的人格不可靠，因而推论《周礼》、《左传》等书皆出于刘氏伪作，似亦患了同样的病弊。我们最好能作更进一步的鉴别工作。

（一） 编著者自述的本书来源之不足信

编著者 Mannix 在本书序言中说：①本书材料大都出于李鸿章的日记。②李氏手稿于 1910 年为其侄两广总督李某搜集在一处，以便研究。③李氏手稿文件等，由其秘书 Major R. Emmet Roberts 译成英文。④Roberts选择时，曾得 Drs. Wang of Peking and Hsiu Tsai, the Elder of Canton 二人的帮助。

这些话是否可靠呢？我们可以也分四点来研究。①本书出版后，李鸿章亲子李经迈致函其师 Dr. C. D. Tenney，说其父在世时，从来不曾记过日记（见本书 Paine 所作引言 p. XLIX）。李经迈是朝夕侍侧的爱子，他的话当然最可靠。李鸿章在生时不曾记过一页日记，本书的编著者却说译成英文的也已有 17 万余言，岂非怪事！②李鸿章的侄子没有曾做过两广总督的。1910 年的两广总督，上半年是袁树声，下半年是张鸣岐（见萧一山《清代通史》卷下附录《清代督抚表》，页 66）。这两个人与李鸿章并没有同宗的关系。③所谓李氏秘书 Major R. Emmet Roberts，据李经迈说，他不但没有看见过这个人，连这个人的名字，也从来没有听见过（见本书卷首 Paine 所作引言 p. XLIX）。假使李鸿章确有这样一位洋文秘书，他的朝夕侍侧的儿子决不会不知道的。④至于帮助 Roberts 的二个中国人的姓名，更为有趣。王先生的"王"字，差不多等于 X，因为姓王的人太多了，这位北京的王先生，我们决不能找出其人。至于 Dr. Hsiu Tsai, the Elder of Canton，更是滑稽。广东老"秀才"竟成了人名，并且同时还加上进士衔头（或博士学位）。Mannix 真会开玩笑。

（二） 本书的真正来源

本书出版后不久，便被人家拆穿西洋镜，知道他完全出于伪造。于是有人好奇心切，要研究这书的真正来源，不久这真相遂大白于世。现在根据 Paine 在本书新版的引言，撮述其大略如下：

这位荒乎其唐的新闻记者 Mannix 先生，1911 年在檀香山岛上时，阮囊羞涩，没有钱用，便假托着 *Advertiser* 的馆报主人 Thurston 的名字，冒签一张支票，这支票的银数，不过戋戋数元，是马先生拿来付酒账的。但不幸被银行发觉，于是马先生便锒铛入狱，判了一年的徒刑。在狱时无事可做，无聊得很，他便要求友人将关于远东方面的书籍送些进来，以便出狱后再做新闻记者时，可以得到许多的方便。他看了关于李鸿章的书籍后，忽然异想天开，伪造李鸿章的日记起来，说是李氏手稿的英译，送到纽约 *Sun* 上发表，颇得读者的欢迎。伦敦 *Observer* 的主笔致函 Mannix 征稿，说如果能将关于李鸿章的手稿多加翻译送来，愿以千元稿费相酬。Mannix 一出狱后，继续花了许多工夫去假造，便成功了这部 *Memoirs of Li Hung Chang*。于是便用上面已提及那"太平洋联合通讯社"社长的名义，将这部书交伦敦 Houghton Mifflin Company 出版。这个出版公司居然接受了他的稿子，并且出版后居然骗了许多的读者。这位马先生可谓"工于作伪"了。

后来这部伪书，因为内容所记有许许多多不合事实，便被人家所揭穿。于是有位他的朋友，在旧金山遇到他时，便询问他假造这书时参考些什么书籍。Mannix 便告诉他的朋友说："大部分采取自 Douglas 著的 *China* 及 *Life of Li Hung Chang*，Mrs. Douglas 著的 *Reminiscences* 以及 Dr. Morrison 的传记等书，这些书都是他在狱时由夏威夷图书馆中借来的。后来有人将本书与他所举出的那些书一对照，果然抄袭的痕迹很是显著。"（以上所述关于 Mannix 伪造本书的经过情形，皆见 Paine 所作引言中）

本书编著者在序言所述的传授来源，既然完全不可靠；他作伪的经过，又经人家的考究，历历如绘，几乎用不着再作考据的工作。不过，如果能够找出他的书中所载事实的自相矛盾及错误，不是更可证实他的作伪么？

三　书中所载的事实的矛盾错误

本书既出于伪作，是由编著者所浏览过关于中国方面的书籍再加上编者自己的幻想而成，所以所载的事实，误谬百出。这种错误可以分做四类：①与李鸿章的人格不符合；②与李鸿章自己所曾发表的意见不合；③个别事实之不合于已知的史实；④叙述一般制度之错误。第一项如下文所举的偷鹅、媚外等，第二项如关于天津杀案，割让台湾等

（李氏关于这些案件的意见，完全不同）。这两项的证据虽甚有力，但是一个人的人格及意见，也许在不同的场合，发生歧异。崔述《洙泗考信录》中，常以孔子人格的完整为前提，以否认许多关于孔子的传说，这种方法实未稳妥。所以这两项证据，还不及三、四项的强有力。第三项个别事实的错误，如天津教案凶犯行刑的日期，李氏由美返国的登轮处等，都与已知的史实相违背。李氏对于这些事情，完全没有说谎的必要。这些事情的错误，除了说明 Mannix 造谎以外，没有别的解释。第四项叙述一般制度的错误，如太后祭元妃派李鸿章代祭，李氏为翰林院编修后反在县官手下做钱谷师爷的助手等，都不合清代的制度。前三项不过表示伪作本书者是不明白李鸿章身世的人而已，这最末一项更显示这赝货是一个不知道中国情形的洋人所伪造出来的。

因为有许多事情，常牵涉到数方面，所以本篇不分做四项来说，只依着在本书中所出现的前后为次序。并且本书错误百出，不能遍举；现在所写出的，不过举例以见一斑而已。

（1）p. 2 "Jan. 1846. This day I completed the last of my examinations, and I know I have won the Ready-for-office degree!" 这是本书引的李鸿章日记中第一句，这里面便发生不少的错误。他所说的是指李鸿章的会试，据《清史稿》列传卷一九八，"鸿章道光二十七年进士"，王先谦《东华续录》道光朝卷五五 "道光二十七年丁未夏四月癸酉，赐张之万等二百三十一人进士及第出身有差"。是年夏四月癸酉是四月二十五日，即西历 1847 年 6 月 8 日，但本书偏说李氏于 1846 年正月应试完毕，岂非怪事。考进士是清时士人的一生大事，不应在日记上弄得错误如此。不要说李鸿章自己不会弄差，一般稍知清代掌故的也不会致误。清代除恩科外，会试俱于辰戌丑未年举行（据《皇朝通典》卷一八，系顺治元年十月所定）。试期则会试在三月中（《皇朝通典》卷一八，"乾隆十年正月，特命移会试场期于三月，以待春温，永著为例"），殿试则在四月中（《皇朝通典》卷一八，"乾隆十年三月敕改殿试之期于

118

四月廿六日"；《张季直先生传记》亦云，张謇于四月廿二日殿试）。
Mannix 所瞎造的日期（Jan. 1846）是道光二十年十二月至次年正月，
既不是会试的年份，又不是殿试会试的月份，是年又无恩科。假使令中
国人伪造，决不会闹出这种笑话出来的。Mannix 致误的原因，大概是
由于他看了 Douglas 著的那本 *Life of Li Hung Chang*，那书仅说李鸿章在
京中进士后，不久便入翰林院（p. 18），又说李鸿章于 1849 年入翰林
院（p. 15）。又看见那本 Douglas 著的 *China* 一书中说会试举行于乡试后
一年的春天（p. 105）。Mannix 大概又在另外一书中知道二三甲进士人
庶常馆为庶吉士，三年后散馆，一部分入翰林院（见《大清会典》）。
于是由 1849 年上推三年，便是 1846 年，Jan. 是 1846 年的春天，所以
便断定李鸿章是 1846 年 Jan. 中应会试的。

（2）p. 4 "Jan. 1846. I am between twenty-four and twenty-five years of
age." 这句话又不合中国的惯例。中国人对于自己的年龄，都知道得很
确切，纵使有时造谎，减轻年岁，如摩登女子总是芳龄二九，但是决不
会说游移两可的话。什么"本人年龄在二十四二十五之间"的话，实
不合中国人的惯例。而且在 Jan. 1846 时（即道光二十五年十二月至次
年正月），李氏年龄在二十三二十四之间，不应多算了一岁。Mannix 致
误的原因，是由于根据 Douglas 著的那本 *Li Hung Chang* 多算了一年
（Douglas 说李氏生于 1822 年，见原书 p. 15。但是据《清史》列传及吴
汝纶撰碑铭等，皆谓李氏生于道光三年，即 1823 年）。又因为不知道李
鸿章应考时是道光二十五年十二月抑或次年正月，只好概括地说是
Jan. 1846，对于李氏年龄，也只好作模棱两可的话，说"在二十四二十
五之间"。

（3）p. 4 "Some day I hope to be the Chang-yuan（the Poet-laureate）
of China." 按吴汝纶撰神道碑，李鸿章入京应试时，从曾国藩游，讲求
经世之学。羡慕状元的虚荣，虽为一般士子所共有，但轻易不肯说出
来，尤不肯笔之于书。至于在曾国藩门下读书的李鸿章，讲求经世及义

理之学，恐更不会有此种要做状元的虚荣心。并且这句话译成中文，"吾欲日后成为中国之状元"，这里面"中国"二字毫无着落，难道当时还有"洋状元"，所以李氏写日记时加上中国二字以示区别么？并且 Chang-yuan 一词，必定是 Mannix 假托由李氏手稿中原文"状元"二字音译出来的，所以在后面括弧中加上"桂冠诗人"一词，以作解释。但是依中国文士修辞惯例，必作"大魁天下"或"独占鳌头"这一类的话，决不会像小说中所常用的浊俗的"状元"二字。Mannix 所以用这词，大概由于他看见 Ball 所著的 *Things Chinese* 中有殿试榜头第一人称为"Chuang Yuen" or "Laureate"（p. 167），便写进去，又拼错了二个字母，但在不知道中国情形的外人看起来，便以为如这日记原稿不出于本人之手，绝不会有这种字出现。然而在我们看起来，却是适足以见 Mannix 作伪之拙。

（4）pp. 4 – 5 "Today I finished reading for the ninth time the fine lesser classics *Lieh Nu Chuan*（*Record of Cultured Women*）... The story of Wha-Mou-Loh is most fas-cinating."《列女传》是西汉时刘向所作的；木兰的故事发生于六朝。纵使是未读过《列女传》的人，也会知道其中绝不会有木兰从军的故事。Mannix 致误的原因，大概是由于他知道《列女传》是一部记载中国著名妇女做事的书；像木兰这样享有大名的女子，一定会被收入，所以不知不觉地陷入时代前后颠倒的错误。假使 Mannix 在百年后假造这部书，也许会说起《列女传》中谈到 Madame Sun Yet – sen 的故事呢！

（5）p. 7 "March 19. There is bounding happiness in my inmost heart to-day, for I have been given a regular place in the office of the chi-fu（head）of the Prefecture." 这条日记系在李鸿章中进士之后。按李氏中进士后，入庶常馆为庶吉士，三年后散馆，授编修，从曾国藩游，讲求经世之学（见《清史稿》列传卷一九八《李鸿章传》），都在北京，怎么会有在家乡做知府掾属小吏的事！并且清代制度，士子中进士入翰林院后，才堪

外任的便以知府保送（见《大清会典》卷七〇）。李氏纵有屈身任知府
掾属小吏的事，亦必郁郁不得志，怎么会闻讯雀跃呢？

（6）p.8 李氏中进士返家后，县官责问他说："Do you remember,
Li，when you stole my goslings from the splendid Water Lake?"按李鸿章的
父亲文安，中过进士，官至刑部郎中，记名御史（见吴汝纶撰《李鸿
章神道碑》）。李鸿章是官少爷，怎么会偷人家一只小鹅。并且其时李
氏已中举人、进士，俨然地方绅士，县官爵秩低微，纵使真有其事，也
未必敢开口责备，得罪当地绅士。

（7）p.28 "Viceroy's Yamen，Tientsin，June 23... Every miscreant
who had aught to do with the massacre of two nights ago will get his just
dues."这是记载同治九年天津教案。按天津教案发生于 June 21，1870
（即阴历五月二十三日），当时直隶总督尚为曾国藩。李鸿章当时受命
督师西征，于是年五月十六日抵潼关（见《李文忠公朋僚函稿》卷一
〇页 5《同治九年九月二十四日致曾相书》），安能分身至天津。并且当
时直隶总督衙门尚在保定，及天津教案后，始迁移到天津。这里所说的
设在天津的总督衙门，不知何指？Mannix 致误的原因，大概又由于读
Douglas 著的 *Life of Li Hung Chang* 时，望文生义，自作聪明。Douglas 说
天津教案发生于 June 21，1870（见原书 p.101），又说李鸿章以直隶总
督的身份，在天津办理此案（p.102 以下）。于是 Mannix 便依据这两段
话，加上自己的想象，以为李鸿章当时必在天津直隶总督衙门里面。

（8）pp.30 - 31 "It is not only right on mere grounds of revenge of
satisfaction for the lives of the men，women，and Children taken，but it is
necessary for the good of China that swift and sure punishment be ineted out to
all offenders."这句话所表示的李鸿章对于天津教案的意见，恰与我们
所知道的刚巧相反。李氏主张从宽处置。他说："正法八人，似已足示
惩戒，若再刑逼诬攀，附会罗织，使无辜百姓，骈首就戮，仇衅愈甚，
怨毒愈深，无论非中国政体所宜；即彼洋人在各处通商传教，总期与民

相安，释前仇而敦永好，奚为强索多命，转增后患，亦非计之得也"（《李文忠公译署函稿》卷一，《论天津教案》）。虽然李氏的论调，也是中外两方兼顾，但是结论恰巧相反，主张从严处置凶手，反对施用严刑峻法（又本书 p. 36 所述的 Sept. 44 日记，也犯了同样的错误）。

（9）p. 34 "（1870）August 23. My heart is pierced with sorrow to-day to learn of the dastardly assassination of General Ma Yu-Kun, the Great Viceroy of Nanking."不错，两江总督马新贻确是 August 23，1870（即同治九年七月二十七日）被刺的（见萧一山《清代通史》卷下第十章，页 21）。但是李鸿章那时并不在天津，他尚在从潼关驰赴保定的途次。当时中国还没有电报（中国南北电报线系设置于光绪六年），消息的传布很是迟缓。翁同龢那时正在北京，他直到八月初三日才知道马氏被刺的消息（见《翁文恭公日记》）；曾国藩当时在天津，八月初四日接上谕才知道这消息（见《曾文正公日记》）。至于李鸿章获知这消息的日期，更落后一天，是八月初五日才知道（《李文忠公朋僚函稿》卷一〇同治九年八月初五日复曾相书："顷抵获鹿，接初三日寄谕，复令鸿章受代畿篆，惶汗莫名。穀山（指马新贻）近事奇绝，亦向来所无"）。Mannix 只知道马新贻是这一天被刺的，因为他自己是居在电报普及全国的美国，便以为在当时的中国也必如此，这惊人的消息一定由电报传遍全国，所以闹成了这个错误。

（10）p. 36 "Sept. 5. I have pardoned one of the nineteen condemned to death."这句话也包括许多的错误。李鸿章在八月二十二日（Sept. 17）始由保定动身赴津（见《李文忠公朋僚函稿》卷一〇同治九年八月二十一日复曾相书），Sept. 5 决不能已在天津审理这案。津案判决死罪者第一批凡十六人，第二批凡四人。所谓"nineteen condemned to death"数目不符。并且清代决狱，对于死罪很是重视。不论判决或赦免死罪，都要奏明朝廷定夺（见《大清会典事例》卷七二三及七三二）。津案中有扎死俄国人的四犯，经俄领事的要求赦免罪，李鸿章即具奏请旨定

夺（见《李文忠公译署函稿》卷一,《论天津缓狱》）。但是本书中说李
鸿章看见这个已判决的罪人是 "A low creature",便当堂赦免他,释放
他出来,仅加以驱逐出境的处分。这完全不合清代的制度。

（11）p.39 "（Sept.16）To-day I personally witness the paying of a
debt in blood for the orphanage massacre and the killing of the French
consular officer. . . The foreign governments were all represented at the scene,
and I trust they are satisfied." 按李鸿章是八月二十一日即西历 Sept.16
起程赴津,约五六日后才能抵津,如何在当日便能亲身目睹在天津所发
生的事情呢（《李文忠公奏稿》卷一六所载的《起程赴津并陈教案情形
折》云:"兹定于二十一日起程赴津……约计五六日可抵津郡。" 是折
系同治九年八月十九日所发）。并且据当时在津的英人 Medhurst 的报告
说,津案凶手执行死刑是在 1890 年的 10 月 18 日,当时外国人及李鸿
章都没有到场（the *Nation* Jan. 29 1914 转引英国 *Parliamentary Blue Book*
中语）。李鸿章自己也说 "据英领事兼署法领事李蔚海称须亲往监视,
马守告以旁观人众,巩有他变,碍难保护;令派其服役之华人在众中看
视,该领事惶惧照办。业于二十二日委天津镇道将杀死法、英、比、义
男女洋人之冯瘤子等十六犯,乡填西门外按名正法"（《李文忠公译署
函稿》卷一,《论天津教案》。是函系同治九年九月二十七日所发）。是
年九月二十二日,即西历 10 月 18 日,据李鸿章自己说,是日的刑场
上,李氏与洋人都没有亲往监视。若这段日记是李氏的原作,不知道李
氏为什么要对自己说谎。

（12）p.44 "（1855）My father, who has been thrice to see Tseng-
Kofan, says that but few men of China of late centuries have been greater
scholars than the viceroy." 按李鸿章在道光二十七年（1847）中进士时,
便在曾国藩的门下,朝夕过从,讲求学问（见《清史稿·李鸿章传》
及吴汝纶撰神道碑）。在八年以后的 1858 年,却需要一个仅见面三次的
人来介绍曾国藩的学问,岂非奇绝! Mannix 只知道曾、李在剿 "发匪"

时的关系，而不知道二人在京时的师生关系，所以致生这误。

（13）pp. 44－46 "（1855）They all came to the office（Li refers very likely to the office where he was engaged as sub-treasurer of Hofei）...The treasurer was not there when they called. Had he been, he would have put a sudden stop to their gibes. "按李鸿章在1855年已以军功做到道员，在安徽领兵与太平军相战（见《清史稿》列传卷一九八），怎么会在合肥县作钱谷师爷的助手，并且当时李氏已中进士，入翰林院，即放外任，至少是知县以上的官职（见《大清会典》卷七〇）。Mannix 所造的谎话，不但不合李鸿章的个人事迹，同时也不合中国当时的制度。

（14）p. 56 "（Dec. 1862）I was with him（Ward）when he died at Tsiki, and tears came to my eyes when he breathed his last. "按常胜军主将华尔阵亡于慈溪时，李鸿章那时正在上海，决计不会在侧的。我们且看李鸿章自己的报告："（同治元年）八月中旬……史致锷由皖来沪正与臣筹商沪捐济饷（按《奏稿》卷二《上海已革副将冯日坤正法折》亦云李氏八月底在上海，知其在是月实未当离沪他往）……据苏松太道吴煦禀称，'华尔于抵宁波后，闻慈溪复失，即于二十六日督带常胜军驶至半浦……二十七日黎明亲往（慈溪）城下……不期贼从城上放枪，适中华胸脘，弹从背出，登时晕倒，为随从通事扶救回船……二十八日伤重殒命'等情……臣已督令吴煦等为改服中国冠裳，易棺收殓，葬于松江"（《李文忠公奏稿》卷二页13《华尔阵亡恤折》）。可见华尔中弹受伤殒命的情形，李鸿章是根据吴煦的报告，他自己并不在侧，如何会目睹华尔弥留时的苦况而下泪！

（15）pp. 68－69. Dec 8, 1863 日记说，苏州攻下后，太平军降王被召宴会，忽叛兵蜂集，杀戮降王，李氏遁而免，事后奏闻朝廷以当时情形。又 p. 70 且云 "I am not sorry they（Wangs）are gone, but I regret the manner of thier going. "按苏州杀降王一事，李氏确曾奏闻朝廷，其奏稿见《李文忠公奏稿》卷五页21。但所奏的事情经过，完全不同。

杀戮降王是李氏的预定计划，自谓"诚恐复生他变，不如立断当机"；并不是出于叛兵的举动。李鸿章在同治二年十一月十五日复曾沅师书中，表示对于此案的意见，说"苏垣幸克，因人成事，贪天之功，只自愧悚……惟擒杀伪王六、伪将五，皆忠逆部下悍党，稍可自娱"（见《李文忠公朋僚函稿》卷四页 24）。李氏以这事为得意之举，在日记中决不会自讳，另外去谎造一段故事。Mannix 是外国人，不知道中国的风俗习惯。他和 Gordon 一样以擒杀已降的人为不义之举，所以在本书便伪造李鸿章自饰之语，不知适足以显示其伪造之迹。

（16）Chapter IV，At the Shrine of Lady Yuen Fi. 在这一章中，引录李鸿章 Feb. 24，1873 的日记，说是日为同治亲政的第二天，皇太后命李鸿章代往祭祀元妃（蚕神）。按 1873 年 2 月 24 日，为同治十二年正月二十七日。同治亲政系二十六日的事情，这里所记的日期似乎可靠。但同治十二年祭先蚕坛，在三月中。《大清会典事例》卷四三九云"同治十二年三月初三日致先蚕坛，奉旨，遣妃恭代行礼"，并没有派李鸿章代祭，所以知道 Mannix 所瞎造的日期和主祭人，都是错误。并且清代制度，祭蚕神决不会派遣直隶总督去代祭的，祭期又必定是三月间的。《大清会典事例》卷四三九云，"每年季春之月，皇后亲缲先蚕……若遇（皇后）不亲祭之年，自应遣妃一人恭代，以昭诚敬为是。"有时亦遣职司祭祀的内务府大臣前往代祭，但决不会遣派直督代祭。Mannix 致误的原因，由于他看见 Sarah Pike Conger 著的 *Letters from China* 一书中 p. 270 说及 "This is the season for the silkworm, and the Empress with her princess visits the Forbidden City, and offers prayers and pays homage to the patron deity of the silkworm"（见本书卷首引言中 p. LIX 所转引），他便驰其幻想，捏造了这一段故事，不知道完全不合中国的制度。

（17）pp. 110 - 112 叙述马关议和时，日人提出"如中国先行休战，须交出大沽、山海关及天津，以为保证"，李氏不允，于是 "the first session of the Conference came abruptly to a close"。按马关议和第一次谈判时，中国代表要求先行休战，伊藤约以翌日答复而散。日方于第二次谈判时始出答复，要求占领天津、大沽及山海关以为质（见王芸生辑《六十年来中国与日本》第二卷第十四章）。Mannix 致误的原因，大概由于他读了 Douglas 著的 Life of Li Hung Chang 中所说的 "Li had in the first instance urged that an armistice should be granted during the continuance of the negotiations. This the Japanese Plenipotentiaries were ready to agree to, on condition that the Taku forts, Shan-hai Kwan and the railway thence to Tientsin should be handed over to the Japanese generals in the field"，没有分别指明哪件事属于第一次谈判，哪件事属于第二次谈判。Mannix 便把二事并在一处，都算是第一次谈判中的事，致生此误。

（18）p. 141 "Prince Chang Chi-Chun has been chosen by the Sacred Car（their Majesties）to represent them at the crowning of the Emperor of Russia." 按清廷初派王之春为专使，见《清外交史料》卷一一九，页4。Mannix 此处误以王姓为 Prince。又 p. 142 云 "Just then came word from Russians that my coming would please them better. That was a blow to Chi-Chun." 按使俄贺俄皇加冕是一件苦差事，不但李鸿章自己不高兴去，曾具奏恳辞过一次（见《李文忠公奏稿》卷七九），并且他知道王之春也抱这种态度。朝廷不差他去，不是一打击，倒是减轻一负担。李鸿章曾为这事致书王之春说"台端幸免息肩，不惟省再往之劳，且可免驻使之役"（见《李文忠公尺牍》第二十九册）。这处不应发表和这相反的意见。

（19）p. 143 "（1896）21th Day of the 12th Moon. I have received notification that I forfeit one year's pay for a breach of ceremony at the Palace." 又 p. 144 云 "I am inclined to think my breach of court etiquette was not serious to her private mind." 按《东华续录》"光绪二十二年九月丙辰（即九月二十四日），李鸿章擅入圆明园游览，应得革职处分，著

加恩改为罚俸一年"。李氏罚俸一年，虽确有其事，但月日相差三月之多，并且罚俸的原因是擅入圆明园游览，并非如本书所叙述的召对太后时的失仪。当时有明谕责斥李氏的过失，并非如本书所说的李氏不自知失仪在何点。圆明园的西文名是 Old Summer Palace，本书的编著者 Mannix 大概知道李氏的罚俸与什么 "Pa-lace" 有关系，便捕风捉影地说与 Palace etiquette 有关，捏造一段故事出来。

（20） p. 220 "His last paragraph, written at San Francisco the day before his sailing for China, is as following：Today my friends took me far out toward the Golden Gate, and gave me my first view of the broad Pacific from this side of the world." 按李鸿章由美返国，并不由旧金山登船。李鸿章致驻美公使杨子通书中说 "七日抵万库屋（Vancouver），次日放洋，二十一日抵横滨"（见《李文忠公尺牍》第三十册）。当时随李氏游历欧美的随员 Dr. Drew 也说是由 Vancouver 登船（Mannix 这书被人疑为伪造，即始于 Dr. Drew 看出这一个破绽）。只因为中美交通的孔道是 San Francisco，伪造者 Mannix 自己往来中美时也都经过这地点，所以便臆断李鸿章当时也一定由此登船，不知道却留了一个大破绽。

（21） p. 223 说李鸿章于闻悉德使 von Ketteler 被拳匪所杀的翌日，在广州祭祀先农之神。祭祀时的情形是这样的，"Today we performed the full ceremony of the Tilling of soil. All my officials and myself, in full court dress, went by chair to the Temple of Shen-Nung, beyond the East Gate, and performed our obligations. The great and illustrious Shen-Nung is the Divine Husbandman who reigned 4700 years ago. It was he who invented agriculture." 按德使 Ketteler 被杀系 1900 年五月二十四日的事（见《东华续录》卷一六〇），当时已有南北电报，即令由间接方面获知此项消息，至迟也不能过一月。李鸿章获悉消息的次日，当在是年六月中，或五月末。清代制度，地方长官每年有祭先农之礼，但决不会在暑天五六月。《大清会典事例》卷四三九云，"雍正四年复奏准，奉天府尹、直

省督抚及所属府州县，自雍正五年为始，每岁仲春亥日，各率所属官及耆老农夫，致祭先农之神。"Mannix 所伪造的，完全与中国制度不合。考其致误的原因，大概又是由于读了 Douglas 著的那本 *China* 中的一段 "Agriculture... is said to have been taught to the people by the emperor Shinnung（B. C. 2737 – 2697）... Archdeacon Gray giving the following account of the ceremonies（of the turning of the first sod）witnessed by him... at Conton. The governor-general... repair at an early hour, on the fifth day of the ploughing season... to the temple in honor of Shin-nung, the god of agriculture. This temple is situated... beyond the eastern gates of the city."（见原著 pp. 243 – 245）Mannix 便根据这一点浅薄的智识，伪造了一段文章。

（22）p. 230 李氏于 1899 年受命南下就粤督任时，据说他的日记上曾载着下面几句话："I am being sent away from the trouble which is sure to descend upon this capital, and I am bidding good-bye to my friends as though something told me I should not see them again." 但是李氏在致友人的书信中，却表示了与这相反的意见。他在当时复任筱沅书中说，"兄以桑榆晚景，忽有岭南之行。方当多事之秋，臣子谊无辞避"（《李文忠公尺牍》第三十二册）。可见李氏对于岭南之行，非但不视为避免危险的好时机，并且还视为畏途，惟迫于臣子之谊，不得不去。

（23）p. 239 "（1900）July 12... I am aroused by a report which is repeated in the city, saying that I have been reappointed to the Chili Viceroyalty. This cannot be true." 按清廷于光绪二十六年五月二十二日（1900 年 6 月 20 日）降旨，着李鸿章调补直隶总督、北洋大臣，并着迅速北上（见王芸生辑《六十年来中国与日本》第四卷第三十二章）。当时已有电报，清廷这次谕旨，即由电致李氏（《东华续录》卷一六〇云"光绪二十六年五月壬戌即二十二日电谕李鸿章迅速来京"）。为什么到了二十余天以后这要电还没有抵粤，并且李鸿章还不相信其确实。

按李鸿章的奏稿中曾说:"臣前准军机大臣字寄光绪二十六年六月六日奉上谕,李鸿章前已降旨调补直隶总督,着无分水陆,兼程来京等因,钦此"(见《李文忠公奏稿》卷八〇,页6)。六月十六日即西历7月12日,大概 Mannix 即由这第二次的上谕而致误。他误认这第二次的上谕为第一次的上谕,所以说李氏在西历7月12日还不知道清廷已降任命的事。

(24)p. 247 "(Tientsin on August 18) A rest of a few days, and then I will proceed to Peking." 按是年西历8月18日系阴历七月二十四日。李鸿章遵旨抵津接印折云,臣……经坐招商局轮船,于八月二十五日抵津(见《奏稿》卷八〇,页6)。可见李氏抵津的确实日期是比 Mannix 所捏造的迟了一个多月。这是因为李氏在这一次故意滞留在上海,经再三催促,始动身北上;Mannix 不知道其中情形,以为李氏由粤动身后,在上海必定勾留无多日,便要径直赴津,所以估计日期早了一个多月。

(25)p. 251 "(August 11, 1882) Later, Same date. A second messenger. . . hurried on ahead of the Tai-Wen Kun's Party, and believes he is at least thirty li in advance of them. The old devil was landed at Shanhai-Kwan, and is being hurried along on the lower Coal road." 按是年西历8月11日系阴历六月二十六日。是年的朝鲜乱事,发生于六月初九日(西历7月23日)。但当时李鸿章以母丧回籍,并不在天津;直到事变发生后,清廷始下令催令返津,李氏于七月二十三日抵天津(见《李文忠公朋僚函稿》卷二十光绪八年七月二十六日《复吴筱轩军门书》中"二十三日到津"一语)。李氏又没有分身术,怎样在六月二十六日便已在天津督署中记日记。并且大院君被执解送至中国,系七月二十日事,登岸地点是天津,并非是山海关(王芸生辑《六十年来中国与日本》第一卷页169),与 Mannix 所伪造的日期及地点都不符合。Mannix 致误的原因,大概又由于读了 Douglas 著的 *Life of Li Hung Chang* 中关于这次朝鲜事变的记载(见原书 pp. 193,199,文长不录)。只知道事变是发生于是年西历 7 月 23 日，又知道大院君被执解送至中国，李鸿章曾加审问，于是便依照自己的幻想，任意填进日期，更穿插着虚构的事实。

（26）Chapter XVIII, the Cession of Formosa. 这一章叙述李鸿章于 1897 年发表私见，以为台湾的割归日本，对于中国，实有利无害。说李氏曾在日记中记下："As early as 1873... I earnestly memorialized the Throne to offer Tai Wan to the English government to do with the wretched island as they saw fit." （p. 262）他的理由是台湾对于中国完全无用处，否则英法各国当早已攫取而去，盖台湾土地荒瘠，人民凶悍而吃鸦片，不可以训练成军，不若放弃之。这些又是 Mannix 所伪造出来的话。在 1873 年李鸿章并没有奏请割让台湾与英国，更没有因为这奏议而险遭刑杀（本书，页 265）。至于李氏对于台湾土地与人民的评估，也与这些伪造出来的完全相反。同治十三年（1874 年）三月十三日，李鸿章致函总理各国事务衙门说：各国垂涎台湾已久，日本兵政浸强，尤频海切近之患，早迟正恐不免耳（《李文忠译署函稿》卷二，页 20）。又说："台湾自噶玛兰属苏澳以南。至于卑南，旷土数百里，平衍膏腴，多系生番地界，山产煤矿、石脑油、樟脑藤木、金矿、玉穴，各国通商以来，觊觎已久。"句句都是称美台湾富源之巨。对于台湾的人民，李氏也说"窃闻台湾民俗强悍可用……若不趁此时抚绥招徕，俾为吾用，后患曷可胜言"（以上见《译署函稿》卷二，页 27）。Mannix 致误的原因，大概又是读了 Douglas 著的 *Life of Li Hung Chang* 一书中所说的 "The island of Formosa has always presented administrative difficulties to its Chinese rulers" 一语（见原书页 119），便任意写下去，把自己的意见硬派到李鸿章的身上。

（27）p. 282 "When Li Hung Chang was the commander of the victorious Imperial troops at Nanking, he wrote：'We found the great city full of the opium evil... To general Ching I gave orders that all persons found with the drug in their possession... should he decapitated... General Ching was indiscreet enough to enter into argument with Gene-ral Gordon.'" 这一段句中的错误很多。同治三年六月南京的陷落，系曾国荃之功。李鸿章虽曾奉旨攻宁，但以南京旦夕可下，不欲与曾国荃争功，故始终驻扎苏州不动（见《清代通史》卷下页 400）。Mannix 知道李鸿章当时是江苏巡抚，以为南京攻下时，必乘势入城示威；实则李氏直到是年冬间曾国藩奉命剿捻，李代署督篆，始赴金陵（见《朋僚函稿》卷五），这是第一点错误。又太平军对于鸦片禁止甚严，不准人民吸食（见稻叶君山《清朝全史》中译本卷下第二编，页 89），凡吸洋烟者斩首不留（见萧一山《清代通史》卷下，页 1779 所引之太平天国禁律），必不会弄得满京城都是烟鬼。这是第二点错误。又清廷当时以《天津条约》的结果，已开放烟禁，李鸿章纵使反对他人吸食鸦片，但以法令关系，决不能任意屠杀烟犯；并且李鸿章在同年（即南京被清军恢复的那一年）二月二十八日有奏折云：上海洋药一项，已有层层捐税，应请毋庸再缴（见《李文忠公奏稿》卷六）。洋药即是鸦片烟的别名，可见李鸿章对于烟贩，非但不加诛戮，反而体恤商艰。本书说李氏入南京城下令屠杀烟犯，这是第三点错误。又本书在第三章中，有好几处叙述 General Ching 与 General Gordon 的争吵，知道 General Ching 便是指李氏部将程学启。但程氏已于是年三月攻嘉兴之后，伤重殒命（见薛福成《庸庵文编》卷四《书相城程忠烈公遗事》），南京陷落时，程氏已不在人间。至于常胜军亦已于是年四月中遣散，General Gordon 也辞职返国（见《李文忠公奏稿》卷六，页 49）。Mannix 硬把这二人拉在一起，说他们在南京陷落时随李氏入城，并且还互相争吵了一顿。这是第四点错误。

上面所举的 20 余条并不是说本书中矛盾错误之点，已尽于此；不过是举几个显而易见的例子而已。只要有了这样几条，便足以证明其为伪作。多举几条，好像对于一个犯案累累的积匪的判词，虽说"犯了一百几十个死罪"，结果仍只执行一个死刑。判词中多举许多罪状，不过想证明他"死有余辜"而已。

《道光朝筹办夷务始末》订误一则[*]

一

《道光朝筹办夷务始末》卷一二，页 38 至 39，有一篇琦善给懿律的照会，是道光二十年七月廿二日奏折的附件（原折见同卷，页 28；又据卷一五，页 15，此折乃七月二十日所发）。这照会的原文如下（这照会蒋廷黻先生编《近代中国外交史资料辑要》上卷页 89 曾经转录）：

"为照会事，照得前接据贵统帅呈递贵相国公文，业经代为陈奏。上年钦差大臣林等，查禁烟土，未能仰体大皇帝大公至正之意，以致受人欺朦，措置失当，必当逐细查明，重治其罪。惟其事全在广东，此间无凭办理。贵统帅等应即返棹南还，听候钦派大臣，驰往广东，秉公查办，定能代伸冤抑。

"（一）至于烟价一节，当日呈缴之烟，原系违禁之件，早经烧毁。如所称凌辱抑勒各情，均系钦差大臣林等所为。现在既须查明该大臣受人欺朦，措置失当缘由，重治其罪。则前项烟价，又将著落何人赔缴。

* 本文原载《清华周刊》1934 年第 39 卷第 7 期，署名"作民"。

譬如贵国率领多兵，前赴定海占据城池，戕伤职官兵丁，其被害之人，贵统帅又岂能起死者于九原，而各偿其本身生命乎？（二）又割让海岛以为贵国贸易之地一节，查天朝与各国通商，本系格外施恩，但能恭顺，概不拒绝。前因严禁鸦片，贵国不肯具结，是以不与通商。今既欲照常贸易，自有向来互市地方。其余本非商贾云集之处，不但天朝体制，不能另辟一境，致坏成规。且既无人购买货物，则即为贵国贸易计，亦属无益。（三）又昨经本爵阁督部堂与贵领事面谈，据贵领事出示条款内，有文檄往还一节。查贸易本系商人之事，既出两相情愿，官长可不过问。即使以后贵国由官员经理，亦只须与商人交涉，本无所用官员文檄。

"总之，天朝大公至正，现据贵国声称受有冤抑，必当代为昭雪，而事贵持平，必彼此均无窒碍难行之处，方可以图久远。昨贵领事所言，尚只就贵国一面计算。特此再行照会。如贵统帅有何万全之论，即速具复商议，以便代为陈奏。须至照会者。右照会英吉利国统帅懿。"

这是鸦片战争中的重要文件，是由林则徐的主战政策转变到琦善主和政策的关键。照会中答应查办钦差大臣林则徐，为英人代申冤抑，在当时是对外人极大的让步；琦善如果没有接到谕旨，是绝不敢负担这重大的责任。

二

但是我仔细一检查这年七月二十日以前道光帝给琦善的上谕，在七月初六日以前的各次，只有令琦善筹办防务，备豫不虞之计，可以完全撇开不谈（见《始末》卷九，页18之十九年十二月廿六日上谕，卷一一，页10之二十年六月十六日上谕，及同卷一一，页17之六月廿八日上谕）。此外尚有两次上谕：一次是七月初六日接到林则徐等奏"英夷有往天津之说"后，命令琦善劝告英人返粤（原谕见《始末》卷一一，页 25。系初七日到津，见同书卷一二，页 6）。一次是七月十二日接到琦善回奏后，令其如果英人投递禀帖，可接收进呈（原谕见《始末》卷一二，页 8。系十三日抵津，见同书卷一二，页 16）。现在将这两次的上谕要点，摘抄如下：

七月初六日谕："……惟该夷船叵测，诡计多端。倘驶至天津，求通贸易。如果情词恭顺，该督当告以天朝制度，向在广东互市；天津从无办过成案，此处不准通夷，断不能据情转奏，以杜其觊觎之私。倘有桀骜情形，即统率弁兵，相机剿办。"

七月十二日谕："……著该督督饬所属，严密防范。临时仍相机办理。如该夷船驶至海口，果无桀骜情形，不必遽行开枪开炮。倘有投递禀帖情事，无论夷字汉字，即将原禀进呈。"

到了七月十四日英船驶抵天津，琦善派游击罗应鳌驰往，取回字据及夷书，即行进呈，听候"训示遵行"。十六日上谕，仅说："所有该夷呈递该督字据（按原奏云："字据内有请派官员即来船上接受转递照会公文等语"），并给游击罗应鳌刊刻夷书一一本，览奏均悉。惟既据称尚有别项公文，应须呈递，著琦善委员查问接收，一并进呈。仍饬该夷船不得妄越进口。俟奏奉谕旨，再行遵办"（见《始末》卷一二，页 17。此谕于十七日到津，见同书卷一二，页 28）。

清廷的意旨，是要他"俟奏奉谕旨，再行遵办"。他决计不能擅自回复英人，答应查办林则徐。但是二十日发的奏折中，竟附有这件照会，那么应该作怎样的解释呢？

我当时的推想，以为有二种可能的解释：①十六日与二十日之间，清廷另有谕旨训示琦善。但是二十日发的琦善奏中云："嗣于十七日，奉到批折，并钦奉谕旨，着臣将其公文委员接收，一并进呈等因（即指上文引录的十六日谕旨）。臣随撰具札复文书，饬派千总白含章，前往夷船，于本日（二十日）将其公文取回，查系该国相呈递内廷相臣字帖。理合将其原文并臣札复懿律文稿，暨续据懿律复臣字据，一并进呈御览，伏候训示遵行"（《始末》卷一二，页28）。并没有提及接有另谕。即使所接到的是密旨，也必如卷一三，页15中"钦奉上谕一道，密旨一道"那样明白启奏。可见这解释是不可通的。②琦善擅自答复。但是像这样重大的事件，并且又在这"天颜咫尺"的天津，琦善绝不会有这样胆量，敢于捣鬼。所以这解释也是不可能的。

<h1 style="text-align:center">三</h1>

后来我把这照会重读一遍，我的疑问愈多了。据琦善于二十日发的奏折，是先行具札复文懿律，然后才取回英相致中国宰相书（见本篇前段所引的奏折），为什么这附在二十日奏折中的复札，却有"前接据贵统帅呈递贵相国公文"之语（见本篇首节所录照会原文），这不是时间的先后倒置么？又琦善于八月初四日，第一次会晤英领事义律（见《始末》卷一三，页36，又 Morse, *International Relations of Chinese Empire*, Vol. I, p. 266），但是这一件附在七月二十日发的奏折内的照会，却有"昨经本爵阁督部与贵领事面谈"之语（见本篇首节所引照会原文），即使琦善是预言家，预知道有八月初四日的会面，但也不会将未来的事当作已经过去的"昨"事。何况琦善绝不是什么预言家。

蒋廷黻先生《琦善与鸦片战争》一文中说："八月初二日琦善即遵旨回答了英国代表。他们不满意，要求与琦善面谈"，于是有初四日的会晤（见《清华学报》第6卷第3期，页19）。我初以为也许这件照会便是八月初二日所发的札复。但是仔细一看，非仅对于照会中"昨经本爵阁与贵领事面谈"一语，仍不能解释。并且八月初二日压根儿便没有琦善遵旨回答英国代表这一件事。八月初九日琦善的奏折中说："臣当派千总白含章，乘坐海船迎往告知业经奉到谕旨，促令速回听宣。随于本月初二日据各该夷船仍复回至天津拦江沙外。臣以行文宣示，未能详尽，而体制攸关，臣又断不能前赴该船。随约令该领事义律前来听候面谕"（见《始末》卷一三，页 36）。可见英人兵船虽于八月初二日便已回至天津海口，但是琦善因为恐"行文宣示，未能详尽"，故令义律前来听候面宣谕旨。后文述及八月初四日会晤时，"经臣钦遵谕旨，谕以……等因"，意义很是明显。英人 John Ouchterlony 的记载，也说："（on 28th August）It（the despatch of Keeshen）was now produced and found to contain a proposition from the Imperial minister to Captain Elliot, for a conference on shore when all points requiring investigation could be discussed in a manner far more satisfactory than was practicable in the limited space of an official despatch."（*The Chinese War: An Account of All Operations of the British Forces from the Commencement to the Treaty of Nanking*, p. 61）可见八月初二日琦善给英使的公文中，并没有遵旨答复英人的要求，只约令义律登岸面谈（这点在蒋先生那篇文章中是一不关重要的小错误，此处因讨论琦善照会的日期问题，故连带提及）。

四

很显明的，这件琦善给懿律的照会，至早也是八月初四日他与义律面晤以后的文件。后来我在琦善八月初九日的奏折中，果然觅到了这问题的解决。这奏折中说："（八月初四日与义律磋商后）臣以此皆尚止义律之言，随又将以上各情，发给懿律文书，俾该夷等，或再自行详商，系即于初四日派员持往。"（《始末》卷一三，页 39~40）无疑的，那件误编入七月二十日发奏折内的照会，实在是这"八月初四日派员持往"的文书。于是本篇第三节中所提出的时间前后颠倒的问题，是已经迎刃而解，不复成为问题了。

现在再看本篇第二节中所提出的问题，是否也可以由这样一来而得到完满的解答。仔细一研究，果然也可以得到完满的解释。七月二十二日北京政府接到琦善二十日发的奏折及所附呈的英外相致中国宰相书，便于次日（二十三日）发了一道上谕，一道密旨。上谕的内容，便是那件照会开端一段所含的意思。密旨的内容，便是照会第二段中对于英人所要求的各条的批答。现在抄录如下，读者可以将此与本篇第一节所录的照会，互相对照。

七月二十三日上谕："谕：昨据琦善将英夷所递照会公文等件，由驿驰奏，朕已阅悉。著该督谕以该夷所递公文，已经代为陈奏，大皇帝统驭寰瀛，薄海内外，无不一视同仁。凡外藩之来中国贸易者，稍有冤抑，立即查明惩办。上年林则徐等查禁烟土，未能仰体大公至正之意，以致受人欺朦，措置失当。兹所求昭雪之冤，大皇帝早有所闻，必当逐细查明，重治其罪。现已派钦差大臣，驰至广东，秉公查办，定能代申冤抑。该统帅懿律等，著即返棹南还，听候办理可也。该督接奉此旨，即著明白晓谕知之……"（《始末》卷一三，页3）

七月二十三日密旨："……发去谕旨一道（即指前段上谕），该督接奉后，惟当悉心筹度，明白晓谕，俾该夷等咸知天朝大公至正，无稍回护；庶不致藉口申冤，狡焉思逞也。（二）倘该夷仍求割让海岛，以为该国贸易之地。着谕以天朝与各国通商，本系格外施恩。但能恭顺，概不拒绝。兹因严禁鸦片，该国不肯具结，是以降旨不与通市。该夷既欲照常贸易，自宜前赴广东，叩关陈恳。何得擅驾多船径赴定海，占据城池。况海舶往来，均在粤海，断不能另辟一境，致坏成规。（四）至洋行倒歇，拖欠银两一节，著谕以彼此通商，原系两相情愿。所有欠项，亦应自为清理，朝廷何能过问？（一）倘欲摧讨烟价，著谕以当日呈缴之烟，原系违禁之件，早经眼同烧毁。既已呈缴于前，即不得索价于后。（五）至所请钦差大臣，亲赴彼船，面会定议。自来无此体制，断不可行。以上各条，大意如此。至如何随机应变，斟酌万妥，全在该督体察情形，妥为办理。经此次宣谕之后，该夷等如何登答，即著由驿驰奏"（《始末》卷一三，页2~3。至于括弧内数字，亦系作者所加，以便与篇首照会相对照）。

这二道上谕和密旨，于七月廿五日到天津（见《始末》卷一三，页15）。八月初二日英船驶回天津海口，琦善便约邀义律上岸面谈。琦善事后将廿五日所接到的谕旨大意，及当日的谈判经过情形作成这一件照会，派人递给懿律。所以不但二者的内容相仿佛，连词句的抄袭痕迹，也很是明显。在琦善是"钦遵谕旨"，故词句不嫌抄袭。若是中央政府的"训示"，反抄袭琦善已发给英使的照会，便有点近于不可思议的了。

对于英人要求各条的批答，二者内容稍有不同。琦善的照会是发给于八月初四日会晤以后的。这天的谈判，最棘手的是烟价问题，至少琦善是认为如此的。故奏折中说，烟价一项，英夷"狡执最甚"；道光的朱批，也说："所办俱好，可恶在烟价一条，甚费周章也"（见《夷务始末》卷一三，页40）。琦善把密旨中烟价一节，提前做第（一）项，当由于此。又对于密旨中第（四）（五）两项，都不提及，也有他的理由。义律既肯登岸面会，并未坚持要"钦差大臣亲赴彼船"，这第（五）已算解决。当日会晤时，"该夷（指义律）因闻臣有官员可不过闻之说，是以于其前呈公文内所称洋行倒歇拖欠银两之处，并未言及"（《始末》卷一三，页39）。人家既肯放弃要求，我们又何必再去提及，故第（四）项也没有说到。至于照会中第（三）项是七月廿三日的密旨中所没有的，因为这是义律在八月初四日面谈时所新提出的条款，琦善的回答，是依据密旨中"随机应变，斟酌万妥"二语所给予的权限，而作随机的应付。

五

现在所留下来仍未解决的，只有两个小问题：

（1）依奏折所述，这照会是八月初四日派员持往的，为什么称当日的会晤为"昨经面谈"呢？这或由于起稿时偶然无意致误，或由于故意多填一日，以所派持公文赴船的人员至翌日始动身（这翌日动身也还是我的假定。据 Jocelyn's *Six Months with the Chinese Expedition*, p. 115 云，八月初四日这次会晤，谈判了 6 小时仍无结果，乃约定等候琦善请旨训示后再谈，遂告别返船。也许当日派定人员，以时间已晚，翌日始动身。这是很可能的）。

（2）这照会所以误编入七月二十二日奏折中的原因，不外由于这天奏折中有"将臣札复懿律文稿，一并进呈"一语（琦善原意是指那件要求懿律将前次字据中所称之"别项公文"交与来人的文书，并非指批答英人要求的照会）。而八月初九日的奏折中，反仅说到"合将取到该夷回文，暨所呈字据，恭呈御览"，并没有提起这批答英人要求的照会（见《始末》卷一三，页 40）。故容易误将八月初九日奏折的附件，当作七月二十二日奏折的附件，尤其是当后者原有附件散失以后的时候。至于造成这错误的负责者，或是编次档案以便保管的人，或便是这《夷务始末》的编者，这是一个疑问，而在现今已无从考究。大概是前者的可能性较大。

好在这两个小问题都是不关紧要的，我们就暂时让其也成为"悬案"吧！

补记：这篇做完后，偶然翻阅 Morse's *International Relations of the Chinese Empire*, Vol. I, Appendix E，1841 年 1 月英国外相巴麦尊致在华代表训令，见其引及中国钦差大臣琦善 1840 年 8 月 30 日照会中语："Regarding further the question of ceding an Island, as a place of Trade for the Honourable Country, it is known that the Celestial Empire grants commercial intercourse to all countries as an act of grace and privilege; and that such as retain a reverential sense of duty will never be repelled or cut off."（p. 633）按此即本篇第一节所引照会中"又割让海岛以为贵国贸易之地一节，查天朝与各国通商，本系格外施恩，但能恭顺，概不拒

绝"数语的译文。8 月 30 日即阴历八月初四日。故知这件照会原文确
为八月初四日所发；文中"昨经面谈"的"昨"，系一时的疏忽。由于
这一段引文，本篇的结论更多得一强有力的旁证。

　　作者附识：本篇的要旨很简单，只是想证明这书中一件认作道光廿
年七月廿二日琦善奏折的附件，实在是同年八月初九日奏折的附件。为
了订正这样一点小错误，竟费了五六千言，似乎是呆气太重了。但是我
所以做这篇文，是有下面两种目的：①在鸦片战争中，我们造成了两种
形像。一是林则徐先生的偶像，他是万能的，可惜因为被谗去职，令我
们吃了一次大败仗。一是秦桧第二琦善的铁像，因为他的"欺盗误
国"，令我国到现在还不能翻身，受东洋小鬼子的欺侮。但是，事实是
否如此呢？琦善的误国罪状，最重要是两件事，即在天津时欺骗君王，
力持和议，与在广州时裁撤防备，开门揖盗。关于后一点，蒋廷黻先生
在《琦善与鸦片战争》一文中，说得很是详细，论断也很正确。关于
前一点也有述及，但稍嫌简略，并且有几点我不能同意。所以我想做一
篇《鸦片战争中的天津谈判》说明在惊涛骇浪的鸦片战争中，为什么
有这一刹那的风平浪静的境界，以及琦善在这一次谈判中的地位。一着
手搜集史料，当前的碍物便是这一件附在七月二十二日奏折中的照会。
如果这照会确是七月二十二日进呈，这便是夏燮所谓"天津乞抚，琦
相中以先入之言，上不忍生民涂炭，始允其请"（《中西纪事》卷二
二）。但是如果这是八月初九日进呈的，换言之，是七月廿五日接到谕
旨训示后所作的，那么琦善不过是"钦遵谕旨"而已，算不得是擅自
许和。这十几日之差，关系很重大，颇有可考证的价值。②我做这篇
同时有个副目的，便是指示史料鉴定的必要及其方法。像《道光朝筹
办夷务始末》这部书，无疑的是第一等的史料，尚且仍有这样关系重
大的错误。我们引用价值较次的史料时，越发要步步当心，谨防受骗。
至于我所以不嫌烦长，详细地说出如何发生疑问，如何提出假设，如何

搜集材料，以推翻或立定假说，以及最终如何得结论；目的是想写出我作这考证时的思维过程。这是一种严格的考证法，骤观之似乎太"吃力不讨好"。但是我们如果想把吾国史学建立在科学的基础上，则非先做这种吃力不讨好的工作不可。用谨严精密的方法，细心来搜集和鉴定史料，然后才能做综合的工作，将组织完美的历史显示于一般读书界。如果不先经过这种科学的考据方法，便率尔操觚，那是在沙滩上建筑九层宝塔，永远不会成功的。为了这二点意思，所以不嫌辞费，在小题下作这篇长文章。

1933 年 2 月 7 日

百年前的一幕中英冲突[*]

——拿皮耳争对等权的失败

在距今一百年前（1834），英国政府遣派了一个代表来华监督中英商务。这时候中国还未曾吃过外国人的亏，自视为天朝大邦，对于这"化外愚蠢"的"鄙夷夷目"，不肯以平等对待，结果引起了一场外交冲突。在外交上处处受屈辱的今日，让我们来看看百年前我们祖先对外狂妄傲慢的情形，两相对照，或许不是一件没意思的事情吧！

一　英国遣派拿皮耳来华的原因

英人自 17 世纪来华开始贸易，至 1834 年，已百多年了。在这百年中，英国对华贸易都归东印度公司独占。但英国生产力在 18 世纪及 19 世纪初叶发展很快，这公司独占权成为阻碍生产力的障碍物。英国对华贸易在公司独占之下，发展很慢，不能适应当时新兴工业找寻国际市场的需要。并且东印度公司初成立时，伦敦是英国工业的唯一中心点；所以公司股东多属伦敦工商界中人。但 19 世纪初叶时，英国其他工业中

＊ 本文原载《国闻周报》1934 年第 11 卷第 16 期。

心的都市，已经兴起，与伦敦争雄。1832 年这些新工业区争得大胜利，议会中通过了改革法案（Reform Bill），这些新工业区都能获得选举代表出席议会的权利。新议会召集后不久，便通过了重要的法令，取消东印度公司对华贸易独占权；将这对华贸易权，由伦敦工商界人手中取出，开放与英国一般人民。在东印度公司特权未取消前，来华贸易的英商，不是公司中人，便是获得公司特许状的散商。公司派有大班在粤管理商务，约束商人。这时候公司特权既遭取消，便有另派人员来粤管理的必要。所以英国议会又通过法案，派遣商业监督（Superintendent of Trade）来华。从前公司大班的职权，现在便归商业监督来使行。英国政府根据这法案，派遣拿皮耳为第一任主务商业监督。所以可以说东印度公司的解散，便是拿皮耳来华的第一个原因。

英国对华的贸易，在本国受东印度公司的垄断，在中国又受种种的限制，如通商口岸限于广州一口，贸易华商限于"十三行"。在 1832 年时，英国在华的商人，便已觉到有扩充在华市场的必要，派遣胡夏米（Hamflton 即 H. H. Lindsay）率领货船，远赴厦门、福州、宁波、上海、威海卫、台湾、朝鲜各处，试探各地的情形，以便推销英国货物到华北，企图打破贸易限于广州十三行的局面。但是结果却无所获。后来又派遣了两只货船北上，也无结果。这次英国新兴工业家虽在国内获得东印度公司独占权的取消，但对于中国方面所加的这些限制，却仍未能解除。拿皮耳的来华使命之一，便是窥伺机会，以图推广中英贸易于华北。这在 1834 年 1 月 25 日英外相给拿皮耳的训令中曾明白指出。企图打破中国闭关政策，是拿皮耳来华的第二个原因。

上面虽然举了二个原因，但是归根到底，仍是一个原因，即英国生产力的发展，到了 1834 年的时候，已达到相当的高度。当时的经济制度（中英通商的制度）却是百多年的旧物，对于这已达相当高度的生产力，成为一种桎梏。旧皮囊不能够盛新酒浆；生产力要冲破束缚住它的桎梏。在英国所产生的结果是，东印度公司特权的取消。在中国呢，酿成了这一次的中英冲突，结果是拿皮耳失败；到了十年后的鸦片战争，始打破了中国的万里长城。现在让我们看这出中英冲突的戏剧如何演出。

二 序幕——拿皮耳的来华

英国议会通过设置驻华商业监督时，并规定商务监督的权限，重要者有下列四种：

（1）管理英国人民在华之商业及贸易；

（2）制定约束英国在华侨民之章程；

（3）设立刑事及海军法庭，以审理英侨在华之犯罪行为；

（4）得在监督驻所设关收税，英船者须纳货税船钞。

这四项中，前二者是公司驻华大班所已曾施行过的职权，尚不重要；后二者不但是新添的，且侵及中国主权，殊可注意。幸得英外相巴马斯顿（Palmerston）在 1834 年 1 月 25 日的致拿皮耳训令中，说创立法庭一条，非经慎重的考虑，不得行使。3 月 7 日的训令中，又说设关收税一条，已经撤销，不必行使。所以在这一方面，似乎不会与中国发生冲突。

1833 年 12 月 10 日，英国政府发表任命，指派拿皮耳（Lord Napier，中国当时公文中译为律劳卑，"律"即 Lord 之音译，"劳卑"即 Napier）为主务商业监督，勃罗登（Plowden）为第二监督，带威斯（Davis）为第三监督。12 月 31 日英皇手谕拿皮耳，令其务须和平处事，遵从中国风俗与习惯，以免引起华人恶感。次年 1 月 25 日，外相巴马斯顿又给以特别训令，谓扩充英国贸易于广州以外的各地，为拿氏此行主要任务，但须审慎持重，静待时机，然后报告本国政府，得有训令，始可实行。决不可鲁莽从事，反致危及现存的两国贸易关系。英国政府对华政策的和平，显而易见。公司大班虽换做商业监督，似乎仍不会引起中英冲突。

但是不幸在马氏的充满和平口气的训令中，却有一句"抵广州之日，即当以函通知两广总督"的话，后来竟成为中英冲突的导火线。在从前公司大班驻粤的时候，与广东官吏的公文，都用禀帖，经行商的手，转达与华官。英国政府以为商业监督是政府委任的官吏，与公司大班不同，应该与华官有对等交涉的权利，所以主张直接与总督通函。不知道中国官吏最讲究这些琐节，决不迁就；拿皮耳履行训令，也不肯放松，以致闹成僵局。

拿皮耳受任命后，不久即首途来华，于 1834 年 7 月 15 日（即道光十四年六月初九日。以下凡括弧中所书的都指阴历）抵澳门；25 日抵广州。这时候的两广总督是卢坤，正在广州。两方的重要人物都已登场，一出有声有色波澜起伏的中英交涉便开始了。

三　交涉的第一次波折——公文转递的手续问题

拿皮耳抵澳门后，即有人将这消息报告卢坤。卢氏下了第一次谕示给行商们，令转达拿皮耳，叫他暂留澳门，俟总督具奏朝廷奉到谕旨后，再行来省。这是因为从前来粤的英人都是商人，现在换了英国官员，待遇自然不同，但是如何改变待遇，却须朝旨定夺，疆吏不能做主。不幸，行商们赶到澳门时，拿皮耳已经动身赴省了。于是行商又赶回省城，在城外英国商馆中进谒拿皮耳；这时候拿皮耳正令人将致总督信函译成华文预备翌日投递；对于行商所转交的总督谕示，便拒绝不受，主张直接与华官接洽，不欲再依从前大班的旧规，以行商为中间人，降低自己的身份。

7 月 26 日，即拿皮耳抵广州的第二天，拿氏便令秘书携带致总督的信函，赴城门口交与华官转呈（当时洋人是不准进城的），并嘱咐秘书切不可交与行商。但是华官以为依旧规凡洋人书信，概由行商转递，不肯接受；并且向来大班有事通达总督，概用"禀帖"，这次拿氏改为平行的书函，更为不合。所以这秘书在城门口交涉了三四点钟，毫无结果，仍旧携了原信回去。翌日，卢坤又下了第二次谕示，令行商转达拿氏，责备他不应擅自来省；姑念初入中国，未谙禁例，在省城调查商务后，可即返澳门。这谕示由行商带往，拿皮耳仍不肯受。至于拿氏致总督的书函，行商劝改为"禀帖"，拿氏坚执不允，这事也无结果。

7月30日、31日，卢坤连下了两次谕示，责备行商不应任令拿皮耳擅来省城，饬令晓谕拿氏暂回澳门，俟奉朝旨后再行来省。然而拿氏不仅"执拗玩梗，不遵传谕"；并且连这谕示也不肯接受，说要与华官直接交涉，文书须交官吏传递，不要行商厕足其间。

事情是闹僵了。卢坤虽发了四次谕示，但拿皮耳不肯由行商手中接受文书，一概拒绝不纳。拿氏通知卢坤的书函，也因不肯改为"禀帖"交行商转递，仍旧搁在英国商馆中。卢坤要拿皮耳先回澳门，拿氏偏坚执要留在广州。两方面都不肯退步，只苦了做中间人的行商。卢坤要行商负责迫拿氏回澳，行商无法，于8月8日（七月初四日）又去谒见拿氏，劝他回澳门，无结果；8月11日想召集英商开会，欲暗令英商反抗拿氏，但事前给拿氏知道了，这会又开不成功。

经济绝交是今日我国对外交涉的唯一武器，但这武器是百年前便已经发明了。行商们因为劝拿氏返澳，未曾成功，便想利用这武器来强迫拿氏。8月16日，行商自动的停止装货，但这只是轻度的经济绝交，影响不大。后二日，卢坤又下了一次谕示给英国商人，以完全停止英国贸易来威吓英商。事态似乎变得严重了，但是不久卢坤又软化了，接下去的又是一段和平交涉的喜剧。

四　交涉的第二次波折——委员会议的座位问题

8月18日（七月十四日）卢坤虽以封舱威吓英商，但是转念"事关化外，必须格外详慎，折服其心，商人所禀，究属一面之词，未便遽信"。所以便派了三个委员前往英国商馆，面加询问。这三个委员是广州知府金兰原，广州协副将韩肇发，佛岗同知潘尚楫。行商将这消息报告与拿皮耳后，拿氏大喜，以为交涉有转机了。拿氏所坚持的与华官直接交涉这一层，总算达到目的。

双方约定8月23日（七月十九日）上午十一时会晤。这天晨九时许，英国商馆中的通事与仆役布置会场，依照中国惯例，华官座次在北面，行商在左侧，英人在右侧，如下面的甲图。十一时许拿皮耳到场了，看见了会场座位布置，大不以为然，随令依照西洋会议惯例，添进一个桌子，改变座位的摆置，使成为下面的乙图。

不久，行商领袖伍敦元、卢继光来了，坚持将座位恢复为甲图的样式，否则有损天朝官吏的尊严。争执了两小时余，终因为拿氏执拗不屈，行商只得让步。下午一时许，三位委员来了。未开谈判前，拿氏即提出质问，为什么不守时间，迟延了两小时到会；弄得华官面子上很过不去。开谈时，华官提出三个问题：①拿氏何故来华？②来华后所欲行使的职务是什么？③何时返澳门？拿氏的答复是：①英国东印度公司特权撤销后，在华英商无人管辖。本人的来华，即代替从前的公司大班。并且前粤督李鸿宾曾通知英商，若果公司散局，仍酌派大班来华总理贸易。本人的来华，也即是应华方的要求。②来华后所要行使的职务，现有一封致总督的书函在此，可携去给总督看，便能知道。在会场中不欲口头宣布。③返澳门的时间早迟，是个人的私事，要视自己的方便而定，不能预答。华官的委员自然不肯转递那封平行式的给总督的书函；对于反澳日期无定一层也不满意。这一天的会议无结果而散。

隔了四五天，8月28日（七月二十四日），行商领袖伍敦元、卢继光又往谒拿氏，要求于8月30日再接见四位华官，拿氏自然便答应了。但是行商又提出二个要求：①会场中座位的布置，须依照甲图的样式；

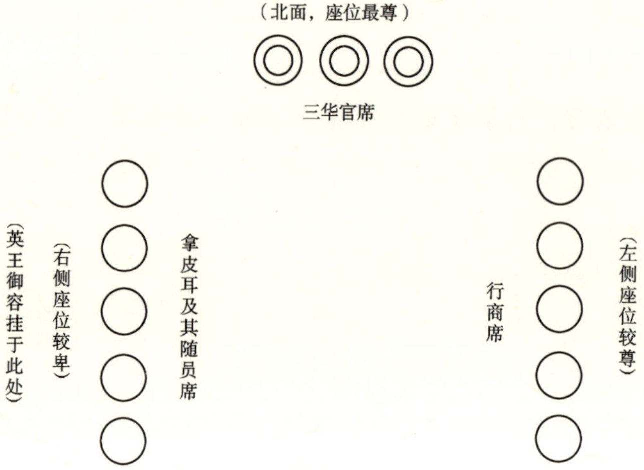

（北面，座位最尊）

三华官席

（英王御容挂于此处）　（右侧座位较卑）　拿皮耳及其随员席

行商席　（左侧座位较尊）

（甲图）

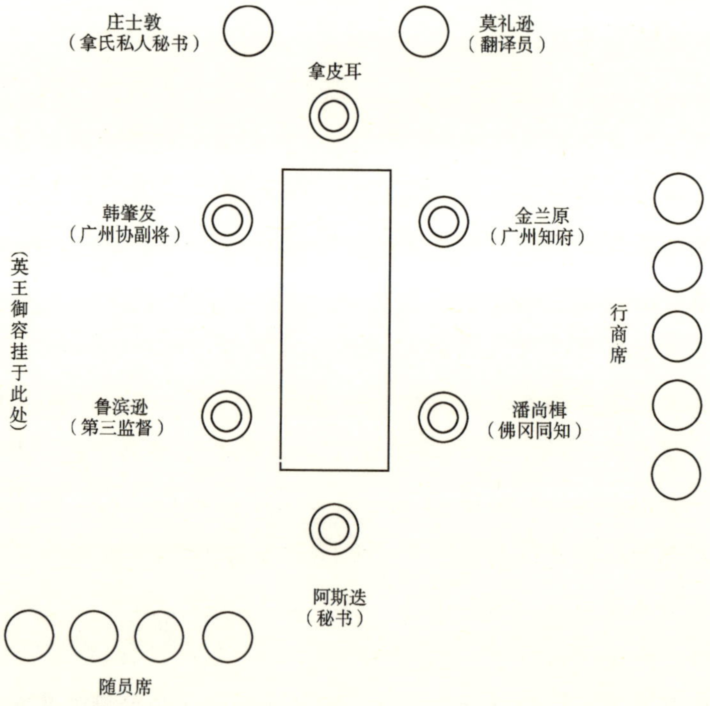

庄士敦
（拿氏私人秘书）

莫礼逊
（翻译员）

拿皮耳

韩肇发
（广州协副将）

金兰原
（广州知府）

（英王御容挂于此处）

行商席

鲁滨逊
（第三监督）

潘尚楫
（佛冈同知）

阿斯迭
（秘书）

随员席

（乙图）

图 1

148

②准许华方委员自携通事传达语言。对于这两点，拿氏都加拒绝，说会议座位依西洋惯例应作乙图的样式；华方的通事对于英语的智识很有限，他们的翻译，远不及莫礼逊（Mr. Morrison）的可靠。第二天是8月29日，行商又来英国商馆，对于这二个先决问题，讨论很久，拿氏仍不应许。行商说翌日再来。但是到了8月30日，不仅华官不曾来，连行商也不见影踪。这交涉又搁浅了。

五　交涉决裂

卢坤有点忍耐不住了，以为这夷目实在太可恶；自己选派西人传谕，委员查询，总算是曲加体恤到极点；想不到这夷目不识抬举，总不将办理何事说明原委，又不肯退回澳门。所以便于9月2日（七月二十九日）下谕，历述拿皮耳执拗抗命的罪迹，为惩抑起见，停止英国贸易。这谕示于9月14日公布。卢氏即派兵监视英国商馆；令商馆服务的通事及仆役，一概退出；禁止人民与英人贸易，即食物、日用品也不准卖与英人；黄埔与广州间不准洋船往来；洋人只准出港，不准进来。他想以这方法强迫拿氏屈服。

拿皮耳于9月5日（八月初三日）得这消息后，一面令人往邀停泊广东洋面的两只英国兵舰前来保护，一面出告白反驳卢坤谕示中所加的罪名，谓中英官吏直接通函交涉，已有先例；这次总督突下令停止英国贸易，实不合理。9月11日，卢氏谕示行商传达拿氏，谓中英官吏从前虽有直接通函者，但为例外，大多为入贡的英使接洽朝贡事务。这次拿氏来华管理商务，事出新创，必须奏明朝廷后再行酌办。又责备拿氏不应擅令兵船阑入海口，如不退出，将以兵威诛讨。

拿皮耳的书面抗议既完全失败，而他所邀请进口的两只兵船，又闹出更大的冲突。这两只兵船是依莫禁号（Imogene，中国公文中称为"嘧呅啮"兵船，因为这兵船船长是Captain Blackwood），与安东罗灭古号（Andromache），接到拿氏通知后，即向广州省城开驶。9 月 7 日（八月初五日）经过虎门镇远沙角横档各炮台时，炮台上弁兵开炮阻止，但英船亦开炮回击，强迫通过。9 月 9 日经过大虎炮台时，双方又互开炮火轰击，英船终竟驶进海口，停泊黄埔。卢坤事前以为"密派员弁，水陆分头布置，镇静防范，不致疏虞"，至此证明完全不足靠。怪不得道光帝接到奏章后，提笔朱批道："看来各炮台俱系虚设，两只夷船，不能击退，可笑可恨。武备废弛，一至如是，无怪外夷轻视也。"

卢坤听说英国兵船已闯进海口，便有点着急了。一面仍派行商去晓谕拿氏，"责其擅进兵船，擅开炮火，并诘其因何来省之故"；并且说如果执迷不悟，顽抗如前，便要示以兵威，痛加驱剿（见西历 9 月 11 日的谕示）。一面便派兵调将，先用大船 12 只，每只用大石块 10 万斤，横沉水内，以阻塞英船入省水路；又调集大小师船 8 只，巡船 20 余只，配足弁兵军械，在河面巡防；又调拨兵丁 1600 名，在两岸陆路防备。卢氏召集水陆精锐，以威吓英人，如果英人坚持不退，卢氏便要"督率弁兵水陆并进，严行驱逐，断不任其日久停留"。当时的形势，危机一发，似乎中英的兵戎相见，不能避免。但是事情忽然又发生了大转变，这剑拔弩张的状态，忽又归烟消云灭了。

六　纠纷忽解——拿皮耳的得疾与死亡

9 月初旬，拿皮耳即觉身体不爽；9 月 9 日（八月初七日）又发寒热，不能支持劳剧的事务。后来得了卢坤 9 月 11 日的谕示，知道与华官无法进行交涉，于是在 9 月 14 日便告英商，谓不欲与华方作无谓的争辩，徒误英商贸易，若华方允许恢复英国贸易，可以自动返澳。侍医加律治（Dr. Colledge）也说广州气候不宜，还是先返澳门休养病体。9 月 19 日拿皮耳令加律治与行商交涉，双方约定，英国兵船由黄埔退返伶仃洋，华方允给拿氏红牌（即通行证），以便经香山县返澳门，休养，途中不得加以侮辱。21 日行商携了红牌来，拿氏即下令英国兵船退出黄埔，自己带了随员由小船驶赴澳门，26 日抵澳门。途中颠顿，病体反增，10 月 11 日（九月初九日）遂死于澳门。

卢坤是胜利了，于是上奏朝廷，夸张自己的功绩，说道：

"该夷兵船等见前路水面木排横亘，枪炮如林，大小师船，排列数里，陆路亦处处驻兵，声势联络，军威严整……该夷胆怯，呈求恩准下澳，兵船即日退出，求准出口……此时水陆营伍，星罗棋布，火攻船只，亦已现成。若乘其进退两难之际，四面夹攻，原不难立制其命。第我皇上怀远以德，抚驭外夷，仁义兼尽，玩则惩之，服则舍之，从不为已甚之举，所以宽其一线，函令出口。"

《广州府志》所引"盾墨"的记载更加威武；据说："英人大惧，请退出，不许；律劳卑（即拿皮耳）请给小船下澳，不许。番商数千人，合词乞命，乃许。律劳卑既出，虑归国以生衅伏法，遂仰药死。"于是中国方面自以为已经得到驭夷的秘诀。如果夷人抗不遵命，可临之以兵，断其贸易，便能使之屈服。后来林则徐迫义律缴交鸦片，便采用这秘诀。至于英国贸易在华所受的束缚，则不仅不设法放松，反更加严紧，于次年春颁布了防范夷人章程八条，因为这些化外蛮夷，"索性凶狡"，若不严加驾驭不足以制其"犬羊之桀骜"也。

至于英国方面，拿皮耳死后，由第二监督带威斯（Davis）升任为主务监督。他从前曾为公司驻粤大班，这时候便采取沉默政策，静候本国政府的训令，并令在粤英商依旧规照常贸易。英国政府于次年（1835 年）2 月 2 日以训令告诫驻华商业监督，谓中英通商之建设，须依和平方法进行，切不可以武力强迫。中英贸易自拿皮耳退出广州后即行恢复，此后一帆顺风，和平进行。但在这风平浪静的局面下，却仍含着尚未解决的生产力与经济制度的矛盾。这矛盾到鸦片战争时再显露出来，成了波涛汹涌的大风浪，中英贸易制度经过了一次非常剧烈的转变。这是后话，不在本题的范围中。

七　余论

　　拿皮耳的来华，是负有扩充英国工业的海外市场的重大使命。但是一到中国，便因为外交礼节的问题，闹出重大冲突；交涉了两个多月，毫无结果，只好自认失败，回返澳门。当时英国对华的政策，只有四条路可走，消极方面，（一）或完全放弃中英贸易的利益，令英商退出中国；（二）或仍留中国贸易，忍受中国所加的种种束缚；积极方面，（三）或派代表与中国和平交涉，改善中英通商制度；（四）或以武力兵威，强迫中国开关。这四个方法中，第一种是违反当时经济发展的趋势，决不能实行；第三种由于拿皮耳的失败，也证明"此路不通"。剩下来只有（二）（四）两途可行。在 1834 年至 1839 年间，英国政府便采用第二法。但是在 1834 年时，英国便已有人感觉到改取武力政策的必要。拿皮耳在 1834 年 8 月 21 日致格莱（Earl Grey）的私信中，已说到与中国政府谈判，必须有武力为后盾，强制执行；若和平谈判，徒耗时间而已，决无结果。在拿皮耳谈判失败后，1834 年 12 月 9 日，在粤英商合词奏请英皇，遣派兵舰来华，强迫中国开放广州以外其他口岸通商，并解除对外商种种束缚。英国政府虽仍坚持和平政策，但是英国生产力继续发展，使英国不得不由第二途改取第四途，结果是产生了鸦片战争。禁贩鸦片不过是那一次战争的导火线而已，并不是他的真正的原因。我们看了这一次拿皮耳事件后，对于这一点的认识，当更明了。

　　在这一次的对外交涉中，我们可以看见我国官吏的弱点。这些弱点，便是到了百年后的今日，尚未曾湔除去。最显著的是欺骗国人，对自己的人说谎。明明是两方协商定的解决案，却对国人说是"英夷胆怯，呈求恩准"；明明是对于英国兵船无法可施，却对国人说"四面夹攻，原不难立制其命"，只为"怀远以德"，所以"服则舍之"。其次的弱点是敷衍，虽经过了重大的事变，但事后仍只图敷衍，不能振作。当

时清廷与粤吏都知道英人船坚炮利，己国武备废弛，但事后只发了几道
纸面公文，并没有实事求是，认真改良海防。英商在广东受中国官商的
层层剥削，是这次拿皮耳事件的远因，这点也是当时清廷及粤吏都知道
的，但事后也只下了一次上谕查禁，事实上仍未能认真施行。对于英商
在华所受的束缚，既未解除，英人的反抗自然是迟早总要爆发的；对于
己国的武备却只图敷衍了事；这里面便暗伏着中英战争的必然发生及必
然失败的原因。不过，经过了百年的中西交通，我们对于西洋的智识，
总算比我们的祖先长进了不少，不像他们那么的昧于国际情形；同时，
在这一百年中，经过了几次外人的教训，领受过他们枪炮的滋味，由傲
慢轻外的态度，一变为屈辱惧外的态度；这些便是我们在这一百年内的
总收获。

本篇主要参考书

［1］ *Chinese Repository*，Vol. Ⅲ（1934）.

［2］ "Correspondence Respecting the Relations between Great Britain and China，1834"，*British and Foreign Papers*，Vol. XXII.

［3］《道光朝外洋通商案》，《史料旬刊》第 21、23、25 期。

［4］ 王先谦编《道光朝东华录》。

［5］ Eames' *The English in China*.

［6］ H. B. Morse's *International Relations of Chinese Empire*，Vol. Ⅰ，Ch. Ⅵ.

［7］ S. W. William's *The Middle Kingdom*，Vol. Ⅱ，Ch. XXII.

［8］ 但焘译（稻叶君山原著）：《清朝全史》下册第五十六章。

［9］ 萧一山：《清代通史》卷中第四篇第十六章。

［10］ 光绪五年重修《广州府志》。

［11］ 千家驹：《东印度公司的解散与鸦片战争》，《清华周刊》第 37 卷第 9、10 期合刊。

［12］ 张德昌：《胡夏米货船来华经过及其影响》，《中国近代经济史研究集刊》第 1 卷第 1 期。

鸦片战争中的天津谈判[*]

一 绪言

道光二十年的天津谈判，距现在将近百年了。但是中文方面关于这事的记载，多混入感情的成分，拗曲事实，不能得当时的真相。西文方面的记载，较为翔实，惜以不能参考中文官书及公文，对于清廷政策的内幕，仍旧茫然不知。自民国 19 年故宫博物院出版了《道光朝筹办夷务始末》一书，供给了不少的珍贵材料；对于这次事实的经过及内幕，我们得到许多的新智识。蒋廷黻先生的《琦善与鸦片战争》一文（见《清华学报》第 6 卷第 3 期），便是根据新材料而作的，颇多创获。不过关于天津谈判这一层，仍嫌简略，未能充分发挥，所以我要作这一篇来补充。

关于天津谈判这件事情的研究，有几点很觉困难：①琦善的奏折虽被保存于《夷务始末》中；但是琦善与当时领班军机大臣穆彰阿的来往私信，已无法查考了。这些私信是和清廷的决定政策及天津的进行谈

＊ 本文原载《外交月报》1934 年第 4 卷第 4、5 期。

判，都有相当的关系。因为这些文件的缺乏，使我们失去了许多的线索。②穆彰阿是当时道光帝所信任的重臣，同时又是主和派首领。清廷所以放弃强硬政策，改取和议政策，以及天津谈判所以能够顺利进行，都与他有相当关系。在天津谈判时他的奏议内容如何，是我们所渴欲知道的。可惜在《夷务始末》中没有收录一篇。我曾以此询问蒋廷黻先生，据蒋先生说，曾在故宫博物院所保管的军机处档案中去找寻过好几次，结果是一无所获；疑心当时穆彰阿的奏议都是面奏，出于穆彰阿之口，入于道光帝之耳，此外便无人知道了。所以关于当时清廷所实行的政策，其中那一些是由于穆彰阿的献议，那一些是由于道光帝的自己意见，我们是无从去分别了。本篇中只好以"清廷"二字概括之。③天津谈判时中英往来公文，《夷务始末》中只收录4件，此外大概尚有保存于故宫博物院及英国外交部档案中，但是在现今我们尚无机会加以参考，只好从阙。

因为上面所说的几点困难，所以本篇的目的，只是想根据《夷务始末》，同时参考中英文各种书籍，以图获得比较近实的记述；且以厘正诸家的错误①，并不敢自以为是最后的结论。

二　天津谈判之由来

道光十九年九月二十八日（1839年11月3日）②中英二国水师在川鼻开战以后，中英二国才入正式交战的状态中。清廷于十一月初八日得到林则徐报告后，即令林氏将英吉利国贸易停止，"所有该国船只，概行驱逐出口，不必取具甘结"③。英国政府得到义律（Captain Elliot）

---

① 见篇末附录一《诸家记载天津谈判事迹之勘误表》。
② 本篇所用的年月日一律系指阴历的；但为参考的便利起见，有时于括号内注明西历的年月日，以便对照。
③ 《道光朝筹办夷务始末》（以下简称之为《始末》）卷八，页36~37。

155

的报告后，便训令英国代表，以英国兵舰为后盾，向中国提出要求的条件①。英国首席代表懿律（Admiral George Elliot）于道光二十年五月末抵粤；英军北上，于六月初七日陷定海；六月三十日更率舰北上赴天津，七月十二日抵白河口，十八日中国方面接收英外相致中国宰相书，遂开议和的谈判。

在上面简略的叙述中，要引起我们两个疑问：①鸦片战争的开衅地是广州，为什么英人不在广州算账，反而远赴天津去开谈判？②清廷的态度，最初是很坚决的赞助林则徐的强硬政策，有"朕不虑卿等孟浪，但诚卿等不可畏葸，先威后德，控制之良法也"②。为什么此时忽一变而采取妥协政策，与英人在天津开谈判？

关于第一个问题即"英人何故要赴天津去开谈判"。当时华人有两种推测：袒林派（即主战派）的推测，以为是由于英船在粤吃了败仗，被焚数艘，"洋船至粤旬月，无隙可乘，遂乘风窜赴各省"③。这是不合事实的，英人方面的记载，说英舰陆续抵粤后，兵士皆跃跃欲试，静候命令以进攻虎门，取得首功。但是后来由英国带来的命令是叫他们北上，各人都很丧气，深恨不能在广州一试其锋④。林则徐的奏折也说，近日英夷又先后到有兵船十只轮船二只，仍止散泊外洋，别无动静，惟扬言不先寻衅；兹于五月底及六月初，多已向东行驶，瞭望无踪，据闻系赴浙江、江苏或天津⑤。可见英国主力军抵粤后，未与华军开仗，即向北驶去，并非被败于粤，然后始改变政略，北上滋扰。

当时清廷中主和派的推测，以为英人所以北上至津诉冤，是由于地方疆吏的蒙蔽，不以上闻。道光二十年九月十七日寄给琦善的上谕，有

---

① Morse, *International Relations of Chinese Empire*, Vol. Ⅰ, pp. 626~630.

② 《始末》卷八页17所录之道光十九年九月初五日上谕。

③ 芶唐居士：《防海纪略》（兴绪六年文艺斋刊本）卷上，页12。

④ Jocelyn, *Six Months in China*, p. 42。这书著者曾亲身参与此役，为军事秘书。

⑤ 《始末》卷一一，页23~24；*Chinese Repository* Vol. Ⅸ, p. 111。

云："再本年夏间，朕风闻有英吉利国王给林则徐文书之事，伊业经销毁，（著琦善）一并查明。"① 又九月十二日上谕说："英夷前在浙江投递字帖，吁求转奏，乌尔恭额接受夷书时，并不将原书呈奏，遽行掷还，以致该夷驶往各处，纷纷投诉；实属昏聩谬妄，致误机宜。"② 这也是一种误会，并非事实。英人在广州并没有递送公文要求林则徐转呈清廷。英外相给驻华代表的训令中，曾令向广州送递致中国宰相书抄本一份，以便转达，但义律恐广州官吏预知英人要求的内容，反为不利，所以便没有实行。琦善在广州调查的结果，也说并无其事③。至于浙抚乌尔恭额虽确曾掷还英人公文，但"义律分道赴天津，已有成见，亦不因浙抚退书，始行远诉"④。

关于英人所以至津远诉的原因，我想还是向英国外相给驻华代表的训令中，最易得其中真相。这训令是道光二十年正月十八日（2月20日）发的，指示在华行动的方略。这训令说，英国兵舰抵粤后，驻华代表可向粤督送递外相给华相公文，令其转呈北京。这公文复写三份，第二份或即在舟山对岸，或在长江口，或在黄河口，送递与当地疆吏，令转呈北京；第三份则在白河口送递，以便就近转呈。英舰应占领舟山，封锁珠江、长江、黄河及舟山对岸的海口。至白河后，英国代表应另具一照会，要求答复国相公文；并告诉清吏以英船将在白河口静候数日，以待清廷正式答复，或派全权大臣来磋商亦可。如不得答复，或答复完全不满意，继续磋商无望，可即采取战争行动，依海军部长所发密令而行⑤。可见英船赴津要抚，是英国政府遣派海军来华的已定政策，并不是英船来华后，就当地的情形随机应变时所取的政策，至于英国所

① 《始末》卷一六，页2。
② 《始末》卷一五，页35。
③ Morse, *International Relations of Chinese Empire*, Vol. I, p.643 及《始末》卷一八，页11。
④ 江上蹇叟（夏燮）：《中西纪事》（同治四年家刊本）卷五，页5。
⑤ Morse, *International Relations of Chinese Empire*, Vol. I, p.629.

以采取这政策，理由很是显明。天津（白河口）是距离北京最近的海口，英舰这里示威，必定能够引起清廷极大的惊吓，并且距京都既近，中国代表与清廷间的公文往返也迅速。所以便拣取这最便利于交涉进行的地点①。

至于第二个问题，即清廷何故改取妥协政策，便较难探究。各家的说法，多臆断之辞，没有事实的根据，不可轻信。翔实可信的史料集（如《夷务始末》等），又缺乏关于这一类性质的材料。现在只能作消极的工作，订正诸家说法中的未妥处；至于在积极方面，只能提出比较合理而不违反已知事实的假设，以待将来的证明。

有一派人的说法，以为定海失陷后，清廷立即斥责林则徐，亟谋妥协，改取议和政策。现在将萧一山的记载，作为代表。他在"朝旨之变更与天津之和议"的标题下说："清廷以定海孤悬海中，非舟师不能恢复；而水战又为英人所长，于是朝旨变更，密诏两江总督伊里布为钦差大臣，赴浙视师。且敕沿海督抚遇英人投书，即收受驰奏。又命侍郎黄爵滋、祁寯藻赴福建查勘。时则徐屡奏拿获烟犯，得旨，外而断绝通商，并未断绝；内而查拿犯法，亦不能净，无非空言搪塞，不但终无实济，反生出许多波澜，思之曷胜愤懑，看汝以何词对朕也。则徐具折请罪……七月，义律与伯麦以五艘赴天津，投书讲款。"② 似乎在定海失陷以后，天津议和以前，清廷便已决定和策，主战派如林则徐等，已遭斥责。但是，考之事实，萧氏所举的四项证据都不足以证明清廷在英人至津要抚以前，便已决定和策：①清廷于七月初九日明诏谕令伊里布为钦差大臣，着驰往浙江查办事件③，是由于定海陷后，浙江事急，其时

---

① Morse, *International Relations of Chinese Empire*, Vol. I , p. 635，英国外相给驻华代表训令，系 1841 年 1 月 9 日，又同书 p. 637。

② 萧一山：《清代通史》卷中第四篇页 122（民国 14 年，北京中华印刷局刊行本）大致根据芍唐居士《防海纪略》。

③ 《始末》卷一二，页 1。

闽浙总督邓廷桢防守闽省海口，不能分身至浙，浙抚乌尔恭额以失守土地革职，新任浙抚刘韵珂尚未抵任就职，所以清廷委派这近在江苏的重臣伊里布赴浙视师，以便相机进剿，并非已有和意。后人以伊里布为南京和约之签订者，故疑清廷所以要委派其人，已有讲和的含意在内。实则在这时候伊里布并未涉手办理中外交涉事宜，并未表示过主和的意见：那是义律从天津回到定海以后的事情。②敕沿海督抚遇英人投书，即收受驰奏。按清廷知英人将要来津，即于七月十二日谕琦善，令于天津接受英人投书，时在琦善与懿律交涉的前二日①，即十四日天津的中英交涉开始进行。十八日谕伊里布、裕谦，二十三日谕杭州将军奇明保，告诉他们如见英人投书，即接收递进②，但已是在英人至津要抚以后的事情。即七月十二日的谕旨，也仅是想获悉英人所要提出的媾和条件，以便决定继续作战，抑或改取和议，并没有已事先决定和策。③命侍郎黄爵滋、祁寯藻赴福建查勘，系道光二十年十二月的事情，当时定海尚未失陷，二人的任务是赴闽查办鸦片，与议和完全无关③，后来又令二人赴闽查办邓廷桢的厦门军报是否属实，这是与议和有关系，但这道谕旨系八月二十四日所发④，是天津谈判已告结束以后的事情。④斥责林则徐空言搪塞的朱批，是七月二十四日所书，即清廷批复英人在天津所递公文的后一日⑤。可见萧氏所举的四项证据，都不能证明他的结论。我也承认，定海的失陷，对于清廷的政策有重大的影响。定海的失陷，使清廷那种主战的心理受动摇；但也仅是动摇而已，并没有被推翻。实现于外面的行动，也仅是打听英人所要求的条件，以便决定是否继续攻剿抑或改取抚策；并没有已决定和策，已斥责及查办主战派人

---

① 《始末》卷一二，页8。
② 《始末》卷一二，页22，又卷一三，页2。
③ 《始末》卷九，页14。
④ 《始末》卷一五，页1。
⑤ 见本篇附录三《林则徐之初遭斥责》。

物。清廷决定主和，是接阅了英人在天津的英相国书以后的事情。

另有一派人，以为清廷改变强硬政策，是受了琦善的影响。夏燮说："天津乞抚，琦相中以先人之言，先帝不忍生民涂炭，始允其请。"①《清史稿》的纂述者也说："海内莫不以罢战言和，归咎于琦善，为作俑之始矣。"② 又说："罢战言和，始发于琦善。"③ 这也不合事实。道光十九年冬清廷下谕断绝英人贸易后，随又下谕令沿海各省督抚，各饬所属，认真稽查。倘有兵船窜入各口，即实力驱逐净尽，以杜来源而清积弊④。一意主战，不准与英人谈话或接受英人文书。但是道光二十年六月二十六日清廷接到定海失陷的报告后，强硬政策便受动摇，主和的心理已有萌芽发生了。七月初六日接到林则徐的奏折，知道英人将要来津，便谕琦善："倘英国兵船驶至天津，求通贸易，如果情词恭顺，该督当告以天朝制度，向在广东互市，天津从无办过成案，此处不准通夷，断不能据情转奏，以杜其觊觎之私。"⑤ 态度便温和许多了。但是还说："倘有桀骜情形，即统率弁兵，相机剿办。"并且也没有叫琦善接收英人的公文。至于琦善接到这谕旨后的回奏，态度反较清廷为强硬，反而一意主战。他说："伏查英夷诡诈百出，如专为求通贸易，该逆夷岂不知圣人天下一家。只须在粤恳商，何必远来天津，如欲吁恳恩施，何以胆敢在浙江占据城池，是其显怀异志，明有汉奸引导，不可不严兵戒备。"⑥ 毫没有一点主和的口气。清廷接到这回奏后，立刻再下一谕旨训诫琦善："如该夷船驶至海口，果无桀骜情形，不必遽行开枪开炮。"并且进一步说："倘有投递禀帖情事，无论夷字汉字，即将原

① 《中西纪事》卷二二，页1。
② 《清史稿列传》卷一五七《琦善传》，页2。
③ 《清史稿列传》卷一五七，页6。
④ 《始末》卷九，页19。
⑤ 《始末》卷一一，页25。
⑥ 《始末》卷一二，页6。

禀进呈"①，可见清廷这时已有主和之意，只因尚未知英人所要求的媾和条件，所以一时还不肯承受和议，还不肯申斥或查办主战人物，要先看英人所投递公文中的要求如何，再行决定或战或和，后来琦善将所收到的英相国书送达清廷后，清廷便一意主和了。罢战主和的始作俑者，是清廷而不是琦善，蒋廷黻先生说："琦善在大沽调查敌人军备的报告，和朝廷改变林则徐的强硬政策，当然有密切关系。"② 蒋先生对于诸家谤毁琦善主和的话，加以反驳，但是似乎仍旧承认琦善是主和罢战的始作俑者。我以为琦善的军备报告，虽不能说与清廷的主和没有关系，但这关系并不十分密切，由于上段的叙述，可以知道清廷在琦善未主和以前便已倾向和议。琦善的军备报告至多只能增强清廷主和的坚决，并不是清廷主和的原动力；并且后来清廷以英人在粤要求过奢，即下谕："逆夷要求过甚，情形桀骜，既非情理可谕，即当大申挞伐。"③可见清廷天津许和，是由于英人要求尚不过分（这当然是清廷的误解，以为允许重行通商，及查办林则徐，偿赔烟价，英人即可满足），并不是由于畏惧英人的军备。假使清廷真是为了琦善的军备报告而软化了，那便要像在广州时的琦善一样，纵令英人要求割地，也必允许，始终主和，不肯再从事于定吃败仗的战争。

又有一派人，以为清廷所以开天津谈判，是由于天津迫近帝都，想骗英人南返。英外相巴麦尊（Palmerston）知道英国代表由津南返的消息，便给英国代表一个训令，内中有一段说："英国舰队远赴华北示威，自令清廷惊恐，故汝等若在其处磋商，必可得最有利之条款。苟清廷欲故意延捱，则必设法诓骗英船南返赴粤听候查办。"④ 后来英人与琦善在广州交涉决裂后，英人更相信清廷天津媾和，不过是一套骗人的

① 《始末》卷一二，页 8。
② 《清华学报》第 6 卷第 3 期蒋廷黻《琦善与鸦片战争》，页 2。
③ 《始末》卷一八，页 30。
④ Morse, *International Relations of Chinese Empire*, Vol. I, p. 635.

把戏。国人也有人相信这一说，武埂干说英人赴津要抚，宣宗"闻大敌临前，大为惊怖，急召廷臣会议方策。廷臣皆谓欲逃此危急，除欺英军退天津外无他良策……宣宗韪其议"①，说清廷欺骗英人南返，这是一种误会，当时清廷确是诚心媾和，英船南返后，宣宗即令沿海七省裁撤军队②，天下岂有这种自欺的呆骗子？至于英船驶抵天津，对于清廷主和政策有影响，这是不可否认的。但是影响的程度，似乎只是促迫清廷从速表示他已经转变的态度，并不是转变清廷的态度，使从强硬政策突然软化。因为在英船未抵天津以前，清廷已露和意，已如上述。并且清廷骗英人南返，而毫无善后办法，岂不知道英船南返后将来又可以北上么？如果清廷确以英船临近京都，惧其兵势，其结果必始终主和，深恐"边衅一开，兵结莫释"，本年即退，明年仍可再来，但按之事实，清廷一闻英人在粤要求过分，即不惧英船复来天津，便下诏放弃和议，可见清廷主和的重要原因，是要看英人要求的过分与否，能退让与否，并非惧英人兵威临近天津。

我以为清廷在这一次主和的原因，可分三层来说：①六月二十六日定海失陷的消息抵京后，宣帝的强硬政策开始动摇了，但是尚没有明白表示出来。定海失陷后，海道反攻很不容易。七月初七日谕浙抚乌尔恭额："所称该夷依城为穴，重兵把守，自应俟其势穷力竭，再出奇兵制胜；切不可轻举妄动，致有疏虞。惟当相度机宜，分饬本省将弁，各守要隘，毋令窜入。"③ 这种长期抵抗的策略，不但使天朝土地为蛮夷所占，有损天威；并且以重兵各守要隘，费用不少。假使只有浙江一处需要防堵，费用尚好设法，但是当时沿海七省都要设防，这一批款子更为浩大，筹措更为困难。宣宗是崇尚节省的皇帝，连臣下试放枪炮，也要

---

① 武埂干：《鸦片战争史》，页 72~73。
② 《始末》卷一五，页 16。
③ 《始末》卷一一，页 34。

斥为"空糜火药",下谕诫训①，哪里肯舍得花费大批金钱去和夷人计算短长。是年九月十七日宣宗御笔朱批："英夷如海中鲸鳄；去来无定，在我则九省戒严，加以隔洋郡县，俱当有备。而终不能我武维扬，扫穴犁庭。试问内地之兵民，国家之财赋，有此消耗之理乎。"② 这里"内地之兵民"一语，是文章上的辞藻，实际上是着重"国家之财赋"。观于是年十二月初三日上谕，更可明白；这谕旨中说："朕因该夷惟利是视，不值竭中国之财力，与之计较，故示以羁縻"③。②宣帝的主意既已动摇，揣摩君王心理的臣属，便有乘机进言和策者，并且必定说到英人易于就抚，值不得竭中国的财力与之继续交战。宣帝于是要打听英人所要提出的媾和条件是什么，以便决定继续作战，抑或改取和策。七月十二日发了二道密旨，一谕琦善，"如夷船驶至海口，果无桀骜情形，不必遽行开枪开炮，倘有投递禀帖情事，无论夷字汉字，即将原禀进呈"④。一谕伊里布，此次英人内犯，其"致寇根由，传闻各异。有云绝其贸易，有云烧其鸦片，究竟启衅实情，未能确切。著伊里布于到浙后，密行查访，或拿获夷匪，讯取生供，或侦探贼情，得其实据……著悉心访察，务得确情，据实具奏"⑤。深居皇宫内的宣帝，对于这些传闻，必定是由臣属转达。《清史稿》说："穆彰阿窥帝意移，乃赞和议"⑥，或者是当时的实情，穆彰阿在外面听到各种传闻，因而转奏宣帝，于是和议的倾向更为显著了。如英人内犯是由于绝其贸易，那容易解决，只要允许恢复通商好了。如果提到烧毁鸦片的事件，可用查办林则徐作答复。既然有了这种计划，所以竭力要探听英人的要求（《清史稿》将穆相主和事放在天津递书以后，但依我的推测，这事是七月十

---

① 《始末》卷一九，页21，卷二一，页19；卷二二，页1、31。
② 《始末》卷一六，页3。
③ 《始末》卷一八，页6。
④ 《始末》卷一二，页8。
⑤ 《始末》卷一二，页11；又《东华全录》道光二十年七月庚子条。
⑥ 《清史稿》列传卷一五〇《穆彰阿传》，页7。

二日发密诏以前便已有的事情），这时候琦善还主张强硬对外。③英人于七月十四日与琦善开始交涉后，琦善见了英人的军备便软化了，此后便一意主和，一直到后来由广州被逮入京，始终不敢主张强硬。至于清廷是七月二十二日接到英相国书。这公文中申诉林则徐办理烟案未善的各点，占了全文篇幅的大半。清廷遂生误会，以为允许英人通商及查办林则徐，便可以了结这一重公案，便决定实行和议，第二天便批答英相国书，令琦善明白晓谕英人，答应照常通商及查办林则徐。第三天（二十四日）接到林则徐奏拿获鸦片折，便大加斥责了。至于琦善的军事报告，天津的迫近帝都，只是促进谈判的助因，而不是清廷主和的主要原因。

三　天津谈判之经过①

清廷自道光十九年断绝英人贸易后，即降旨令沿海各省严密防范。及道光二十年六月廿六日接到定海失陷的报告后，第三天（廿八日）又再申谕沿海各省，认真操练巡察，加意防堵，倘有疏懒，必获重咎②。琦善所管辖的直隶，是沿海省份，所以也忙着预筹防务。七月初六日清廷接到林则徐的奏折，传闻英船将开赴天津之说，便申谕琦善，叫他严密防范；如果英人情词恭顺，即令其南返，不能代奏，若有桀骜情形，即相机剿办。琦善于初七日接到谕旨，即连忙由保定赴天津，亲督筹备。自以为所办已属周妥。宣宗的朱批也说，"所办尚属周妥。"③英人 Ouchterlony 说，英船抵天津海口时，见华军正在筹备防务，尚未完成，可见英船之北上，为华方所不及料；英船自舟山动身北驶的消息

---

① 此节可参看本篇附录二《天津谈判经过月日表》。
② 《始末》卷一一，页 10～11。
③ 《始末》卷一二，页 5～7。

抵京后，清廷始知其事，赶紧设防①。这是不明清廷实情的推测。

七月十二日，清廷已有和意，但仍不知英人的要求如何，是否过分；所以叫琦善如英人抵津后有投递禀帖情事，无论夷字汉字，即将原禀进呈。又因为这天所接到的琦善回奏，满口是主战的论调，深恐孟浪败事，在同谕又训诫琦善，如该夷驶至海口，果无桀骜情形，不必遽行开枪开炮②。历来记载天津谈判的，都说琦善为罢战言和的始作俑者，完全不合事实。Jocelyn 说，清廷令琦善接受英人公文，必定是由于浙江巡抚将前次英人在宁波所递的英相国书的内容，转达清廷，否则清廷不会令琦善接待英人的③。这是因为是年六月十二日（7月10日），英人曾向宁波递书。华人接收去，但第二天又送回，说体例不合，不敢转达朝廷④，英人疑心浙江官吏必已将原书抄录一份，寄给朝廷，然后退还原书，假装不敢转达。但是浙抚乌尔恭额七月初七日抵京的奏折中说："（英夷）旋生诡计，在洋忽将鄞县商船扣住，勒令商人投递其国伪相书函，欲求转达廷臣，吁请通商。臣等知其居心叵测，即将原书掷还，加意防范，此近日镇口情形也。"⑤ 非但没有抄录原书转呈，连内容的大要也没有提；并且后来清廷于七月十二日谕伊里布访察英人内犯根由，假使已知道英外相书的内容大概，必不会多此一举。九月十二日斥责乌氏昏聩谬妄，便因这事而发。后来乌氏被逮赴京讯供时，说："书系固封其中，措辞是否得失，未便拆阅。"⑥ 可见清廷于七月二十二接到由琦善转呈的英外相书以前，确不知英人致寇的根由。

英国舰队于六月三十日由舟山动身北上，七月十二日抵白河口外十

① Ouchterlony, *The Chinese War*, p. 57。这书的著者是当时来华从征的印度麻打剌沙省陆路工兵营中的副官。
② 《始末》卷一二，页 6~8。
③ Jocelyn, *Six Months in China*, p. 102.
④ Jocelyn, *Six Months in China*, p. 72~73；Ouchterlony, *The Chinese War*, p. 51.
⑤ 《始末》卷一一，页 32。
⑥ 《中西纪事》卷五，页 5。

余英里的地方碇泊。因为距岸颇远，西向而望，海岸缥缈隐约，难于认辨。由岸上向海而望，当然也难明白地看见桅影。所以琦善仍不知道英船已抵海口。十三日义律乘坐 Madagascar 号汽船向岸行驶；十四日晨越过栏江沙，至大沽炮台下停泊。琦善知道了有一只英船驶近口岸，并且据探报尚有 7 艘停泊外洋，便遣督标后营游击罗应鳌驰往。英国代表依照本国外相的训令，先礼后兵，等讲和失败后再动干戈。琦善是已经接到上谕，要他接收英人禀帖，不得遽开枪炮。所以两方面的态度都很和平。义律因为身份关系并未出面与罗氏相见，仅令通事马里逊（Mr. Morrison）出来接洽，请派官员赴英国大船上接受转递照会公文；并且要求准其购买食物。琦善不知道另件内所书的是何言辞，不敢冒昧遽行派员前往大船查问接收，故约以 6 天以内（即七月二十日以内）听候回信，劝英船仍返栏江沙外停泊；至于食物则允许派员买给。英国汽船便驶出外洋，与其他 7 艘英船，一同停泊。琦善一面发奏折报告清廷，一面即派人购买食物送到英船上。十七日奉到谕旨，令其派员接受公文。琦善便派千总白含章持复札前往英船，并且授意白含章乘便察探英人军备。白含章于十八日抵英船上，因为英船停泊的地方距岸颇远，当日不及往返，当夜留宿船上，乘机诱询英人各种情形。白含章官阶为千总，为人颇为聪慧伶俐，善于酬对。英人呼他为 Captain White，很与他亲近。十九日所得英外相书，并且约定 10 天内答复。英船便往附近各处巡逻去了。琦善于二十日接到英外相书及懿律复札，一并进呈；并且附带一附片，报告英人军备[①]。

这次北上的英国舰队，共有船只 8 艘；其中兵舰 5 只，汽船 1 只，运船 2 只。兹将兵舰名称，舰长及炮位数目，列表于下：

① Ouchterlony, *The Chinese War*, pp. 55～59；《始末》卷一二，页 16～18、页 28～30，又参阅卷一三，页 15～16，卷一五，页 5（《始末》谓与罗氏接洽者为马他仑，疑系误译，当依 Ouchterlony 作 Mr. Morrison 为是，Thomas Maitland 虽亦随军北上，但不懂华语不能与罗氏接谈）。

舰　名	舰主姓名	炮位数
Wellesley	Thomas Maitland	74
Blonde	F. Bourchier	42
Modeste	H. Evres	20
Pylades	T. V. Anson	20
Volage	G. Elliot Jr.	28

汽船即 Madagascar 号，船长为 Capt. Dicey，运输船为 The Ernoad 及 David Malclm 二船①。Wellesley 一舰有炮 74 门，为当时来华的巨舰之一。汽船能载重 835 吨，吃水 11 呎半，乃 1837 年所造②。都是华人所未曾见的。白含章的报告，稍形夸张，说："夷船至大者……舱中分设三层，逐层有炮百余位。"但英国军舰的高大，及"火焰船"（汽船）的神奇，自然要引起琦善的惊吓。敌人的军备如此优良，反顾己方的军备，远不及人③。于是琦善从此以后，始改变态度，死心塌地主和了。

清廷本来已有和意，七月二十二日接收到英外相巴麦尊爵士（Vicount Palmerston）致"大清国皇帝钦命宰相"的公文④。这公文前半是申诉华方官吏在粤办理烟案之失当，唠叨了一大篇话。最后提出解决的办法是：①赔偿烟价；②邦交平等；③割让海岛；④代偿行商债务；⑤赔偿军费。末了要求中国钦差大臣亲赴船上与英使商酌。这些与前半所申诉的事实，几无关系。这有点像去年李顿爵士的国联报告书，若仅就理论方面而言，后半所提出的解决办法，与前半所举的事实，不相呼应。清廷本来视这一次的战争为鸦片战争，而非商业战争；英人的公文，

① *Chinese Repository*，Vol. IX，p. 419（Oct. 1840）。

② James Orange，*The Charter Collection* 中 p. 439 有 W. J. Huggins 所绘的 Madagascar 号遭险图，p. 425 谓此船后于 1841 年 9 月失火焚毁于台湾海峡，p. 124 英军攻定海图中有 Wellesley 号雄姿，可以参照。

③ 参看蒋廷黻先生前文中页 21 ~ 22 所述琦善知己知彼的功夫。琦善对英国军备的报告，据《始末》系七月二十二所呈，蒋辑《外交史资料辑要》误作七月十六日。

④ 原文见 Morse，*International Relations of Chinese Empire*，Vol. I，pp. 621 ~ 626。译文有二，一见《始末》卷一二，页 30 ~ 38；一见《史料旬刊》第 39 期钞件七。二者中当以后件为较可信，见本篇附录四《英外相致中国宰相书汉字译文考》。

恰巧给他以同样的印象。于是清廷以为启衅的根由，既由于林氏办理烟案的失当，那么查办林则徐，复可了结此案，英人必能满意而去。所以那已经遭受动摇的强硬政策，便一举而粉碎了。清廷于次日（七月二十三日），便寄给琦善一道谕旨，一道密诏①。谕旨是对于英人的正式答复，说："上年林则徐查禁烟土，未能仰体大公至正之意，以致受人欺朦，措置失当。兹所求昭雪之冤，大皇帝早有所闻，必当细逐查明，重治其罪。现已派钦差大臣，驰至广东，秉公查办，定能代伸冤抑。该统帅懿律等，著即返棹南还，听候办理可也。"这是按着英人公文的前半作文章。密诏是指示琦善如何答复英人所提出的条件，①③④三条明白拒绝，②⑤二条未提起。所请钦差大臣亲赴英船商议一节，也以体例有关，予以拒绝。最后说："至如何随机应变，斟酌万妥，全在该督体察情形，妥为办理。"二天以后（廿五日）又下一谕给琦善，告诫他要"随机应变，上不可以失国体，下不可以开边衅，总期办理妥善，毋负重任，朕有厚望"②，即在顾全面子的原则下，向英人谋妥协。

七月廿五日（8月22日），琦善接到清廷批复英人的上谕和密诏，这时候英船已开往附近各处窥视，不在原来停泊的地方。所以琦善只好等待他们回到天津后，再行传谕开导③。英船8艘中，有3只（Blonde 42，Modeste 20，Ernoad）开往奉天复州洋面常兴岛附近游弋，有1只（Wellesley 74）在山东省鼍矶岛外洋游弋，其余4只则在直隶丰润等县所属的涧河、黑洋河两处游弋。他们的目的，是想调查附近的地理形势及粮食供给情形，这些是作战时所必需的知识。抵各处后，都曾上岸购买食物④。不久，10天的限期满了，英船于八月初一齐集原泊处。因为

---

① 原文见《始末》卷一三，页2～4。蒋先生前文中页19误书作七月二十四。

② 《始末》卷一三，页10。

③ 《始末》卷一三，页15～17。

④ Ouchterlony, *The Chinese War*, pp. 59～60; Jocelyn, *Six Months in China*, pp. 104～106; *Chinese Repository*, Vol. IX, pp. 419～420;《始末》卷一三，页22～23，卷一四，页1、26～27，卷一三，页32～34、35～36。

不见华船前来接洽，以为华方反汗了，英国代表便决定作战，当晚分配各舰作战的职司。初二日晨，除主舰（Wellesley）以吃水过深，仍泊原处外，其余各舰，都向着大沽炮台前进，战事似将不可免。但是华方已接有主和的谕旨，所以于初一日未曾派员前往接洽的缘故，是由于英船泊所距岸过远，岸上了望不见。现在看见英船近岸，即派白含章乘海船迎往告知，业已奉到复旨，且曾于七月廿七八派人往英船停泊处，以未见英船回泊只得先行返岸。今英船既已归来，自当遵旨答复。但以行文宣示，难能详尽；而体制攸关，琦善不能亲赴英船，所以约会义律前来登岸，听候面宣谕旨，互相商酌条款。因为义律是次席代表，地位较首席代表懿律为低，且曾为广州领事，熟悉烟案的经过情形，所以不请懿律而请义律。义律也便回答了，约定八月初四日会晤①。

八月初四日（8月30日）的会晤是重要的一幕。这天义律随带了十几位英国官员，向海岸出发，并且叫水兵暗中武装，乘了6只舢板护送②。琦善已在大沽海岸上架扎帐幕，派员迎接英人进来，亲自与英国各官员相见，态度和蔼，以礼接待英人，所以颇得英人好感。除了琦善所居的帐幕外，尚有7座帐幕。义律与通事马里逊（J. R. Morrison）及罗敌利（Rodriguez），仍留琦善的帐幕中，其余的英国官员便退出，有华方下级官吏招待，分往其他的7座帐幕宴饮。琦善也屏去左右，仅留心腹及近侍数人在侧。于是谈判便开始了。琦善将所奉到的明谕内容，告诉义律。说清廷已允派钦差大臣赴粤查办林则徐等处置烟案的失当，

---

① Ouchterlony, *The Chinese War*, pp. 60～62; Jocelyn, *Six Months in China*, pp. 108－109;《始末》卷一三，页36。

② 《史料旬刊》第39期钞件三《驻中华领事公使大臣义律随带官员》名单，凡13人，考之西籍，知"着士林"即 *Six Months of China* 的著者 Lord Jocelyn，"雅士体礼"即 Castro，汉文知事译官"马儒翰"即 John Robert Marrison，"罗敌利"即 Rodrignez，"水师参总官懿律"即 Volage 舰主 George Elliot Jr.，"伊耳士"即 Modeste 舰主 H. Evres，"马他伦"即 Wellesley 舰主 Capt. Thomas Maitland。按 Jocelyn 自英船由津南返后，是年西历10月24日即以病休职返英。故知此名单当为天津谈判中义律登岸面谈时随带官员之名单通知华方以便招待。

必能代申冤抑，要英人即南返听候办理。但是义律不满意，要求将前递公文所提各项条款，逐一答复，于各条下批允。琦善便依照密旨中的意思，与义律谈判。①烟价一层，以当日呈缴的鸦片，本系违禁品，并且早经烧毁，不能赔偿。义律答称，前缴之烟，并非由商呈缴，实缘华官追勒，断绝饮食；义律等不得不动用银两，买烟呈案。今义律等须缴还原动银两，所以坚持要华方赔偿。据琦善奏称，关于这一层，英人"狡执最甚"。②邦交平等，官吏文檄往还，俱用平行。这一条密诏中忽略了没有提到，义律在谈判中说及这条时，琦善只好随机应变，答以"彼此通市，原系商与商通。该国即派员前来，然既为贸易而设，亦只须与商人交涉，天朝官员，可不过问"（琦善视此条为义律面谈时新提出的条项，而非英外相书中所原有者；似乎琦善此时尚未获睹英外相书，谨由谕旨中所引者略知其内容大概而已）。③割让土地，义律始意欲占据定海，琦善不允。后又称："粤省沿海地方，无人之地居多，不拘何处，请假一隅，俾资栖止"（但不曾指明香港），琦善也没有答应。④代偿洋商债务一项，义律没有提起；据琦善的猜想，由于"该夷因闻臣有官员可不过问'贸易'之说。是以于其前呈公文内所称洋行例歇拖欠银两之处，并未言及"。此外关于查办林则徐一节，也曾讨论过。义律声明林则徐去留，与英人无涉①。夏燮谓英人行反间计，谋去林则徐；天津乞抚，是想藉琦善以去则徐，企破粤东之局②，这是局外人的无稽之谈，不足凭信。义律在广州与琦善办交涉时，尚称"前任督部堂林邓裭一节，与英国无涉"，并称："如果承平了结，尚欲求请奏恳恩宥。"③可见清廷的斥责林则徐，是由于误会英人的用意。英人所要求的是通商权利，并不是林则徐的查办；英人从没有明白要求过林

① Morse, *International Relations of Chinese Empire*, Vol. I, p. 635.
② 《中西纪事》卷五，页 12~13。
③ 《始末》卷二〇，页 3。

则徐的查办。这一天的谈判，历时 6 小时，义律时常高声抗辩，声达户外①。但是讨论的结果，仍无所得。乃约定琦善再行奏闻请训，候旨到复旨后，再开谈判。于是义律等乃告别返船，驶回原来停泊处。琦善以当日所谈的皆止是义律的话，所以又将①②③三条的复语，作成照会，发给懿律，以便他们再行详商，即于当日（初四日）派员持往②。初七日接到回文，大概不外于将义律的复语也作成公文而已，谈判并没有新的进展。琦善乃将谈判情形，奏闻清廷③。

八月初九日（9 月 4 日）清廷接到琦善的报告，也认烟价一节为谈判的焦点。宣帝的朱批说："所办俱好，可恶在烟价一条，甚费周章也。"清廷始终以这次战争是鸦片战争，而非商业战争。烟价一节是在烟案的问题以内，若能予以允许，英人必能满意南返；对于其他关于商务、邦交及割地等要求，完全没有考虑到。清廷虽知道烟价一节的重要，但又舍不得掏腰包赔偿英人；所以便另想一法，要叫广州行商代赔，因为"将来如许通商，不但夷人仍可得利，即该商人等亦可照常贸易，获益良多"；令琦善在目前"相度极宜，妥为措置"，可暗示英人以此意。将来奉命到粤后，即作为琦善自己的意思，密谕各洋商代赔。这样一来，既用不着从国库中拿出钱来偿赔烟价，而英人满意而去，又可以省去筹办防务的款子。所以清廷便将此意作成密旨给琦善④。这密旨于初十日抵津，但是这时候英船又四出向直隶临榆、奉天

---

① Jocelyn, *Six Months in China*，p. 115，琦善的奏折也说："该夷性质粗豪强悍，兼以言语不通，专赖通事传述与言殊不易易。"见《始末》卷一三，页 36。

② 这一次琦善给懿律照会的原文见《始末》卷一二，页 38～39。惟《始末》所系日月有误，参看《道光朝筹办夷务始末订误一则》。

③ 八月初四日谈判的经过情形，可参阅 Jocelyn, *Six Months in China*，pp. 109～116；Ouchterlony, *The Chinese War*，p. 62；*Chinese Repsitory*，Vol. IX，p. 421；Morse, *International Relations of Chinese Empire*，Vol. I，pp. 632～636；《始末》卷一三，页 36～40（*Chinese Repository* 谓谈判二日，无结果而散，与他三书不合；谅以道远传闻失实致误）。

④ 《始末》卷一三，页 40～41。

常兴岛等处巡逻去，琦善只好静候①。八月十七日（9 月 12 日），懿律乘船由山海关巡视回津，琦善便于次日作二件公文，一件是作清廷正式答复英人的口气，允许查办林则徐及恢复通商二事；而拒绝赔偿烟价的要求②。一件是作琦善自己的口气，说：“如贵统帅钦遵谕旨，返棹南还，听候钦派大臣驰往办理，虽明知烟价所值无多，要必能使贵统帅有以答复贵国王，而贵领事亦可申雪前抑；缘恐空言见疑，为此再行照会贵统帅。”③ 即暗示烟价一项也可以让步，按价酌赔。这是依照清廷的密书而作；事后曾呈报清廷，宣帝朱批：“所晓谕者委曲详尽，又合体统，朕心嘉悦之至。”可见琦善并没有离开宣帝所指示的交涉路线。懿律接到这两件照会，“其始颇似不遂所欲”，但前来终竟允许回粤听候查办，即允许琦善谈判的地点由天津改作广州；并言：“如沿海各处，不开枪炮，该夷亦不滋生事端；倘被攻击，势难已于回手。”八月二十日（9 月 15 日）备具回文，说：“遵循皇帝的意旨”（in compliance with the pleasure of the Emperor）回粤，并约定两国停止军事行动；令白含章带回，便启程南返了④。

清廷于八月廿二日接到琦善报告英船已经遵旨南旋，高兴极了，以为“片言片纸，远胜十万之师”⑤。于是一面依照约言通知各省，对英人停止军事行动，勿以攻击为先，一面委派琦善为钦差大臣，赴粤查办，著即迅速来京请训，并裁撤直隶防御军队⑥。琦善以夷情反复无常，海防不可稍疏，故欲俟接到山东巡抚咨会望见英船南下确信后，再

---

① 《始末》卷一四，页 12，卷一五，页 4；Jocelyn, *Six Months in China*, pp. 117~118；Ouchterlony, *The Chinese War*, pp. 64~66。
② 照会原文见《始末》卷一四，页 34~35。
③ 照会原文见《始末》卷一四，页 35~39。
④ Jocelyn, *Six Months in China*, pp. 118~119；Ouchterlony, *The Chinese War*, p. 66；《始末》卷一四，页 32~34。
⑤ 是年九月十七日伊里布奏折的朱批中语见《始末》卷一六，页 3。
⑥ 《始末》卷一四，页 39~40。

离津赴京；并且海口要务的清理，也需时日，一时尚不能来京请训①。但是八月廿七日清廷仍令琦善将海口要务，赶紧妥为料理，"一经清楚，即遵奉前旨，迅速来京请训"②；并且于八月二十四日令伊里布酌量撤回镇海防堵兵丁③，于九月初三日斥罢林则徐、邓廷桢，交部分别严加议处④。可见清廷相信和策已经成功，其态度较琦善更为彻底。七月初四日清廷接到山东巡抚托浑布的奏折，说英船已悉数南下，情形极为恭顺。于是清廷以为英人已诚心就抚，不复反复；鸦片战争已告结束；遂谕令沿海各省将军督抚，将前调防守各官兵，分别留撤，妥为办理⑤。琦善于是进京陛见，面授机宜，于九月初八日出京赴粤⑥。同日又下谕"林则徐、邓廷桢均著照部议革职"，在粤听候琦善查问差委⑦。琦善陛辞时的面谕是些什么话，现已难详其内容。芍唐居士说："初琦善之陛辞也，奉面谕以英人但求通商则已，如邀挟无厌，可一面羁縻，一面防守，一面奏请调兵，原来令其撤防专款也。"⑧ 不知他的消息从何处得到。我曾检查《夷务始末》中琦善陛辞后清廷给琦善的各次上谕，在十一月廿六日清廷接到伊里布、祁寯藻、黄爵滋的报告，英人占据定海不退，始感觉到英人并非如以前所想象的那么恭顺，广州和议的进行，恐将不如以前所想象的那么顺利，始下谕给琦善"倘（该夷）仍骄恣逞刁，其势万难就抚，务即迅速先行奏闻，一面加意羁縻，仍遵前旨办理"。十二月初二日上谕："如该夷实系恭顺，退还定海之外，别无非礼之请，自可仍遵前旨查办。倘敢肆鸱张，始终桀骜，有必须剿办之势，著即一面奏闻，一面相机办理。"次日又谕："琦善有受机宜，

① 《始末》卷一五，页 8~10。
② 《始末》卷一五，页 8。
③ 《始末》卷一五，页 1~2。
④ 《始末》卷一五，页 11~12。
⑤ 《始末》卷一五，页 13~15。
⑥ 《始末》卷一五，页 36。
⑦ 《始末》卷一五，页 19。
⑧ 芍唐居士：《防海纪略》卷上，页 17；申报馆本《圣武记》卷一〇，页 52。

现在自仍以开导为先。但恐事有变更，如有不得不攻剿办之势，则兵贵神速，不可稍迁延，坐失事机。"① 九月初八日琦善出京以后至十一月二十六日，清廷给琦善的上谕共有 12 道之多②，但都没有提到英人要求中哪一些可以允许，以便和议的成功；以及英人势难就抚时，将如何对付。可是这十一月二十六日、十二月初二日这两道上谕中所称"前旨"，定是指琦善陛辞时面聆的谕旨。将这些与十二月初六日的"面授机宜"一节，合而观之，可以知道宣帝的面谕是"加意羁縻"，"开导"英人，以求和议的成功。似乎对于英人难于就抚时将如何对付这一层没有提到。所以十一月二十六日接到伊里布等的报告后，便着急了，连忙训示琦善说，若英人没有别的非礼要求，可以仍照面谕中语办理，与英人讲和。但若英人不易就抚时，将要如何对付，这是面谕所没有提到的，所以叫他一面奏闻，一面相机办理，并没有"前旨"或"面授机宜"可以遵循了。至十二月初二日始决定政策，谕琦善如事有变更，和议决裂，可以武力相对抗；但以目前形势尚佳，自当仍以"面授机宜"中的开导政策为先。知道芍唐居士所说的是传闻之辞，是后人以十一月廿六日以后的上谕中语，算做九月初琦善陛辞时面谕中语。九月初八日，清廷将主战派的林、邓革职了，将主和派的琦善派往广州与英人交涉，并且面谕主和政策的大纲，以为和议一定能够成功，连英人万一难于就抚时将如何对付一层，似乎也不曾考虑到。清廷是坐待琦善由广州寄来报告和议成功的奏折了。

但是这只是清廷的由误解所生成的幻象，实际上当时形势并不如此。英人的南返，既不是清廷的答复已足以满足他们的欲望，更不是感戴天恩，冤抑已申，遵旨南返。义律所以南还，自有其他的理由。英人自七月十二日抵白河口，到八月二十日已一个多月了，交涉尚无满意结

① 《始末》卷一七，页44，卷一八，页5、6。
② 《始末》卷一五，页36，卷一六，页2、6、11、13、22、33、42、44，卷一七，页4、18、29。

果，但岁月如驶已届深秋了。在懿律第二次乘船向附近巡逻，赴山海关视察长城的时候，便已觉天气转寒，霜风侵人，这一班在温暖的印度洋上过惯岁月的英兵，便深深地感到华北气候的剧变[①]。同时英国水陆兵丁患病的很多，即使气候尚适宜作战，也已力不从心；何况又加以华北深秋气候不宜开始军事行动。英国代表也知道若要求清廷明白答复他们提出的各项条件，结果未必有满意的答案。如清廷显加拒绝，那时候若勉强作战，则由于上述的原因，必无取胜的把握，若默然隐忍，反更有损国威，留在华北毫无用处，不如先返南方。且看琦善的主和态度，在广州获得妥协办法，也并非不可能，所以便利用清廷，"回粤听候查办"的含糊答复，先返南方。将来议和决裂时，仍可以增援北上，所以不要求明白的答复，只约定两方停止军事行动，便匆匆启碇南返了[②]。

天津谈判的结果，清廷由于误解，相信中英战争可以了结；英国代表仍认为仅将谈判地点由天津改到广州，问题并没有解决。这样便酿成广州谈判中的误会和纠纷。琦善不幸又适当其冲，在广州时再添了一个"去备媚敌，致败之由"的罪名[③]。琦善在广州时军事和外交方面的经过及得失，蒋廷黻先生那篇《琦善与鸦片战争》中讨论得很详细，现在不再赘述了。

四　琦善在天津谈判中的地位

由上面两节所得到的结论有二点：

1. 琦善的主和，是在清廷改更强硬政策以后的事情。先有宣宗的意移，次有穆彰阿的乘机劝和，最后始有琦善的主和。由于《夷务始

---

①　Jocelyn, *Six Months in China*, p. 118.

②　Morse, *International Relations of Chinese Empire*, Vol. I.

③　《清史稿》列传卷一五七《琦善传》，页6。

末》中的琦善奏折，我们知道直到朝廷已经降谕明示和意，英国军威已临大沽海口，琦善始改变强硬政策，力主和议，所以琦善并不是罢战言和的始作俑者。

2. 在天津谈判的经过中，琦善事事都遵旨而行。接受英人公文转呈朝廷，与英人开谈判，允许英人查办林则徐，允许英人恢复通商及赔烟价，等等重要事情，都是遵守谕旨的，琦善在给穆彰阿的私人书信中是否曾议过这些和平方策，我们不得而知。但就现存的史料观之，这些和平方策都不是琦善所建议，而出于朝廷自己的意志，至少在法律方面看起来，琦善不曾轶出自己的职权以外，擅许了英人以谕旨中所未提及的事情。所以，在天津谈判中，琦善不过是清廷的传音机，地位并不十分重要。

我并不否认，琦善对外人的态度，是使天津谈判能够顺利进行；我也不否认，他关于军备的报告，可使清廷的主和更加坚决。但是，主和的起意，是由于清廷的自动，和议的经过，也由于清廷的发令指挥。假使天津谈判是错误的，这错误的负责者是清廷而不是琦善（但是天津谈判一举是否错误，仍成为问题）。

前人的记载，多斥言琦善天津主和的误国。将这事的责任，一股脑儿都推在琦善的身上。这是因为当时的主战派，都痛恨主持和议者，虽明知道和议是出于宣帝的意旨，但身为大清臣仆，岂可上谤圣君。穆彰阿也是主和的重要人物，宣宗的主和，大部分当由于他的劝告。但是穆彰阿柄持国政，"终道光朝恩眷不衰"①。恰巧琦善在广州谈判失败后，便革职拿问，被逮入京。打死老虎是中国人的惯技，一班主战派便拿琦善来出气，把天津许抚的责任也推在他的身上，所有的私家记载，都说他是罢战言和的误国罪魁。到了道光三十年穆彰阿失势，始有人明言穆彰阿也应分负一部分责任。但是这时候琦善误国的故事，已深入人心；

① 《清史稿》列传卷一五〇《穆彰阿传》，页7。

所以穆彰阿只好由主角的地位降作配角，例如夏燮的记载，便是说"（琦善）遂请入都面陈抚事，而中枢力赞成之"[1]。至于主和的真正负责者宣宗皇帝，却为横议所不及。这是大清顺民所放的烟幕弹，隐蔽了天津谈判的真相，开脱了宣宗的责任。现在已不是爱新觉罗氏的天下，我们不要再为前人所放的烟幕弹所蔽，应该由新材料中去发现事实的真相。

英人方面的记载，也将琦善在天津谈判中的地位估计得过高。琦善当时是文渊阁大学士，他们不明了清代官制，误认内阁学士（member of the cabinet）是中枢最重要的职位，所以便以为琦善有左右朝议的能力[2]。实际上当时的政务中枢机关是军机处，内阁学士仅是荣誉职，没有实权。琦善并不是军机大臣，他如果当时确曾想左右朝议，只能先献策于军机大臣穆彰阿，由穆彰阿采纳他的政策后，他的政见始能实行（在形式上他当然可以直奏皇帝；但是如无中枢奥援，这些奏议即难生效），在这一方面我们没有得到什么史料，因为我们见不到琦善给穆彰阿的私信。就现在所获得的史料而言，和议的重要主持者是清廷（包括宣帝及穆彰阿）而不是琦善。天津谈判中的往来文檄（如允许赔偿烟价的照会），琦善多依照密旨的意思，作为自己的口吻答复英人；这一点当然又引起英人的误会，以为琦善在有些地方可以不待朝廷谕旨而自作主张。现在我们由《夷务始末》中知道这些琦善作为自己意见的地方，都是奉有朝廷的密旨。清廷因为畏惧有损天威，所以叫琦善作为个人的私见答复英人。英人以为琦善在天津谈判中是唯一的重要主角；他的主和政策是聪明的政策；由于他的劝告，清廷始变更强硬政策。这种"不虞之誉"与琦善在国内所受的"不虞之毁"刚巧相反；但是都是冤枉琦善的。当时议和的重要主持者另有人在；我们现在既能获见当时密旨，正可利用这些新史料来订正前人的错误。

---

① 《中西纪事》卷五，页6。

② Jocelyn, *Six Months in China*, p. 103.

附录一　诸家记载天津谈判事迹勘误表

谓英人以粤防严，无隙可乘，始改而北上，赴定海、天津要抚。误。（一）（四）（六）（七）（八）（九）（一〇）（一三）

谓琦善为罢战主和之始作俑者，误。（一）（七）（八）

谓英船抵津者仅 5 艘，误。（二）（六）（一三）

谓英船抵津者达十数艘，亦误。（一〇）

谓英国致中国宰相书系英国巴里满衙门（国会）所发，误。（一）（二）（六）（八）（十三）

谓英国致中国宰相书中所提出之条件，有五口通商，裁洋商浮费，及不得以外洋贩烟之船累及岸商等项，误。（一）（二）（四）（六）（九）（一〇）（一三）

谓英国致中国宰相书中未提及割让海岛及代偿洋商债务二项，误。（一）（二）（四）（六）（九）（一〇）（一三）

谓清廷在接到定海失陷以后，批答英人公文以前，即已朱批谕斥林则徐，误。（一）（二）（三）（七）（八）（一一）

谓琦善授意英人，令其诬林则徐以许价骗烟之词，误。（二）

谓琦善与英人谈判时曾奏请清廷，要求斥罢林则徐，误。（一〇）

谓英人曾指名林则徐，要求清廷加以斥责，以图撤去粤防，误。（一）（七）（八）（一〇）

谓伊里布曾参与天津谈判，劝英人南返，误。（九）（一〇）

谓琦善在天津时擅许英人代奏，误。（一）（七）（八）

谓琦善对于英国军备之首次报告，系七月十六日所呈，误。（一一）

谓八月初二日，琦善曾遵旨答复英人，误。（一二）

谓八月初四日之面谈，由于英人不满意清廷之答复，自动的要求会

晤，误。（一二）

谓琦善与义律在大沽海岸晤谈了二天，误。（一二）

谓初次批复英人要求之二道谕旨系七月二十四日所发，误。（一二）

谓琦善初次答复英国要求之照会底稿系七月二十二日所进呈，误。（五）（一一）

上表中各条下所系之数字，乃分指下列各书：

（一）指《清史稿》中《宣宗本纪》、《邦交志》、《琦善传》、《林则徐传》诸篇，误者八事。

（二）指萧一山《清代通史》卷中，误者六事。

（三）指王先谦《道光朝东华续录》，误者一事。

（四）指黄鸿寿《清史纪事本末》，误者三事。

（五）指《道光朝筹办夷务始末》，误者一事。

（六）指申报仿聚珍板印行本魏源《圣武记》卷十《道光洋艘征抚记》，误者五事。

（七）指夏燮《中西纪事》，误者五事。

（八）指王之春《国朝柔远记》，误者六事。

（九）指刘彦《帝国主义压迫中国史》，误者四事。

（十）指武堉干《鸦片战争史》，误者七事。

（十一）指蒋廷黻《中国近代外交史资料辑要》，误者三事。

（十二）指蒋廷黻《琦善与鸦片战争》，误者四事。

（十三）指苟唐居士《防海纪略》，误者五事。

附录二　天津谈判经过月日表

（此表大致根据《道光朝筹办夷务始末》及英人 Ouchterlony 所著的 *The Chinese War* 二书编成）

道光二十年（1840）

六月三十日（7月28）　英国舰队由舟山动身北上。

七月初六日（8月3日）　清廷接林则徐等奏，英夷兵船传言有往天津之说。谕寄琦善劝告英人南返，断不能据情代奏。

七月十二日（8月9日）　清廷谕令琦善，英人如有投递禀帖情事，即将原禀进呈，又令伊里布在浙访察致寇根由。是日英舰抵白河口外十余哩处下碇。

七月十三日（8月10日）　琦善接到前日谕旨。是日英舰队遣汽船向岸开驶。

七月十四日（8月11日）　英汽船驶近口岸，琦善令罗应鳌驰往，约以是月二十日内听候回信。

七月十六日（8月13日）　清廷得讯，谕琦善派员前往英船中接收公文进呈，是日琦善在津派员购买食物以给英船。

七月十七日（8月14日）　琦善接前日谕旨，派白含章前往英船取公文。

七月十八日（8月15日）　白含章至英船停泊处，晚间在船上留宿。

七月十九日（8月16日）　白含章取得公文返岸，约定十日内答复。

七月二十日（8月17日）　琦善将所取到之公文，缮折进呈。

七月二十二日（8月19日）　清廷接到英外相公文及琦善报告英人军备奏折。是日英船启碇暂往他处巡逻。

七月二十三日（8月20日）　清廷批答英人要求，允许查办林则徐，令英船即返棹南还。

七月二十四日（8月21日）　清廷接到林则徐等奏报拿获鸦片折，朱批斥责之。

七月二十五日（8月22日）　清廷又谕琦善，令其随机应变，上不可以失国体，下不可以开边衅。是日琦善接到前日谕旨。

七月二十七日（8 月 24 日）　清廷接到琦善报告，知英船现已他往。乃谕令俟其回棹，仍遵前旨详加开导。

八月初一日（8 月 27 日）　英船返至原泊处，不见华船，拟次日进攻。

八月初二日（8 月 28 日）　英船向岸行驶，琦善令白含章持公文前往，约英国代表面谈。

八月初四日（8 月 30 日）　琦善与义律会晤于大沽海岸，详细谈判，无结果。琦善乃发给懿律文书，于是日派员持往。

八月初七日（9 月 2 日）　琦善接到懿律复文，乃奏请示训。

八月初九日（9 月 4 日）　清廷接到琦善报告，即谕示琦善，谓烟价一条，亦可从长计议，妥为措置。

八月初十日（9 月 5 日）　琦善接到前日谕旨；但英船已赴山海关等处游弋，无从接洽，故静候其折回。

八月十七日（9 月 12 日）　英船驶回白河口。

八月十八日（9 月 13 日）　琦善作二公文，仍派白含章持往。

八月二十日（9 月 15 日）　白含章取回英人回文，并报告英船已于是日全数启碇开行南下。

八月二十二日（9 月 17 日）　清廷接到琦善报告英船已南旋，即降旨令琦善为钦差，赴粤查办。并谕令沿海各省对于英船勿先开枪炮。是日英船数艘过山东登州海面。

八月二十三日（9 月 18 日）　琦善接到前日谕旨，即奏请俟料理清楚，并得山东省通知望见英船南下确信后，再赴京请训。

九月初三日（9 月 28 日）　清廷下谕，林则徐邓廷桢著交部分别严加议处。两广总督著琦善署理。是日英舰南下抵定海。

九月初四日（9 月 29 日）　山东巡抚奏报英船过山东洋面南还时之恭顺。上谕沿海各省将前调防官兵，分别留撤。

九月初八日（10 月 2 日）　琦善来京面聆谕示后，于是日驰往广东查办。同日下旨，林则徐邓廷桢均著部议革职，在粤听候琦善查问差委。

附录三　林则徐之初遭斥责

《东华续录》载有道光二十年七月庚戌（二十二日）上谕："林则徐等奏获贩烟人犯。得旨：外而继绝通商，并未断绝；内则查拿犯法，亦不能净。无非空言搪塞，不但终无实济，反生出许多波澜，思之曷胜愤懑，看汝以何词对朕也。"《清史稿》本纪卷一八及蒋廷黻先生编《近代中国外交史资料辑要》卷上皆从之。按此谕为道光帝第一次斥责林则徐，为清廷改变政策之关键。其关系之重要，与是月二十三日派发批复英人要求之上谕相等。但日期当依《道光朝筹办夷务始末》卷一三页四作壬子日（二十四日），即批复英人所递公文之后一日也。

《东华续录》与《夷务始末》，皆为第一等之直接史料；但专就此条而论，《夷务始末》之可靠性较大。《夷务始末》将此条编次在七月辛亥（二十三日）之后，若为错误，则不但须将时日改为庚戌（二十二），且须将编次前后，加以颠倒；而《东华续录》中此条在癸丑（二十五日）之前，若加改正，仅须将日期移二日，改为壬子（二十四日），与编次无关。且《夷务始末》兼录林则徐等原奏，亦标壬子，而《东华续录》则仅录朱批，删去原奏；故《夷务始末》关于此条之错误可能性较少，换言之，即其可靠性较大也。

再就事实方面而言，英人致中国首相书，指斥林则徐办理之不善，此书于七月二十二日抵京，当日或翌日，清廷当有重要会议，二十三日遂决定查办林则徐，以与英人妥协，并即降谕琦善，令以此意宣示英人。故清廷之斥责林氏，当在二十三日决定与英人实行妥协之后。观是年十二月十四日，清廷以英人在广州不易就抚，即下谕命琦善与林则徐随同办理防务，对于林氏之荩忠，并未失去信任，则知此次朱批乃外交政策转变之结果，并非对林氏突失信任，自坏长城，此时清廷之所以斥责林氏，乃欲以和缓和英人空气，故此朱批必为二十四日所书，而非二十二日所书，换言之，即在二十三日决定查办林氏以后之事而非其前之事也。

或谓此朱批乃书于定海失陷之后而天津乞抚之前；盖定海告陷，道光帝以边衅之开，烧烟实启之，时粤东奏报拿获烟犯，故书此朱批以责之。林则徐乃具折请罪，又附奏请戴罪赴浙图剿。林氏此奏"正义律至天津递书之时"（夏燮《中西纪事》卷五，页12），《清史稿》中《林则徐传》从之，系林氏此折于六月定海失陷之后，七月义律至津乞抚之前（《清史稿》列传卷一五六），按此说亦误，若林氏谢罪之奏折为义律天津递书之时所上，则责斥之诏，当为天津乞抚以前所发。但检《夷务始末》，知《中西纪事》所引之林氏谢罪一折，乃是年九月二十九日所上（见《始末》卷一六，页18），即天津抚事成功后一月之事。因之此谢罪之折，并不足以证前述朱批之发于天津乞抚以前也。且按之事实线索，知定海之失陷，仅为林氏失权之远因；清廷以收复定海不易，故有主抚之意。但对于林氏，并未加以斥责，以林氏所防守者为粤东，而失事则在浙东，与林氏无关。故清廷虽于六月二十六日即接到定海失陷之报告（《始末》卷一一，页16），而七月初四日仍谕林则徐对于粤省，"随时加意严防，不可稍懈"（《始末》卷一一，页19所录之朱批）。初六日林氏又奏粤省夷务，上谕着令严密周防准备（《始末》卷一一，页25）。此后直至七月二十四日，皆无斥责林氏之语。知义律天津乞抚以前，林氏尚未失恩眷。此乃就现存文件之缺乏此类史料，因之以作消极之推证。兹更就事理方面而言，定海失陷，使清廷有心主抚，但不知英国受抚之条件如何，是以迟延未决，此时所注意者，尚为严密周防英人之侵扰沿海各省，未必遽肯斥责守边得力之林则徐。乃七月二十二日得英人致中国首相书，申诉林氏办理烟案之不善。清廷误解英人公文之命意，以为查办林氏，即足以平英人之愤而申其冤，抚策必可成功。始定实行抚策，允许查办林则徐。故清廷天津决意和议之原因有二：定海之陷，海道反攻不易，军需浩繁，财政不易筹措，实为其远因；而英国此次公文之易引起误解，以为申雪其冤抑，即可了事，实为其近缘，因缘凑合，遂有七月二十三日之下谕允许查办林氏，及七月二十四日之朱批。视为义律天津乞抚以前所批，则事实之解释，殊觉困难，故当以《夷务始末》所书之日期为较近事实。

附录四　《英外相致中国宰相书》汉字译本考

这《英外相致中国宰相书》，清廷视为机密文件，深藏宫内，不曾流传于外。同治时，苟唐居士说："义律以五艘赴天津投书，书乃其国巴厘满衙门寄大清国宰相之词，词极桀骜，多所要索，计六条：一索烟价（初次夷书，不敢显言，尚以货价为名；及见内地复书不及禁烟之事遂明索烟价），二索广州厦门福州定海上海等口为市埠，三欲共敌体平行，四索犒军费，五不得以外洋贩烟之船，贻累岸商，六欲尽裁洋商浮费。直隶总督琦善收书奏闻"（苟唐居士《防海纪略》卷上，页14），完全是根据传闻之辞，所以错误很多。义律所投的公文是英国外相巴麦尊（一译怕勒灭斯托汪，原名为 Palmerston）所寄的；因为"怕勒灭"与"巴厘满"（Parliament）声音相近，并且从前俄国给中国的外交公文，多由萨那特衙门（Senate）所发，所以他误认这次公文是英国巴厘满衙门所发。至于所举的条件，（一）（三）（四）确为公文中所有；（二）（五）（六）这三条要求，在这件公文中并没有提到，大概是《防海纪略》的作者，根据义律在广州的要求及南京条约的款项，所推想出来的。

1910 年 H. B. Morse 出版了 *The International Relations of the Chinese Empire* 第一卷，附录中收入这件公文的英文原本（见原书，页 621～626）。1930 年故宫博物院出版了《道光朝筹办夷务始末》，这公文的汉字译本也与世人见面了（见原书卷一二，页 30～38）。我现在叫这译本为"译本甲"。蒋廷黻先生曾取"译本甲"与原本对勘，说："译者遵照巴麦尊的训令：只求信，不求雅，且不通达，但除一句外，全文的翻译，确极守信，这一句原文是'To demand from the Emperor satisfaction and redress'，译文变为'求讨皇帝昭雪申冤'（原注：此点的注意，我得自罗志希先生的谈话），难怪宣帝和琦善把这个外交案当作属下告状的讼案办"（《琦善与鸦片战争》，页 17）。这个批评，我们大体可以同意。

最近故宫博物院在永寿宫藏贮清道光朝留中密奏的木箱中获得这件公文的另一译文，刊登于《史料旬刊》第 38 期（见这期页 425～428），现在可叫这译本为"译本乙"。我曾取与"译本甲"对勘，文辞较"译本甲"更为俚俗，用字也多不同，如称"领事"为"苏坡尔英腾"（Superintendent），称"巴麦尊"为"怕勒灭斯托汪"（Palmerston），末尾有"管外国十五衙门京城隆多汪，二月二十日，一千八百四十年，英吉利国宰相寄大清国宰相大人"。可以说是两个完全不同的译本。但是，为什么英人送了二个不同的译本来呢？这事颇难索解。

我曾以这事询问蒋廷黻先生。蒋先生说：从前在故宫博物院大高殿军机处档案中，曾目睹英外相致中国宰相书；虽未曾取以与《夷务始末》中所录者互相对勘，但记得有"求讨皇帝昭雪申冤"一语，二者似相差不远。而与《史料旬刊》中所收者不同（在《史料旬刊》中那件公文内，这句话译成"往大清国海边要赔补"）。这件原物系书写于西洋纸上，背面有英人签字，其为英人进呈之原物无疑，《夷务始末》中所录者，谅即系根据这件原物，即英人在天津所进呈之物也。可惜现在这些档案南迁了，不能够取出一对勘。至于在永寿宫中发现的这件"译本乙"，则不知其来源，在目前这问题恐不能得到什么确定的结论。

此外尚有一"译本丙"，系是年八月十四日英人向吴淞口投递，由裕谦转呈清廷。八月二十四日始达清廷，时英船正离津南旋。据裕谦说：英人投递转呈宰相大人字帖二封，一系楷书，文理不通（指汉字译本），一系夷书，不成字体（指英文原本）。又说：文理虽属不通，而察其情词，大抵伸诉该夷领事义律呈缴趸船鸦片烟土及禁绝柴米，驱逐出澳之事。字帖内有道光十九年正月十八日由英国兰墩京城付字样（见《始末》卷一五，页2，又页12）。按英国外相训令在华代表，将这致中国宰相书原本及译本，都分抄三份，在华南、华东、华北三处分别投递。在厦门及宁波两处的投递，都遭失败，中国官吏不敢接收英人文件。这次在吴淞口所递的，当然便是前次退回去的那件；其内容亦必与英人在天津所递的"译本甲"，相差不远，或完全相同。《夷务始末》中的那件"译本甲"末尾没有发书的月日及地点，当系编者删去（在《夷务始末》中，所有与外人往来的照会，都删去收发的年月日，不仅限于这件公文）。至于这"译本丙"与《史料旬刊》所收的"译本乙，颇有歧异。例如译 London 为"兰墩"，而非"隆多汪"；且有中历年月日，与"译本乙"仅有西历年月日者，也不相同（据蒋廷黻先生说军机处所保存的"译本甲"的原物，末尾也是有中历年月日的，换言之，即与"译本丙"相同）。不过1840年2月20日，系道光二十年正月十八日，而非十九年正月十八日；这点大概由于笔误吧！

作者附记：本文承蒋廷黻先生指示材料，作成后又承其阅过一番，特此致谢。但文中之见解及考据，如有错误，皆由作者自负其责。

中国近代史研究的资料[*]

译者附言：近代史中的史实，离开我们的时代最近，与我们的关系最密切；就理论上而言，似应最受我们的重视。但是我国的史学界，却嗜古成癖，注意上古史而忽视近代史。我并不反对研究古史；我对于在古史方面作研究的学者，很钦佩他们勤苦的工作和丰穰的收获。不过，就整个史学界而言，这只是一种畸形的现象。我以为，今后的吾国史学界必将以较多的精力，花在近世史的研究上面。历史研究的工作，当然需要史学家，但同时也需要丰富的史料以供给他们的讨究。很可欣幸的，吾国近世史的史料很丰富，并且时常有新史料的发现。王国维在十年前便已注意到清内阁大库的明清档案，说"光宣之间，我中国新出之史料凡四，一曰殷墟之甲骨，二曰汉晋之简牍，三曰六朝及有唐之卷轴，而内阁大库之元明及国朝文书，实居其四"。（见氏在民国十一年所作之《库书楼记》）现在距王氏说这句话的时候已十年了。在这十年中，内阁档

---

[*] 本文系 Cyrus H. peake 著作的译文，原载《清华周刊》1933 年第 39 卷第 11、12 期，署名"作民"。

案的整理经过如何，除了内阁档案外，是否尚有其他的近世史新史料的发现，这都是我们所欲知道的。本篇系 C·H. Peake 所作，原文载于《美国史学评论》（Ammerican Historical Review）第三十八卷第一期，（一九三二年十月出版），叙述尚详细，所以取而译成中文。但作者以异国人叙述华事，有时未免错误，故译者就自己所知的作成按语，以作补正，附入正文中。

欧洲大战和俄国十月革命，使得欧洲的数处档案，开放于世。假使没有欧洲大战和俄国革命的发生，这些档案，真不知道要到什么时候，才能和学者见面。在中国，也发生了同样的事件，这便是 1911 年的政治革命。辛亥革命的结果，使得清朝帝室的档案，开放于世。清朝帝室的倾覆，和清宫改作博物馆与图书馆，使令学者得到空前丰富的历史资料，用批判的精神来使用这些材料，将来很可以得到一幅详细精确的近世中国（约公元 1620 至 1911 之间）的图景。其详细和详确的程度，恐远非中国悠久历史中其他各朝代史所可比拟。由于毫无顾忌地研究这些史料所得到的结果，如对于史实内幕有什么新的发现，在现代式的共和政体下的中国，对于这些发现决没有什么可忌惮了。最近几年来，中国颇费了许多精力和金钱，来保存、整理和出版这些史料。

这些历史材料，大部分是贮藏于北平城内下列各处①：①午门（紫禁城南门）的历史博物馆，②北京大学的国学研究所；③故宫博物院所管辖的几个地方（紫禁城内或其附近），例如实录大库，这库中收藏皇帝的起居注，以及重要的奏折与上谕。官书中如《东华续录》，皇帝

---

① Walter Fuchs, Neues Material Zur Mand; Arischen Literatur aus Pekinger Bibliotheken , *Asia Major*, Ⅶ. (1931) 469~482. 袁同礼：《皇史晟记》，载《图书馆季刊》第 2 卷第 3 期。皇史晟建于明嘉靖十三年（1534 年）现信其所保藏的明清实录、圣训、玉牒，皆完整无缺。其处在紫禁城之东南。

圣训等书，所采取的奏折和上谕，多由此中选录；④大高殿，在紫禁城的西北，收藏军机处及理藩院的档案。

这些史料的数量，颇为可观。军机处档案，约有 80 万件；历史博物馆中所收藏的档案，约计也有 12000 余斤，（即 16000 余磅）①。其他各处档案数量，则现尚未详。从民国成立后，北平数经困难；而在这些困难情况之下，这些史料仍能保存无恙，且得一部分的整理，实令人不得不向作这些工作的官吏和学者，表示无限的敬佩。但是当清政府倾覆后，这些档案中有大部分，或遭毁灭，或流入商贾及公私收藏者手中。其中尤以内阁大库的档案，在过去二十年间的政治纷扰中，所遭受的灾难最甚。中央研究院历史语言研究所研究员徐中舒氏告诉我们说，（氏现负责整理此项档案）② 民国成立后，教育部设立历史博物馆，将内阁档案交其保管。民国十一年（1921 年），历史博物馆因经费支绌，出卖此项档案八千麻袋，以 4000 元的代价（约等于 2000 美金），售与北平一间重造纸料的纸店。恰巧考古名家罗振玉氏在北平看见这些档案，遂将原物购回大部分。后来谣传罗氏将其转让与日人。天津富人李木斋（盛铎），宿以收藏名于世，藏有宋元珍本及敦煌唐人写本，此次听到这机会，遂以 16000 元向罗氏购买。李氏所购得者，纵非罗氏所得的全部，至少也是大部分了。1928 年（民国十七年）历史博物馆改组成功后，又向李氏以 18000 元购回。据徐中舒估计（其估计之数也许过大），此项档案遭毁灭者达 25000 磅（即 20000 斤左右），而现仍散在商贾及公私收藏者手中的，当达 80000 磅（即 60000 斤左右）。③

至于军机处档案，则命运较佳。现信其实际上尚完整无缺。我们

① The Academia Sinica and its National Research Instituks（南京国立中央研究院，1931）P. 92——译者按：历史博物馆所藏档案，约计达 12 万余斤，即 16 万余磅。（见徐中舒，内阁档案之由来及其整理）。本文作者不知何以致误。

② 徐中舒：《内阁档案之由来及其整理》，载《明清史料》第一本页 1 至 14。

③ 美国国会图书馆最近由赠送或购买所得的档案，约 150 册，此中一部分即由内阁大库中来。北京大学有此项档案 1500 麻袋。

对于这清代最高机关的组织和任务，先做一历史的考察，以便表示这军机处档案的价值。军机处设立于雍正七年（1729 年），其职司是襄助镇平当时地方叛乱。它的初名是"军机房"，可见其原来职司的内容。至乾隆四年（1739 年）始名为"军机处"。（译者按：梁章钜《枢垣纪略》谓军机处初名军需房，非军机房。又谓雍正十年即改称军机处，但后又改名为办理事务处，至乾隆二年，复名为军机处，此后即相承不改。本文作者谓乾隆四年后始名军机处，实误）。军机处办公的地方，即在大内（隆宗门内），以便皇帝遇有紧急公事，可以趣召军机大臣，面商机宜。军机处的权力，由旧有的咨询机关（内阁）而来。内阁一制度，清朝由前明的官制中传袭而得，军机大臣常为五人，其下有军机章京数人襄助之。军机大臣必为最高级的官僚，且时常身兼他职。臣属的奏折，大半都先经过他们的手中。他们将奏折转呈皇帝时，附以自己的意见或批评。他们又襄助拟撰诏旨。不仅关于军事的谕旨由他们代拟，连民事的谕旨，也是如此；因为他们的权限，不久便扩充到原来限度以外了。军机处办理事务，非常机密，由下面这谕旨便可看出来：（这谕旨系乾隆十二年所发，即公元1749 年）

"谕：军机处系机密之处，所交密议章奏，本无宣泄。其应交该部密议者，嗣后俱交军机处存记档案，交发部议。其奏事处所奉密议事件，着亦交军机处记档转发"。[1]

由于上面所述，则在清代史的史料中，军机处档案所占地位的重要很是显明。故宫博物院的当局，现已开始整理此项档案，且刊布其一部分。下面的调查，便是撰述下列二者的大略：①已经发表的简目，[2] 及

---

① Hsieh Pao, Chao, *The Goverument of China 1644 – 1911*（Baltim ore, 1923），p. 84. 译者按：谢氏原书中此谕，译自梁章钜《枢垣纪略》卷一。本篇即采录梁氏书中所引原文。
② 《清军机处档案目》——译者按：此书系故宫博物院文献馆出版。

②档案管理者刘儒林氏的一篇文章。①

军机处档案所包括的时期，上起雍正年间（1723～1735年），下讫清室倾覆（1911年）。其数量当在80万件以上，分订为7969本档册：计雍正年间（1723～1735年），凡1717件，分订10本；乾隆年间（1736～1796年），凡142000件，（译者按，刘氏原表作142100件），分订895本；嘉庆年间（1796～1821年），凡73127件，分订913本；道光年间（1821～1851年）；凡135932件，分订1113本；咸丰年间（1851～1861年），凡69242件，分订701本；（译者按，原表作700本）；同治年间（1862～1875年），凡87193件，分订905本；光绪年间（1875～1908年），凡295186件，分订3202本（译者按：原表作3127本）；宣统年间（1909～1911年），凡36163件，分订328本。（译者按：刘氏原表，谓除7969本档册外，尚有折包3535包，二者合计约80万余件，又各朝档案数量亦合并档册及折包二者而言。本篇作者在这段中，对于折包，只字未提，殊为疏漏。）

这些军机处档案加以分类后，其重要的各类如下：上谕档，3264本；随手登记档，881本；奏折及议覆档，225本；寄信档90本；发报档31本；台湾档14本；安南档3本：新疆档17本；剿捕档747本；旱事档239本；引见档174本；收发电档1258本；洋务档184本。除上述各类外，尚有其他许多种类。在档案的每一类之中，这些文件又先依朝代编次；再依年月日的前后编次。对于研究的学者，设有一室以便他们的研究，且允许他们参考这些文件。为了这些学者研究的利便起见，又将这些存记档案的文件，逐日列成目录，附以日期，发奏折或公文者的姓名，所论的内容。

由这些档案中选出文件，加以刊布；这类的丛刊，现在已经出版。

---

① 刘儒林：《清军机处档案一览表》，载《中华图书馆协会会报》第三卷第六期，页9至15。（民国十七年五月出版）。

第一辑出于 1928 年 1 月。首十辑名为《掌故丛编》，此后改名为《文献丛编》。改名后的第一辑出版于 1930 年 3 月。卷首的序言中说，其计划是想每月刊行一辑。（译者按：《文献丛编》现已出 12 辑）。其中刊布有下列各种有趣事件的史料：英使马戛尔尼来聘案；嘉庆朝中外通商史料；雍正朱批谕旨不录奏折；光绪辛丑（1901 年）致西安军机处电稿（当时以拳匪乱事，联军入京，帝后西狩。此项电稿报告在京与联军磋商时列强所要求的条件）；乾隆年间违碍书籍单；康熙五十五年（1716 年）罗马教使来聘案，（译者按：即"康熙与罗马使节关系文书"）；及好几件太平天国的史料。

故宫博物院的当局，又另刊行一种丛刊，名之为《史料旬刊》。第一期出版于 1930 年 6 月 1 日。像其显名所指示的，这刊物每十日出版一册，每册约 70 页左右。以清代的重要史实作为这些史料的标题。在曾经考察过的最初 30 册中（译者按：《史料旬刊》现已出至 39 期。最后期为"清道光朝密奏专号"，多为前所未见的文件，但有一部分已收入《夷务始末》中），有下列各事的史料：外洋通商案，尤其是顺治十七年（1660 年）至鸦片战争这数百年间和英国的通商案；海关收入报告（译者案：即"清道光朝关税案"及"汇核嘉庆十七年各直省钱粮出入清单"）；嘉庆朝诛和珅案，和珅在乾隆年间掌握朝政，据云其所搜括而得的财产，较帝室所有者为多；关于剿捕有政治动机的邪教之文件（译者按：此项文件，分散于下列各标题中：山西泽州妖言聚众案，安徽抬天三乘二会案；江浙长生教案，江苏大乘无为二教案，李卫奏讯出邪教现在办理缘由折，杨廷璋奏审拟红阳教余孽折，赵弘恩起国鳞奏禁止邪教折，台湾黄教案，罗教案，河南青阳教案，奏功德案，韩德荣倡立邪教案……）；清咸丰十年（1860 年）英法兵入京焚毁圆明园案；乾隆三十四年（1769 年）河南天主教案（译者按：即"河南桐柏县天主教案"）以及关于镇压边境土民及云南、台湾、安南叛变之文件（译者按：此项文件，分散于下列各标题之下：古州苗案，安南土官韦福滋扰谅山案，云南野夷栗粟焚杀抢掠案，台湾诸罗县奸民插旗案，台湾彰化县奸民聚众竖旗案……）。

内阁档案也算是存放于北平的档案中主要的部分。内阁制度是在1383年至1403年间（洪武十五年至永乐元年）演化而成。设置内阁的用意是想替代旧有的已留传教世纪的宰相制度。将宰相一职权力和职务，划分给五个内阁大学士（译者按《明史·职官志》及《大清会典》，皆谓殿阁大学士凡六员）；每一学士的名号采自皇宫中殿阁的名称。明代皇帝想由于随后职务责任的重分，可以使自己得到更大的控制。这咨询机关（内阁）所得到的议决，必须先得到皇帝朱笔的批准，然后始能颁示天下。除了与皇帝商酌政事外，内阁大学士又可以代拟皇帝的诏旨，有庆典时领率百官朝贺，及掌管皇帝的宝玺。

如前节所述的，1730年（雍正八年）以后，军机处代替了内阁而为政府中最高的枢要机关。所以内阁档案中，关于军机处设立以前的时期中那一部分的史料，价值最大。但是，即在内阁失了实权以后，他仍然是某数种政府文书的保管者（包括上文所说的实录和起居注）。① 据徐中舒说②、内阁档案的主要来源有三种：①自1644年满清入关以后所积的档案；②自1627年至1644年（清太宗天聪元年至世祖顺治元年）间所贮藏于奉天盛京清宫的档案，后来移至北京存放；③皇明实录及满清入关时在北京所得到的明末二朝（天启，崇祯）的档案。③ 但明代档案仅占总数中的一小部分。至于清代档案，可大概分为下列五项：

（1）帝王制辞，诏令，诰命，敕谕等；

（2）显奏本章，贺表，揭帖等；

---

① 有几件公文，互现于军机处档案内阁档案中，可见军机处与内阁二者间的关系之混淆。
② 徐中舒氏前文中页一。
③ 参阅朱希祖：《清内阁所收明天启崇祯档案清折跋》。（《国学季刊》第2卷第3号，页383~387；民国十八年十二月出版）。北京，北京大学国学研究所在其所保管的内阁大库档案中发现这一纸清折。

（3）外藩各国的表章；

（4）科举的试卷及金榜；

（5）内阁本身档案，如公文底本、公费稿等；

此种内阁档案中，约十之八九属于第二项。

保存于历史博物馆中的那一部分的内阁档案，现归中央研究院历史语言研究所管理。此所现方从事于这种档案的整理与归类。且现已开始编纂一种丛刊，名曰《明清史料》，慎选这档案有价值的，加以刊布。由居于北京的著名学者陈寅恪、朱希祖、陈垣、傅斯年、徐中舒，组织一明清史料编刊会，负责编辑这丛刊。首四本已于民国十九年（1930 年）出版于上海，所涉及的时期，由 1629 年（崇祯二年）起至 1656 年（顺治十三年）止。（译者按《明清史料》现已出有十册）其中有四件是汤若望（Pire，Adarn Schall）署名的公文，时代是 1645（顺治二年）、1646（顺治三年）、1649（顺治六年）、1953（顺治十年）。

当这部分的档案尚在罗振玉氏手中时，① 与东方文化学会中几个同事合作，出版了一种叫作《史料丛刊初编》的丛刊。这是出版于 1924 年（民国十三年）7 月；到了罗氏脱售这些档案后才停刊，一共出了十册。

此外尚有故宫档案收藏处中所觅得的文件及史料的他种出版物。其中《筹办夷务始末》一书，尤不可不提及。这书的稿本在故宫中找到，以影印出版②。其书乃 1836 年至 1874 年（即道光十六年至同治十三年）间中外关系的史料集。这史料集出版时的册数，计道光朝末叶（1836～1851 年 15 年间），共 40 册；咸丰朝（1851～1861 年）共 40 册；同治朝（1862～1874 年）共 50 册。所收的史料，大部分是在这中

---

① 参阅本篇上文所述的内阁大库档案历险经过。

② 参阅郭斌佳氏在《美国史学评论》（Am. Hist. Rev.）第 36 卷页 870 至页 871 中关于本书的介绍。

西关系史最重要的一时期中的谕旨奏折、条约、中外往来照会。这些史料中仅有一小部分是以前曾经刊布的。对于这些史料如果能加以精细的研究，将来必能廓清中国国际关系史许多暗昧的部分；并且就一般而论，必能使一部比从前更为详尽更为清楚的著述成为可能。北平清华大学蒋廷黻教授已给我们以一种证明，证明关于中外国际关系史的所有前人著述，都有至少改写一部分的必要。① 至于 1836 年（道光十六年）以前关于中国外交的档案，则发表上文已述及的《史料旬刊》中，② 故宫博物院的当局宣称，档案中关于 1874 年（同治末年）以后的时期中文件，将陆续依事件分类刊布。（译者按：故宫博物院现已将《清光绪朝中日交涉史料》一书出齐，计 44 册；至于《清光绪朝中法交涉史料》则已出至第 11 册；《清宣统朝中日交涉史料》已出一册，计二卷）。

但是，现在已有《清季外交史料》一书在刊行中。这书全部计 120 册，不久即可出齐。（译者按：本书现已出 60 册）。这书的文件，包括 1875 年至 1904 年，即光绪元年至光绪三十年（译者：王彦威卒于光绪三十年，故原书止于是年，但这次刊行本，已增辑至宣统末年）。这些文件是取北平王希隐氏家藏抄本，上版刊印。原抄本是其父王彦威所遗留。彦威是军机处的章京，所以乘自己在职的机会，辛苦地抄录这关于中外国际关系的史料总集。其他关于 1905 年至 1911 年间的若干文件，

① 参阅 T. F. Tsiang（蒋廷黻），*China after the Victory of Taku*, June 25, 1859. ［载《美国史学评论》(*Am. Hist. Rev.*) 第三五卷页七九至页八四］［又载《中国社会及政治学报》(*Chinese Social and Political Science Review*) 第十五卷页九二至页一零一］；*The Secret Plan of 1858*（同上，页二九一至页二九九）；*The Extension of Equal Commercial Privileges to other Nations than the British after the Treaty of Nanking*（同上，页四二二至页四四四）；*China, England and Russia in 1860*（载 *Cambridge Historicat Journal* 第三卷，页一一五至页一二一）；*New Light on Chinese Diplomacy, 1836–1849*（载于 *Journal of Modern History* 第三卷，页五七八至页五九一），又参阅 Shen Wei-tai's *China's Foreign Policy, 1839–1860*（1932 年，New York）。
② 参阅本篇上文所述关于军机处档案的刊布事宜。

也将同时刊行。此外，尚有 10 册的索引（近年中国颇有人企图将这西洋方法的索引，应用到中国书籍。本书索引便是这些企图中之一）。中国浩如瀚海的典籍，都没有索引，中西学者欲作谨审详细的研究，时常以此而遭受不必要的困难和迟延。

既有了这样许多已刊未刊的史料集，等待着学者们精审的阅读；自然若想得一部定本的清朝史，是要到数十年后才能做到。关于中国以前各朝代的历史，大部分的智识来源是"廿五史"这一套正史。这第二十六部正史的"清史"现已出世；虽然是唤做《清史稿》，以示尚未正式认为定本的正史①。这部书是正史中最大的一部，计536 卷，分订 134 册。（译者按："廿五史"中卷数在 200 卷以上者，有《旧唐书》200 卷，《元史》210 卷，《新唐书》225 卷，《新元史》257 卷，《明史》336 卷，《宋史》496 卷，皆不及《清史稿》）这部《清史稿》是清史馆所编纂。清史馆系 1914 年（民国三年）大总统袁世凯所设立，以赵尔巽为馆长。其书完成于 1927 年，出版于 1928年，在政治纷扰、经费支绌种种非常困难情形之下，计经过 14 年，其工作始完成。因为编纂者是一班浸渍旧中国成训的学者，所以这书是仿模中国以前的各正史。书中材料，排列如次："本纪"25 卷，以编年体裁叙述清代各种重要史实；"志"142 卷，以论述文化上及社会上的专题；"表"53 卷，以罗列皇室宗族，及高级官僚；而"列传"计316 卷，占全书的大半。

《清史稿》有一点与以前各正史作有趣的歧异，便是收有前史所无的两篇"志"，这两篇"志"是论述一些反映着中西接触的专题。一是"交通志"，详述铁路、轮船、电报，及邮政的输入。对于赫德（Sir

---

① 参阅 Erich Haerii Lch，"Das Ts'ing – Shi – Kao and die – sonstige chinesische Literatur Zur Geschichte der Letzten 300 . Jahre" 载于 *Asia Major* VI. 403 – 444；又参阅 A. W. Hummel，"Chinese and other East Asiatic Books added to the Library of Congress, 1929 – 1930" 载于 *Report of the Librarian of Congress*, 1930, pp. 346 –348.

Robert Hart）向导邮政制度的创设，也给予相当的承认。一是"邦交志"，涵有中国与外国交际关系平等的意义。这一点以前的正史都加忽视，将一切中外接触的记载，都归入"四裔志"或"蛮夷传"这一项去。但是《清史稿》中的"邦交志"这一部分很浅薄，其叙述常无事实上的根据，编纂者似仅运用中国方面的材料，而未能参考外人著作。[①]

至于列传一方面，有本传五百余。其中可以找得到耶稣会教士汤若望（Adam，Schall，）南怀仁（P. T. Verbiest），以及洋将戈登（Gordon）、华尔（Ward）、客卿赫德（Robert Hart）各人的传。《清史稿》曾有二种版本出售，一是完整的原刊本，凡 134 册，在沈阳出售，一是删本，仅 131 册，在北京出售。国民党于 1928 年在华北得势后，即禁止这书的原刊本出售，为了政治的及感情的理由，删除去这书的一部分，包括辜鸿铭，严复，康有为，张勋，张彪诸人的传。

虽然现代式的带有批评精神的学者工作，有了参考北平各处档案的方便，将来必定能够大大的修改了这《清史稿》的价值；但是这书将仍能保持其本身的价值；因为这是由一班旧制度下的遗老们用旧式学者的精神和方法所写成的朝代史中最后的一部。不仅这部《清史稿》，即一切的明清官修书，都将要遭受由参考新材料而发生的批评和扩充（但明代官修书遭受这种批评和扩充的机会较少，因为明代遗留于今的档案文件较少）。这些新材料不仅可于北平所保存的档案中找到，并且可在各行省的官署档案及私人图书馆中找到，这些保存有宝贵史料的私人图书馆，因为中国家族的独占精神以受新时代的影响而崩溃，所以逐渐允许社会上作研究的工作者以参考

---

① 参阅蒋廷黻《评〈清史稿·邦交志〉》，载于《国立北平图书馆月刊》第 2 卷 6 号，及第 3 卷 1 号（民国十八年 6 月及 7 月出版）。

的方便。中国现已有一班现代式学者兴起①。这一班人是受过批评的历史研究的技术训练，他们和西方作同样工作者共同开始探究这庞大的档案；欲改写晚明及清代的政治史、社会史、经济史、学术史，以图适应新时代的趣味和标准。

---

① 读者如欲知中国带有批评精神的现代式考据学的发展情形，及中国史学方面的伟著，可参阅 A. W. Hummeb, "What the Chinese Historians are Doing in Their Own History"，载于《美国史学评论》（Am, Hist Rev.）第 34 卷，页 715 至页 724。（译者按：此篇有王师韫译文，载于《国立中山大学语言历史研究所周刊》第 9 集第 101 期；《古史辨》第二册中曾转载）。又，A. W. Humel, The Autobiography of a Chinese Historian"（1931 年在 Leiden 出版；）即《古史辨》第一册卷顾颉刚自序的英译。又 Henri Maspero, "China et Asie Dentrale"，见《自五十年代以来的历史和史家》（Histoire of Historiens depuis Cinquante Ans）页 517 至页 599。（Paris 1927 - 1928）。国立北平图书馆与中华图书馆协会合作，已刊行《国学论文检索引》二编（正编出版于 1929 年 7 月，续编出版于 1931 年 7 月）。这索引包括论文 5000 余篇，从 80 余种不同的杂志中选出。北平图书馆又宣称已于今年发行《清开国史料考》。这是第一次的企图，想把关于清朝建立期（1573~1664 年）的各种印刊或抄录的史料，加以搜集大约有一千种左右的书籍，将收入这书目中。——译者按：此书似谢国桢氏所撰，已于民国二十年由国立北平图书馆出版。

评蒋廷黻编《近代中国外交史资料辑要》[*]

本书是近来中国史学界一部甚可注意的著作，出版后已得洪煨莲、萧一山诸先生的赞许^①，用不着我来再作"锦上添花"的称誉。所以本篇之作，目的不在介绍这部值得介绍而已毋庸介绍的巨著，仅就管见所及，提出几点改善的意见，希望蒋先生在准备再版之际加以考虑。

一 体例上的商榷

做史料辑要一类的书，最重要的固是"取材之博与抉择之精"，但选择史料之后，还应该用最科学最明白的形式，以显示于读者之前。这便是有关体例问题。许多著作家，对于起例发凡，往往煞费经营。本书

---

* 本文原载《图书评论》第 1 卷第 6 期（1933）。蒋书为商务印书馆 1931 年出版。

① 萧一山云："蒋先生……近代史资料一书……剪裁有法，俱见匠心，此不能以抄录原料，等闲视之。实斋所谓'专门之精与飘窃之陋，其相去盖在几希'者，于此可见。故蒋先生实不愧为外交史家也"（见本年 11 月 3 日《大公报·文学副刊》）。洪煨莲谓本书优点，在编制方面：①引论简明，引人深思；②各件史料，皆标出处；③译名俱注原字；④增添西历月日。在取材方面：①能抉择《夷务始末》等书之重要者；②增添军机处未刊之新史料（见本年正月出版之 *The Chinese Social and Political Review*, Vol. XV, No. 4）。

199

的体例，在中国史书中尚属创举，我们对于编者的苦心，自当表示敬意。不过其间未妥的地方，也是在所不免。兹举数点于后：

（甲）**选择材料的标准**　编者以"信，要，新"三者为选材的准标（见自序）。关于"信""要"二点，毫无问题。史料辑要本该是在可信的原料中选辑其重要者。但如"择其新"一点，便有商酌的余地。对于史料汇编，如《清季外交史料》等书，我们固然希望其能择其新。如果所搜集的都是已刊的史料，那便减低价值不少。唯对一部史料辑要而言，我们认为最重要的还是要办到一个"要"字，至于新不新则似可不必十分注意。即使没有新知识的贡献，而在一部用了新眼光来编辑的书中，旧材料也会发生一种新的意义。若以其旧而弃之，有时或者将使读者觉有不足之憾。例如《南京条约》，本书中没有收录。我们读第一章《鸦片战争》时，已见中英两方面因为文化不同而起冲突，这种冲突又如何尖锐化，如何引起战争，一直到南京城下之盟，才将百余年来的中外交涉作一总结。我们渴想知道这次总算账的内容，但编者却戛然而止，不给我们这种满足。如写一篇好的小说，没有达到最高点，便突然停笔，令人感到不舒服。编者若以为这些外交文案，久为人所共知，那么，如黄爵滋的奏疏、林则徐的谕稿等，也是人所共知的，何以仍旧收录？若以其中要旨已经编入通常书籍，则本书中文件内之类此者很多 [并且原料与要旨不同，如普通书籍中"最惠国待遇"一语，与原文中"中国日后……如果利益及于各国，合众国民人应一体均沾，用昭平允"（《中美望厦条约》第二款）的词意便有不同。我们由原文中可以看出中国外交当局对于最惠国条款是不以为然的，甚至以为差别待遇，反不公允]。若恐引录过多，徒占篇幅，则亦可用删节法。总之，"择其新"是不适用于史料辑要的。

（乙）**取材的来源**　编者对于中日之战以前的史料，专采自中国方面，《马关条约》以后的史料，中外兼收（见自序）。甲午以后，中国外交完全失了自主权，视各国的态度而转移；这时代的材料，当然应该中外兼收。但甲午以前的史料，也应该中外兼收，编者将其专限于中国方面，实属未妥。甲午以前的中国外交，虽尚保存相当的自立，但外交上折冲樽俎的结果，常是双方意见的折中；不知道对方的态度，则对于中国方面的进行交涉手段，及交涉结果的得失，便会茫然不知。并且甲午以前西洋各国政府对于中国外交虽不及以后那样的指挥如意，俨然太上皇帝，但各次交涉的结果，因有军舰大炮做后盾，大都能得满其所欲而去。这时期外国政府的对华态度，其重要决不在中国政府态度之下。编者完全忽视了西洋方面的材料，实为美中不足。例如 Lord Palmerston 于 1840 年 2 月 20 日所发的《致中国宰相书》及《给英使臣训令》，都是第一等重要的史料（原文见 Morse, *International Relations of Chinese Empire*, Vol. I, pp. 621 – 630）。《致中国宰相书》因为《夷务始末》中有译文，于是侥幸被收录。至于《给英使臣训令》，非但可以看出当时英国政府的真正态度（这种态度在《致中国宰相书》中是不说出来的），并且可以由此窥见琦善外交的优劣；知道不割香港而改添给贸易码头，是英国所提出条件中唯一可通融之点。但这训令因为不是中国方面的材料，于是硬被判决驱逐出境，本书中不见踪迹。读本书的人，便看不到这很重要的一关键。所以我主张应该从开端起，便采取中外兼收的办法，只问其重要不重要，不管其是国货或洋货。西洋史料在外国方面虽已有相当的研究，但移译到中国文中的依旧很少。对于这一方面材料的采取，不仅需要精严的抉择，并且最好能再加以信达的翻译工作。如果材料过多，不妨另出单行本，与本书相辅而行。如果可能，最好如编者所说的下卷体例，兼收中外史料于一书之中。

（丙）载录年月日　本书所录的文件，都载录年月日，并附记西历（见凡例一）。这是本书的优点之一。但关于中俄交涉的文件，最好能兼注俄历。俄国虽用阳历，而与西欧不同，1917 年 11 月 7 日的俄国革命所以叫作十月革命者，便是为此（这点洪煨莲氏也曾提到）。又上谕及奏折之大部分，都仅注明奉朱批的月日，并不注明拜发月日，这也是缺点之一。奏折最好能兼注明拜发及奉朱批的月日。关于这点，蒋先生在批评他人编的外交史料时曾经指出（见 1933 年 10 月 10 日《大公报·文学副刊》），为什么在自己所编的书籍中竟完全抛弃这原则？全书 259 件史料中，三分之二以上是奏折，但注明拜发月日的奏折不过 18 件。最可异的是注明拜发月日后的奏折，便硬删去奉朱批的月日。例如道光十九年十月十六日林则徐等拜发的奏折，报告九月二十八日中英初次的开战；这折是十一月初八日奉朱批的，本书便没有注明。我们固然要想知道拜发的月日，以便明了九月廿八日以前广州是怎样的情形。同时我们也想知道这种消息是什么时候达到中央政府，因之对于中央的对外政策发生了怎样的影响（奉朱批的日子虽未必便是奏折到京的日子，但相差不远，尤其是重要的文件，多是便行批复）。所以奉朱批的月日，也不可删去，应该二者并存。至于上谕到达各地的月日，如果可以考出，也该一一注出。如本书第 15 页卢坤等进呈防范夷人章程，系 1835 年 2 月 25 日奉朱批，着实力举行。Morse 根据 *Correspondence Relating to China*，*1840*，p. 88，谓是项章程于西历 3 月 8 日，由粤海关监督交与行商转谕外商（Morse，*International Relations of Chinese Empire*，Vol. I，p. 151）。又如本书第 19 页之上谕，*Chinese Repository*，March，1837，谓于西历 3 月 18 日由粤海关监督交与行商转谕义律。如果仔细考查，并不是完全不可能。纵使不能全部考出，但总要在可能的范围内力求完备（对于这一类的工作，外国书籍杂志中多有可供参考者）。

除了以上三点外，为求读者的方便起见，还有下列几点可以改善（因为本书不仅是可供外交史家的参考，并可供高中以上学生及一般读者的阅读。本书中载明西历年月日及外人姓名外国地名之原字，也无非为节省读者检查之劳）。

（丁）**注释**　本书所选的材料中，有些地方应加以注释。注释的用处，可分为下列几种：

（1）**释名**　有些专名，如不加以解释，普通读者便不明白。例如页 8 第 1 行之"夷国监督"及"大班"二词，应说明其为 His Majesty's Chief Superintendent of Trade to and from the Dominions of the Empire of China 及 A President of the Honorable East India Company's Select Committee 二者的意译，并应说明其性质与权限有何分别。否则，读者便难明白 "伊系夷国监督，非大班人等可比"一语的意义了。又如页 38 第 11 行 "查余文仪《台湾志》云：咬𠺕吧本轻捷善斗，红毛制造鸦片，诱使食之……"应注明"咬𠺕吧即今爪哇岛中首府巴达维亚市（Batavia），荷人莱希登（Seyger van Rechtern）1628 年之《东印度纪行》，谓爪哇人称巴达维亚市曰雅喀脱拉（Jacoatra）支那人则称之为咬𠺕吧（Calappa）云（见张星烺《中西交通史料汇编》第二册，页 45）。红毛指荷兰人，以其发赤色也。原文见余文仪乾隆甲午《续修台湾府志》卷十九《外岛篇》"这样一来，读者便可明白得多了。否则也许误认咬𠺕吧作欧罗巴洲去，闹成笑话。

（2）详其委曲　有许多事情，述之于引论中，似太琐细；不加叙述，对于史料的了解又有影响。这样最好为作小注，叙其委曲，并指出参考的资料出处。例如页 3 的上谕，我们读后要发生疑问：伶仃山的凶案到底是怎样一回事？后来是怎样了结？阮元的原奏是否尚可得见？最好编者能够撮要叙述这案件的经过情形，并注出阮元原奏见《史料旬刊》第五期；后来的事见《史料旬刊》第六期都察院奏折、阮元复奏及第八期阮元折四。这样，在本书中所占的篇幅有限，而读者则不但得知此案的真相，且如欲作更进一步的研究，也方便得多了。

（3）叙其生平　外交史上有许多人物，在别种史上很少见，应该为之代作小传，作为注脚。尤其是外国人，中国读者有对于其姓名甚熟识，而不详其生平，连许多作外交史的人，也闹不清楚。例如武堉干的《鸦片战争史》，将儿子认作父亲，说小莫礼逊（J. R. Morrison，1814～1843 年）生于 1782 年，死于 1834 年（按此系老莫礼逊 Robert Morrison 的生卒年份）。于是 1834 年已死的洋鬼子，竟出现于 1842 年的南京和会中（见《鸦片战争史》页107）。甲必丹义律的堂兄乔治义律（即本书中之义律。二人小传皆曾收录于 *Dictionary of National Biography* 中）竟变成"甲必丹义律之甥"去了（见《鸦片战争史》页63，系误据《清朝全史》）。所以我越发觉得小传不可少。本书虽非传记之书，但对于史料中提到过的外交史上重要人物最好能为之作小传。

（4）补其阙佚　史料中有些地方阙佚未书，编者最好能根据他书，作小注以补之。例如页56林则徐的复咨中，述及派往夷馆的委员，都没有书明名字，佛冈刘丞即下文之佛冈同知刘开域（页60）；此外根据道光庚子（1840年）《爵秩全览》，知道广州珠守（本书误作株守）系珠尔杭呵，候补余守系余保纯，南海刘令系刘师陆，番禺张令系张锡蓍。这些人固然不值得为之作传，但也该补出其名字。又如上文（丙）项所说的，由他书中查出的上谕到达地方日期，或奏折拜发日期，填补进去，也可以用这种小注的方法。

（戊）分段、提纲与圈点　这些虽不关重要，但为便于读者了解起见，最好能够办得到。例如叶名琛的奏折（页191），全篇五千余言，若能加以分段，每段首行之上，作一扼要的提纲（像旧书中的眉批），并在重要的字句旁边加上圈点，以引人注意，那么读起来便觉方便多了。

二　材料上的补正

本书中编者所添加的部分，是各节的引谕，括弧中的西历年月日，外人姓名及外国地名的原字，及新标点符号。除引论暂且不谈外①，其

---

① 本篇所以将引论暂且不谈，并不是看轻引论；反之，我以为引论是本书中最重要的地方。像洪煨莲所说的，我们应于每章节未读史料原文之前，先阅引论；读过原文之后，再重读引论，那便可得益不少。因为编者对于史料去取的用意，都可由此中窥得。由于寥寥几百字的引论，把所引用的各件零散史料，打成一片。这是编者苦心的所在，决不可轻易放过。但因为：①编者做得很完善，大都无懈可击；②至于编者间加批评的地方，各人的眼光可以不同，不能强不同以为同，徒引争辩，所以暂且不谈。

余三项都有错误的地方，而外人姓名及外国地名的原字，也有缺漏的地方，兹举数例于后（至于引录原文中的错误，乃无疑是手民的误排，与编者完全无涉，所以本篇也不提及。但希望再版时能加精校，减少错字）：

（甲）西历年月日的错误　这种错误在本书中发现了好几处。关系虽不甚大，却有改正的必要。因为普通的读者对于这些日期不注意，很容易以误传误。兹列举于下①：

（1）第 386 至 388 页，四月初六日系西历 5 月 19 日，初十日系 5 月 23 日，十八日系 5 月 31 日，廿三日系 6 月 5 日，廿四日系 6 月 6 日，本书中皆误提前一日（此条洪煨莲曾提及）。

（2）第 141 页第 5 行，正月廿五日系西历 2 月 20 日，本书误作 2 月 8 日。Morse 书中引及此谕，正作二月二十日（Morse, *International Relations of Chinese Empire*, Vol. I, p. 332）。

（3）第 125 页第 7 行，七月初一系西历 7 月 27 日，本书误作 7 月 21 日。按 Morse 书中言新议定通商章程收税科则，经两方大使签字后，于六月廿五日（7 月 22 日）公布（Morse, *International Relations of Chinese Empire*, Vol. I, p. 321），则查点新定章程开市贸易，必在西历七月廿二日之后无疑。

（4）173 页第 7 行，四月十五日系西历 5 月 7 日，本书误作 5 月 8 日。Morse 书中提及此谕，正作 5 月 7 日（Morse, *International Relations of Chinese Empire*, Vol. I, p. 397）。

（5）394 页第 5 行，十二月初十日系西历 1 月 4 日，本书误作 1 月 14 日。

（6）395 页第 2 行，正月十二日系西历 2 月 5 日，本书误作 2 月 4

---

① 本篇中西历对照所根据的书，是陈垣《二十史朔闰表》（附西历回历）、葛麟瑞《中西年历合考》（Charles Kliene, *An Anglo - Chinese Calender*）二书。

日。

（7）398 页第 13 行，六月初九系西历 7 月 28 日，本书误作 7 月 25 日。通商各国条约中载入此约，正作 7 月 28 日。

（8）400 页第 6 行，8 月 22 日系西历 10 月 7 日，本书误作 10 月 8 日。

（9）441 页第 13 行，十月廿九日系西历 12 月 2 日，本书误作 11 月 28 日。

（10）412 页第 5 行，十一月初六日系 12 月 8 日，又第 9 行同治八年十二月，系公元 1870 年，本书误作 1810 年，此当系手民之误。

（11）83 页，七月十六日系二十二日之误，西历亦应改为 8 月 19 日。

（乙）注明西文原字之误漏　外人姓名及外国地名，皆注明原字，这是本书的优点之一。但错误或遗漏的地方，仍有不免。这些专名的原字，有些也许是永远查不出来。但总该尽量搜集举出；更要时时留意，不要造成错误。否则宁可从阙。本书中这种误漏之处，兹为辅正如下：

（1）第 11 页第 11 行"旋据该商加律治（William Jardine）等复称……"按此字错误。英商 William Jardine 为在广州之巨商，但中国公文中译名为喳嗹（见《道光朝夷务始末》及《林文忠公政书》）。加律治实另有其人。据 Morse 云："1834 年 9 月 18 日，律卑劳病重，乃令其侍医 Dr. T. R. Colledge 负责与华方磋商"（Morse, *International Relations of Chinese Empire*, Vol. I, p. 137）。加律治即 Colledge 之译音。据 *Dictionary of National Biography*，加氏生于 1796 年，卒于 1879 年，曾于广州澳门各处悬壶行医，故华方称之为"该商"。

（2）178 页第 8 行"十二日，该酋等三人同翻译人麦华陀（T. T. Meadows）等五人复来谒见"。按此名亦误。是年八月十二日系西历 10 月 3 日。据当时英使包令（Bowring）之备忘录，谓是日谈判之参加者，外人方面除英、法、美三使外（即华方所称之该酋等三人），尚有 Dr. Parker, Messrs Klecskowski, Hillier, Caine, Medhurst 五人（见

Morse, *International Relations of Chinese Empire*, Vol. I, p. 680 所附载的备忘录）。Dr. Parker 即本书 180 页之米夷通事官伯驾；Mr. Klecskowski 即本书 186 页之哥士耆，而 Mr. Medhurst 即翻译人麦华陀，与 Hillier, Caine 合为五人，故云"同翻译人麦华陀等五人"。据 *Dictionary of National Biography*，麦氏（1822~1885 年）曾为上海英领署翻译人、厦门副领事、上海领事。其父为 Rev. W. H. Medhurst（1796~1857 年），乃传教士，即本书页 160 之麦都思，在青浦为粮船水手所殴，因而引起中英交涉者。

（3）21 页第 5 行"英吉利国美噎巡船一只，并护行担吘吐巡船一只"。其原名为 Captain Maitland of "Wellesley" 及 Captain Thomas of "Algerine"（见 *Chinese Repository*，Vol. VII，pp. 174 – 175）。

（4）22 页第 4 行"英吉利浟叻巡船一只"。其原名即 Captain Blake of "Larne"（见英国外交部出版之 *State Papers*，Vol. XXX，p. 883）。

（5）59 页第 6 行"通晓汉语之夷人噡等四名。"噡即英国人 Thom，其他三人为 Messrs. Inglis, Slede, Fearon（*State Papers*，Vol. XXX，p. 956）。

（6）66 页第 15 行"奸夷央顿等"。按央顿为查顿（William Jardine）之弟（见《道光朝夷务始末》卷六页 26），其原名为 A. Jardine（见 *State Papers*，Vol. XXX，p. 54）（《始末》卷九页 22，林则徐等奏"该夷喳嗔，已于十八年冬间回国"）。时查顿已返印度，惟其弟尚留广东。林则徐以其与鸦片贸易有关，故加以驱逐出境。

（7）71 页第 7 行，98 页第 6 行"丹时那疍船"即"Virginia"译音（见 *Chinese Repository*，Vol. VIII，p. 271）。

（8）98 页第 7 行"吕宋国船户咪吧暗呶"，其原名为"Bilbaino"。当时林则徐误以西班牙船米巴音奴为英疍丹时那，加以焚毁（见 *Chinese Repository*，Vol. VIII，p. 271）。

（9）98 页第 8 行"吕宋国夷人嘟嘮哪节次递禀"，即由马尼剌来华之 Captain Joze M. Halcon（见 *Chin. Rep.*，Vol. VIII，pp. 647 – 648）。

（10）138 页第 3 行"西洋夷目委利多"即 Vereador，为澳门之 Foreign Chief（见 *State Paper*，Vol. XXX，p. 7）。

（丙）标点上之错误　这种错误很少，但也不能免。例如：

（1）26 页第 4 行"南海属之仙馆、汛阑石、汛紫洞口、落松海口"。按"汛"字乃塘汛之称，犹陆地内之场镇，应连上读，不能点断（按仙馆汛、阑石汛二地，毛鸿宾《广东图说》中即有之）。

（2）同页第 4 行"三水属之西南汛芦，包埠等处"，亦应改为"三水属之西南汛、芦包埠等处"（二地名亦见于毛鸿宾《广东图说》）。

（3）6 页第 9 行"署广州府同知佛冈，同知刘开域"。佛冈同知刘开域即本书 56 页之佛岗刘丞。佛冈同知应连称，不能点断（《夷务始末》中即未尝加以点断）。

以上所举的大都是细节小处，似乎无关紧要。且（甲）（丙）二项中有一部分必由于手民的误排。不过一部完美的佳作，应该对于小地方都要加以注意，勿使小小的瑕点玷污了瑜玉的洁白。希望编者于再版时加以补正，至少要加一张勘误表。

1932 年 11 月 24 日于清华园

评武堉干著《鸦片战争史》[*]

一

本书是供给一般读者的普通读物，不是专门著述，所以批评的标准，应该降低一点，我们不想要求它有新的贡献，我们只要求它能作正确的叙述。可是，很不幸的，在本书中，各样的错误（如史事的错误、人物及日期的错误等），到处发现。现在列举如左（以"新时代史地丛书"本为据）。

（1）页2："当安德来德之初来广东也……颇受我国优待；地方官宪，且开澳门为通商地以居之。后被逐于上川岛。"按澳门与上川岛系二地。安德来德至广东时，地方官宪仅允其在上川岛通商，并未曾"开澳门为通商地以居之"（见 Ljungstedt's *An Historical Sketch of the Portuguese Settlements in China*, pp. 1 – 9）。澳门之开放为通商地，始于1535年，在安德来德被逐后14年（见《澳门纪略》上卷《官守篇》）。

---

[*] 本文原载《图书评论》1933年第1卷第11期。所评书为商务印书馆1931年2月初版，被列入"新时代史地丛书"和"万有文库"。

（2）页3：嘉靖十四年，葡人纳贿于澳中官吏都指挥黄庆，始得在澳门租地一方。按澳门之开放为通商地，虽始于嘉靖十四年（1535年）。但仍只许停船贸易，不许上岸居住。到嘉靖三十二年（1553年），始托言舟触风涛，请借地曝诸水渍贡物，遂乘机上岸居住（见《澳门纪略》上卷，页22。据蒋廷黻先生说，这要算是葡人入据澳门最可信的历史）。F. M. Pinto 与 H. B. Morse 等之记载，谓1557年中国始允葡人在澳门建舍居住，则更在其后。惟 Morrison's *View of China* 谓1537年时，外人在澳门有临时房舍居住，恐由于中国允许外人通商致误；且仍未言及租地一方之事（以上见 Morse, *International Relations of Chinese Empire*, Vol. I, p. 43）。

（3）页3：嘉靖十四年，葡人初租澳门时，年纳地租二万金，后要求减少，乃承认葡人仅年纳地租银千两。按在嘉靖十四年，中国仅许葡人在澳停船贸易，未许登岸居住，自无地租之可言。《澳门纪略》谓岁输课二万金（上卷，页22），又云考《明史》载濠镜（即澳门）岁输课二万金。其输租五百，大约始于万历中（上卷，页49）。明清之时，多称地租为租，杂税为课，关税亦在杂税中。所谓岁输课二万金者，澳门初开为通商地时所定之关税岁额也。所称"输租五百"，始为地租。否则决不会骤然一次便减少到原额的百分之五（《澳门纪略》不言输租一千者，以乾隆时澳门地租已经二次减少，成为岁输五百。见 Morse, *International Relations of Chinese Empire*, Vol. I, p. 44）。

（4）页5：荷兰于万历二十三年设立东印度公司。按荷兰政府于1601年3月20日颁发专利贸易廿一年之特许状，以创设东印度公司（见 *Cambridge Modern History*, Vol. III, p. 633），以中历计算，时为万历二十九年二月十六日。惟刘彦《中国近时外交史》中误作万历三十三年创立。大概著者因见万历三十二年荷兰已曾派船来华（本书，页5），东印度公司的创设决不会迟于此年，所以武断地提早10年，改作万历二十三年。

（5）页5：天启三年，荷兰人毁在澎湖所筑之城而去。已而互市不成，荷人怒，乃由兰夜佐率舰攻澳，但目的未达，退守澎湖。按兰夜佐（K. Rayerszoon）率舰攻澳，系天启二年（1622年）事（Morse, *International Relations of Chinese Empire*, Vol. I, p. 47），本书中却说是天启三年毁城去后互市不成的结果！

（6）页6：俄人闻黑龙江一带颇富沃，乃先派使调查，得有佳果，遂决意南下。于是有顺治六年喀巴罗夫远征队之组织。按在顺治六年（1649）以前，俄人确曾派人调查黑龙江流域。但是调查的结果恰与本书中所说的相反：所发现的是粮食缺少的一片荒土。于是"几年之内，雅库次克的总管，不再费事于南下的企图"（见蒋廷黻著《最近三百年东北外患史》，页6~7）。

（7）页17：嘉庆十年（1805年），清廷以傲慢国书，致英王约翰二世。按英国虽有一个很出名的国王，叫作失地的约翰（John Lackland），但可惜到现在为止，尚没有一个英王名叫约翰二世！在嘉庆年间的英王是那位激起美国独立的乔治三世。

（8）页18：亚墨斯特坚不肯行叩头礼，后清廷下旨，始"许其行谒本国国王礼，即时陛见"。按这一次英使觐见，虽不肯行叩头礼，但招待员和世泰曾谎奏英使允行叩头礼，连日已加演习（见《文献丛编》第11辑，页32之奏折及页34之上谕）。及临时事情弄僵，清廷不知内幕，非常震怒，降旨逐其使臣回国，并没有下旨"许其行谒本国国王礼，即时陛见"（前书，页35~40之初七、八两日上谕）。

（9）同页："亚墨斯特以劳于无益应对，在病中欲暂养心神，然后入觐。"按当时亚墨斯特并未生病；他的所以不肯立刻入觐，乃因行走一夜，疲倦不堪，并且进觐朝服及表文都在后面，尚未赶到（Morse, *International Relations of Chinese Empire*, Vol. I, p. 57）。什么"使臣病倒，不能进见"只是托辞之一，招待员和世泰以此蒙蔽嘉庆帝。到了第二天，嘉庆帝便知道了内幕，下了诏书，痛责"庸臣误事"（见《文献丛编》第 11 辑，页 36～37 之七月初八日上谕）。想不到过了百余年后，这事仍能欺瞒一位目光锐利的著者！

（10）页 20：广州对于外人的"禁律"第四项，"各商馆不得使用八人以上之华人，并不得雇用仆妇"。按卢坤《防范夷人章程》第四项云：夷馆只准用看门人二名，挑水夫四名；夷商一人雇看货夫一名。又云：至民人受雇为夷商服役之"沙文"名目，仍永远禁止（蒋廷黻编《近代中国外交史资料辑要》卷上，页 17）。所谓"沙文"，即 Servant 之译音，指供洒扫听使令的仆役。Morse, *International Relations of Chinese Empire*, Vol. I, p. 70 所举的第四项也说：外人不得雇用华人为"沙文"。《清朝全史》误译为"仆妇"（《清朝全史》第五十五章系移译 Morse 前书第四章的，仅删去了十八、十九、廿四三节而已，故知其为误译，非另有所见而更正也）。中国仆妇是不准夷人雇用的，这在当时是天经地义，用不着列之禁律。当时既不准许外人偕妇人来商馆，自然不会准中国仆妇进去，这还用得着再说吗？

（11）同页第六项：外人仅准于每月初八、十八、廿八三日，得游览花园。按《清朝全史》误将专名词花地译成普通名词"花园"（Morse, *International Relations of Chinese Empire*, Vol. I, p. 70 所举之第六项中作 Fati，即花地之译音）。卢坤《防范夷人章程》第五项云：在馆居住夷人只准于初八、十八、二十八三日在附近之花地海幢寺游散一次（蒋廷黻编前书，页 18）。这花地海幢寺虽可说是供游览的花园之一；但广泛地允许游览花园，与狭义的指定花地海幢一寺一处，意义显有差别。

（12）页 21：康熙二十二年初开海禁。按《东华录》云："康熙二十三年十月丁巳（廿五）弛海禁，惟不得以火药军器出洋。"此即西历 1864 年 12 月 1 日。西人记载谓 1865 年弛海禁（见 Morse, *International Relations of Chinese Empire*, Vol. I, p. 52, 系 根 据 R. M. Martin, Ljungstedt, Gutzlaff, Matheson 诸人记载），或指其设置海关实行开放之年。但无论如何，决计不会在康熙二十二年便已开了海禁。

212

（13）页 22："自雍正元年以迄于道光二十二年之鸦片战役，亘一百二十年之久，中国对外贸易，殆全限于广东一隅也。"按：雍正元年之上谕，仅限制了外人之居住权，并未限制其贸易权，故雍正十三年有洋船到厦门，乾隆元年及二十一年左右也有船到珠山。限制国际贸易于广州一埠者，实始于乾隆二十二年（1757 年）之上谕（见《粤海关志》卷八及 Morse, *International Relations of Chinese Empire*, Vol. I, p. 67）。若论其自然趋势，则康熙五十年后，即罕有船只赴广州以外之他处贸易，亦不始于雍正元年。

（14）页 37：邓廷桢复奏第一条，"凡输入之鸦片，概可交换货物，但置该货物于保税仓库。当输入船未出发之间，不许交换一物"。按这几句话不但晦涩，且甚错误。原来的意思是说：凡输入之鸦片必须交换货物，但当输入船回航时仍未卖出之鸦片，得起贮商行中，以便将来销售（见《道光朝筹办夷务始末》卷一，页 5～12 之邓氏原奏，此书以下简称《始末》；又见 Morse, *International Relations of Chinese Empire*, Vol. I, p. 187）。鸦片之所以"必须"交换货物，是因杜绝纹银出口。所存贮的是鸦片，不是其他货物。当输入船未出发间，正希望他从速交换货物，以图结束，哪里有什么"不许交换一物"的事情？

（15）页 38：一船取得之总额，不得过五万先令。按邓廷桢的原奏，是说五万元（《始末》卷一，页 5～12；又 H. B. Morse, *International Relations of Chinese Empire*, Vol. I, p. 188）。邓氏是道光时的中国人，决不会用英币为标准的。武先生又是上了《清朝全史》胡译的当！

（16）页 40：黄爵滋疏原文称："道光三年至十一年，广东海口'共'漏银一千七八百万……"（此系据萧一山《清代通史》卷中转引黄爵滋奏疏，而改易其中之"岁"字为"共"字）按我初以著者曾见黄氏奏折原稿，故敢改"岁"为"共"，后来看见括弧中的原注，才知道是著者的武断。遍查各书，如《夷务始末》、《中西纪事》、《中国近百年史资料》等，征引黄氏奏折，皆作"岁"字。推测著者臆改的理由，或许因见道光十六年时输入的鸦片仅值1700余万西班牙币（见本书页32），约等于1900余万元，不敢相信"道光十四年至十六年，岁漏银三千余万两"，是以改"岁"为"共"。不知道"道光三年至十一年共漏银一千七八百万两"这一语的错误，其程度还要厉害。我曾根据本书页33至34的表，粗粗计算，这八年内共漏银1.4亿余元，平均岁漏银1800万元。黄氏奏折痛陈鸦片之害，年年增剧，故未免稍加夸大。我们虽然知其错误，但征引原奏时仍应不加臆改。何况著者这一改易，弄出来的错误还要惊人呢？

（17）页42：林则徐至广州后，即斩出入英商馆之华人数名以示威。按广州官吏曾于是年西历2月26日将中国烟贩绞杀于外人商馆之前以示威（见 Morse, *International Relations of Chinese Empire*, Vol. I, p. 200），但是时则徐尚未到达广州。且林则徐初抵广州时，八日内毫无动静，至第八日始下谕严令夷商交出鸦片（Morse, *International Relations of Chinese Empire*, Vol. I, p. 215；又《始末》卷六，页11～16林则徐奏折），并没有在事前斩杀出入英商馆之华人数名以示威。

（18）页42：林则徐抵广州后"移文英国，表示禁烟之旨……可知则徐焚烧英商鸦片，固已事先知会英国"（页43附录移英吉利国文）。按林则徐《谕英王稿》，见《始末》卷七，页33及《政书》乙集卷四，页16；我曾取以与本书所录者相对勘，虽词句及次序不甚相同，但内容意义则二者符合，知本书所录之移英吉利国文，即《谕英王稿》之节本。考此谕系七月中所作，于七月十九日经道光批准，谕令林则徐等即行照录颁发（见《始末》卷七），则在林则徐初抵广州时（约正二月中），决不会已将此文谕示英王。且查阅当时各种记载，亦均未言林则徐事先通知英王以禁烟之旨。《谕英王稿》乃焚毁鸦片后所作。

（19）页45：三月十八日，要索历年贩烟奸商查顿颠地二人。按林则徐饬拿贩烟夷犯系三月廿二日（阴历二月初八日）事；且所索者仅颠地（Dent）一人（林则徐《信及录》页22；又 Morse, *International*

Relations of Chinese Empire，Vol. I，p. 218）。查顿（William Jardine）虽
为贩烟积犯，但已于道光十八年冬回国，则徐并未要索其人（《始末》
卷九，页 22）。

（20）页 49：义律初缴鸦片 2283 箱，但林则徐疑其隐匿尚多，监
禁益严。"于是英商又献鸦片二万二百八十三箱以谢罪"。按如此说，
则英商一共要缴出 22566 箱鸦片了。但当时实仅缴出 20283 箱（见《始
末》卷六，页 11 之林则徐等奏折；Morse，*International Relations of
Chinese Empire*，Vol. I，p. 225），即连后来在澳门所查获的 8 箱并算进
去，也只 20291 箱。查在西历三月廿一日，外商曾允交出 1037 箱
（Morse，*International Relations of Chinese Empire*，Vol. I，p. 218），著者
或因此致误。但这时义律不在广州。后来这些鸦片又并入 20283 箱中计
算，且与 2283 箱的数目，仍是相差一倍。

（21）同页："又令出所藏鸦片二分之一者与食物，四分之三者仍
许贸易；全部缴出则万事悉复其旧。"按林则徐之命令，系缴出四分之
一时许外人所雇用之买办及仆人复职，缴出四分之二时即许其与黄埔及
澳门通信，缴出四分之三时解除通商禁止，若全部缴出则万事悉复其旧
（Morse，*International Relations of Chinese Empire*，Vol. I，p. 227.《清朝
全史》中关于此节之记载，系此段之误译，一对勘便可明白）。至于食
物的给予，只要义律开报烟数后，林则徐便可答允，不必要待缴出四分
之一后（《信及录》，页 35）。

（22）页 49 至 50："惟犯密卖鸦片之英商十六人须具结不再以鸦片
输入中国。"按这一句话中有两点错误：①林则徐所指出之外商 16 人，
非皆英商，如记厘（Green）即为美国人（《信及录》，页 77）；②具结
不再输入鸦片是在粤外商一律要尽的义务，林则徐对这 16 个贩烟夷犯，
决不肯这样从轻处置。他要他们具结永远不再来中国（《信及录》，页
77；又 Morse，*International Relations of Chinese Empire*，Vol. I，p. 230）。

（23）页 51：乾隆时，中国强令英使"于觐见时行叩头礼，英使亦

不欲以争执小节而妨害其推广商利之目的，悉遵例行之"。嘉庆时，英国再派使来华，"于觐见时仍欲其行叩首礼，而英使亦勉强遵循"。按我们也用不着广征博引，只要翻阅该书页 17 至 18，重读一遍，便可知道中国虽曾强令其行叩首礼，而英使却两次都不曾勉强遵循！

（24）页 51：东印东公司于 1834 年解散。按东印度公司此时实未解散。盖 1833 年所通过的 Earl Grey 议案，仅取消其"对中国之贸易专利权"而已。至 1858 年 8 月 2 日，公司始被解散（见《大英百科全书》）。

（25）页 59：林维喜事件发生后，我国官吏以处罚太轻，于 1840 年 8 月 2 日出布告表示反对。按此为 1839 年（道光十九年）事（《始末》卷八，页 1 ~ 6；又 Morse, *International Relations of Chinese Empire*, Vol. I, p. 239），即观本书下文亦可知之。

（26）页 60：十一月三日，英舰突向中国警备船 29 只挑战，开炮轰击。按是日之冲突原因，据义律报告，由于中国舰队向之强索林维喜案凶犯（Morse, *International Relations of Chinese Empire*, Vol. I, p. 246 转引）。林则徐之报告则云：当时有一已具甘结之英商船正往黄埔贸易，义律即令军舰阻止；中国为保护正当商业，乃与之发生冲突（《始末》卷八，页 28 ~ 35）。无论如何，绝不是英舰无故突向中国兵船挑战（蒋廷黻先生云：林氏报告较近事实。见《清华周刊》第 37 卷第 9、10 期合刊中《道光朝筹办夷务始末之史料的价值》）。

（27）页 61：当时偶见有欧洲式船一艘游弋海上，清兵误以为英军来袭击而烧其船，孰意此船非英国军舰，而为西班牙商船。按此船即西班牙船 Bilbaino 号，被焚于九月十二日（Morse, *International Relations of Chinese Empire*, Vol. I, p. 242）。林则徐亦有报告，谓认为屡逐未去之英国鸦片趸船，故加以焚毁（《政书》乙集卷五，页 17 ~ 23），并未误认为英国军舰来袭击。清兵虽愚，大概不至于连军舰与趸船也分不清楚。

（28）页 63：英国远征中国之海军归乔治义律统率；陆军归伯麦统

率。按在当时英国远征队中，伯麦为海军统帅，乔治义律为陆军总帅；至于陆军统帅则为布尔利（Burrell），不是伯麦（Morse, *International Relations of Chinese Empire*, Vol. I, p. 262）。

（29）页63：乔治义律是甲必丹义律之甥。按乔治义律是甲必丹义律之堂兄（Morse, *International Relations of Chinese Empire*, Vol. I, p. 261），著者于此又是受了《清朝全史》的骗。

（30）页65："英军之兵略，其初本拟封锁广东，再行进攻，以谋通商；嗣以广东有备，遂变更方略，即于1840年6月向北方进展"。按英兵来华之先，即已决定兵略：先在广州断绝交通及贸易，加以封锁，然后率师北上，以便交涉，并不欲进攻广州以谋通商（英国外交部1840年2月20日之训令，见 Morse, *International Relations of Chinese Empire*, Vol. I, pp. 626 – 630）。林则徐虽以英人之封港为悖谬已极之举，但仍以为他国夷人如甘听英夷指挥，不敢来广贸易，则"天朝官府，正喜得以省事"（《信及录》页200）。这样的一个消极抵抗，遂使广东方面不起冲突。当时的拥林派不明真相，遂以为英夷初意欲犯广东，以林氏防守严密，不敢进攻，即变更方略，率师北犯。我们一参考当时英政府的训令，便可知道这是传说，不是历史。

（31）页65：时定海知县为兆公镇（有谓系姚怀祥）。按本书中自页65至67，凡述及定海知县，皆作兆公镇，可见著者相信其时定海知县确非姚怀祥。但据当时官修之书，如《东华续录》及《夷务始末》，皆作姚怀祥。官修书固多失实之语，但绝不会弄错官吏姓名。《中西纪事》更有较详细之小传，谓"姚怀祥，字履堂，福建侯官人，嘉庆戊寅举人"（卷二四）。不知著者何以弃之不用，反采取谬误百出的刘彦《中国近时外交史》中语？

（32）页68至70：关于"英人欲在定海互市及清廷严拒之理由"一节，著者之根据颇不健全。按1840年2月20日英政府之训令，命英军占领定海，其目的为，其一在战争未了时，可作军事根据地，以便封锁长江及黄河；其二中国如允许讲和，则仍暂时继续占领，俟中国完全履行条约后再行退出——非如本书中所述，欲据为商业根据地也。英政府虽要求割让一海岛，但未指明定海；仅云可要求沿海一小岛，须军事上易于防守，而商业上又易发达。至于择定何地，由英使自行决定（见 Morse, *International Relations of Chinese Empire*, Vol. I, pp. 626 – 630）。至于英使义律之意见，则注重于粤边海岛，不欲割取定海。八月初四日天津谈判，义律虽曾提出割让定海，经琦善反驳后即允交还，坚决请割粤边海岛（《始末》卷一三，页38），此后即绝口不谈割让定海一事。本书中所引之裕谦及刘韵珂奏折，乃在是年十一二月所发（《始末》卷一七，页26，卷一八，页33，卷二〇，页11），其时义律早已放弃了对于定海之要求。当时华人不知英军占领定海之真正原因，妄事揣测，乃有英人欲在定海互市的谣传。道光曾接琦善报告八月初四日会晤经过的奏折，知道英人已无意于久占定海，故接刘韵珂奏折时，即批"此说何来？"（《始末》卷一八，页37）如果当时有人能将此说询问义律，他也必定回答"此说何来？"

（33）页71：英军于七月八日占领定海；及八月中旬，英将伯麦又乘船一艘至厦门，向不建白旗之军舰出书翰一通，清军拒之不受。按英人遣舰至厦门递书，致遭炮击，系七月二日事，即英国舰队由粤赴定海途中发生之事。所派遣者为 The Blonde, 舰长 Captain Bouchier, 并非伯麦（Bremer）。英人递书之小舰虽建白旗，仍遭炮击，故甚愤怒，以为中国不守国际惯例。本书所谓"向不建白旗之军舰出书翰一通"，谅以此致误。因为当时英人系向岸上递书，非向华舰递书（《始末》卷一一，页27，闽浙总督邓廷桢奏，又 Jocelyn's *Six Months with the Chinese Expedition*, pp. 70 – 72）。

（34）页72：《清鉴集览》曾载是年（1840）在余姚有女酋挺身奋斗，"终为战擒，女酋其国王第三女。按此事谅出于荒诞之传闻耳"。按是年九月中确有一英妇在余姚被擒，其人为船长之妻 Mrs. Noble

（《始末》卷一五，页 29，又 Morse, *International Relations of Chinese Empire*, Vol. I, p. 267），非国王第三女。故著者的按语可以说"是"，也可以说"错"。

（35）页 72：1840 年 9 月，伯麦、义律等又由定海解缆，遥向成山岬巡行。按是年英军北征，7 月 28 日（阴历六月三十日）即由定海动身，8 月 10 日抵白河口下碇。本书中误作 9 月（Jocelyn's *Six Months with the Chinese Expedition*, pp. 99 – 102）。

（36）页 73：英舰抵天津后，廷臣主张欺英军退天津，宣宗嘉其议，遂令琦善、伊里布两人总督广东、福建、浙江事务，以担当欺斥英人之任。按英舰至天津后，清廷曾诚意主和（《始末》卷一二至一四）。琦善在广东谈判的失败，由于英人要索过甚，清廷怒而决裂。英人不明真相，遂以为清廷欺其退天津。至于伊里布受任命查办浙江事件的上谕，是七月初九日所发，早于英舰抵津十天（《始末》卷一二，页 14）。任命琦善为钦差大臣查办广东事件的上谕，发于八月廿二日，在英舰离天津之后二天（《始末》卷一四，页 39）。本书说他们都是英舰初抵天津时所任命，以图欺斥英人，不合事实。并且伊里布的任命，是剿夷，不是抚夷。

（37）页 73：伊里布急至天津，与义律会晤，谋开和议。按英舰于阴历七月十四抵天津，八月二十日南返（《始末》卷一二，页 16，及卷一四，页 30 的琦善奏折），伊里布于七月十五日在江苏宝山县接旨后，即起程赴浙查办，此后数月未尝离浙，至八月廿九日接到上谕，才知道天津和议成功（《始末》卷一三至卷一五，伊里布各次奏折）。他又没有分身术，怎么能同时在天津与义律会晤？并且伊里布被任为钦差大臣，查办浙江事件，乃定海失守欲令其率师剿夷，并未命其媾和（《始末》卷一一，页 1）。他又为什么要跑到天津去管职分以外的事情？

（38）页 74：英人惧林则徐之忠贞才干，必欲去之以为快，加以同僚之中，中伤者多，遂致免职（下文引义律呈文及琦善奏折）。按英国并未欲惩治林则徐，令之去职（Morse, *International Relations of Chinese Empire*, Vol. I, p. 635）。在广东与琦善谈判时，义律且曾要求华方释免林氏之罪（《始末》卷二〇，页3~7）。故罢免林则徐，完全出于华方的自动。琦善曾否中伤林则徐，在《夷务始末》中也找不出证据。本书所引的义律呈文及琦善奏折，当出于反对琦善者所捏造。

（39）页76：义律在广州与琦善议款时，于前在天津所索六款外，复提出割让香港之议。按本书页72所举英使在天津所提出的条件六项，已有错误。英人虽提出"偿还烟价"，"邦交平等"，及"赔偿军费"三条，但未提及"五口通商"及"尽裁洋商浮费"。此二项谅为"割让海岛"及"代偿洋商债务"二者之误。"不得以密卖鸦片商累及于无辜英商"一项，也不成为条款，仅顺便提及，申诉中国官吏的不公而已（Morse, *International Relations of Chinese Empire*, Vol. I, pp. 611–626；《始末》卷一三、一四琦善各次奏折）。又义律在天津谈判时，便已要求"粤省沿海地方，无人之地居多，不拘何处，请假一隅，俾资栖止"（《始末》卷一三，页38），仅未指明香港而已。故在粤谈判时提出割让香港之议，并不是新提出的条款，乃对旧条款加以明确规定而已。

（40）页76：琦善于烟价外，许开放广州、割让香港二件，惟虽许之而未敢入奏。按当时琦善答应义律后，便即入奏："可否仰恳圣恩……俯准该夷仍来粤通商，并……准其就粤东外洋之香港地方，泊舟寄居，出自逾格鸿慈"（《始末》卷二一，页11）。并上密折，自述擅行承允英人要求的苦衷，请求从重治罪（《始末》卷二一，页12）。

（41）页76：义律请献出沙角、大角炮台以易香港。按英军攻陷沙角、大角炮台后，仅占据沙角，至于大角方面登陆的英军，当天便返船中，并未留驻（Bernard's *Narrative of the Voyages and Services of the Nemesis form 1840 to 1848*, p. 267；又《始末》卷二〇，页21~24）。所以议和成功后，仅于西历1月21日交出沙角炮台；至于大角炮台，即未占据，自然用不着献出（见 Bernard, *Narrative of the Voyages and*

Services of the Nemesis form 1840 to 1848, p. 288；又《始末》卷二一，页20)。

(42) 页 76：琦善与义律订期会于莲花台（时在 1841 年 2 月 4 日），义律出所定贸易章程并给予香港全岛，如澳门故事，琦善皆私许之。按琦善在广州曾与义律会晤二次，一为 1841 年正月廿七日狮子洋莲花城之会，一为二月十一日蛇头湾之会，至于二月四日那天，义律尚在澳门，并没有与琦善相晤。至于会晤时虽曾经过长时间的讨论，琦善对于义律所定的章程，仍多所指驳，不肯允许签字。中西两方的记载都相同，著者又是错了（Bernard, *Narrative of the Voyages and Services of the Nemesis form 1840 to 1848*, Chapter XV；又《始末》卷二二，页 11，卷二三，页 14，卷二八，页 1)。

(43) 页 80：道光二十一年二月初五日，英军陷虎门炮台，关天培死之。按英军陷虎门炮台，系二月初六日之事（Morse, *International Relations of Chinese Empire*, Vol. I, p. 280《始末》卷二四，页 8)，本书误据刘彦《中国近时外交史》。

(44) 页 84：船舶商人伍荣绍，广州知府余宝仁。按伍氏为当时广州最富的行商，其名为绍荣，而非荣绍。本页中凡两见，皆作荣绍，大概不是手民的误排吧！伍绍荣所开的洋行名怡和，本书页 45 误以怡和为人名。又广州知府系余葆纯，即替义律解围的余葆纯（本书页 86），非余宝仁。

(45) 页 84：奕山等和英人所订休战条约第四款："英军退出虎门，并返还前所占取之定海厦门等地。"按是约为西历 5 月 27 日所订；英军于是年 2 月 24 即已以琦善允许割让香港之故，退出定海（《始末》卷二三，页 28)。至于厦门，虽曾于上年七月二日发生冲突，但英军于炮轰后即启碇驶去，未尝占领（Jocelyn, *Six Months with the Chinese Expedition*, pp. 70 - 72)，何以此时忽有"返还前所占取之定海厦门等地"之条款，遍查可靠各书，均无此语。

（46）页88：英军于1841年8月25日（道光二十一年七月初二日）由粤北上。按是日系阴历七月初九日，本书作初二日，已属错误（Kliene, *An Anglo-Chinese Calendar, 1751 - 2000*）；且英军由粤北上，系八月廿一日（阴历七月初五）事，廿五已抵厦门（Morse, *International Relations of Chinese Empire*, Vol. I, p. 291），本书以为廿五日始动身，也是错误。

（47）页90：道光二十一年八月十二日（即1841年9月28日）英军抵舟山，八月十六日攻取之。按二十一年八月十二日系西历9月26日，本书误作28日（Kliene, *An Anglo-Chinese Calendar, 1751 - 2000*, p. 182）。又舟山的失陷，系八月十七日事，非十六日事（Morse, *International Relations of Chinese Empire*, Vol. I, p. 291；又《始末》卷三三，页34）。

（48）页95至96：奕经等相约于正月二十八日同时进兵。按奕经等相约于正月廿九日进兵（Morse, *International Relations of Chinese Empire*, Vol. I, p. 294，又《始末》卷四四，页11之奕经奏折）；本书误据《中西纪事》诸书。

（49）页97：1842年5月20日（即道光二十二年四月初八）英军占领乍浦。按是日系阴历四月十一日，本书误作八日（Kliene, *An Anglo-Chinese Calendar, 1751 - 2000*, p. 183）。且占领乍浦系5月18日（阴历四月初九）事，本书所记又误（见 Morse, *International Relations of Chinese Empire*, Vol. I, p. 294；又《始末》卷四八，页5~8）。

（50）页98：乍浦陷落时，洪副将为英炮所轰死；水师副都统长喜、同知韩逢甲等尽抗战以死；都统徐云亦自刎而死。按当时防守乍浦的副将，仅有哈拉吉那；本书的洪副将谅为哈氏之误。但哈氏虽曾受伤，实未死难。长喜是驻防乍浦旗营副都统，属于陆军，并非水师营中军官；乍浦失陷后，长喜曾自尽二次，皆被救，至四月廿二日，始以伤重毙命，并不是当日抗战而死。乍浦殉难者有水师把总韩大荣，署同知韦逢甲；本书的韩逢甲谅由此二人致误。江浙驻军有杭州将军、杭州副都统、乍浦副都统，但并没有什么"都统"。且当时死难将官中，亦无徐云其人。所谓自刎而死的都统徐云，大概是一位乌有先生（乍浦殉难的军民姓名，可阅夏燮《中西纪事》卷二四下，页 3 ~ 10，或《始末》卷五七，页 38 ~ 46）。

（51）页 98：英军于道光二十二年五月初一日（1842 年 5 月 28 日）率全舰抵吴淞。按是日系西历 6 月 9 日，本书误作 5 月 28 日（Kliene, *An Anglo-Chinese Calendar, 1751 - 2000*, p. 183）。据牛鉴报告，英舰于阴历四月二十七八日已群集吴淞口（《始末》卷五〇，页 1 ~ 3），至于海陆军全部聚集吴淞口，则至五月初五日（西历 6 月 13 日）始完成（Morse, *International Relations of Chinese Empire*, Vol. I, p. 295）；本书作五月初一，似不确。

（52）页 101：英军由粤北趋，初欲进陷北京。不意浙东各地相继陷落后，印度总督忽令进攻长江，乃向上海进攻。按当时英国在华军队的指挥权，属于印度总督。据英外相在 1841 年 6 月致璞鼎查的公文，知道印度总督在英舰尚未离粤前即已决定遣兵北上，进攻厦门及长江（见 Morse, *International Relations of Chinese Empire*, Vol. I, p. 66）。

（53）页 104：七月初六日（1842 年 8 月 15 日）英军支队已于南京上陆，次日耆英、伊里布共抵南京。按七月初六日系西历 8 月 11 日，本书误作 15 日（Kliene, *An Anglo-Chinese Calendar, 1751 - 2000*, p. 184）。伊里布系于七月初三日抵南京，耆英则于初六日至。本书以为初七日二人共抵南京，实属错误（《始末》卷五八，页 30 ~ 31）。

（54）页 107：参与南京谈判之莫礼逊，生于 1782 年，死于 1834 年。按南京谈判举行于 1842 年，莫礼逊既"死于 1834 年"，怎会参与这个谈判？著者误子为父，故有此误。

（55）页 135 至 137：之英国领事义律小传，完全是野语村言，不可征信。按据 *National Biography*，义律名 Charles，生于 1801 年，本书谓其名为 John，生于 1808 年，已是两误。又据同书，义律之生地未能确实，大概为 Dresden；而本书断其生于伦敦，不知何所见而云然？且义律 14 岁即入海军，其后历任外交部及殖民部职务，未入牛津肄业；本书谓其"既长，入牛津大学"，又是一误。1834 年英国初派主务监督来华时，委任义律为随从长官，一同赴华（见 Morse，*International Relations of Chinese Empire*，Vol. I, p. 119）；本书谓其思游历亚洲，遂乘便船来广东，上岸后冀谋一位置，又是错误。本书又谓当时英人管理通商事务之总裁为莫礼逊（Molison），莫氏后辞职归国，乃令义律袭彼之任。按 1834 年后，英国设主务监督，但莫礼逊父子皆仅为华文秘书及翻译，并未为主务监督，且皆死于中国，并非辞职归国。其姓名为 Morrison，本书亦拼错。郭士立即 Gutzlaff，在英军占领定海时曾为知县，1833 年曾乘船私赴天津，但未尝久居天津，以当时除广州外，清廷不准外人居住。郭氏乃日耳曼人，生于 Pomerania（见 Couling's *Encyclopaedia Sinica*）。本书谓郭氏系英国产，而久居中国天津者，也是无稽之谈。

上所举例，数目已很可观。此外尚有许多错误，疑为手民之过（如页 82 第 4 行商船系商馆之误，页 88 第 7 行厦门系虎门之误，页 132 第 7 行箸逢系箬蓬之误，页 133 之李元庆林才穆系李元度林少穆之误，页 135 享年 60 岁系享年 66 岁之误），未算进去。一本"由富有研究者担任编辑并请专家负责校订"的小册子，竟发现了这样多的错误，你想教人如何不失望！不过，我知道，这些错误大部分是由于取材不正确；人家弄错了，他也跟着错了。关于取材问题，留在下节再讨论。

二

（1）取材问题：本书末端所附的参考书目，虽罗列了 17 种之多；但书中文字，大部分根据刘彦《中国近时外交史》，稻叶君山《清朝全史》，萧一山《清代通史》及 Morse, *The International Relations of Chinese Empire*, Vol. I 四书。这四书中以 Morse 的书为最精审，刘彦的书错误最多。《清朝全史》关于鸦片战争的几章，完全根据 Morse，但译错的地方很多。萧一山的书中，这几章多取材于《清朝全史》及夏燮《中西纪事》（《中西纪事》一书多采传闻之辞，未见精审）。本书前二章多根据 Morse 的书，故错误较少；但有时漫不经意地引用《清朝全史》译文及刘彦《外交史》，便常产生错误。第三章叙鸦片战争的经过，因 Morse 的书偏重外交行动而忽视军事行动，故本章大部分从他书引用材料，错误便越发多了。按关于鸦片战争中军事行动的著作，西文中颇多佳著，如 Jocelyn's *Six Months with the Chinese Expedition*（叙述迄于 1840 年 10 月之事），W. D. Bernard's *Narrative of the Voyages and Services of the Nemesis from 1840 to 1843*（详于 1840 年 11 月以后的事情），John Ouchterlony's *The Chinese War: An Account of all the Operations of the British Forces from the Commencement to Treaty of Nanking* 等都是可供参考的。至于中文方面，自然以《夷务始末》一书为最重要。此书系民国 19 年出版；如果本书附录参考书目中的《夷务各稿》抄本不是这书未印行前的抄本，则著者也许无法可以参考《夷务始末》一书。但 Morse 一书中的叙述，多与《夷务始末》相符，著者何不采取这部选材精审的西人著作，而偏相信误谬颇多的中文书籍，以致弄出许多错误？

（2）体例问题：第一引起吾人注意的，便是本书中的纪年，有时用清代年号，有时又用西历。著作通史与编纂史料不同，应该概用阴历或概用西历。最好是中西并列；最不足取的是这样忽用中历忽用西历。更可惊异的是本书中有时且不标明所举的月日系据何种历法，更令人堕入五里雾中［如页 42 云："道光十九年（1839）正月由北京出发赴任"；页 45 云："又于三月十八日传集行商。"我们如果不参读他书，决计想不到后者系用西历月日，因为在二者间的文字中，并没有说明改用西历］。年月日是历史的线索，似乎不可以这样随便。作者序言中说："大抵因所依据之参考资料不同，故纪年亦不同，未暇为之改正一致，幸读者谅焉。"我起初很奇怪，这种改正一致的工作并不甚费时间，为什么作者连这一点时间也顾惜，不肯为读者谋方便。后来一看书内中西历并列的地方，大都错误，才知道作者是缺乏一种计算中西历的工具书。实际上，这类的书颇有几部，著者不肯去找而已［最普通的如 Kliene's *An Anglo-Chinese Calendar*, 1751～2000 及陈垣《二十史朔闰表（附西历回历）》］。

（3）著者的见解：著者以为鸦片战争的最大原因是英国与欧洲国家之商权竞争（页1），但这仅仅说明了为什么鸦片战争的对手方是英国，不是葡、荷诸国。至于欧洲各国为什么向远东发展，受了中国这样不平等的待遇而仍来华通商，到底是为着何事，这便非由工业革命来解释不可。只有工业革命才是鸦片战争的最大远因。它推动了欧洲已受工业革命洗礼的国家，使它们不得不向远东发展。生产力的推进，使英国有找寻市场的必要。受不了中国的压制，自然最后要引起战争。著者对这一个原因似太忽视了（千家驹君的《东印度公司的解散与鸦片战争》便是想从这方面来探求鸦片战争的原因的，做得颇不差，可以参阅——见《清华周刊》第37卷，文史专号）。

又本书第一章用了千余字来叙述俄国的对华侵略，实非必要。因为本书是鸦片战争史，叙述限于沿海各处的通商情形，对于葡荷诸国虽不得不稍述及，而对于那被中国禁止在沿海通商的俄国，尽可置之不理。俄国在清初是走另一路线，与由海道来华的各国不相联络。直到咸丰年间，始与英法诸国打成一气。至于本书中说起英国因为俄国独得中国的青睐，不免嫉视，故乘鸦片事件而出师（页13），似亦无稽。查阅中英两方记载，都没有说及这事与俄国有关。且据英政府的公文，也看不出这事的痕迹。当时英俄虽在近东方面有些冲突，但在远东方面，则因俄国尚持消极政策，英国所要求的又只是沿海通商权，二者实未尝有所冲突。它们的冲突，实在鸦片战争以后。

最后，关于"鸦片战争之重大影响"一节，著者似乎犯了贪多务博的毛病。有些是英法联军以后的结果，有些更是中日战争以后的结果，都被著者一股脑儿堆在鸦片战争的身上。如中国对外心理之大变迁（页125），主张维新，以求富国强兵，是英法联军以后的事情。至于鸦片战争，并没有使中国人民改变了一向轻蔑外人的态度。南京的城下之盟，虽是奇耻大辱；但是像处女遭了暴徒的奸污，轻蔑之外又加上怨恨，并没有屈身以事暴徒的意思。故鸦片战争后20年间，中国对外的态度看不出有什么变迁。至于铁路投资和强迫要索租借地，更是中日战争后的事情。从1890年左右起，资本主义达到了它的最后阶段，始有这样的事情发生。这是资本主义发展后必然的结果，不是鸦片战争的影响所致。历史是绵延不断的长链，各环相接，如果就时间的先后来断定后面各环是前一环的结果，固然不能禁止他不说。但为慎重起见，只能将联系较密切的几环，视为有些因果的关系。本书中所指的重大影响，似乎范围过泛。

总之，本书在结构布局方面，虽大致尚佳；但小节错误，实在过多，并且有些错处，关系颇为重大。希望著者能再加以修订。

1933 年 2 月 24 日于清华园

评萧一山著《清代通史》[*]

这部书是国人关于清朝历史的巨著，原拟分出三卷，但下卷迄今尚未正式问世。现所风行者为上中二卷，计十一篇，五十四章，一千八百余页。上卷第五篇曰《中外之交通与会约》，中卷第四篇曰《十九世纪之世界大势与中国》，都是叙述外交史，余将评之。至余所以专评这一部分的理由是：余在近数年来所最注意研究的是外交史；而这书中最不可靠的部分刚巧也是外交史。

甲 评《中外之交通与会约》篇

这一篇（上卷页 565～629）所包括的时期，自明正德十一年葡人初来中国至清雍正年间止，约二百余年，相当于公元 16、17 两世纪及 18 世纪初叶。全篇计分四章：（一）中西国际之由来；（二）西洋文明之东渐；（三）明清间对外之关系；（四）中俄之交涉。

---

* 本文原载《图书评论》1934 年第 2 卷第 5 期。甲、乙两节中的小标题是作者后加的。所评萧书，为商务印书馆 1932 年国难后第一版。

I . 材料的分配布置

按自 16 世纪时起，中西交通骤形发达。在本篇所涉及的二百余年中间，中西接触可以分做三个方面：①西欧各国商人之东来，以经济目的为主，在中国东南沿海一带寻找通商地；②西欧传教士之东来，以宗教目的为主，由沿海一带侵入内地；③东欧俄国之东来，以政治目的为主，欲在东北方取得根据地。至其结果，各不相同。西方商人虽受种种限制，但是贸易却能继续维持。传教事业受了打击，忽归沉寂，至 19 世纪中叶，始又如火如荼。俄人的领土侵略，自《尼布楚条约》成立以后，只好暂时停止，安心于边境贸易，到 19 世纪中叶后始又继续东侵。所以在这二百余年间的中西关系，自成一个段落，与 19 世纪时的不同。本篇中（一）（二）（四）三章鼎立，颇能表示当时的中西关系。惟（三）章（叙述明清与日本及明桂王与罗马教皇之关系）则似殊有商榷余地。中日关系自明治维新以后始占重要地位，在本篇所述的时期中，关系并不密切，似无另立专章之必要。且本篇所述的中日关系，仅有清室未入关前与日本的间接关系，及明人乞援日本之失败二事而已。这二事对于后来的影响很小，实际上可以撮叙大略，分别插入"金与朝鲜之关系"及"明室之偏安"等章。按日人稻叶君山所著《清朝全史》中有"明末清初时日本之位置"一章（本书这一章的取材，即根据稻叶氏的著作），原是日人著作应有的铺张；而萧著自有立场，尽可不必依样。又"明桂王与罗马教皇之关系"一节，似亦可与基督教之传教事业并述，不必自成一节（这一节的安置，似也受了《清朝全史》的影响。原书将这一节硬放在"明末清初时之日本位置"章中）。

II . 史实因果的探求

一部通史，除应注意材料的分配布置外，更应注意事实的线索，以便探求因果。本篇对于这一方面的工作，似乎尚未完满。（一）章叙述中西交通之起源，由于印度航路之发现。这解释原是不错。但是在这航路发现的背后，尚有两个更重要的原因，萧先生没有提到。其一是经济的原因。在 15 世纪的末年和 16 世纪的初叶，欧洲正发生着一个重要的变化。农奴制度是崩溃了，都市中工人获得了自由，于是工商业都欣欣向荣，立下了近代资本主义的基础。由于这个经济的推动，才有新航路的发现；而新航路发现之后，也不至于成为废物。另一是政治的原因。在 14、15 两世纪时，西欧的几个重要民族国家（如英、法、葡、西）先后都成立了。这些民族国家在各方面互相竞争，尤其是热心于商业霸权的竞争。它们都以向外发展为荣。于是才有新航路的发现，并藉新航路以继续地向远东发展。（二）章叙述基督教之传入，归功于耶稣会教士之力。这也是不错的。但是明末清初时基督教在华骤盛，除了耶稣会的组织以外，尚有两个原因：一是旧教国家的提倡（葡、西、法诸国君主在当时都竭力提倡远方传教事业）；二是欧洲在文艺复兴以后，科学发达，这些传教士所带来的科学智识，确为中国所未有，故能大受欢迎。这些原因都应该在章首提及，以明当时传教事业的背景。又这章说明传教事业中衰的原因，由于传教法之变更，致遭清廷的禁止。这解释也不充分。康熙晚年禁止传教，固然是由于教皇教令的关系。但是雍正时的禁止，更为严厉，却另有政治背景。当时信奉天主教的宗室，如苏努父子，曾助允禩阴谋继立，大为雍正所忌，致遭贬谪。雍正因恨苏努而迁怒，乃对天主教徒予以打击。并且当时的传教事业，不但在中国方面受了阻遏，即在欧洲本土也已失去动力。一向对于传教事业提倡最力的西、葡二国，业已不成其为强国。法自路易十五接位以后，对于传教事业所抱的态度与政策，也有改变。就是那个顶重要的传教机关——耶稣会，亦在 1773 年时，被那罗马教皇解散。所以在华的传教事业，不得不告中断。萧先生对于这些原因，一概没有提及。（四）章关于俄国的东侵及其停止的原因，也欠缺明了的解释。俄自获得西伯利亚东部之后，便感觉到粮食接济的困难，所以要继续向南攫取肥沃的黑龙江流域。但这一举势必引起中俄冲突；而这时期的俄国势力，尚未充实。故自《尼布楚条约》订立以后，俄人既得通商之权，可恃贸易来解决其所遭遇之困难，也就不再进逼。到了 19 世纪中叶，太平洋风云紧急，俄欲与英争夺远东霸权，乃又东向发展（蒋廷黻著《最近三百年来东北外患史》甚为精密，可以参阅）。

Ⅲ. 取材之未适当

A. 仍《清朝全史》之误者

本篇中的主要材料，似多取之于中译稻叶氏著《清朝全史》。读者如取该书第二十八、三十四、三十七、三十八、四十四及五十三等章，与本篇对勘，便可了然。按《清朝全史》中关于中西交通的几章，皆取材于西人著述（例如：① Morse, *The International Relations of the Chinese Empire*, Vol. Ⅰ；② M. Huc, *Le Christianisme en Chine en Tartarie et au Thibet*；③ Henri Cordier, *Bibliographie des Ouvrages publies en Chine par les Europeans au XⅦ et au XⅧ siecle*；④ Ravenstein, *The Russians on the Amour*），有时候简直等于翻译。其中不乏误译之处，以及所谓"手民之过"。萧先生取此间接之又间接的材料为据，本已失检，而又未与英法原文对勘，修正其错误之点，诚属可憾。现在试举《明末清初外国基督教士及著书一览表》为例（页 584～592）：①有人名误书者，如费奇观误作费奇规（页 585），贾宜睦误作贾宜陆（587 页），Froes 误作 Fras.（页 587）；②有国籍误书者，如费乐德系葡萄牙人，误作西班牙人（页 586），穆迪我系法兰西人，误作荷兰人（页 588）；③有到华年代误书者，如毕方济系 1613 年来华，误作 1614 年（页 186），金尼阁系 1610 年，即万历三十八年来华，误作 1616 年，即万历四十四年（页 586），郎安德系 1659 年来华，误作 1658 年（页 588），聂仲迁系 1657 年来华，误作 1675 年（页 589），巴多明系 1698 年来华，误作 1689 或康熙三（应作二）十八年（页 590）；④有命终年月误书者，如罗明坚卒于 1607 年 5 月 11 日，误作 1667 年 5 月 2 日（页 584），金尼阁卒于 11 月 14 日，误作 2 月 14 日（页 586），傅汎济卒于 11 月 21 日，误作 2 月 1 日（页 586），罗雅各卒于 4 月 26 日，误作 9 月 17 日（页 586），伏若望卒于 7 月 11 日，误作 7 月 2 日（页 587），殷铎泽卒于康熙三十五年，误作康熙十七年（页 589），鲁日满卒于 11 月 4 日，误作 2 月 4 日（页 589），聂仲迁卒于 1697 年，误作 1679 年（页 589），巴多明卒于 9 月 27 日（或作 29 日），误作 9 月 2 日（页 590），马若瑟卒于 1736 年，误作 1738（页 591）；⑤有书名误书者，如利玛窦之《办学遗牍》误作遗迹（页 584），罗如望之《天主圣教启蒙》，误作天主圣教启蒙启蒙，衍末二字（页 584），艾儒略之《圣教四字文》，误作圣教四字教文，衍一教字（页 585），潘国光之《圣安德助宗教瞻礼》，误作瞻札（页 588），冯秉正之《朋来集说》，误作明来集说（页 591）；⑥有将著书人张冠李戴者，如孟三德所著书目下之《崇祯历书》等八种，实系汤若望所著（页 584），金尼阁所著书目下之《意拾谕言》，实系 Robert Thom 所编译（页 586），罗雅各所著书目下之《圣若瑟传》与《杨淇园行迹》二书，实系马若瑟所著（页 586）。以上所列举的许多错处，都是《清朝全史》中译本上原有的错处。萧先生如果细心的话，只要一查该书编辑大意所曾声明过的出处（即 Henri Gordier 之书）便很容易修正这些错处。

本篇中之西人姓名，多已循例附注原名。但对那些比较晦僻的姓名中，即有需要附注原名者，反不附注。这又是稻叶君山的不周到处，贻误及于萧著！我很恐怕萧著又要辗转贻误及于后出之书，故将容易考出之姓名列举如次：①葡使比勒斯（页 567，行 2）即 Thome Pires；②掌理广东教务之加多纳（页 575，行 10）即郭居静，详见本章附表（页 584）；③测绘地图的（页 582～583）费隐即 Fridelli，雷孝思即 Regis，麦大成即 Cardoso，潘如即 Bonjour，汤尚贤即 de Tartre（本刊 1 卷 3 期，14 页，有文详记上述五人之事业）；④教正巴流（页 593 行 7）即

Pallu；⑤密匈塞托朗哲尔（会社名，页 593 行 8）即 La Societe des Missions Etrangeres；⑥拉扎利司会（页 593 行 11）即 Lazarists；⑦南京总教墨克罗（页 593 末行）即 Maigrot；⑧罗马教皇使臣嘉禄（页 594 行 12）即 Jean Ambrose Charles Mezzobarba；⑨俄人西摩维阿夫（页 609 行 12）即 Simovief；⑩伊凡亲王（页 609 行 11）即 Prince Ivan Ivanovich Lobanof Rostovskyi；⑪璞他颇夫（页 610 行 12）即 Potapof；⑫波兰人尼奇托尔·启尔哥布斯基（页 611 行 6）即 Nikitor Chernigovsky；⑬托尔布辛即 L. Tolbusin，阿尔新斯基即 Daniel Arshinsky（二人见页 611 行 7）；⑭教士额尔摩金（页 614 行 6）即 Yermoghen；⑮俄使米起佛儿魏牛高即 Nicefor Veninkov，宜番法俄罗瓦即 Ivan Favorov（二人见页 617 行 12）；⑯乌拉的斯拉维赤（页 625 行 14）即 Wladylavtsch。

B. 新添增之错误

本篇中除因袭《清朝全史》的错误以外，又增添了几个错误。例如：

（1）页 567："其翌年（按即 1517 年），印度总督阿布葵葵，复遣使臣比勒斯求与明廷缔约"。按阿氏所遣者，乃前一年来华的剌匪尔别斯特罗（Rafael Perestrello）。在剌氏由印度出发后不久，阿氏便死去（阿氏死于 1515 年 12 月 16 日，见《大英百科全书》）。1517 年时，阿氏已死，决不会再遣使。

（2）同页："嘉靖中，广东附近，有葡人居留地三，即上川岛，电白（Lambacao）及澳门是也。"按《清朝全史》本译 Lambacao 为浪白滘，未错。本书误据《中西纪事》，改为电白，反错。西人记载谓 Lambacao 系一小岛，在澳门附近，天气晴朗时可由澳门望见（Ljungstedt, *A Historical Sketch of the Portuguese Settlements in China*, pp. 1–5；Williams, *The Middle Kingdom*, Vol. Ⅱ, p. 428）。电白在三百里外，恐望不见。《澳门纪略》转引明人庞尚鹏《区画濠门保安海隅疏》云："番舶往年俱泊浪白等澳……水土甚恶，难于久驻；守澳官权令搭篷栖息。"毛鸿宾《广东图说》亦谓：明时番舶往来贸易，乃于香山县之浪白、濠镜（即澳门）、十字门，皆置守澳官。可见 Lambacao 确系香山县属浪白澳，并非电白。

（3）页 584：附表中谓利玛窦与罗明坚以 1581 年来华。按利玛窦于 1582 年 8 月 7 日来澳门，1583 年 9 月 10 日至肇庆。罗明坚于 1579 年 7 月来澳门，1581 年曾一度至广州，不久又返澳门，1583 年与利玛窦同赴肇庆（见 *The Catholic Encyclopedia*）。《清朝全史》附表中利玛窦为 1583 年来华，罗明坚为 1581 年来华，盖因著者不肯承认澳门是中国地方，故必待其到过广州或肇庆，而后算是来华；虽属未妥，尚可解说。本书误据《明史》，以万历九年（1581 年）为利玛窦来华之年，实误。北平阜成门外利玛窦墓碑，称其于"万历壬午（1582 年）航海入中华衍教"，可作旁证。

（4）页 575：万历二十六年（1598 年），利玛窦"至南京，与其徒王丰肃游说荐绅间，日见尊信"。按王丰肃于万历三十五年（1605 年）始来中华（见本篇附表及 Cou-ling's *The Encyclopaedia Sinica*），绝不会于万历廿六年时在宁出现。《明史·沈㴶传》谓利玛窦及其徒王丰肃在南京说教，是因丰肃后来也到南京，所以连带提及。实则丰肃来南京时，利玛窦已赴北京四五年。本书以二人在南京同时传教，并以丰肃在南京说教于其来华之前，实属大误。

（5）页 614："俄国陆军大佐皮尔顿复率可萨克兵六百人，自莫斯科来援；图尔布青乃与合军而东，至雅克萨旧址，筑土垒为防御计"。萧先生复于括弧内加一按语，意谓《清朝全史》以皮尔顿自尼布楚来援，"不甚可据"。按皮尔顿为波兰军人，为俄所俘，放逐于西伯利亚东部。时闻雅克萨告急，乃于 Tobolsk 召集六百余可萨克健儿，组成一队，赴尼布楚投效。适图尔布青由雅克萨败归，尼布楚长官乃令合军而东（见 Ravenstein, *The Russians on the Amour*, pp. 47 – 49）。当时俄国向远东方面发展的先锋队，都是这些可萨克。他们数十或数百成群，自推领袖，有类于今日东三省的义勇军。萧先生不明白这些情形，因为知道尼布楚的戍兵人数有限，便推定皮尔顿必是从莫斯科来援，反酿成错误。

Ⅳ. 整理史料功夫之欠缺

关于材料的整理方面，萧先生也似乎不很精明，不很能干。上段已说他不知道正文中的加多纳即附表中的郭居静，又不知道利用附表中所载王丰肃的来华年代，以正《明史》之误。兹再补举二例：

（1）页 567 论澳门地租，对于"年科地租二万金"与"年科五百金"二说，不能审断其是非。按印光任、张汝霖《澳门纪略》云："嘉靖十四年开放澳门，岁输课二万金"（上卷，页 22）。但当时中国仅许葡人在澳门停船贸易，并未许其上岸居住，所以这里所说的"岁输课二万金"，是指澳门初开放时所定的关税岁额，非指地租而言。后葡人以借地曝诸水渍贡物为辞，始上岸居住。《澳门纪略》云："输租五百，大约始于万历中"（上卷，页 49）。这五百金是指地租。明清之时，多称地租曰租，杂税曰课；关税亦在杂税中。"输课"与"输租"二者，意义不同。《中西纪事》以《澳门纪略》为根据，所谓"嘉靖十四年移通商地于澳门，岁课银二万金"，及"万历中请岁以五百金赁其廛而居之"，辞虽嫌简，义亦浅显。萧先生误认二者皆指地租，故在弧注与正文中一误再误。

（2）页 611 至 612，叙述康熙九年及十四年俄使来华之事，三说并存，不能辨别真妄，而以"以上两说均与此异，附注于此，以供参考"一语了之。按康熙九年中国遣使至尼布楚，诘责雅克萨俄人之侵略黑龙江，并索回罕帖木儿。尼布楚总管遣密鲁瓦诺来北京报聘，清廷优遇之，遣一官员伴送使者返尼布楚。此华官至尼布楚后，不久即返（Baddeley, *Russia, Mongolia, China*, Vol. II, pp. 195 – 197）。康熙十一年，清廷又派人到尼布楚去送信。俄政府根据尼布楚报告，遂于康熙十四年派遣使臣尼果赉来华，于此年夏间抵北京（Baddeley, *Russia,*

Mongolia，*China*，Vol. II，pp. 204 – 424；又蒋廷黻《最近三百年东北外患史》，页 20 ~ 21）。本书所举三说，一出魏源《圣武记》，一出清朝全史，另一未注出处，似系根据陈怀的《清史要略》一书。三者中以《清朝全史》为较可靠，因为它是根据 Ravenstein 的 *The Russians on the Amour*；而 Ravenstein 曾参考过不少的俄国方面的材料。陈怀以为康熙九年中国曾遣使至莫斯科，一误；又谓俄使与清使由莫斯科偕赴北京，二误；又谓俄使以康熙十四年至，三误。《圣武记》以尼果赉为贸易商人，亦误。本书以为俄使先来北京，求互市，清廷乃于康熙九年遣使至俄京报聘，又增加一误。关于此事，其实不必参考西书，如取《东华录》一读，亦即可知俄使以康熙十五年四月丙戌来贡，其人为官吏而非贸易商人。惟《清朝全史》谓清廷令俄人还我逋逃，不寇边疆，则许其修好通商，尼果赉诺之；这记载却不合乎事实。尼果赉在北京交涉了三个多月，毫无成绩而去。Ravenstein 的书中，也不曾说起尼氏曾与清廷成立了什么谅解，大概是因为尼氏在归途中曾致书雅克萨的俄人，劝勿骚扰边疆。《清朝全史》的作者，或许遂据此臆测。

V. 余论

此外尚有小节错误，如误拼西字及误书年月；这些也许是所谓"手民之过"，殊不欲苛责作者。但有几处则显系因袭了《清朝全史》的错误。举例如下：①年月之误者，如伊克司伊尔拉得伊教令系 1715 年 3 月 19 日所颁，误作 1718 年（页 594 行 10，及页 595 行 1）；葡人发现新航路系 1497 年，误作 1947 年（页 166 行 10）。②拼字之误者，如荷使 Goyer 误作 Coyer（571 行 8）；法人 D'anville 误作 Dunville（页 583 行 11）；Nouvel 误作 Nauvel（页 583 行 12）；Quo 误作 Qus（594 行 14）；Tournon 误作 Touinon（页 594 行 1）；Peiton 误作 Perton（页 614 行 12）；Pereira 误作 Pereina（页 618 行 9）。这些都是细节，恐再以误传误，所以指出。

乙　评《十九世纪之世界大势与中国》篇

这一篇（中卷，页 745 ~ 927）所包括的时期，是从 18 世纪后半叶至 19 世纪中叶，约当乾隆至道光间。全篇计分五章，即（一）19 世纪以前迄于初叶之外交概况；（二）国际贸易之状况；（三）19 世纪中之国际形势；（四）道光时代之内政与变乱；（五）鸦片战争。

Ⅰ. 概论

按自工业革命以后，生产力发展极速，欧洲各国有向远东开拓市场的必要。因为国际贸易的关系，自然免不了要发生两国政府间的交谊。但这时候的中国却不觉得有这一种需要。欧洲人的对华贸易，受了中国政府的许多束缚；他们的遣华代表，又受许多不平等的待遇。所以他们要求邦交平等和贸易自由。中国政府给他们一个不理。英国是欧洲第一个受过工业革命洗礼的国家，便做先锋来冲破中国的关门，结果便产生了鸦片战争。本篇除（四）与外交并无直接关系外，其余则（一）述鸦片战争前中外邦交的不平等，（二）述在华贸易的不自由，（三）述当时的国际局面以明中外交涉之背景，（五）述前因所生的结果——鸦片战争。这在结构方面，尚属适宜。而每章之内容，仍多错误。请分述之。

Ⅱ. 评第一章

A. 布局

本篇第一章述鸦片战争前之中西邦交史，包含四节，以中英关系为主。首节中关于"恰克图之市约及其批评"一段，应该移在上卷"中俄之交涉"一章里面。因为中俄关系，须俟 1847 年后始入新的阶段；《恰克图市约》只可视为《尼布楚条约》的余波。

B. 史实的错误

这一章的材料，亦多取自《清朝全史》（该书第五十三、五十四、五十六、五十七章）。《清朝全史》颇有错误，上面已经说过。在本章中，萧先生仍因袭了前书中的许多错误，并增添了新的错误。现在举例如下，以明抉择史料之必须审慎，否则不但自己上了他人的当，并且还要贻误读者：

（1）页750云："康熙四十年顷，英人始至舟山等处试行贸易。浙海关之税则，视粤海为轻，于是内外商贾引为利薮，诸国商船渐有舍粤就浙之倾向。"按在康熙四十年顷，英船确曾到过舟山，但其试行贸易之结果，完全失败。理由是因为浙海关所抽的非法税银，实较粤海为重（Morse, *International Relations of Chinese Empire*, Vol. I, p. 53）。此后四五十年，英船很少赴闽浙。直到乾隆二十年左右，英商以不耐粤海关之压迫，始渐重来舟山等处。本书所云，似违事实。

（2）页752云："马戛尔尼以壮严美丽二汽船，携英王国书及赠献品来华。"按汽船的发明，是在1803年，马氏来华时（1792年）尚无汽船。马氏所乘者为"赖昂"号（Lion）大帆船，并非汽船。

（3）页765云：英王对于中国之要求，简要言之，可分八项；其第七项为"任听英人传教"。萧先生于其下加按云："马戛尔尼日记中所载致首相书无此条，上谕中有之，则以知马氏恐中国以彼为教徒，而深为讳焉者矣。"此恐不确。教徒非不体面，马氏无深讳之必要。按为此事，"马氏曾询松筠曰：'敝使说帖中，未有一语及宗教，今敕书中忽羼入此事，殊不可解'；松筠答曰：'是因向来外人入华，多喜传教，故皇上恐英人亦如此，是以声明在先'"（Robbins, *Our First Ambassador to China*, p. 348）。可见马氏实未要求任听英人传教。

（4）又第八项："英国商人，若中国皇帝许以居住权者，不强制以出税。而居住之许可证，往往不能辨别真伪，以后可直接交付彼等。"按此又系根据《清朝全史》译文。其原文为：

To prohibit the exaction of any duties from English merchants, over and above those settled by the Emperor's diploma, a copy of which is requested to be given to them as they have never yet been able to see it for their unequivocal direction (Robbins, *Our First Ambassador to China*, p. 333).

应译"禁止粤海关对英商，于钦定税则之外，另加需索；又钦定税则例文，请检交英商一份，以便遵循，因向来英商不知税则内容，致被关吏任意索勒"。乾隆上谕中所称"尔国船只请照例上税一节"（见本章769页），就是回答这一项请求的。萧先生妄抄错误译文，而又自己看不懂他所抄袭的译文，于是加按曲解曰："日记有此条而上谕无之，盖以为小事不足辩解者也"。想象丰富之极，只可惜是"瞎子断匾"之例。

（5）页771云："乾隆六十年，荷兰遣使来华，其本意颇不愿蹈马戛尔尼之覆辙，然固不肯行三跪九叩礼致遭待慢，后卒勉从中国仪节。"于是萧先生加以二百多字的解释，谓：荷使既频执朝贡礼，安之若素矣，是以不能与英吉利同日语。按荷使既不愿蹈马氏覆辙，何以偏又争执礼节？我曾为此检查中西记载。西人谓荷使欲获清廷欢心，自始即愿行三跪九叩礼（S. W. Williams, *The Middle Kingdom*, pp. 439－440）。中国方面也说："此次荷使到广东时，礼貌（较英使）尤为恭谨，瞻觐诚心，亦甚真切"（《文献丛编》第五辑荷兰国交聘案页6）。乾隆敕谕也说："所有赍到表贡之来使，小心知礼"（同上页9）。Morse的书中也说荷使不愿蹈马氏覆辙，故极恭顺，但亦毫无所获（Morse, *International Relations of Chinese Empire*, Vol. I, pp. 49－50）。《清朝全史》采取 Morse 的书，但误译了这一段。萧先生上了《清朝全史》的当。其所增添的解释，也只是"瞎子断匾"。上面压根儿没有匾；瞎子却在下面津津有味地批评它的笔画的粗细优劣！

（6）页 773：自嘉庆十三年度路利之役以后，"英国兵舰，辄出入虎门，蔑视定制。"按中国政府禁止外国兵舰驶入虎门之禁律，执行颇严（Morse，*International Relations of Chinese Empire*，Vol. I，p. 69），自嘉庆十三年至鸦片战争，其间三十余年，英舰只曾闯入虎门二次（一在嘉庆二十一年，一在道光十四年）；虎门炮台都曾加以轰击。本书所云，未免过甚。

（7）页 776："道光十三年冬，英王以拿皮耳为主务监督，蒲罗登副之，带威为第二监督"。按带威系第三监督，蒲罗登系第二监督（Second Superintendent）。"第二监督"与"副监督"之意义虽近，但因后来另有副监督一职（Deputy Superintendent），故仍以译"第二监督"为妥。

（8）页 778：卢坤"遣广东按察使及广州知府等往访拿皮耳"。按卢坤所遣者为协副将，并非按察使（见《史料旬刊》第 23 期，页 843）。Morse 的书中作 Canton Hiehtai（p. 132），即"协台"之译音。至按察使则英译为 Niehtai（臬台），与此不同。关于这点，萧先生所依据的《清朝全史》，也是错的。

（9）页 780：义律携文书至玉兰门投递。按广州无玉兰门，只有油栏门（见《南海县志》）。Morse 书中作 Yulan Gate，《清朝全史》译为玉兰门，名称虽雅，实出臆测。

（10）页 781 云：道光十六年，英政府废贸易监督之职，以义律为领事代之。按在道光十六年时，英国未废贸易监督之职。是年英政府为节省经费起见，裁去第二及第三监督，仅留主务监督，即以义律任其职。道光二十一年，璞鼎查代义律为全权大使，同时兼任商务监督。《南京条约》后，此职由香港总督兼任。北京有英驻使后，改由该使兼任（Eames，*The English in China*，pp. 272–273）。至于驻华各口岸领事，则自《南京条约》后始设置。

C. 译文之荒谬

上举 10 例都是在本章中所发现的错误。此外尚有一段马戛尔尼的日记，译文殊多谬误。这日记是很宝贵的直接史料，原文见 Robbins 的 *Our First Ambassador to China*，为《清朝全史》所据（见编辑大意）。萧先生不直接参考原书，甚至于不参考刘半农译《乾隆英使觐见记》，而惟盲目地依着《清朝全史》抄袭，殊可骇异。兹将错误过甚之处，举例如次：

（1）页 753："牧师代理"，不成名词。刘译"陆军副官潘立熙"，甚是（见《乾隆英使觐见记》，页 79）。

（2）页 758：乾隆帝"以英王之年龄询余，余答以希望如帝有八十二岁之高龄云"，张冠李戴。刘译作："皇帝……问你们……国王今年几岁了。余据实告之。皇帝曰：朕今年八十三岁了，望你们国王同我一样长寿。"核与原文尚符。

（3）页 759："然此当为中国妇人室内所陈之物，比之圆明园之欧洲物品，尚属劣等云。"按英使所见之物，明系热河御园中物，乌得谓系"中国妇人室内所陈之物"？刘译作："然而华官复言，此处收藏之物，若与寝宫中所藏妇女用品较，或与圆明园中专藏欧洲物品之宫殿较，犹相差万万"，虽后半略有语病，然与萧先生所抄之译文较，固已"相差万万"。

（4）页 759："首相及其弟（按即和琳）等坐以待余。"按其原文为 The minister sitting with Foulion and the Foulion's brother Fou-Chang-Tang（p. 329），应译"首相及福中堂昆仲，坐以待余"。刘译作："面相国和中堂，福中堂兄弟亦在坐。"不误。首相或相国指和珅，福中堂指军机大臣福长安，弟指福康安。三人皆为乾隆所亲信之近臣。

（5）页 760："又常以书告余，谓新年祝典宴会，其娱乐之事，再三叙述。"非但与原文大有出入，且全句不合逻辑。按马氏欲在北京过年，乃于前一日致书和珅，托词要看新年礼节，和珅乃骗之云："而且我们天朝的宴会礼节，新年时与万寿时差不多。贵使既在热河看见了万寿礼，也不必再看新年礼了"（亦从刘译）。

（6）下文："时余答以天气寒冷，体弱不堪忍受，无在京度岁之意。现在防寒亦甚留意云。"这是和中堂所希望于英使之答词者，可惜英使要在北京过冬，不肯说出。安知百余年后，竟有译者为之说出！关于这段答词，刘译作："余曰：敝使颇堪耐冷。北京天气虽寒，敝使来华之前，已有御寒之备。即久处北京，亦可于身体无碍。"

（7）页762："其一为敕谕类之目录"，错得可怪！刘译作："一系物品清单，详开皇上赐与贵国国王各物之名目。"

（8）页762："往年广东大水……皇帝于曩时游猎费之中，拨赐五万，作为救济之用"。错得太厉害。刘译作："去年山东河决……皇帝中年曾在该省打猎，深知该省情形，闻奏，立命拨发库银十万两，赈济灾民。"甚是。

（9）页763："余往访侍郎松筠，谈甚久，其主要问题，即关于中国皇帝致英王之书信。彼云：余十月三日之书简中，所云英大使要求条项，恐非出自英王之意，似系该大使之意云云。余对于此，稍事解释，彼闻之，尚以为不应对朝廷有如此要求。可知中国人士所见，殆谓要求非英王之初意，乃大使不禀知君王，而私自以一人之见为之者，殊为不当矣。"此段大失原意。兹以刘译为根据，改译如下："……谈论之要题，即系乾隆皇帝之敕书。当日草拟二次敕书之文官，今为松大人之随员，谈话时亦在座。时余对此敕书中所云十月三日之要求，'原因尔使臣之妄说，尔国王或未能深悉天朝体制，并非有意妄干'等语，略有诘责，彼（按指草拟敕书者）乃竭力加以解释。据云，此为一种政治上之巧谜，乃所以摆脱一种未便允许之要求者也。盖依中国之礼，不许直言一国君主愿向他国提出一种将有被拒可能之要求。故敕谕中假定国王未作是项要求，而委其过于使臣之妄以己意干求"。

（10）页764："余就皇帝答书中察其意思：第一，英国公使常驻北京一事，皇帝甚为注意（即不同意），对于余之使命，避而不言，乃力述英国商人可受亲均待遇之一般实证。第二，恐余于宗教上有一种企图，即如余所述。又对于余所否认之一种特占权，谓为抱有野心"。按与原文不合。应改译为："在第一敕中，皇帝对于请准英使常驻北京一事，特别晓谕（并未允许），而对余之其他使命则皆含糊其辞，并不逐一谕列，仅系广泛的保证英国商人之可享受优待而已。至在第二敕中，则除诬余有意想不到之传教计划外（此点已在上文提及），似尚责余另抱一种谋获特权之诡计——关于此点，余绝对否认之。"

除此以外，日记之译文中，并误 10 月 2 日为 3 日（页 759），3 日为 4 日（页 761），和珅为和琳（页 762），再版时都应更正。

Ⅲ. 第二章之错误

第二章（原书第十七章）述国际贸易之状况。其中材料，除"茶市之组织"一节外，亦多采自《清朝全史》第五十三与第五十五两章。这一章中，错误较少，但也未能尽免。例如：

（1）页 784 所录"限制外人之规定"中有四、六两条，皆稍错误。"不得雇用仆妇"应改为"不得雇用仆人"。"游览花园"应改为"游览花地海幢寺"。

（2）页 787："大概公行与商馆二方，以专利之结果，时不免有欺诈自私之行为，两国邦交，既非此辈所顾虑，而龃龉时生，各恃其凭借以求胜……以故沙面贸易，时有停辍。"按此语不合事实。当时公行与商馆虽都获有专利之权，但甚看重商业道德。他们是靠贸易挣钱的，故对邦交破裂或贸易停辍这一类事情，总是想要竭力避免。在鸦片战争以前，几次的中英冲突，都是官吏与官吏之间的冲突，而这一班商人，实有从中调解的功绩。他们为本身利害计，安得不顾虑邦交呢？

（3）页 788、789、795 所载先令数，皆误。按在 Morse 书中，这些数字都指元（西班牙币 Carolus，时值英币四先令半）数。《清朝全史》

243

之作者译错了，本书乃因袭其误。

（4）页789："其长为七九·九（Cubits），幅二五·九（Cubits）"。按这两个洋字所指的东西，便是我国制度中的"尺"。萧先生不加注意，似待考证！

（5）页791："卡塞勃兰卡（Casa Branca）之长官"。按 Casa Branca 系葡萄牙文，意指"前山"，即香山县属之前山寨。《澳门纪略》及《广州府志》皆云：雍正九年移香山县丞于前山寨，改为分防澳门县丞。本书中所谓"卡塞勃兰卡之长官"及"卡塞勃兰卡副执事"，皆此小小县丞之古怪译名。

（6）页791："乾隆九年，派特使曹丹（Tsotang）代香山县办理澳门之事。"本书之蓝本《清朝全史》中亦有"乾隆九年，派特使苏丹（Tsotang）"一事。按曹丹与苏丹下所注之西文相同，似系一人两姓。但考《清朝全史》所据之书，则见 Tsotang 是个官名，不是人名。《广州府志》及《澳门纪略》皆云：乾隆八年，以肇庆府同知改为香山海防军民同知，专理澳门夷务，驻扎前山寨。清时称同知为左堂。故 Tsotang 即"左堂"之译音，是指澳门海防同知的，并不是什么"特使曹丹"。

（7）页795："……而嘉庆十七八年间，美之商业尤盛。"按在嘉庆十七年夏，英美交战，美国以受英干涉故，对华贸易骤衰。据潘序伦说，嘉庆十七年至二十年间的中美贸易，不及嘉庆十四五年的三分之一（*The Trade of the U. S. A. with China*，p. 44）。Morse 也说：除嘉庆十七年至十九年间一个短时期外，美船独营他人所不能营之商业，故贸易甚盛（Morse，*International Relations of Chinese Empire*，Vol. I，p. 82）。本书又是上了《清朝全史》的当，将事实说到相反的方面去。

Ⅳ. 第三章之批评

第三章（原书第十八章）叙述19世纪之国际形势。萧先生谓"倘不从世界大势上为之说明，则无由知中国外交所以孤立而被动之真象"。这是不错的。但我读过本章以后，发生了两个疑问：

第一，本章所收的各方面材料，详略得宜否？本章的目的，是想借着当时的国际局面，来说明中国的外交。本书是"清代通史"，应该顾到宾主的关系。凡与中国无深切关系的国际事情，都不应该列入，以免喧宾夺主。本章费了十几页来叙述19世纪的三十三次的国际战争，又费了十几页来叙述英国在印度、加拿大、澳洲和非洲的殖民史。但是，对于中国外交有深切关系的三国协商，只占一页；国际商业的发达及列强之宗教的侵略政策，不到三页。19世纪的国际的战争及殖民地的占领，都是由于18世纪末叶工业革命的结果；这些事情与中国之受侵略，是同一原因的结果。本章对于中国所以受侵略的欧洲背景，如工业革命和商业发展等，不加详述，以致我们不明白欧洲列强为什么要竭力向远东发展，并为什么而由英国人来先启祸端。至国际战争及殖民史，与中国仅有间接关系；维也纳会议，正统主义，俄皇的专制政策和俄民的革命精神等事，与中国很少关系，反都受到过分注意。这样详其所不应详，略其所不应略，结果只令我们对于当时中国外交的国际背景，仍旧模糊不清。我们好像在读一本以欧洲为本位的欧洲近世史中的一章，并不是在读一本以中国为本位的清史中关于欧洲背景的一章。这是详略失当。

第二，19世纪的国际局面是否有另立专章之必要？19世纪的国际局面，固然是与中国外交大有关系；但这局面是变迁的。同时，中国的外交，也是受了它的影响而变迁。在19世纪初期，欧洲各国，内部不安，无暇外顾，只是英国是工业先进国，已提倡自由贸易，感觉着有找寻海外市场的必要。这是鸦片战争的背景。19世纪中叶，法国产生了拿破仑第三，俄、英、美在争太平洋的霸权，远东风云忽紧。这是英法联军及俄占东北土地的背景。19世纪末叶，资本主义已经发展到最后阶段，由商业市场的竞争，进而为投资地的竞争；为投资安全起见，又有占领军事根据地的必要。这是甲午战争后各国竞取租借地及铁路矿山优先权的背景。我以为对于这些背景的描述，应该分别插入叙述中国外交史的各章里面，比较明显。如今并成一个专章，独立地泛述欧洲的国际关系，反掩蔽了一种"如影随形"的关系。又本篇所述中国外交史，既截至道光朝为止，那么，本章即使保全，也应仅述鸦片战争以前的国际局面，而将"十九世纪末叶列强外交"一段，移列下卷。

A. 与武埨干氏同犯的错误

第五章（原书第二十章）述鸦片战争。本章中的材料，大部分采自夏燮的《中西纪事》及芍唐居士的《防海纪略》二书。实则《防海纪略》及《中西纪事》中的记载，大半得自传闻，不甚可靠。所以我在本章内所发现的错误，也就最多。有一部分的错误，在前评武埨干著《鸦片战争史》时，已讨论过，今不详论，仅于每条之下注明那篇书评中的项数，以便读者对照（见本文集第 1201 ~ 1211 页）。

（1）页 859："道光三年至十一年，广东海口共漏银一千七八百万两。十一年至十四年，共漏银二千余万两。十四年至十六年，共漏银三千余万两。"数字全误（16）。

（2）页 860 所举规定第一条："输入之鸦片，可以交换货物"。"可以"二字，应改为"必须"（14）。

（3）同页所举规定第三条："惟每船总额不得超过五万先令"。"先令"应改为"元"（15）。

（4）页 865 所云林则徐到广州后，"与邓廷桢谋，先捕斩出入英商馆之华商数名于馆前以示威"，误（17）。

（5）同页所云"搜索历年贩运烟土之英商查顿及颠地二人。查顿闻风先遁，颠地随领事义律至广州商馆"，误（19）。

（6）又同页所云"林氏令出鸦片四分之一者给婢仆，出二分之一者与食物，出四分之三者许贸易如旧"，亦误（21）。

（7）页 873，关于川鼻之役之开战原因，本书系兼采林则徐及义律二人之报告，不加甄择。实以林说为较可靠（26）。

（8）页 874：英国"派乔治义律统陆军"，误（28）。

（9）页 876："英人见广东无间可乘，而侵浙之师起矣"，误（30）。

（10）页 874 所载英人在天津提出之要求六项，误（39）。

（11）页 881 载：义律在广州谈判时，"以琦善易与………于前索六款外，复提出割让香港全岛之条件"。按此亦误（39）。

（12）页 884："英军已于二月五日……截攻横档炮台，再破虎门炮台"，误（43）。

（13）页 898：奕经等"三路约是月二十八日夜中同时进兵"，日期误（48）。

（14）页 900 记乍浦于初十日陷落，日期误（49）。

（15）页 901："副都统长喜投水死"，误（50）。

（16）页 902："英舰以五月一日进逼吴淞"，似不确（51）。

（17）页 905："会初七日耆英等至"南京，亦误（53）。

B. 其他史实的错误

此外尚有错误十余处，列举如下：

（1）页 855："及乾隆四十六年（1781 年），英吉利东印度公司自本国政府得垄断中国贸易之特权"。按东印度公司自万历二十八年（1600）创立之时，即已取得垄断好望角以东，麦哲伦海峡以西各国贸易之特权，中国亦包括在内。此后直至道光十四年，中英贸易皆为此公司所垄断（Eames, *The English in China*, pp. 8–9），并不始于乾隆年间。

（2）页 856：关于鸦片贸易之"说合……有行商"。按此语出于许球奏疏，但不合事实。自嘉庆初年禁止鸦片以后，行商即不私营鸦片贸易（Morse, *International Relations of Chinese Empire*, Vol. I, p. 176）。当时其他货物的贸易额，年达千万以上，其中佣金之多，已够行商致富。

（3）页 865 至 866 所述林则徐禁烟事，颇多错误。兹据林氏《政书》、《信及录》、西人 H. B. Morse 和 J. B. Eames 等记载，重述当时情形如下：林氏于正月二十五日抵广州，至二月初四日始发谕限三日内缴烟，初五日禁止在商馆之各国商人出港，并密派兵役暗设防备。初八日英商允缴 1037 箱，林氏不许。初十日，义律始来商馆，林氏乃张兵以临之，包围商馆，撤退华仆。十二日，林氏又发谕晓示利害。十三日，义律允缴烟；十四日开具清单。于是告一段落。本书谓：义律来省在林氏晓谕英商以前，一误；林氏曾于二月初三日张兵以临之，二误；林氏于二月初九复发兵包围英商馆，三误；林氏晓谕英商在二月初三之前，四误；二月三日为缴烟限满之日，五误；二月三日英人曾愿缴鸦片1037 箱，六误；林氏于翌日（二月四日）即断英人粮食，七误；林氏令各国商民退去，八误；二月九日前，林氏又发第二次谕示，九误；义律以十二日具状请缴，十误。这十误都是由于萧先生不知道事实发生的正确日期，以致将事实的前后闹不清楚，并且乱填日期。

（4）页 868 记林则徐验收鸦片，至四月初六日毕。按鸦片验收须至 5 月 21 日星期五（即阴历四月初九日）晨二时始毕（*Chinese Repository*，Vol. Ⅷ，p. 28）。林氏报告称四月初六日；六字疑系九字之误。

（5）页 874：英"军舰二十六艘，大炮百门，向广东进发"。按是次英军来华，所率军舰仅 16 艘。此外尚有汽船 4 艘，运兵大船 1 艘，运输船 27 艘，（Bernard，*Narrative of Nemesis*，Vol. I，p. 221）。当时浙抚奏称，在定海洋面，见有夷船 26 只。混言夷船，非专指军舰，且所言亦仅指定海洋面所见者。至于炮位，实有 540 门。较巨的 3 只军舰，每艘各有炮 75 门（Bernard，*Narrative of Nemesis*，Vol. I，p. 221）。林则徐奏折亦云：大号兵船有炮三层，约七八十门（《夷务始末》卷一一，页 18）。可见总数绝不止百门。

（6）页 877 述厦门之防战，亦有错误。是年六月初四，英船至厦门，初五日遣人递书，未遂，曾起冲突；但英船旋即北驶。邓廷桢于十五日始由省城抵泉州，时英船已离厦澳旬矣。本书谓英人递书，廷桢不答，派师迎击英船，实系误记。又初五日的交战，自辰至未，皆在日中，并非夜间（见《夷务始末》卷一一，页 27）。

（7）页 878 记初六日英人以小舟径造定海总兵张朝发船，"投递信

248

函；朝发不受，麾令军士炮击之。"按是日张朝发曾接收英人信函，中西记载相同（Jocelyn, *Six Months with the Chinese Expediton*, pp. 47 - 59 及《夷务始末》卷一一，页 8）。

（8）页 879 谓义律来津投书以前，朝旨已经变更，有求和意。这是不错的。但其所举证据，却不充分：①"密诏两江总督伊里布为钦差大臣，赴浙视师"。按伊里布在后来虽为主和派，但此时未办外交，态度未显。清廷以闽浙总督邓廷桢防守福建海口，不能分身，浙抚乌尔恭额以失守定海革职，新任浙抚刘韵珂以道远未抵任，故委派近在江苏的重臣伊里布赴浙会师剿夷，并未有和意也（《夷务始末》卷一二，页 1）。②"又命侍郎黄爵滋祁寯藻赴福建查勘"。按二人初系受命赴闽查勘烟禁，与和议无关（《始末》卷九，页 14），至八月二十四日，始受命查察上次厦门一役实情（《始末》卷一五，页 1），但已在天津谈判成立后。③"时则徐屡奏拿获烟犯，遭旨申斥"。按此事在七月二十四日（《始末》卷一三，页 4），时清廷已接到英人在津所投国书，决意媾和，非在义律来津前。④"敕沿海督抚遇英人投书，即收受驰奏"。按清廷于七月十二日谕直督琦善收受英人文书驰奏，是日英舰已抵天津。其后于七月十八日谕钦差伊里布暨署江督裕谦，七月二十三日谕杭州将军，接收英人文书（见《始末》卷一二，页 23，又卷一三，页 2），则皆在英人来津之后。故所举四条证据，仅半条可以适用。

（9）同页谓"义律与伯麦以五艘赴天津，投书请款"。按是次来津之船，共有 Wellesley, Blonde, Modeste, Pylades, Volage, Madagascar, Ernaad, David Malcolm 等八艘（*Chinese Repository*, Vol. IX, p. 419），不仅五艘。

（10）同页又谓义律所投之书，"为其国会致中国宰相者"。按此书系由外相巴尔满斯顿（Palmerston）所发。魏源《圣武记》以"巴尔满"与"巴厘满"（Parliament）音近，且从前俄国给中国的公文多由"萨那特衙门"（Senate）所发，故误认此书为英国"巴厘满衙门"所发。本书谓乃英国国会致中国宰相书，谅亦由此致误。

（11）页881："十月，琦善至广东，则力反则徐所为，裁撤水师，解散壮丁，尽废一切守备，欲以释英人之猜嫌。"按裁撤防备，系奉道光谕旨，咎不在琦善（《始末》卷一五页15）。琦善到广州后的第一次奏折便称："夷情叵测，虎门系近省要隘，未便漫无提防，随饬委署广州府等前往该处，妥为密防"（《始末》卷一八，页2。又蒋廷黻先生有《琦善与鸦片战争》一文，可参考）。

（12）同页称琦善"甚至责备副将，不应在炮台上施放号炮，惊动夷人，致令生气"。按英国小艇于是年十月十八日悬白旗赴广州递书，遭虎门炮台轰击，故琦善向英人道歉，并诫炮台副将勿向悬白旗之船施炮（Morse, *International Relations of Chinese Empire*, Vol. I, p. 268 及《始末》卷一八，页1）。本书所述，乃根据《中西纪事》一书，为仇琦善者所造之谣传，不足置信。

（13）同页又称沙角、大角炮台守"兵止六百，英船炮攻其前，而汉奸二千余，梯山背攻其后"。按是役防守两炮台者，约2000人；英兵登陆来攻者，计1461人，内白人与印度人各半，并没有汉奸（蒋著《琦善与鸦片战争》，页12）。

（14）页882："先是琦善之陛辞也，旻宁谕以英夷但求通商则已，如邀挟无厌，可一面羁縻，一面奏请调兵，原未令其撤防专款也。"按令琦善"一面与之论说，多方羁绊，一面预为预备"的上谕，系十二月初七日接到琦善报告交涉困难后所发（《始末》卷一八，页16）。至于九月初八日琦善陛辞时面谕之语，虽不能详其内容，但观十二月初三日上谕，"琦善面授机宜，现在自仍以开导为先，但恐有变更，如有不得不攻剿之势，则兵贵神速，不可稍迁延，坐失时机"（《始末》卷一八，页6），则知道光初以为英人必能就范，议和毫无问题，故面谕专以开导为言。及闻琦善奏报交涉棘手，始知问题并不如是简单，故有"恐事有变更"之语。本书所述面谕之语，系根据传闻，不足置信。

（15）页885：英人"持书至凤凰冈议和……总兵长春……掩帐而卧，一任汉奸导英人遍历营垒，尽得虚实"。按此事亦不确。据英人记载，谓是年阴历二月二十四日，英汽船携义律致清吏公文，至凤凰冈，由悬白旗之舢板赴岸投递，但遭炮击，遂亦由船上以炮还击，旋即返黄埔（Bernard，*Narrative of Nemesis*，Vol. I，p. 406）。杨芳奏折亦云：逆夷于二月二十四日欲攻扑凤凰冈，经开炮迎抵，逆夷大败，即退出（《始末》卷二五，页25~27）。英人并未能至岸上探察虚实。

（16）页897：英军迫"宁波城下，余步云复弃城走上虞。宁绍台道鹿泽长、知府邓廷彩从之"。按《中西纪事》卷二四云："宁绍台道鹿泽长，从裕谦在镇海，闻败，驾小舟退入慈溪，托以受伤投水，被人抢救，遂未回宁郡。"杭州将军奇明保奏亦云："鹿泽长欲回宁郡宁御，而郡城已陷"（《始末》卷三五，页11）。本书谓鹿氏在宁郡，后从余步云弃郡城而逃上虞，盖误。

（17）页906括弧内所注西历四月，系八月之误。又页920谓"琦善等往复与之辩论"，琦善系耆英之误。

（18）页928记道光二十七年夏，青浦县发生麦都思一案。按此事发生于1848年3月8日，即道光二十八年二月初四日（见Morse，*International Relations of Chinese Empire*，Vol. I，p. 392及《始末》卷七九，页13）。

C. 见解的不正确

除了上面所指出的三十余处事实错误外，本章中的见解也不正确。例如（1）论鸦片战争之失败原因，由于内则任用非人，罢林则徐而信琦善，外则不明大势，未能联络美法，以夷制夷（页921）。按鸦片战争之所以失败，最大的原因是武力不及人。以中国当时的武器及训练，决敌不过英人。刘韵珂说英人炮弹之猛，火箭火罐之奇，出人意表，吾军进战与坚守，皆不可能（《始末》卷三五，页4）。观当时第二次定海战役及镇海战役的失败，我们可以相信这是实情。林则徐是有血气的忠臣，我们毫不怀疑；但如令他继续硬干下去，战事也必失败。至于主和的琦善是否像传说的那么卖国媚外，也成问题。蒋廷黻先生的《琦善与鸦片战争》一文的结论是："琦善在军事方面，无可称赞，亦无可责备，在外交方面，他实在是远超时人"（页 26）。这是依据新发现的史料，明了当时事实，然后平心静气所下的批评，最可信赖。至于依托外援，在当时也不可能。美人出为调停，与中英两国直接交涉，并没有什么分别。英国决不会以美国调停而减低要求，同时美国也正利用此时机以求打开中国的闭关政策。法国当时路易非力波在位，力主和平。法国的傀儡埃及太守以受英俄压迫，放弃叙利亚等地，法国尚且袖手旁观，不敢出面（道光二十年的事）。这时候决不会为远东的事与英国开衅的。本书谓法人若起而调解，必能折服英人；倘英人不从，法人亦可藉口与之交兵（页 921）。这是昧于当时世界大势的话。又如（二）论鸦片战后中国在国际法上之失权，作者举出居留地之起源及领事裁判权二项（页 925～927）。按当时清吏不明国际情形，以为开埠通商，外人得居留中国，为国权之一大丧失。实则居留通商为各国之通例，并不算失权（至于租界，又当别论。租界与居留地不同，因为多了一层行政权的丧失。但租界制度系道咸年间逐渐演成的，在《南京条约》、《虎门条约》、《望厦条约》、《黄埔条约》中，都没有规定；故并非是鸦片战争的结果）。至于片面的无条件的最惠待遇，及关税协定二项，实为中国在国际法上之重大失权，而作者反没有提及。

Ⅳ. 余论

在本篇全篇中，作者所根据的材料，大半采自中文书籍，故对于西人原名，阙漏很多，例如页 772 之英大班喇佛，即 Roberts，亦即本书页 865 之罗拔；页 773 之英舰脱里斯号，即 Doris；同页美船汉打，即 Hunter；页 776 之阿斯迭，即 J. H. Astell；页 779 之快走舰依莫禁号及安东罗密古号，即 Imogene 与 Andro-mache；页 780 之英舰阿柔号，即

Argyle；同页之翻译西加子柔，即 C. Gutzlaff；页 790 之明特卿，即 Lord Minto；页 793 之班塔木，即 Bantam；页 865 之查顿及颠地，即 Jardine 与 Dent；页 873 之铁儿额尔，即 Thelwall；页 874 之马哥烈，即 Macaulay；页 885 之美特日尔斯特，即 Rev. W. H. Medhurst（亦即本书页 928 之麦都思）；页 920 之福州英领事李某，即 G. T. Lay；页 928 之罗伯孙，即 D. B. Robertson。这些都应补入。

丙　余论

以上已分别讨论本书上、中二卷内关于外交史方面的叙述。现在更就全书体例，提出四点来做商榷。

（1）应增入地图。如关于俄国在东北方面之发展，鸦片战争中重要战役，都应该插入地图。这理由很显著，用不着说。

（2）应注明出处。一部专门著作，对于材料的来源，应该逐一注明出处。本书对此，或注或不注，体例并不一致。因系通史，这点尚可宽恕。惟最好能于每章或每节之后，标明本章节之主要参考书。

（3）对外国人地名，都须附注原文；但本书多阙漏不书。这层，我在前面已经说过。又引用外国文时，例须附以译文，而本书在中卷页 925～927 之间，引用了两段法文（拼错 20 余字）。四段英文，都没有附以中译，不知何故？

（4）研究中国近代外交史，非多参考西文书籍不可。听说萧先生在著作本书的时候，"年纪还不到二十二岁"，自然还没有机会来多读西书。现在萧先生既有机会到英国去读书，而国文方面的材料，又增加了《道光朝筹办夷务始末》等书，宜可旁征博引，重写本书。吾人将拭目以俟之！

1933 年 11 月 2 日于清华园

评陈博文著《中日外交史》[*]

　　本书共分四章：元明以前之中日外交；清代之中日外交；五四以前之中日外交；五四以后之中日外交。其叙述之终点，止于民国 16 年八九月间。按本书初版之问世，距今已有六年，故原稿所记史事，不得不以伍朝枢向芳泽之抗议为最后一件。惟以"国难后第一版"为标志之外交痛史，而竟忽略"国难"，未由原著者或商务印书馆之其他编译人员，略费数日功夫，增补若干章节，便照旧样复印，以飨国人，则殊令人深感不满。也许商务印书馆负责诸公，真正以为读者之对本书，"需用较切"，所以"先行复印"，徐图补正。然而，据我看来，本书中除了没有涉及最近发生的事变以外，还有种种缺点，实在应当先行补正，而后"复印"。现在既已"复印"，只好听其销行。但当国难后第二版付印之先，我们总希望他们把这本书重写一遍，乃略指陈其重要缺点，以供采择。

---

　　* 本文原载《图书评论》1934 年第 2 卷第 12 期。所评陈书系《新时代史地丛书》之一，商务印书馆 1933 年 4 月国难后第一版，计 168 页。

一 分期不当

本书中分中日外交史为四期：自周初至明末为一期；清代为二期；辛亥至五四为三期；五四后为四期。按历史分期，应随史事流变为转移：遇变则分；不变则不分。凡是妥当的分期，最低限度应使每一时期的史迹，看来确是自成一个体系，前后虽相衔接，而终各有特色。这样划分的时期，不仅可以年限为标题，且可以特色为标题。例如工业革命后之经济史，可以称为资本主义时期。又如美法革命后之政治史，可以称为民治主义时期。唯有这样的分期，才可得到别人的采用与赞许。而今著者的分期，完全没有顾及中日两国外交史事之变迁，以致每一时期的特色，连他自己也指认不出。

据我观察，关于九一八事变以前的中日外交史，如欲分为四期，那么，第一期的终点，应是同治九年，不是明末；第二期的终点，应是光绪三十一年（1905 年），不是宣统三年（1911 年）；第三期的终点，应是民国 10 年（1921 年），不是 8 年（1919 年）。

同治九年（1883 年），日本派员来华，要求订约；近代式的外交关系，从此开始。故以该年为一二两期之分界，实较明末为妥善。因为以清代明，只是中国内政上的变革，至于对日外交，悉仍旧贯。

光绪三十一年，日俄在朴次茅斯订约，暂时解决了日俄间在东北的利害冲突，而英日同盟亦随之成立，日本对于中国的侵略，便无忌惮。

民国 10 年，美总统召集华盛顿会议，订立《九国公约》，日本的对华政策，便受国际牵制。两国间的比较正常关系，维持九一八事变——此后又成一个新的阶段。

按在同治九年以前，对日外交是不重要的。故在一本通俗的小册子里，关于第一期的历史，只须略表几句，当作"楔子"而已。惟自柳原前光来华以后，情势大变，著者应该指出这时期的日本，是以联华排俄为侵华手段。迨日俄战后，形势又变。最初两国合作，蚕食东北，并拒他国势力侵入东北。后因欧战突起，西洋诸国无暇东顾，日本乃得横行无忌，而二十一条之要求，遂为第三时期之重要节目。华盛顿会议的结果，日受国际牵制，不得不姑认中国的主权独立与领土完整；而不久又须致力于地震以后的复兴，乃对中国表示亲善，以俟良机之到临。这是国难前夕的特征，亦即第四时期的特征。此后世界经济，发生恐慌，欧美各国，自顾不暇，而日本的狰狞面孔，又显露了。本书中的末尾一节，就暗示这新局面的正在开展。

我这一种分期的方法，容或有些商榷余地，但较著者的分法，似乎稍有意义。无论如何，一种专史的分期，总应该随所述史事之流变而转移。假使著者能够顾到这点，那么，他的分法，即使与我不同，我也没有异议。

二　条理不清

本书既是一种通俗的读物，叙述自以"简要"为原则。欲达简要之目的，第一，须从千头万绪的史实里面，找出一条坚强的线索来，使之连贯；第二，须把这条线索当作准则，从事于材料的选择；第三，须把所留的材料，依着性质，酌量并合，使成少数项目，以清条理。著者对于这些，眼光和手段，都嫌太低，以致读者看了本书以后，所得的印象，非常杂乱。现在试举第四章为例。该章总名"五四以后之中日外交"，计分一十九节：①长春事件；②福州事件；③安福祸首之收容；④珲春事件；⑤华盛顿会议；⑥亲善运动；⑦"六一惨案"；⑧日本之大地震；⑨日籍台民之横暴；⑩无线电台交涉；⑪五卅惨案之主因；⑫关税特别会议；⑬领事裁判权问题；⑭南满出兵问题；⑮大沽事件；⑯商约之修订；⑰宁案交涉；⑱山东出兵问题；⑲最近之满蒙交涉。这样流水账式的平铺直叙，不但项目过多，使人看了之后，头昏目眩，而且是以重要性不同的史迹，毫无轩轾地比肩并列，亦足证明著者之缺乏史识。须知一部简要的史书，应该要把它所叙述的对象之特点抓住，好像漫画中的名人肖像，只需寥寥数笔。如果漫画家将头发胡子，根根画出，那么，不特太费气力，且也画不好的。

本章中的各节，依我观察，有许多是该删除的，至少也应该把性质相同或顺序相连的史迹，合并叙述。例如开头四节，便是不必要的；即使不忍割爱，也应移到第三章去。长春事件和珲春事件，都是日人在东北所闹的乱子，应与第三章第四节郑家屯案合并叙述。福州事件是五四运动起后，抵制日货所酿成的冲突，可在第三章第五节五四运动项下稍为提及，或径删去。至于安福祸首之收容，乃是欧战期中亲日派的结局，可在第三章第四节中国参战项下附述，或亦删去。

按自华盛顿会议时至"九一八"止，日本对于中国的外交，最显著的约有三点：①在该次会议闭幕以后，日本遭受大地震，元气大损，乃提倡其所谓"亲善"政策，以作缓兵之计；②自五卅惨案起后，中国民气大振，日本随着欧美各国之后，竭力敷衍中国的改约运动，因之乃有关税特别会议，法权调查委员会，及商约之修订；③在这时期中，日本的态度虽较缓和，而对那些既得利权，绝对不肯放弃，故不欢迎国民政府的确立，因有阻止东北反正及北伐军前进的表现，最露骨的便是出兵山东酿成济南惨案。如以这三点为叙述之中心，决定材料的取舍，那么，第四章的内容，只需分为三节。何必把它拆得鸡零狗碎，分成一十九节？须知分节的用意，本在显示条理。如果分节的结果，不能显示条理，那又何必多此一举？著者在这章中，仅以事件为单位，没有顾及事件的种类，且不问其重要的程度，只是大小无遗地列举，将使一个普通的读者，怎样找出头绪？

三 叙述不确

供给一般知识的普通读物，必须假定其读者之间，多数缺乏鉴别能力。所以每叙一事，必须斟酌尽妥，毋使一字一句，或有错误。著者之对于这点，尚可算是很谨慎的。但经细察之下，则见叙述不确之处，犹常有之。兹特略举数例，希望读者注意。

（1）页2谓"后汉光武中元元年（56年），日本遣使来朝"。按据《后汉书》帝纪卷一《光武本纪》，及列传卷七五《东夷传》，"元年"应作"二年"（57年）。

（2）同页谓"汉文之输入日本，始于东晋安帝时（日本应神天皇即位后之十五年）"。按应神十五年即西晋武帝太康五年，下距东晋安帝之即位，尚有87年（见日本三省堂发行之《模范最新世界年表》）。"东"应改"西"；"安"应改"武"。

（3）同页又谓"梁元帝承圣二年（553年），中国人由朝鲜至日本传布佛教"。按在梁武帝普通三年（522年），司马达等曾至日本，传布佛教，但罕信者。其后30年，即梁元帝承圣元年，百济圣王复遣使者往献佛像及经论，佛教始大流行（周传儒《中日历代交涉史》转引日人喜田贞吉《国史讲义》及峰岸未造《日本历史》）。可见佛教之由华人传至日本，始于梁武帝时；至其盛行，则为承圣元年，并非二年。承圣元年之传布者为百济圣王所遣使者，或非华人。

（4）页3谓"隋炀帝大业四年（608年），日本……特遣小野妹子来聘……翌年，帝遣裴世清伴送归国。日本复书内有日出国皇帝致书日入国皇帝之语"。按《隋书》卷八一《东夷传》，日使来聘系在大业三年（607），非四年。又"日出国皇帝致书日入国皇帝"之语，系大业三年日使初来时所赍国书中语。至于翌年的日本复书，虽不见于《隋书》，但据黄遵宪《日本国志》卷四《邻交志》上一，则知其有"东天皇敬白西皇帝"语。

（5）页4谓"日本自仁明天皇以后，使聘来唐之举遂绝。历五十余年之久，迄宇多天皇宽平六年（唐末）重任……为大使……为副使，入唐朝贡；将起行时……中止……使唐之举遂永绝"。按自仁明天皇以后，日使来唐者，固属甚少，但未绝迹。《册府元龟》卷九七二云："唐宣宗大中七年，日本遣王子来朝"。大中七年即日本文德天皇仁寿三年，适在仁明天皇与宇多天皇之间（见《模范最新世界年表》）。

（6）页10谓同治十年，"日本复任伊达宗城为特命全权大使，来北京，与直隶总督李鸿章缔……约十八款"。按直督驻在天津，伊达用不着到北京。而且考诸史实，这次的议约和签订，本都在于天津（见《李文忠公奏稿》卷一八）。

（7）页12谓副岛种臣"四月至北京，向总理衙门提出琉民被害事件，问生蕃是否属中国版图"。按李鸿章曾告美国公使云："副岛在京，并未亲自向总署商议，只令副使柳原前光略提数语"（见《李文忠公全书》内《译署函稿》卷二，《与美使问答节略》）。这是日本的外交技术，只使副使略提数语，不由大使正式提出。总署不留意，以为无关重要，而日本却谓已经通知中国，便派大兵攻台湾了。这点虽相差甚微，却是不容弄错。

（8）页13谓同治十三年，"左宗棠曾主张：'宁让俄人一步于伊犁，不可不出全力制日本于琉球'。惜清廷不从"。按此所引左宗棠语，未详所出。据我所知，左宗棠是不应有这主张的。同治十三年十一月，李鸿章奏请放弃西北，以全力应付东南。他说："新疆不复，于肢体之元气无伤；海疆不防，则心腹之大患愈棘。孰重孰轻，必有能辨之者！"因之，他主张以西征之饷，移筹海防（《同治朝筹办夷务始末》卷九七，页23~24）。而当时反对这种办法最力的人，便是左氏。他不愿"撤出塞防之兵，以益海防之饷"（《左文襄公奏稿》卷四六，光绪元年《复陈海防塞防及关外情形折》）。

（9）页15谓光绪十年，日本以甲申之乱"责朝鲜偿金十二万元，并增置王京戍兵，朝鲜皆听命成约"。按这次所订之约，就是所谓《日韩汉城条约》，全文见东亚同文会出版的《东亚关系特种条约汇纂》页714，计共五条，并无"增置王京戍兵"一项，且其偿金之数额为11

万元，并非 12 万元。

（10）同页记《天津条约》之第三款为"将来两国如派兵至朝鲜，须互先行文知照"。按此款末尾，尚有"及其事定，仍即撤回。不再留防"一语（外交部《光绪条约》卷一四）。此语甚关重要，不可漏书。后来东学党乱起，日本派兵赴韩，强以劝告朝鲜改革内政为辞，不肯实践"仍即撤回，不再留防"之约，以致酿成中日之战。本书下文亦谓"鸿章欲据约要日本退兵"（页 16）。如果漏列此语，李鸿章便无约可据。

（11）页 16 谓"李鸿章欲据约要日本退兵，日索偿金三百万；朝士大哗，除鸿章外，殆皆主战。枢臣翁同龢主战尤力，并力言北洋军之可恃，乃决备战"。按李鸿章亦知日之狡诈，空言力争，必无成效。惟李氏之所恃者，初为俄国。彼致总署电云："如日不遵办，电报俄廷，恐须用压服之法"（《李文忠公全书·电稿》卷一五，页 51）。后知俄国亦无能为力，始一意备战。本书谓鸿章欲据约交涉，不肯主战，实不明白此中内幕，太轻视了这位一世之雄。至于日本所提条件，也只限于中日共同强迫朝鲜改革内政，并没有索偿金 300 万事。惟当时鸿章以备战需款，要求户部海军会筹 300 万元。本书所云，或即由此致误。翁同龢是李鸿章的政敌，对于李氏的政策当然表示不满。不过他也知道北洋军之未必可恃，故在开战前五日，与李鸿章、奕劻等会奏，说："盖国家万不得已而用兵，必须计出万全。况与洋人决战，尤多牵制……此皆不可不虑也。然果事至无可收束，则亦利钝有所勿计"（《清季外交史料》卷九三，页 1~2）。所谓翁氏"力言北洋军之可恃"云云，恐亦不很确实。至于最后的积极备战，当亦由于外交方面的僵局所致，不全因为翁氏的"力言"。

（12）页 23 谓"鸿章成约归……三国公使告总理衙门，谓辽东地不悉归，毋批准换约"。按当时三国公使虽出面干涉，但仅要求还辽，未尝劝阻中国批准和约。是年四月十四日《翁文恭日记》云：

> 徐君持德使绅珂函来，谓不换约，则德国即不能帮。余笑置之。已而，许景澄电至，谓旅顺亦肯还。至换约一节，俄外部云："已经明告，则中国换约大臣自能办理"，固未尝催令换约也。而同人轰然，谓各国均劝换；若不换，则兵祸立至。而敬子斋特见恭邸，絮语劝余，恭邸亦为之动，余力争不回。（见商务影印本）

是则，德希望换约，俄未催令换约，而无一国力阻换约。又总署致李鸿章电云："奉旨：现已接三国复信，著伍廷芳联芳即与日本使臣换约"（《李文忠公电稿》卷一九，页51）亦可为证。

（13）同页谓"日本换约使伊东至烟，谓更易割辽条约，未奉国令，马关约不可改。俄舰泊烟台十艘，将备战，伊东恐，电请国命，乃从归辽议，夜半换约"。按烟台换约系四月十四日事。当时伍廷芳曾交照会三件于伊东，其要点在"闻俄法德三国与日本商改中日新约；将来如有与此约不同之处，仍须随时修改"。这是声明性质，本无条约上的束缚力的。但伊东动身返国之时，却将原件退回，谓"查本大臣蒙本国大皇帝简派来此换约，本大臣相应遵守职分，办理换约之外，并不能干涉他事。因此将贵照会三件送回，请贵大臣查收可也"（见《李文忠公电稿》卷一九，页55）。何来伊东"电请国命，乃从归辽议"事？

（14）页36称"中俄满洲二次密约成，遂引起英日同盟"。按庚子事变之后，俄占东三省，要求中国让与重大利权，其所提出之条件，十分苛刻。刘彦著《帝国主义压迫中国史》时，误称此项条件为中俄第二次密约。实则，密约并未成立。

（15）页42称第二辰丸事件交涉中间，葡政府"听日本之嗾使，向中日两国声言，辰丸停碇处系葡国领海。日本接此声言，要挟更厉"。按日本所抗议者，仅为中国不应扣留其船，并撤去其国旗。故第一次抗议即云："惟假定该处实属中国领海，本国船只遇有风浪，尽可躲避寄碇，不应阻碍"（《清季外交史料》卷二一〇，页1）。事件解决后，日使又云："按二辰丸前停泊之地点，决定其是否属于贵国领海，殊非交涉之目的，前已预为声明"（同上，页14）。本书谓日方对于此案，注重领海问题，殊非事实。

（16）页46称"图们江中有江通滩，面积不及二千亩，四围带水，故以间岛呼之……日政府竟于光绪三十三年七月派兵入间岛"。按"间岛"一名，其初本指面积不及二千亩之江通滩。但光绪三十三年日本派兵侵入之间岛，已不止于江通滩了，此外并包括吉林延吉厅属和龙峪与光齐峪等地，沃甸荒原，绵亘千里（王芸生辑《六十年来中国与日本》第五卷，第四十七章）。

（17）页49称日人欲筑吉会路，"此举为我国政府所反对，遂成为悬案之五"。按宣统元年日本公使所提出之六悬案为：①法库门路问题，即本书所称"悬案之三"；②大石桥支路问题，即本书所称"悬案之四"；③抚顺及烟台煤矿问题，即本书所称"悬案之一"；④间岛问题，即本书所称"悬案之二"；⑤安奉铁路沿线矿务问题；⑥京奉铁路延长至奉天城根问题。至吉会路事，则仅间岛悬案中之一事（前书第五卷，页216～221），本身并不成一独立悬案。著者于此节中，误以安奉铁路沿线矿务问题为安奉路重修问题，又另外误增一案，误减一案。但观其后所附《间岛协约》与《满洲五案协约》（页51～54）即可证其谬误。

（18）页54称"所有满洲诸悬案（按指间岛问题及其他五案），悉因安奉铁路问题将取自由行动之一言，尽如日本之所要求而解决"。按安奉铁路重修问题，当时系与其他六悬案分开办理。何以分开办理之结果，仍是如此？这真有点不可解了。查外务部奏报曾云：

> 东三省日俄战后，有未定者数案，皆关于路矿之事，日人谓必与界务同时决定……彼所示为转圜者，仅认延吉为我领土，请于其地酌开商埠，而裁判韩民之权，尚不肯让。其所要于我者，则必将各案全行允诺。且当彼此商议之际，日本员弁在延吉者，与我国官

兵，数相冲突……界务一日不定，边境一日不安，两国且恐因此而生意外之事……彼既有所挟持以相市，我岂可恃口舌以空争？万一迁延不决，枝节横生，转恐无从收拾。（《宣统条约》第七卷，《奏中韩界务暨东三省交涉五案议定条款折》）

可见我国让步之原因，实与安奉路之自由兴筑一事无干。原来日人是拿承认间岛为我领土这一条款来使我方对于其他利权，一律让步的。

（19）页56有"宣统二年九月二十五日，美国驻京公使与我度支部订立借款预约七条"之言。按这草约的签订者，美国方面是银团代表 Menocal（见 H. Croly 著 Willard Straight 传），与当时的美国驻京公使 Colhoun 无涉。

（20）页66述二十一条交涉，著者根据传说，谓"袁氏受日置益之诱惑，且轻信亲日派外交官之言，遂将各项要求条件，秘而不宣"。按此事之所以严守秘密，实系日方所再三要求者。袁氏为交涉进行顺利计，不便故意违反日方之意，但仍暗招英美两使，示以日方要求，并使其洋顾问莫理逊将约文泄露于外国新闻记者（《六十年来中国与日本》第六卷第六章，第五十六节）。外交内幕非局外人所能知，故多误以袁氏受日人之愚，秘而不宣。

（21）页67称"袁政府派日方所指定之陆徵祥曹汝霖为全权委员"。按二人之被派，是否真为日方所"指定"，尚无确证，不便断定。

（22）页68至69称"二十一条除第五号被逼签'容日后协商'及第四号用命令宣布外，其余均用换文签押"。按当时所签押者，除换文十三件外，尚有条约二件（《六十年来中国与日本》第六卷第六十章，第五十二节），并非"均用换文"。

除上述诸缺点外，本书中的文字，也没有写得生动有趣。读者除非硬着头皮，断不能把这书阅读到底。但就史论史，这还不是主要问题，所以不详论了。

太平天国前后长江各省之田赋问题[*]

引　言

　　清代咸同之际，中国政府遭遇到一次非常重大的危机。外患方面，有英法联军的进师京津，和俄国的侵略东北边疆。内忧方面，又有太平天国的崛起，波及十余省。当时政府的应付办法，在外交方面，由于实力相差过远，可以说是完全屈服了。至于内政方面，却因为军事和政治双管齐下，终竟致使太平天国归于失败。清廷也因之延长了四五十年的命运。

　　清廷解决内乱的政治手段，最重要的是田赋问题，当时太平军据占最久的地方，是长江流域的各省。清廷所最关心的，也便是这长江流域的各省。清廷对于这些省份的田赋政策，最重要的不外二种：①蠲免钱粮。清廷在咸同年间，曾屡颁诏旨，凡被太平军占领的各州县，分别轻

* 本文是作者就读于清华大学历史系时，在蒋廷黻指导下，于 1934 年 5 月写成的毕业论文，原为四万字有余，后经删减为三万多字，在《清华学报》第 10 卷第 2 期发表（1935）。现依作者自存校正本编入文集，并依照原稿本有所增补，但对余论部分作了删节。

264

重，加以豁免或缓征。他的办法不外全免、减征及缓征三种①。②减轻田赋。前者是仅限于刚被收复的地区，并且性质是暂时的。至于后者却是一个广泛的减赋运动，普及于长江流域六省内的各地方；并且性质上又是比较永久性的。

本篇的目的，便是想探究这减赋运动的原因何在？它的经过情形如何？它的结果又是如何？但在未叙述这些事情以前，为了解这个运动的背景起见，我要先叙述太平天国以前长江各省的田赋情形。

上篇　太平天国以前的情形

（甲）长江各省之浮收勒折及其原因

清代长江各省的田赋，最重要的是漕粮和地丁。漕粮或收本色，或收折色。《钦定赋役全书》中虽曾规定赋额，但是粮吏仍要作弊浮收。如纳本色米，则或就斛面浮收，或竟折扣计算。如折色纳银，则常将米价规定较市价为高，勒令缴纳多出数倍的银两；甚或更将银两改折为钱数，将银价规定较市价为高，勒令缴纳钱文。地丁额征银两，但粮吏勒令缴纳钱文，其弊与漕粮征折色者同。所以民间要负担较额定正税多出数倍的田赋。

当时各省州县，都有此弊。《清史稿》曾记载着：

> 乾隆初，州县征收钱粮，尚少浮收之弊。其后诸弊丛生。初犹
> 不过就斛面浮收，未几遂有扣折之法，每石折耗数升，渐增至五折

---

① 此类记载，散见于咸同二朝《东华录》，以及《光绪安徽通志》卷八三，页 2～6；《光绪江西通志》卷首之五，页 14～17；《光绪湖南通志》卷五四，页 20～23；《民国湖北通志》卷四九，页 30～31。

六折，余米竟收至二斗五升，小民病之。①

当时最称富庶的长江流域各省，这种浮收勒折的弊窦，自然更为厉害。

江苏省方面，缴纳漕赋时，以七折又八扣计算，即纳米一石算为五斗四升至六斗，有时两次七折八折后，一石变为三四五斗，再加以水脚费验米费等，总须二石五六斗当一石②。折色纳银亦作弊浮收，米价衹二千文时，折价仍要高至八千、十千，至十数千不等③。浙江方面，其情形也相差不远，如杭嘉湖漕粮之交折色者，初收每石已在六千余文，嗣后逐渐加增；折收一石，照时价约合两石有奇④。安徽方面，"浮收之数，有数倍于正额者，且有私收折价至十数倍者"⑤。江西方面，道光年间，浮收或至二三石以上，勒折或至七八两之多⑥；咸丰年间，地丁每银一两，或收银一两五六钱至一两七八钱不等，或收钱二千四五百文至三千一二百文不等；漕米完本色者，每米一石，或收米一石四五斗至一石七八斗不等；漕米完折色者，每米一石或收银二三两至四五两不等，或收钱三四千至六七千不等；至于广信府，则每石有折洋银八九两者⑦。湖北方面，漕米本色除水脚外，每石加米七八斗至石余不等，折色每石连耗米水脚，收银四五两或钱九千十千不等⑧。有些地方，"浮勒至于十倍"，每米一石，折价达十二三千至十五六千文者⑨。湖南方

① 《清史稿·食货志》二，页8。
② 冯桂芬：《显志堂稿》卷五，页36，《咸丰三年致许抚部书》。
③ 吴云：《两罍轩尺牍》卷五，页13，《致潘季玉观察书》。
④ 《左文襄公奏稿初编》卷一二，页4。
⑤ 缪荃孙：《续碑传集》卷二七，页6。
⑥ 《沈文肃公政书》卷二，页56。
⑦ 《光绪重修江西通志》卷八五，页21。
⑧ 《胡文忠公遗集》卷八五，页1。
⑨ 《胡文忠公遗集》卷二三，页3。

面，地丁正银一两，民间有费至数两者，漕米一石，民间有费至数石者①。可见长江流域六省，都有浮收勒折的事情。积弊所至，有时浮勒竟达正额十余倍之巨，殊足令人惊骇。

浮收勒折，既是当时长江流域各省的一般现象，现在可进一步讨究这弊病的根源。粮吏要浮收勒折，其目的无非想从中取利。但是他们所刮削来的民脂民膏，并非全部归入自己的腰包：他们要拿出一部分来，孝敬上司官吏，又要另拿出一部分去敷衍地绅。粮吏，长官，地绅，三位一体，结合成一个利害相同的大同盟，来压榨农民的血汗。

粮吏是田赋缴纳入官的第一重门户，浮收勒折的利益，都须先行经过他们的手里。利益既丰，所以便有许多人钻营这个位置。道光二年（1832 年）上谕中说："州县官初到省垣，所属粮房库房，辄预行贿赂，求派粮总库总。既派之后，不得不以钱漕事务，专交承办。该吏等或将钱漕串票，预押银两，供应挥霍。由是扒夫、斗级、银匠、匦役，通同一气，因缘为奸。勒折浮收，弊端百出。"② 粮吏舞弊所获的收入，据当时江苏田赋专家冯桂芬说，每办一次漕粮，以中数言之，门丁漕书可以各得万金；书伙十数人，共二三万金；粮差正副三五十人，人二三百金，合共又是一二万金；粮书二三百人，人一二百金，又是三四万金③。至于舞弊的方法，据冯氏说，除了折扣计算以多为少外，又有淋尖、捉猪、样盘米、贴米等名目，此外更有水脚费、花户费、验米费、灰印费、筛扇费、廒门费、廒差费等，都是勒索人民的巧法④。至于胡林翼所举的捏灾枉缓之弊，飞洒诡寄之弊，私收欺侵之弊，则更直接损及国库了⑤。

---

① 《骆文忠公奏稿》卷八，页 13。
② 刘锦藻：《皇朝续文献通考》卷二，页 7。
③ 《显志堂稿》卷五，页 37。
④ 《显志堂稿》卷五，页 36。
⑤ 《胡文忠公遗集》卷八五，页 13 ~ 15。

粮吏除了自取一部分外，还要顾到上下各衙门的官吏。这些由粮吏交纳与其他官吏的私费，称为"陋规"；关于漕粮方面的，则特称为"漕规"。湖北方面，自粮道以至丞倅伊尉等，都有漕规，大或千余两，少亦百数十两。司道府厅各书吏，均有房费、年规等名目，或数百两，或数十两①。综计每县陋规，多至数十款百余款，浮费多至数千两数万两不等②。湖南方面，钱漕陋规，款目繁多，不但民间难以折算，即州县亦难逐一清厘，只好一听户粮书吏科算征收③。安徽方面，税则本轻，也由于上下官吏需索规费，以致浮收数倍于正额④。江西方面，我们所知道的更详细：上司衙门，有门包，有节寿礼，有到任铺陈供设，有岁时补添器各种杂费，统计每年大缺自三四千金以至八九千金不等，中小缺以次递减。其次则有文武同寅之漕规、例米、节礼、委员之夫马程仪，上司胥役之抄牌折夫，以及幕友之束修伙烛，宪幕之漕馆干修，统计每年大缺自三四千金以至六七千金不等，中小差以次递减。至于户胥的漕馀，营兵的犒赏，书差的工食，门丁的伙烛，佐贰的年节借贷，犯人的递解杂需，更是层出不穷，无法计其需数⑤。江苏方面，浮收的本原，也是由于本道本府，同寅宪幕，佐贰生监等的一切规费。而粮道衙门旧规，如临仓领斛各款，名目繁多，都是取给于漕粮⑥。浙江方面，州县收漕，也是向有陋规，上至道府，中则同寅幕友，下及贰佐生监，无一不取给于漕粮⑦。可见陋规是普遍地流行于六省，条目既繁，需款自多，故为田赋浮收增高的重要原因之一。

粮吏与官长狼狈为奸。长官得了陋规，便假装痴聋不去干涉粮吏的

---

① 《胡文忠公遗集》卷三〇，页 14～15。
② 《胡文忠公遗集》卷二三，页 3。
③ 《骆文忠公奏稿》卷八，页 13。
④ 《续碑传集》卷二七，页 6。
⑤ 王定安：《求阙斋弟子记》卷二八，页 36～37；又李桓宝：《韦斋类稿》卷一一，页 2。
⑥ 《江苏减赋全案》卷四，页 6。
⑦ 戴槃：《浙西减赋纪略》页 19。

舞弊；粮吏为酬答长官的盛意，也很甘愿缴纳规礼。小百姓是"天高皇帝远"，无处喊冤。不过，地方上的绅士，看见了未免眼红，却要来分肥一些。自己有田地的，称为"大户"或"绅户"，便要短交田赋；自己没有田地的，便要包揽小户的田赋，从轻完纳，于中取利。有些更加干脆，向粮吏硬讨规费。官吏怕他们闹事，不得不惟命是从。然而羊毛终竟是要出在羊身上的，于是剥削小百姓的浮收勒折便要更厉害了。这种地绅分肥的事实，在长江各省多曾发生过。

（一）江苏 富豪之家与稍有势力者，皆为大户。大小户完粮不平等，如漕粮折色，绅户每石完钱四千文，生监七八千文，乡村小户则须十千文。不惟绅民不一律，即绅与绅，民与民，亦不一律。绅户最少者一石完不足一石，多者递增，最多者倍之。民户弱者约三四石当一石，强者递减，尤强者不足二石。而绅与民又各有全荒之户。结果只好"以小户之浮收，抵大户之短价"①。穷民不堪朘削，有与绅户同姓者，便寄其粮于户下；绅户便为之包完短交，与官为难②。粮价既不一律，经收者得任意渔利；桀黠之生监，窥见其弊，遂群向漕总索漕规。如果不遂其意，则或上控浮收以制之，或捣毁其家以胁之，必岁有常规而后已。这种规费，一名讼米。人数最多之处，生监或至三四百名，漕规竟至二三万，实骇听闻③。

（二）浙江 大小户完粮不均，世家大族，丰收者也能蠲缓；乡村小户，被歉者仍或全征。并且大户仅完缴正额；小户更任意诛求；迟至厫满停收，即须征折色，每石价至五六千文不等。无非是想"以小户之浮收，抵大户之不足"。小户不得已，多窜入大户，诡寄粮名，大户也乐得包揽短交，从中取利。于是"小户日少，大户日多"④。

---

① 《李文忠公奏稿》卷三，页 64~65；又《民国续修太仓州志》卷七，页 36。
② 《李文忠公奏稿》卷八，页 65~66；《太仓州志》卷七，页 36。
③ 《皇朝续文献通考》卷二，页 13。
④ 《浙江减赋全案》卷二，页 23；又《左文襄公奏稿》初编卷一八，页 4。

（三）江西　如湖口县，对于地丁银不满三四钱的小户，另立小钱粮名目，与大户不一律征收。兵米一项，大户多系实量本色，小户多系折色。量本色者一斗加六，新米上市时，每一石六斗，不过合制钱三串数百文。折色则额米一石，须折钱六串六百文，故较大户之量本色者为吃亏①。更有刁绅劣监，包揽完纳，名曰包户。或以折色取于小户，以本色交于官仓，或取于小户者价甚重，交于官仓者价甚轻，从中取利②。州县粮吏为敷衍地绅起见，岁有常规，绅衿则红图米，刁生劣监则有棍子米③。

（四）湖北　漕粮小户交折色，大户交本色；而且小户交折色者，如兴国及鄂省三十余有漕州县，都是以钱折米，未闻以银折米者。各县之中，监利每石折至三十六串文，江夏每石折至十二三千文，其余则每石九千至十八千十九千文。至于大户，则以本色完纳，书吏不敢多取④。于是刁绅劣监，包揽完纳，其零取于小户者重，其整交于官仓者微，民谓之"蝗虫"。更有挟州县浮勒之短，索讨规费，否则相率告漕，或聚众哄仓；州县粮吏不得不与之分肥，谓之"蝗虫费"⑤。

（五）湖南　地方官吏，视钱漕为利薮。刁衿劣监，便从而挟制他们，每人索数十两百两。人数多者，一县或至数十人，名曰漕口。如果不遂其意，则阻挠乡户完纳，或赴上司衙门控告，或纠众闯署殴吏。所以州县于开征之时，必先把这班人笼络住⑥。

关于安徽的情形，我尚未找到材料。但是依常理推测，恐也逃不出这通例。

我所以要费了许多篇幅来叙述清代田赋的浮收勒折的情形，是因为

---

① 《曾文正公批牍》卷六，页39。
② 李桓：《宝韦斋类稿》卷一一，页2。
③ 《求阙斋弟子记》卷二八，页37。
④ 《胡文忠公遗集》卷六〇，页23。
⑤ 《胡文忠公遗集》卷二三，页6~7。
⑥ 《骆文忠公奏稿》卷八，页13。

我们在《钦定赋役全书》、《钦定户部则例》等官书中，只能够看到政府收入的概况，而看不到农民田赋负担的真相。这些官书中所说的，都是一些装腔作势的官话。我们如想知道民间负担的轻重，必须于额征钱粮数目以外，增添上这些浮收勒折的数目。这些材料是分散在各书中，除非把这些材料搜集一处比合而观，决难明了当时的真相。

（乙）江浙两省浮赋之重

这里所说的"浮赋"，是指江苏省苏、松、太、镇、常四府一州及浙江省杭、嘉、湖三府的漕粮额征。"浮赋"一称"浮粮"，但与前节中所说的"浮收"，完全不同，不可误视为一物。"浮收"是指于额征数量以外多取于民的银米，刘郇膏所谓"自康熙年间，订定《赋役全书》后，耗正并配；此外丝毫颗粒，即属浮收"，是也①。至于"浮赋"，是指江、浙两省上述数府的额征重赋；因为赋额很重，几超过人民纳税力的限度，故亦谓之"浮"。李鸿章云："漕粮为惟正之供，而苏、松独曰'浮粮'，曰'浮赋'，见诸列圣谕旨，及郡县志，不以为嫌，是知实有浮多应减之处"②。左宗棠云："浙江杭、嘉、湖三属……征粮之则，大小不同；即浮额之粮，亦多寡不一"③。他们所谓"浮粮"、"浮赋"及"浮额之粮"，都是指规定过重的额征田赋。

在道光中叶时，林则徐抚苏，即曾注意到苏、松等属的重赋。他曾奏陈清廷说：江苏省苏、松、常、镇、太四府一州之地，延袤不过五百余里；但是每年的田赋，地丁漕项额银二百数十万两，漕白正耗米一百五十余万，又漕赠行月南屯局恤等米三十余万石。比较浙江征粮，已多一倍；较江西则三倍，较湖广且十余倍不止。在米贱之年，一百八九十

---

① 《江苏减赋全案》卷五，页 21。

② 《李文忠公奏稿》卷三，页 61。

③ 《浙江减赋全案》卷二，页 24。

万石之米即合银五百数十万两，如果米价少昂，则每年即暗增一二百万两而人不觉①。曾国藩于咸丰元年说，这五属的田，每亩产米自一石五六斗至二石不等。除去佃户平分之数与抗欠之数，计业主所收，牵算不过八斗；而额征的钱粮，已在二斗内外；再加以漕斛收兑，及增收帮费，又须去二斗。所以即在丰年，业主每亩亦只获二斗②。至于浙江杭、嘉、湖三府漕额之重，也与江苏苏、松、太相等③。丁寿昌说，天下漕粮，以江浙二省为大宗；而江浙之漕，以苏、松、常、镇、太、杭、嘉、湖七府一州为尤重。从前全漕四百余万石，而江、浙二省，几及三百万石，居天下漕粮四分之三。又说：

> 查例载苏、松粮道所属四府一州应征漕白米一百二十余万石，每石耗米三斗四斗不等。浙江粮道起运杭、嘉、湖三府应征漕白米六十四万余石，每石耗米四斗及四斗五升不等。计七府一州之地，开方不过五百余里，而收漕白正耗米二百五十余万石，较之江西、湖南、北三省浮粮正耗米九十六万余石，将及二倍。其应征漕截轻赍等银，尚有数十万两。赋重若此，民何以堪！④

江苏浮赋的来源，清初陆世仪曾作有《苏松浮粮考》（见《桴亭先生遗书》）。李鸿章奏请裁减苏、松、太粮赋浮额时，曾撮叙云：

> 考宋绍熙中朱子行经界法，吴粮每亩五升耳。厥后藉韩侂胄等庄为官田，又贾似道广买公田，元代续加官田，明祖平张士诚，又复入诸豪族田，皆据租籍收粮。宣德中，巡抚周忱，知府况钟，奏

---

① 《林文忠公政书》甲集《江苏奏稿》卷二，页22～23。
② 《曾文正公奏稿》卷一，页40。
③ 《浙江减赋全案》卷二，页22。
④ 《浙江减赋全案》卷二，页1～2。

减苏、松粮百万石，疏中称苏府秋粮二百七十余万石，内民粮止十五万余石，余皆官粮，二者并未合并；官粮自七斗六升，民粮自五升。嘉靖中，令各州县画括境内官民田衰益之，分摊定额。长洲县官田最多，故额最重；他郡县官田递轻……此苏、松、太重赋之源流也。①

浙西浮粮的起源，也和苏、松、太相同："始于宋季贾似道之官田，元代因而增之。明初张士诚据姑苏，兼有嘉、湖诸郡，明祖平张士诚遂用其租籍收粮。已而又括官田之粮，均之民田，逐递加增，民困独甚。"② 由于这一段历史，我们可以知道江浙两省的重赋，并不是以土地生产力肥腴与否的自然法则为标准，乃是由于历史上的偶然事故，被政府当局硬加上去的。所以，虽以江浙的富庶，对于这远逾常例的重赋，仍要称为"浮粮"，或"浮赋"。

（丙）道咸之间已有减赋之必要

道咸之间，是太平天国事变的前夜，长江流域各省尚未被兵燹，但是已有减赋的必要。这一种必要，在政府官吏行动及人民行动两方面，都可以看得出来。为明了道咸之交何以会发生这种必要的原因起见，让我们先来讨究咸同以前所以能仍旧贯而不改的原因何在？

前面已叙述过长江流域六省的田赋之重，尤其是太湖流域的农民，因为"浮粮"的关系，负担更重。但是从清兵入关直至道光年间，二百年内，除雍正、乾隆时减征江省地丁六十五万两外，未见有改更赋制的要求。推究原因，不外二点。

第一是经济方面的原因。清室自康熙至嘉庆之间，政局安定，罕

---

① 《李文忠公奏稿》卷三，页56。
② 《浙江减赋全案》卷二，页22。

有兵祸，而长江流域各省，土地肥沃；尤其是江浙两省富庶甲于天下。故田赋负担虽觉稍重，农民尚能忍受。同治二年（1863年）户部议复江浙减漕时，即曾云："我朝平定江南，深仁厚泽，沦浃民心，二百年来，承平相继，赋则虽重，民力尚足供支。"① 潘祖荫、郭嵩焘、李鸿章奏陈江苏时，也都说：自雍正以迄道光，承平百余年，海内殷富。苏、松为繁富之区，有商贾之饶，即使迫于催科，民犹可卖丝、粜谷以纳赋。故乾隆中年以来，办全漕者数十年②。左宗棠陈奏浙江情形，亦云："至乾隆、嘉庆年间，家给人足，曾历办全漕。"③ 世值太平，物力滋丰，这是咸同以前的赋制所以能仍旧贯而不改的第一个原因。

第二是政治方面的原因。顺治时八旗军队攻取江南，扬州十日，嘉定三屠，充分表现出他们的勇猛和残酷。这一种残酷的印象，"沦浃民心"，使汉人觳觫待命而不敢反抗。清政府既握有这优越的军事集团，民间即偶有暴动，也极易平定。更加以康熙初年的江南奏销案，将欠粮的绅士褫革枷责，凡万余人。比绅衿低一级的小民，更是不敢欠赋，只好喘着气来负担这沉重的田赋。并且清初叶的汉人是反抗失败后的暂时屈服；到了雍乾以后，人民已经守法成习，几不知道前代曾有反抗的一回事。但是清廷仍要时刻提防着，压力一松，反动便要起来。所以政权巩固兵力充足，是咸同以前的清廷能向人民抽取重赋的第二个原因。

但是到了道光年间，上面所说的两个条件，都已发生动摇了。先就经济方面而论，人民已没有照额完赋的能力。这可以由王庆云的直省地丁表（表1）中看出来④：

---

① 《浙江减赋全案》卷二，页7。
② 《江苏减赋全案》卷二，页1，又卷四，页2；又《李文忠公奏稿》卷三，页56～57。
③ 《浙江减赋全案》卷二，页23。
④ 王庆云：《石渠馀纪》卷三，页37～39。

表 1　直省地丁表

省别	额征 （以两为单位）	实征 （道光二十一年）	实征 （道光二十二年）	实征 （道光二十五年）	实征 （道光二十九年）
江　苏	3625814	3563686	2531320	2891023	1879614
浙　江	2808718	1887046	2160861	2320222	1608401
安　徽	1809563	1877285	1798800	1797332	1630191
江　西	2249330	2292360	全　完	2237133	2163282
湖　北	1144208	528486	640765	743203	334179
湖　南	912643	871377	885631	899864	825748
合　计	12550276	11020240	10266707	10888777	8441415

可见道光晚年，人民已无力完缴；甚至于实征之数，仅达额征三分之二。六省都有欠交，而以江浙及湖北三省为尤甚。至于漕粮，其情形也与地丁相同，在道咸之际，已经无力完交。现在以当时占全国漕粮四分之三的江浙二省来做例子。江苏方面，全漕一百六十万，自道光中叶后，积渐减损。道光十一年（1831 年）以后十年间，共数一千三百余万，内除官垫民欠，得正额之七八成；道光廿一年（1841 年）以后十年，共数九百余万，内除官垫民欠，得正额之五六成；咸丰元年（1851 年）以后十年，共数七百余万，内除官垫民欠，得正额之四成而已①。浙江方面，杭、嘉、湖三属，乾嘉间办全漕时，共米一百一十余万石。而道光年间及咸丰初年，则每届皆不过七八十万石及五六十万石而已②。

我们现在要问：为什么到了道咸之交，长江流域的纳赋能力骤减。我以为重要的原因，不外下列三点。

（1）水利失修，农田生产力退减。清代自乾隆末年，任用和珅，吏治腐败，竞尚贪婪。地方官多仅知搜括民财，对于水利，罕加注意。因之水患频仍，农田常遭淹没，酿成灾歉，故田赋收入遂减。王庆云说：

① 《李文忠公奏稿》卷三，页 58。
② 《浙江减赋全案》卷二，页 23～26；又《左文襄公奏稿》初编卷一八，页 4～5。

考圣祖、高宗两朝，以普免轮免钱粮，为国家大恩泽……仁宗之世，无普免而多灾蠲。嘉庆六年永定、滹沱交溢，畿辅被灾者百余州县；而频年东南两河，为患尤剧，蠲免之数，莫得而详。①

长江流域六省中拖欠钱粮最多的江浙鄂三省，都是受有水患的影响。江苏自道光三年（1823 年）以来，岁无上稔，十一年（1831 年）又经大水，民力拮据。林则徐于道光十二年（1832 年）任苏抚后，以"江苏漕赋，出自水田，水治则田资其利，不治则田被其害"，故加意讲求水利，颇收实效②。林氏去任后，其事又废，故漕收仍无起色。浙江方面，乾嘉间曾历办全漕，但自道光三年（1823 年）及十一年（1831 年）两次大水后，民间元气大伤；赋重之处，未能全赋起运；遂岁报灾歉，蠲缓频仍③。湖北素称泽国，全赖长江堤防为之保障。道光十一年（1831 年）夏间江河异涨，凡各州县堤岸，多被漫缺。民间庐舍，半入水乡，酿成灾荒。其原因是由于"楚省修堤情形，向系夫头包工承修，只知利之在己，不顾工程紧要，往往偷减草率，其弊百出"④。安徽方面，道光十八年（1838 年）程楙采为布政使时，曾说：安庆府属宿松县境，旧有一道康公堤，建自明朝初年，前滨大江，后御鄱湖，上通湖北黄梅，中接蕲卫，毗连江西德化地方，为三省保障，很是重要。但是岁久失修，以致该地居民，叠被水灾，半多迁移不归⑤。林则徐于道光十三年（1833 年）时说："近年以来，不独江苏屡歉，即邻近各省，亦连被偏灾。"⑥ 由于上面所引的记载，知道这些歉荒是与水利失修有关系的。

---

① 《石渠馀纪》卷一，页 24～25。
② 《林文忠公政书》甲集《江苏奏稿》卷二，页 22～23，又卷七，页 15。
③ 《浙江减赋全案》卷二，页 23。
④ 《裕靖节公遗书》卷九，页 1。
⑤ 程楙采：《心师竹斋章牍存稿》卷中，页 8～10。
⑥ 《林文忠公政书》甲集《江苏奏稿》卷二〇，页 24。

（2）银价涨昂，增加人民负担。道光年间，银价忽然涨贵。民间的买卖，多是使用钱文。农民出卖农产物所得的，当然都是钱文。但是地丁及漕折，却是用银两计算。银价未涨的时候，粮吏已经要故意抬高银价，令人民多纳几许钱文，到了银贵的时候，当然更要趁火打劫。农民的收入，纵使能维持原状，对于这无形增高的赋额，也已觉难支持。何况更有上段所说的农田生产力退减的事实同时发生呢？以银两计算的政府田赋，自然要大减了。关于银贵的原因及其对当时外交的影响，汤象龙先生的《道光时期的银贵问题》（《社会科学杂志》第 1 卷第 3 号）中已讨论得详细。我现在专就他所未注意的银贵对于田赋的影响这方面，稍加叙述。道光十三年（1833 年），孙兰枝奏陈地丁漕粮盐课关税及民间买卖，皆因钱贱银昂，以致商民交困。清廷即令疆吏筹议复奏。当时林则徐复奏，即谓孙氏之议："自系确有所见。"[1] 咸丰元年（1851年）曾国藩《备陈民间疾苦疏》中，说得更为详细：

> （钱粮）收本色者少，收折色者多。即使漕粮或收本色，而帮费必须折银，地丁必须纳银。小民力田之所得者米也。持米以售钱，则米价苦贱而民怨；持钱以易银，则银价苦昂而民怨。东南产米之区，大率石米卖钱三千，自古迄今，不甚悬远。昔日两银换钱一千，则石米得银三两；今日两银换钱二千，则石米仅得银一两五钱。昔日卖米三斗输一亩之课而有余，今日卖米六斗输一亩之课而不足。朝廷自守岁取之常，而小民暗加一倍之赋。[2]

咸丰八年（1858 年），骆秉章奏陈湖南筹饷情形，也说：

---

[1] 《林文忠公政书》甲集《江苏奏稿》卷一，页 15。
[2] 《曾文正公奏稿》卷一，页 40～41。

从前银价，乾嘉年间，每银一两，易钱一千文；道光初年，每银一两，尚止易钱一千三四百文。自后渐次增长至二千文，近更增至二千三四百文。农民以钱易银，完纳钱漕，暗增一倍有余之费。咸丰元二三四年（1851～1854）钱粮之多民欠，实由于此。迨五年秋后，收成稍稔，每谷一石，仅值钱四百余文尚苦无从销售。农民以谷变钱，以钱变银，须粜谷五石，始得银一两。计有田百亩，可收租谷百石者，非粜谷二十石，不能完纳钱漕。农末俱困，群情汹汹。①

都可以看出银价涨昂对于田赋的影响。

（3）钱漕积弊日深。农田生产力的退减，和田赋征额以银贵而暗增，已使农民难以负担。同时政府官吏收赋的额外浮收，却仍是有增无减。官吏是田赋缴纳入库的第一道门户，有时农民只好先应付官吏的浮收，对于正额田赋，反而短交缓缴。胡林翼说，湖北省的漕粮，弊窦太深，"数十万之正额，征收不满一半，数十年之积弊，浮勒至于十倍"②。道光十九年（1839年）时，有人奏江苏、浙江近年浮收之弊，日甚一日③。道光二十三年（1843年），耆英谓："今之牧令，不理民事，不问疾苦，动辄与民为难。即如催科之术，则以帮费为名，捐款为词，假手书役，任意浮收；……以致苏松一带，竟有以所得不敷完纳钱粮，弃田不顾者。"④ 田赋的重压，竟使农民宁愿弃田不顾，这一种的局面如何能持久呢？（本篇首节所述的长江各省之浮收勒折，大都是道咸时的情形，可与本段互相参照）

此外尚有下列三点，也可以注意（这三点是罗尔纲先生提出的；

① 《骆文忠公奏稿》卷八，页13～14。
② 《胡文忠公遗集》卷二三，页3。
③ 《皇朝续文献通考》卷二，页19。
④ 《史料旬刊》第35期，页291。

字句方面，也都依照罗先生的原文。特此注明，并对罗先生表示谢意）。

（1）农产品的低贱。如包世臣《银荒小补说》，吴嘉宾《拟上银钱并用议》，冯桂芬《用钱不废银议》，曾国藩《备陈民间疾苦疏》等，都有很重要的农产品低贱的记载。倘据包世臣的记载说，当日谷价每石只售钱六百文，合之米价约一千二百文左右。以与乾隆、嘉庆时代米价三千文相较，（据洪亮吉记载）实跌落一倍有奇。但我们还不曾算到那时候钱银价格的比较，乾嘉时代银每两换不到千钱，而这时候已换到二千文以上，则这时候必须卖米五石才可以抵从前一石之数。这一次谷贱伤农的悲剧，实较我们今日更重。

（2）耕地面积的缩小。耕地面积的日渐缩小，是由于生产力的衰退。按嘉庆十七年全国田地总数为七百九十一万五千二百五十一顷有奇，到道光十三年减至七百三十七万五千一百二十九顷有奇（据《石渠馀纪》及参《清代通史》）。在二十一年间，竟减少了五十余万顷。据此可以看出当日农业的生产力是怎样的衰退了。

（3）家庭手工业的动摇。道光时代，西洋新兴的棉布、棉纱大量的输入中国，压倒了中国土布的市场，使中国的家庭手工业起了动摇，在中国的记载中很少看见。有一个道光十四年（1834）曾居位广东的外人在他的往事的回忆上，给我们保留了一段重要的史料道："广东的织工举行了真正的威胁，要求停止棉纱的输入。他们的要求，说是棉纱输入的增加，剥夺了其妻子们绩棉纺纱所得的利益。他们为给予其所提出要求的实力，曾声明如果在他们的织机上碰到英国的棉纱，则马上要焚毁"（李一尘《太平天国革命史》引 Peter Auber 的 *China：An Outline of its Government Laws and Policy*）。

经济方面的情形，既使农民难以负担当时的田赋；同时在政治方面，清室的政权又发生动摇；人民看穿政府实力的薄弱，对于这无力负担的重赋，便敢于起来反抗了。清八旗劲旅，入关以后，渐失雄风。经过了白莲教之乱及鸦片战争二役后，官兵腐败的情形，遂为举世所知。道光末叶，魏源记载嘉庆时白莲教之乱戡平后，以散遣乡勇激变，复劳师二年，"数百贼当数千贼剿，数万兵当数百兵用"[1]，可见官兵的腐败。至于鸦片一战，东南沿海各省旗营，勇敢如乍浦、镇江的驻防兵，都全军覆没；所剩下的都是怯懦之徒。将官中有血性的如海龄、裕谦等皆阵没或自杀，留下来带兵的大官多是靖逆将军奕山、扬威将军奕经之辈。民间当时曾作对联以嘲之："逆不靖，威不扬，两将军难兄难弟；波未宁，海未定，一巡抚为国为民。""红鬼，白鬼，黑鬼，俱由内鬼；将军，制军，抚军，总是逃军。"[2] 可见人民轻视官兵之甚。同时人民却很自信他们自己所组织的乡勇民团，以为远胜官兵。严如煜的《乡兵行》有云："昨到兴安城，粮船如鱼鳞，又见守营卒，个个衣履新，杀贼要乡勇，受赏偏说册无名。"[3] 鸦片战争中的情形亦然，人民嘲骂奕山奕经等将官的怯懦，而歌颂广州平英团、厦门民团等的英勇[4]。在人民的心目中，官兵既然这样无用，而对于自己的民团，又是这样自信，所以他们对于清室的政权，便加藐视。清室统治力的减弱，实是促成田赋问题严重化的另一个重要原因。

由于经济政治两方面情况，都已生变化，所以便在太平军乱起以前，长江流域各省，也已有减赋的必要。当时少数贤明的长官，对于人民的无力完粮，颇加体恤。道光十三年（1833年），清廷谕旨责备江苏等省年年缓征地漕，碍及国计。苏抚林则徐复奏说，民间的困苦颠连，有非语言所能尽者。小民口食无资，而欲强其完纳，即追呼敲扑，法令亦有时而穷。睹此景象，时时恐滋事端。所以请求朝廷暂纾追迫，谓

---

① 《圣武记》卷一〇，页28。
② 《国闻周报》第11卷第13期，《鸦片战争新史料》页1。
③ 《圣武记》卷一〇，页42。
④ 散见江上蹇叟《中西纪事》，芍塘居士《防海纪略》等书中。这些书中的记载，多得诸传闻故常失实。但正可表示当时人民心目中民团的英武与官兵的无力。

"多宽一分追呼，即多培一分元气"①。林氏已见到对于田赋有稍宽追呼以培元气的必要。我们再看，从嘉庆二十二年（1817 年）起至道光十年（1830 年）止，江苏两属因灾递缓银四百八十四万九千二百三十五两零，米豆麦谷一百三十九万五千三百九石零，为数颇巨②。这实由于当时赋重民穷，无力支持，但减额难邀部准，故以缓征作为暗减之术。又《湖南通志》云："道光三十年（1850 年），（骆秉章）任湖南巡抚，清厘长沙、善化、湘潭各县漕粮浮收勒折积弊，民为立德政碑。"③ 这一段记载之后，又叙述咸丰二年（1852 年）太平军入湘后，骆氏清厘漕政以裕饷源；似乎骆氏于道光末年初抵湘时，便即清厘过田赋一次。由于这些官吏的举动，我们可以看出当时已有减赋的必要。

但是贤明的官长，终究仅占少数；便是这极少数的贤明长官，也不能久于其位，人存政举，人亡政息。但是人民却已不能再耐受重赋的负担，同时又轻视政府的统治力，于是遂频有闹漕的案件发生。尤其是太平军揭竿而起的几年，长江流域各省虽暂时尚未入太平军手中，但闹漕抗粮的事件，是愈来愈多了。道光二十四年（1844 年）陈岱霖《奏请严革征漕积弊疏》，便已提到湖北崇阳、湖南耒阳等地方滋事之案，谓"揆其政衅之由，多缘征漕而起"，州县官任意浮收，无所顾忌，遂致舆情不服，匪徒乘之，少则聚众拒捕，大则戕官扑城，比年以来，层见叠出④。咸丰元年（1851 年），曾国藩疏陈民间疾苦，也提到湖广之耒阳崇阳、江西之贵浮抚州等四件抗粮案，谓"此四案者，虽闾阎不无刁悍之风，亦由银价之倍增，官吏之浮收，差役之滥刑，真有日不聊生之势"⑤。左宗棠陈奏浙江情形，说"竭小民终岁之力，徒为吏胥中饱

---

① 《林文忠公政书》甲集《江苏奏稿》卷二，页 24～25。
② 《林文忠公政书》甲集《江苏奏稿》卷六，页 17。
③ 《湖南通志》卷一〇七，页 22。
④ 《皇朝经世文编》卷三九，页 10。
⑤ 《曾文正公奏稿》卷一，页 41。

衿棍分肥之资，所以嘉湖各属，时有闹漕之案也。"① 到了太平军势力渐向长江流域进展的时候，形势更为危急。安徽方面，马新贻于咸丰二年（1852 年）十一月初履建平县任。当时粤氛已及湖北各路，人心惶惶。建平邻近各邑士民，方纠众闹漕。建民挟书吏前隙，纠众入城，毁粮房书吏宅。幸赖马新贻处置得宜，始得无事②。江苏方面，也因太平军内犯，民心稍动。咸丰二年，苏属江震二邑佃户，齐心不还租；粮户亦大半不纳赋，官皆无如之何。松江府形势尤为岌岌，青浦县首倡，聚众拒捕殴官；南汇仓寓，为民所火，官仅以身免；华亭钱漕家丁下乡，乡民积薪绕船四周，令县差举火，顷刻而烬，灰流无踪。次年，上海又有拆毁公廨之事③。湖北方面，咸丰三年（1853 年）黄州广济人民抗粮戕害，众至万人④。可见当时抗粮闹漕的案件，在长江流域六省内皆曾发生过。他的主要原因是银价昂贵及官吏日弊。太平军占据长江流域后，与官兵互相厮杀，农田生产力几完全被毁。太平天国以前的情形，既已有这样不可终日之势；兵燹之后，更是不能不减赋了。所以长江各督抚在平定太平天国时，同时要实行普泛的减赋运动。

下篇　平定太平天国时的减赋运动

（甲）减赋的原因

太平军的势力侵入长江流域以后，上文所述及的农民纳赋能力及清室统治权力二者的减退，达到可惊的程度。减赋这件事情，成为箭在弦上，不得不发。当时促成这减赋运动的原因，最重要的有下列各项：

---

① 《左文襄公奏稿》初编卷一二，页 4。
② 《马端敏公年谱》，页 8。
③ 《显志堂稿》卷五，页 33。
④ 《左文襄公年谱》卷一，页 33。

（1）兵燹后农田生产力破坏，政府不能竭泽而渔。经过太平天国之变，民间当然非常穷困，这本是用不着赘述。我现在所要指出的，是当时主持减赋运动的几个人物的心目中，是否也已经觉到民间的凋敝；换言之，当时民间兵燹后的穷困是否曾给重要官长以深刻的印象，使他们觉到减赋的必要。湖南方面，骆秉章谓军兴以来地方迭遭蹂躏，民情极为凋敝①。湖北方面，胡林翼说，兵燹余生，脂膏已竭，不堪腹削②。江西方面，曾国藩谓江西地方，蹂躏太广，厘捐固难畅旺，丁漕多请蠲缓；贼过之处，搜括甚于往年，即减价收课，尚恐艰于完纳③。至于安徽、浙江、江苏三省，收复最晚，所受的蹂躏也最大。同治三年（1864年），曾国藩云："安徽全省，贼扰殆遍，创巨痛深，地方虽有已复之名，而田亩多系不耕之土；其尤甚者，或终日不遇行人，百里不见炊烟。"④ 浙江方面，马新贻说，杭、嘉、湖等府，常数十里无人迹，颓垣败屋，所在皆然⑤。江苏方面，李鸿章所陈述的，更为沉痛：

> 臣亲历新复各州县，向时著名市镇，全成焦土……已复之松、太如此，未复之苏、常可知。而欲责以数倍他处之重赋，向来暴敛横征之吏所谓敲骨吸髓者，至此而亦无骨可敲，无髓可吸。⑥

民间生产力已被破坏到"无骨可敲，无髓可吸"的地步，所以减赋运动便应运而生了。

（2）减轻人民负担，以图收拾人心。太平天国与前代一般民变不同，他是有一个号召人民的经济政策，宣称将来要依照每家人口多寡分

---

① 《骆文忠公奏稿》卷五，页31。
② 《胡文忠公遗集》卷二三，页1～4。
③ 《曾文正公书札》卷一六，页35。
④ 《曾文正公奏稿》卷二一，页77。
⑤ 《马端敏公年谱》，页47。
⑥ 《李文忠公奏稿》卷三，页58。

田，"务使天下共享天父上主皇上帝大福，有田同耕，有饭同食，有钱同使，无处不均匀，无人不饱暖也。"① 除颁布天朝田亩制度外，又宣传将来普免三年钱粮以引诱人民。且所过之处，以攫得衣物，散给贫者。这些政策，颇生效力，人民被诱，以致"贼至争迎之，官军至皆罢市"②。当时官方的粮吏，仍有浮收勒折这一类的事情，所以时常惹起民变。《清史稿》叙述咸同年间的情形，谓"时东南财富之区，半遭蹂躏；未被兵州县，又苦贪吏浮收勒折，民怨沸腾，聚众戕官之事屡起"③。眼光远大的政治家，便知道欲平定太平天国，必须政治与军事同时进行。胡林翼克复武昌后，奏陈湖北善后办法，即云："吏治之与兵事，固始终相因者也。"④ 当时官吏请求减赋，罕有言及太平天国政策之足以诱民，这是由于有所忌讳，不敢明言。但是看他们时常提起减赋以收拾民心，使未收复者拔身来归，已收复者流亡返里，则其意仍甚明显。廷臣中丁寿昌请求裁减江浙漕额，以为如能实行，则江浙之民，必感激涕零，"已收复者亟思灭贼，未收复者率众归诚；大兵所到，自有破竹之势，东南可指麾而定。"⑤ 潘祖荫说：自军兴以来，民遭蹂躏，转徙流离。此时纵使薄赋轻徭，"且恐有辍耕而叹者"；况迫以急征暴敛，民力已瘁，必致酿变。不若因时制宜，酌减赋额。使携离之众，返诸畎亩之中，则"弭变者甚大"⑥。同时长江各省的督抚，也都有这一种的认识。曾国藩、李鸿章会奏减赋之利，谓尚陷贼中的人民，一闻减赋之令，必当感激涕零，"他日军麾所指，弩矢之驱更奋，壶浆之意益诚，又未始非固结招来之一法。"⑦ 胡林翼谓湖北的人民，"兵至为民，

① 《太平天国史料》第一集"天朝田亩制度"，页2。
② 《洪杨类纂史略》卷一〇，页6，又卷一一，页28。
③ 《清史稿·食货志》二，页8。
④ 汪士铎：《胡文忠公抚鄂记》卷一，页2~3。
⑤ 《浙江减赋全案》卷二，页2~3；又《江苏减赋全案》卷二，页5~6。
⑥ 《江苏减赋全案》卷二，页2~3。
⑦ 《江苏减赋全案》卷二，页13~23；又《李文忠公奏稿》卷三，页61。

贼来从逆"①。故以为，"御贼之法，先结民心；救乱之略，先保民命。"② 骆秉章谓湖南方面，因为州县浮收及银价翔贵，以致"农末俱困，群情汹汹"；后来将各州县钱漕宿弊大加剔厘，以减轻人民田赋，于是"各属田价渐增，农安畎亩，无复盼盼之意"③。可见他们都以为欲平定漕事，必须收拾民心；而收拾民心的要着，在于减轻田赋。

（3）军需紧急，减赋令人民踊跃乐输。在平定太平天国的时期中，人民既以兵燹关系，无力完纳，政府又以收拾民心的关系，不敢过分强迫；但是军事方面需款甚殷，对于占财政收入大宗的田赋，又不能放松。唯一的办法，只有减赋，使人民感戴恩德，踊跃乐输。筹备军需的要着，是使人民从速缴纳赋税，以济燃眉之急，至于总收入的稍减与否，倒在其次。所以当时长江各督抚毅然减赋，便是看到这一点。骆秉章自述他筹划湖南军饷所以略收实效者，除添设厘金外，实由于"厘剔钱粮宿弊以恤农"，使"输将较前踊跃"④。胡林翼在湖北删减漕粮，其用意在于使"民间所省甚多，输将甚易"⑤。曾国藩因江西所受蹂躏太广，征收断不能踊跃，故以为"计惟有减价征收，一新百姓之耳目，或可迅速征解，稍济眉急"⑥。安徽北部十县开征时，廷旨谓"诚能取之而不为虐，小民谅必鼓舞输将"⑦。李鸿章请求裁减江苏赋额，谓人民见政府于经费匮乏之时，尚有此度越寻常之举，必定"感生望外，踊跃输将"⑧。左宗棠谓朝廷如能恩准减免杭、嘉、湖三府浮赋，则"行见率土腾欢，定必输将恐后"⑨。他们都认为减赋一举，不仅以纾民

① 《胡文忠公抚鄂记》卷二，页13。
② 《胡文忠公抚鄂记》卷四，页22。
③ 《骆文忠公奏稿》卷八，页14～15。
④ 《骆文忠公奏稿》卷八，页12。
⑤ 《胡文忠公遗集》卷三〇，页15。
⑥ 《曾文正公书札》卷一六，页35。
⑦ 《皇朝续文献通考》卷四，页4。
⑧ 《李文忠公奏稿》卷三，页60。
⑨ 《浙江减赋全案》卷二，页35。

困，并且也是充裕国库的良法。

（四）厘金制度已成立，政府减赋，不虞收入骤减。清廷平乱时所需的军费，乱平后复兴事业所需的经费，都要增加政府的支出。即使不减田赋，对于这膨大的支出额，已难应付；何况一行减赋，更要减少政府的总收入呢！如果没有别项新添的大宗收入，则减赋政策，仍难实行。恰巧当时添设厘金制度，使政府收入增加；所以减赋一举，遂易施行。咸丰以前的国家岁入总数，除开国初年外，常在四千万两上下，而地丁一项，约占收入全数三分之二[1]。到了咸同时候，添设厘金，单就厘金收入而言，同治八年（1869年），江苏等十二省收入总数，约在一千万两以上[2]。而长江各省的实行减赋，都在创办厘金制度之后，如表2所列。

表2　长江各省厘金创办及减赋时间

省别	厘金创办年月[1]	减赋实行年月[2]
江　苏	咸丰三年九月	同治四年
湖　南	咸丰五年四月	咸丰五年十月
江　西	咸丰五年八月	咸丰十一年
湖　北	咸丰五年十一月	咸丰七年
安　徽	咸丰七年	同治三年
浙　江	同治三年	同治四年

注：①罗玉东：《厘金制度及其起源》，页23~24间的附表四。
②见本篇以下叙述减赋之经过各节。

可见二者之间，颇有关系。厘金和田赋都出在人民的身上，但是当时政府对于田赋肯行裁减，对于厘金却要添设，我们要问何故会发生这种矛盾的举动呢？我以为这是由于田赋是直接税，人民易于感觉到它的负担；厘金是间接税，虽然它的负担最后依旧由商人转移与一般人民，

① 罗玉东：《厘金制度及其起源》，页5（《中国近代经济史研究集刊》第1卷第1期）。
② 罗玉东：《厘金制度及其起源》，页26。

但是不易看出来。所以当时政府便用这遮眼法来欺骗人民。但是在表面上，他们却抬出中国历来传袭的重农轻商的学说，谓添设厘金，裁减田赋，便是这学说的实行。当时主持减赋运动的几个重要人物，多有这种言论。骆秉章说："四民之中，惟农最苦，获利最薄，而钱漕一切，均于农田取之。商贾挟赀营运，懋迁有无，获利为饶，无力作之苦，而又免征忧之税。"故应依照重农轻商的"往训"，除减轻田赋外，更添厘金，稍取商人之赢，"以佐国计。"① 胡林翼也说："农犹根本也，商犹枝叶也……宽其意于钱漕，所以培本计而致厚于农民；严其法于厘金，所以开财源而致力于兵事。"② 李鸿章谓当时"田亩尽荒，钱粮难征；正项既不足以养兵，必须厘金济饷。与其病农，莫如病商，犹得古人重本抑末之义。"③ 他们似乎不知道厘金的负担，商人可以转嫁与农民。不知道他们是真个不知道呢？抑或是假装痴聋？不过，我们可以断言厘金制度的创设对于减赋运动颇有帮助，因为他解决了减赋后的财政困难问题。

由于上述四项的原因，我们可以知道何以在当时要发生这个普泛的减赋运动。历史上许多比较重要的运动，都是有当时的时势做他们的背景，这减赋运动也不能例外。

（乙）减赋的性质

在未分述各省减赋的经过以前，我想先行总括的叙述当时减赋的一般性质。在上篇中曾说到当时田赋的积弊，由于浮收勒折过高，而江浙二省，又受了粮额过重之苦。所以治标的办法，不外下列二种。

（1）裁减浮收，仅酌留州县办公费。裁减浮收的理想办法，是除了钦定赋额之外，一文不准多取。但是在事实上，这是办不到的。当时

---

① 《骆文忠公奏稿》卷八，页15。
② 《胡文忠公遗集》卷六〇，页6。
③ 《李文忠朋僚函稿》卷六，页37。

的州县，廉俸无多，赖钱漕陋规为津贴；若尽革陋规，则办公无资，其不肖者将以此借口，别开巧取之端，廉谨者将无所措其手足，惟有襆被而走耳①。所以当时长江各省，虽痛裁浮收，减定地丁漕粮折钱的价格，以纾民困；但减定后的实征田赋，仍较赋额稍高，即由于其中须要酌提州县办公之费。如湖南减赋，湘潭一县，地丁每两加四钱，漕米照部议章程每石纳一两三钱外，又加纳银四钱，作县费用②。胡林翼于湖北漕粮，"改收折色，按其向年浮收之数，痛加删减；有较前减半者，有减过半并减去三四倍者。"但也只是删减浮收，不是革除净尽。如荆门直隶州每石折价，由六千八百文减为四千八百文，包括耗米、水脚、串票、杂费在内③。江西的办法，酌定每地丁一两，另提银一钱六分，每漕米一石，另提银二钱七分，以应各州县每年实在需用之公费等之需④。安徽方面，厘定章程，也是"除解部定价外，酌留羡余，以济公用"⑤。江苏方面，酌定折价，"只期足敷办公，不准逾额浮收"⑥。浙江减漕，于正漕之外，酌留运费，以为州县办漕之费用⑦。主持减赋政策的是督抚大员，但是政策的实行仍赖州县小官；所以对于县的办公费，不得不酌留一些，以示体恤。不过他们对于州县的办公费，也曾大加裁减，其他额外浮收，概加革除，所以减征的结果，替人民所省下来的钱，为数颇为可观。

（2）减定江浙重赋的浮额。裁减浮收一事，仅损及下级官吏的额外收入，并不会减少国家的岁入。左宗棠云："利国仍在利民，中丞（骆秉章）减漕一事，即其明验。捐丁书之入以益国，而于民又甚便，

---

① 《骆文忠公奏稿》卷八，页 13～14；又《左文襄公年谱》卷三，页 19。
② 《骆文忠公年谱》上卷，页 44～45。
③ 《胡文忠公遗集》卷二五，页 1～6。
④ 《江西通志》卷八五，页 22。
⑤ 《续碑传集》卷二七，页 6。
⑥ 《江苏减赋全案》卷二，页 43～46。
⑦ 《浙江减赋全案》卷二，页 24。

何不可为"①。所以不会遭受中央财政当局的反对。至于减少赋额一事，便不相同，是要损及国库的收入。李鸿章曾奏请裁减地丁及漕项，遭受廷旨训斥，谓"老成经国之谋，窃恐不宜出此。"又说："最好仿浙江办法，对于地漕不减定额，而裁浮收。"②便是江、浙二省漕粮的减额，也是费了九牛二虎之力，才达到目的。当时疆吏曾国藩、李鸿章、左宗棠，廷臣则潘祖荫、丁寿昌、沈秉成等，交章奏请，始得邀准。所以只有江浙两省的漕粮浮额，得到裁减的恩典。松、苏、太三属按原额减去三分之一，杭、嘉、湖减去三十分之八，常、镇减去十分之一。

上面的两个办法，都是治标的办法。减定赋额如不同时裁减浮收，则奸胥蠹吏将在额外浮收中剥削人民。便是裁减浮收，如果不同时设法杜绝浮收的根源，则减征仍不能持久。浮收勒折的根源，在上篇中已经提到，不外粮吏的舞弊自肥，上下各衙门的陋规，及大户地绅的分肥。当时主持减赋运动的各督抚，便用下列二策，以杜绝弊源。

（1）严禁上官陋规及蠹吏舞弊。"浮收"是州县收赋时所取于民的浮于赋额的数目，"陋规"是州县收粮官吏所奉赠于上下各衙门的私费。"陋规"所需的钱，便出自"浮收"。所以欲禁浮收，必先革陋规。骆秉章于湖南"通饬有漕州县，裁汰漕规，冀稍纾民困"③。胡林翼在湖北减赋时，以为"欲禁浮收，当必先革冗费"④。所以将所有道府漕规及上下各衙门一切房费差费，概行革除，以"清弊之源"⑤。曾国藩在江西严定章程，"禁断一切浮收规费"，以纾民困⑥。乔松年主持安徽减赋也是将"陋规尽数删除"⑦。左宗棠在浙江主持减赋，除了"减正

① 《左文襄公年谱》卷二，页 12~14。
② 《江苏减赋全案》卷二，页 31~32。
③ 《骆文忠公年谱》上卷，页 43。
④ 《胡文忠公遗集》卷二三，页 7。
⑤ 《胡文忠公遗集》卷二五，页 1。
⑥ 《曾文正公奏稿》卷一四，页 53。
⑦ 《续碑传集》卷二七，页 6。

额"及"减浮收"之外，还要"裁陋规"，"庶弊窦清而漕政因之而
肃"①。李鸿章在江苏也将"向来征漕一切陋规"，核实裁减，只期勉敷
办公之用②。他们所以要严禁陋规，是因为像曾国藩所说的，"能为州
县宽得一分，则州县之取民者亦自少一分"③。这一举，在直接方面是
减轻州县官吏的负担，在间接方面，实在便是减轻人民的负担。至于蠹
吏奸胥的舞弊自肥，也严加禁绝。骆秉章在湖南严饬各州县厘剔钱漕宿
弊，严禁吏胥扰索把持④。胡林翼也告诫县令，说湖北钱漕积弊，皆由
书差包抗，需索日增繁重；断不可再假手猾吏奸胥，致滋弊病⑤。胡氏
又将由单、串票、样米、号钱等吏胥所需索的浮费，概行禁革⑥。左宗
棠在浙江，也将向来加尖、加价、勒折诸弊，概行裁革⑦。上官的规费
既已取消，所以对于粮吏的舞弊，更非严加取缔不可。

（2）废除大小户名目。地绅之所以能够在田赋中分肥自利，一部
分要归因于官吏自己的不肯守法。同治四年（1865 年）的上谕中曾说：
"总缘州县官违例浮收，地方绅衿得以挟持短长，包完短交，流弊百
出。"⑧ 现在官吏方面既已大加整顿，这些地绅便无可借口了。州县官
吏对于地绅的索讨陋规，现在可以严词拒绝，不怕他们到上司去告漕。
但是如果大小户名目依旧存在，二者待遇不同，如漕粮方面，大户交本
色，小户交折色，则大户常占便宜［详情见上篇（甲）节"地绅的分
肥"一项中］。这不但有违公平的原则，并且使官吏由于大户的短交，
不得不向驯良的小户"任意抑勒，以为挖彼兹此之计"⑨，根本违背减

---

① 《浙江减赋全案》卷二，页 25。
② 《江苏减赋全案》卷二，页 60～64。
③ 《曾文正公书札》卷二三，页 34。
④ 《骆文忠公奏稿》卷八，页 14。
⑤ 《胡文忠公遗集》卷六一，页 23。
⑥ 《胡文忠公遗集》卷二五，页 1。
⑦ 《浙江减赋全案》卷二，页 24。
⑧ 《江苏减赋全案》卷一，页 5～6。
⑨ 《江苏减赋全案》卷一，页 5～6。

赋运动的原意。所以当时主持减赋运动的人，都竭力设法废除大小户的分别，以杜弊源。漕粮方面，一律征收本色，或一律改征折色；地丁方面，银两折钱文的价格，也一律规定，不复优待大户，以求公允。如湖北于咸丰七年（1857 年）减赋时，奏定一例改折，大户小户，是绅是民，较若划一①。李鸿章在江苏也办理均赋，废除大小户之分②。江西酌定章程，将包户名目，严行禁革，无论绅庶应完银米，一律照章折纳，不许稍有低昂③。浙江方面，漕粮概完本色，绅民一律征收，不准再有大小名目④。至于地丁漕粮项等以银折钱者，也都不准再有大小户之分⑤。

这两项都是减赋运动的副产物，但是都很重要，值得特别提出来叙述。第一，因为这两项都是所谓"澄清弊源"的办法。假使不能实行这两项，那么州县官吏，一方面要奉献陋规给上下各衙门，一方面又要弥补大户的短交，叫他们不浮收勒折，绝不可能。所以这两项都是裁减浮收的先决条件。第二，因为这两项办法，很与财政学原理相合。删除陋规及中饱，相当于亚当·斯密（Adam Smith）租税四大原则中的"节省原则"（Principle of Economy）；废除大小户之分，相当于"公平原则"（Principle of Equality）。赋税的征收方法，应该使人民所缴纳的数额，与国库所实收的数额，愈相近愈佳。换言之，即竭力设法节省征收过程中所消耗的费用；至于不正当的中饱，更应加以删除。丁日昌等禀复江西减赋办法时曾说，欲一新积弊，必须"取中饱之资，分其半而归之于公，分其半而归之于民"⑥。便是这个道理。至于在纳税人的负担一方面，则应使之公平。大小户的分别待遇，对于纳税能力较优的

---

① 《胡文忠公遗集》卷六〇，页 23。
② 《江苏减赋全案》卷二，页 22～23。
③ 《宝韦斋类稿》卷一一，页 4。
④ 《浙江减赋全案》卷二，页 24；又《马端敏公奏稿》卷二，页 13～15。
⑤ 《左文襄公奏稿》初编卷一四，页 11，又卷一五，页 4；又《马端敏公奏稿》卷一，页 40～41。
⑥ 《求阙斋弟子记》卷二八，页 34。

大户反使之负担较轻，便是违反这原则的。所以这次主持减赋运动的人，都力图均赋，冀得一"均平画一之道"。他们抱了相似的目的，根据相似的经验，所以想出相似的办法；不但他们自己间互相符合，并且暗合于西洋学者所得的原则。

（丙）减赋的经过

当时长江流域各省的减赋运动，是与各省肃清太平军的时日相关联的。太平军的肃清，以湖南为最早，湖北、江西次之，安徽又次之，浙江、江苏最后。各省减赋运动的发生之先后，也是依这个次序。现在便按照这个次序，分别叙述各省减赋的经过。本节所注重的是各省个别的特殊性，与上二节叙述它们的共同性质者不同。

（1）湖南

咸丰四年（1854 年）七月中，湖南官军克复岳州，湖南境内的太平军已全部肃清了。但是民间因为钱漕问题，群情汹汹，须设法绥靖；并且对于尚未克复的邻省，须设法协济军饷。次年，骆秉章便采用减赋办法，一方面减轻人民负担，以收拾人心；一方面又可使人民踊跃输将，以裕军饷；可以说是一举两得。

主持这件事的重要人物，自然是湖南巡抚骆秉章。但是在骆氏背后指使一切的幕客左宗棠，却是更重要的人物。他的儿子左孝同在《先考事略》中说：

> 府君佐骆文忠公。其时腹地土寇蜂起，又须征应邻省援兵饷械。湖南一贫弱之区，支五省兵事，羽檄交驰，兵饷两绌。筹饷以抽厘减漕为大端，尤瘁尽心力。减漕事发端湘潭周君焕南。其时排众议以定章程，府君实主之焉。①

---

① 《左文襄公年谱》卷二，页 12～14。

胡林翼当时也说："骆（秉章）之办事，全在左卿。"① 可见在湖南减赋运动中左宗棠地位的重要。

湖南减赋始于咸丰五年（1855年）。据骆秉章自订年谱中说，当时谷价钱价很贱，而纳赋须以银两计算，故欠赋遂多。湘潭是著名大缺，每年可以收钱粮四五万两；但是咸丰四年，止收四千余两。五年已交七月，未见征纳。骆氏很是忧虑，"因通饬有漕州县，裁汰漕规，冀稍纾民困。"但是这个办法仍嫌不够，非再进一步不可。恰巧这时候有湘潭举人周焕南等，赴藩司递呈，要求核定征收钱粮章程。十月，又赴抚院递呈，地丁自愿每两加四钱，漕米折色照部章每石纳一两三钱，加纳银一两三钱助军需，又加银四钱作县费用，其他浮收，一概废革。骆氏便"批奖好义急公，准其照自定章程完纳，限本年内将四五年钱粮扫数全完，不准蒂欠"。后来长沙、善化、宁乡、益阳、衡阳、衡山等县钱粮较重者，都呈请照湘潭章程，也都遭批准。这样一来，结果很是完满；到十二月中，湘潭县已报收钱粮十万有另；其他批准减漕的州县，也都纷纷报解②。

减赋虽始于咸丰五年（1855年），但是直到八年（1858年）始行入奏。这是由于骆氏的慎重，以为一切新制度"规模甫定，仍须随时察看损益，以期周妥；一经奏定，则后此难于更改，转多窒碍也。"③到了咸丰八年四月，减赋事已大致办妥，于是在《历陈湖南筹饷情形折》中，与创办厘金一事，合并入告（湖南抽厘，亦始于咸丰五年）。骆氏在这一折中，先叙民间艰于完赋的原因，以为实由于州县官吏的浮收，刁衿劣监的索勒，及银价的翔贵。然后申述自己减赋的办法，一方面"许地方士绅条陈积弊，具呈自拟款目，以为征收之准；察其官民相安者准之，未协者驳之，俟其适中而复准之"；一方面更"严饬各州

---

① 《胡文忠公遗集》卷六一，页10。
② 《骆文忠公年谱》上卷，页42~43。
③ 《骆文忠公奏稿》卷六，页37。

县，将钱漕宿弊，大加厘剔。谕以事理，晓以利害；严禁史胥衿棍，扰索把持"。结果颇不差，不但财政方面，征收有起色；并且在政治方面，农困获甦，安于畎亩，无复蠢然思动了①。

湖南减赋的总数，已不可考。骆秉章的几个奏折中，都没有提到；而且各县都依据当地情形而定，并不一律。我现在根据骆氏自订年谱中所述的湘潭情形，加以类推，作一个大概的估计。湖南旧章，地丁每两加五钱，漕米折色每石收银六两②。按湖南赋额，地丁岁入九十一万余两③；加五钱并入，则为一百三十六万余两；漕米正耗合计十三万余石④，折色为八十万余两；二者合计二百十六万余两。湘潭减赋，地丁每两将五钱浮收减去一钱，漕米折色每石减去三两。照此推算，则地丁浮收减去九万余两，漕米折色减去四十万余两，合计近五十万两，约当全额二百十六万余两的四分之一。湘潭一县，钱漕较重，所减的分数也许较大，或许不能为准，但是大致当相差不远。

湖南减赋一举，开当时长江各省的先声；不久，他省便相率仿行了。左宗棠说：湖南核减漕粮，所定章程，最为允协；"嗣后湖北、江西仿照行之，官民称便。"⑤ 但是湖北、江西两省的办法，都与湖南的稍有不同，似乎都没有湖南办法的周妥。湖南的减漕，虽由巡抚衙门先示之意，但仍由各属牧令与该县绅民定议，禀明抚藩两署立案，然后上奏，故"较之湖北先奏后定者，更可垂久"⑥。但是湖北办法，尚大体仿照湖南，对于各县漕粮折价，依当地情形而定，并不求划一。至于江西减赋后，各县折价，一律相同，不许参差，虽觉整齐，但更难垂久。左宗棠批评他们说：

---

① 《骆文忠公奏稿》卷八，页 12～15。
② 《骆文忠公年谱》上卷，页 43。
③ 《石渠余纪》卷三，页 37～39；系道光间额征。
④ 《同治钦定户部则例》卷一九，页 3～5，又页 12～15；系道光二十五年额征之数。
⑤ 《左文襄公奏稿》初编卷一二，页 4。
⑥ 《曾文正公批牍》卷六，页 36～37；又《曾文正公书札》卷二八，页 19。

减征一节，最为当今急务。各处情形不同，不能一律，亦自然之理。湖南所以胜于湖北，湖北所以胜于江西者，同一减征而施为自别也。若概定一章，则巨履小履同价，苦乐不均，事必难成，成亦不久耳。①

曾国藩对于自己在江西所行的办法，也觉不满意，谓"其错弊在定价太少，告示又太画一，将来皆非可久之道"②。后来江浙两省裁减浮收，也都采取湖南的办法。可见湖南的减赋，不但发动最早，并且办法也是最妥。

（2）湖北

咸丰六年（1856 年）十一月，官军克复武昌，逐渐肃清长江两岸，乃谋善后办法③。次年，胡林翼便仿照湖南的办法，实行减赋。自七年三月，兴起此议，六月中始行查办；至九月下旬，乃酌定章程，通饬遵行④。

湖南减赋的主要目的，在于筹饷；湖北的主要目的，却在收拾民心。这是一方面由于湖北是长江上游的门户，军事上必争的地方；咸丰六年的收复武昌，已是第三次的收复，所以不得不亟谋收拾民心，以巩固防务。一方面也由于当时湖北的人民思叛之心，较他处为尤甚。张德坚说"蚩蚩之民，竟为贼卖，甚至贼至争迎之，官军至皆罢市；此等悖惑情形，比比皆然，而以湖北为尤甚。"⑤ 胡林翼也说湖北方面，吏惰民骄，官仇民而民亦仇官，"恐湖北之民揭竿而起者，不必粤匪之再至，而将盗弄潢池矣。"⑥ 所以更不得不讲究抚驭的方法。胡氏收拾民

---

① 《左文襄公年谱》卷三，页 19。
② 《曾文正公书札》卷二八，页 46。
③ 《胡文忠公遗集》卷一四，页 9。
④ 《胡文忠公遗集》卷三〇，页 16。
⑤ 《洪杨类纂史略》卷一〇，页 6。
⑥ 《胡文忠公遗集》卷一四，页 4。

心的方法之一，便是这减赋运动。

咸丰七年（1857年）十月，胡林翼《奏陈鄂省尚有应办事件疏》，谓湖北钱漕粮弊甚深，浮勒太过，致失民心，"小民穷困，流亡逋逃，或敢于抗粮，或甘于从贼"，因之主张裁汰陋规浮费①。同时在《奏陈革除漕务积弊并减定漕章密疏》中，又叙述湖北田赋浮收之重，而归因于官吏陋规，绅衿包纳及索陋规等各种冗费，因之结论云："欲禁浮收，当必先革冗费"②。但是胡氏虽已上奏，实则当时减赋办法尚在试行中。胡氏敢于事先入奏者，或由于看见湖南已办有相当成效，自信颇有把握。

是年十二月，胡氏又陈奏减赋的具体办法，谓一方面将所有漕规及上下各衙门一切房费差费，概行革除以清漕弊之源；一方面将漕粮一律改征折色，按其向年浮收的数目，痛加删减，所有由单、串票、样米、号钱，一切浮费，概行禁革，以清漕弊之流。据云裁减浮收的结果，"统计有漕州县民间共删减钱一百四十余万千文"③。如果当时银价与同治初年相同，每两可换钱千三四百文，则所减浮收钱，约合银百万两左右，多于上节估计湖南减赋总额者几及二倍。且湖南兼地漕二者合计，此则仅指漕粮，未述及地丁。

次年（八年）六月，胡氏《陈奏漕务章程办有成效疏》中，叙述核定裁减数目的方法：先由各地绅民，禀呈核减数目，乃细加体察，"核其向日浮收之数及地方之肥瘠，产米之多寡，米价钱价之低昂高下，以明定折价之等差。"如果所议的数目已适中的，便加批准；为数尚过多的，则更加以痛减④。可见他的办法，即系仿行湖南的办法。胡氏又叙述州县冗费，一概全行裁革。自粮道以至丞倅尹尉等官的漕规，

① 《胡文忠公遗集》卷二三，页2~4。
② 《胡文忠公遗集》卷二三，页4~8。
③ 《胡文忠公遗集》卷二五，页1~6。
④ 《胡文忠公遗集》卷三〇，页10~11。

司道府厅各书吏的房费年规，州县书差的饭食纸张等费，以及荆仓绿营
各浮费，共删除银约二十余万两①。可见上下各衙门陋规的众多；湖北
裁减浮收共约六十余万两，其中陋规便占去二十余万两，是以欲减浮
收，必先革除为其弊源的陋规。现在将各县裁减浮收的数字，作成
"湖北减漕表"（表3）以为参考。

表3　湖北减漕表

县　别	漕粮每石向来收数（文）	减赋后每石折色收数（文）	本县漕额（石）	全县裁减总数（约文）
江　夏	8000～13000	6500	7550	30200000
武　昌	5400	4400	14993	14993000
咸　宁	7600	5500	6330	13293000
嘉　鱼	15000	5500	2849	27065500
蒲　圻	5860	5000	9750	8385000
崇　阳	6000	4000	5164	10328000
通　城	6000	4000	6720	13440000
兴　国	6400	4100	18119	41673700
大　冶	14000	5000	6562	59058000
通　山	5000	4800	959	191800
汉　阳	8000	5000	9568	28704000
汉　川	9000	4200	2333	11198400
黄　陂	10000	5800	11113	46674600
孝　感	12000	5800	7565	46903000
沔　阳	12000	4000	12778	102304000
黄　冈	9600	4500	25656	130845600
黄　梅	6800	4500	2893	6653900
蕲　州	7960	4500	18900	65394000
罗　田	9600	4500	6943	35409300
蕲　水	9600	4500	30832	157243200
广　济	7000	4500	13969	34922600
潜　江	7500	5000	4854	12135000

① 《胡文忠公遗集》卷三〇，页14～15。

续表

县　别	漕粮每石 向来收数（文）	减赋后每石 折色收数（文）	本县漕额（石）	全县裁减总数（约文）
天　门	9600	5000	11233	51671800
安　陆	9000	5600	2086	7092400
云　梦	9700	5800	1713	6680700
应　城	9000	5800	3151	10083200
随　州	12000	6500	2272	23496000
应　山	9000	6500	3089	7722500
江　陵	16000	5000	14353	157883000
公　安	7500	5000	4300	10750000
石　首	10000	5000	2791	13955000
监　利	20000	5000	7137	107055000
松　滋	7500	4500	2019	6057000
荆　门	7500	4800	16858	45518600
合　计	—	—	297412	1645980800

注：①漕粮每石向来收数及减折后收数二项，系根据《胡文忠公遗集》卷三〇，页11～12。
　　②各县漕额一项，系根据《民国重修湖北通志》卷四六，页23～39，乃合并南漕正耗米
　　　计算；惟作本表时，截去石以下的零数，且未列入夏口、当阳二州县之漕额，故合计
　　　总数，较《湖北通志》所载者稍少。
　　③各县裁减总数一项，系根据前三项计算而得者；其合计全省总数为百六十四万千文为多，
　　　较胡氏所报告的一百四十余万千文为多。这是由于未减赋前，每石折价，大户可受优
　　　待；而本表则将大小户等视，故所得减额总数，较实在减数稍多。

　　减定以后，胡林翼便认真施行。咸丰七年（1857年）十月《批汉
阳府详请漕折章程札》中，即云："折色数目，经此次痛加核减之后，
如敢加增一文，定即分别特参究治，决不稍宽。"① 是年十二月，即请
旨革提违章增收的荆门知州方某②。惩一以儆百，以后便罕有违章增收
的事了。胡氏曾报告云："现在各属俱已奉行，民情极为欢悦，完纳俱
形踊跃……为数下年来所未有。"③ 可见成效颇宏。

　　① 《胡文忠公遗集》卷八五，页1～2。
　　② 《胡文忠公遗集》卷二五，页1～3。
　　③ 《胡文忠公遗集》卷三，页16。

（3）江西

咸丰十一年（1861 年）九月间，曾国藩克服江西各县，"全省肃清"①。便依照两湖的先例，举行减赋。他的目的，一方面是想培养民力，另一方面想使人民踊跃输将，以裕兵饷②。但是筹饷的动机，似乎比较更为有力，所以初次实行时，颇为急遽殊多未妥；至次年（同治元年）乃不得不加以改订。

咸丰十一年（1861 年）秋，李桓以粮道署理布政使，曾国藩便将减赋的事情委托他去办理。李桓酌定的办法是地丁正耗减定为二千四百文，漕粮每石减定为三千文，所有州县办公等费，一概在内③。曾国藩便加采纳，于九月初六日，将李桓所拟就的札稿及告示稿，寄与巡抚毓科，请其会印后发交司道檄属下州县张贴。前后送去丁漕减价告示万张，可见其对于宣传的努力④。江西减赋的特点，是各县折价，一律平等。如广信府向来浮收至十四千者，亦与他属向收三千余者，一体减为三千文⑤。但是当时兵饷非常支绌，故李桓后来又提议将广信漕粮折价，加收若干。曾国藩初颇为所动，但以告示已发出遍贴各处，只好待第二年再图补救⑥。

同治元年（1862 年），沈葆桢继任为江西巡抚，遂与曾氏再定江西减征永远章程。先是，咸丰十一年（1861 年）前署江西庐陵县知县丁日昌曾禀陈江省丁漕利弊情形，曾国藩便令他与其他县令详议章程，开具简明清折，"呈候核夺"⑦。是年（同治元年）正月，丁日昌等便复

① 《曾文正公奏稿》卷一四，页 30。
② 《曾文正公奏稿》卷一四，页 53。
③ 《宝韦斋类稿》卷六一，页 27~37。
④ 《曾文正公书札》卷一六，页 33、35、40、43（原书不注明发函月日，现根据其手书日记填写，以下各函仿此）。
⑤ 《江苏减赋全案》卷三，页 11 引及曾国藩书信中语。
⑥ 《宝韦斋类稿》卷六二，页 9；《曾文正公书札》卷一七，页 2，及页 12 复左季高书，又同卷，页 3 及页 12 复李辅堂书。
⑦ 《曾文正公批牍》卷六，页 36。

禀，主张剔除中饱，痛裁浮收，将广信府属各县漕粮折价，统减至五千五百文以至六千文，即减去十分之五；其余各府收数，则自二千六百文起，至三千八百文止。计广信一府，核减浮收十余万串；其余各府，以前一二年收数计之，虽属无几，依咸丰初年收数计之，核减总在一百余万串以外。但州县办漕时，须缴交上下各衙门规费，为数颇巨，非明令裁革不可。又科试、兵差，上司新任等供应的需用，为数亦巨；应该另行指定专款，以免州县向田赋浮收中设法。此外州县摊捐，亦应豁免，俾轻州县负担，间接即以利民。以上三点如果都能够办到，则弊源既澄，弊流自清。以归于公者计之，实数增六十余万；以还于民者计之，浮数减一百余万①。同年四月，李桓（其时已正式就任江西布政）请曾、沈上奏严定减赋章程详叙述江西近年丁漕情形，谓一切积弊，均与湖北相等。欲清积弊，必先停摊捐，裁陋规，以清其源；然后删减丁漕数目，以节其流。其理论与丁日昌等禀文，大致相同。最后提出具体的减赋办法三条。据他的估计，如能实行新章，每年可为民间节省银一百万余两，为军饷共筹银三十余万两②。

曾国藩将江西丁漕减征永章，细加审阅；又与沈葆桢、左宗棠、李桓等反复咨商，同治元年（1862 年）五月二十二日始行核定③。曾氏的办法，是将李桓所议的章程，稍加更动，而大体相同。①地丁一项，准如李氏所请，每正耗银一两一钱，实收库平银一两五钱；②南昌等十府漕米，每石折价，减为一两九钱，较李氏所定者更多减一钱；③广信府属七县，每漕一石，折收银三两，较李氏所定者，更多减去一两，而且三两之中，有五钱是军需费，将来军务完竣后，可以减去。曾氏并云：拟仿照湖南办法，由督抚会衔扎饬各属出示晓谕，令各县官绅自行酌

---

① 《求阙斋弟子记》卷二八，页 34～38。
② 《宝韦斋类稿》卷一一，页 1～12。
③ 《曾文正公年谱》页 13～14 谓五月初五日核定，二十日出示。此据曾氏手书日记。

议，禀省立案①。后来依照曾氏所定的办法实行。这办法中将广信与他府参差定价，不像咸丰十一年时一律减为三千文；又饬各属县令与该处绅民定议赴省立案，这二点是受左宗棠的影响②。将广信府的四两减为三两，又一律专收银而不收钱，这二点是受沈葆桢的影响③。至于豁免摊捐一事，则于是年七月出奏，请求将江西各州县应摊各款共未完银二百十五万余两，概行豁免，"俾闾阎无科勒之苦，州县无赔累之虞。"④这个肃清弊源的请求，于七月廿四日邀受清廷的允许⑤。

同治元年（1862年）江西减赋的办法仍与咸丰十一年（1861年）相同，他的缺点是全省各县折价一律。广信漕折虽曾略高，但在是年九月中，便以当地人民的反对，也只好改为一律⑥。这种办法虽是整齐好看，但难实行完善。后来曾氏便懊恨道："江西减轻浮收一案，十一年定为三千一石，元年定为一两九钱，其错处在定价太少，告示又太画一，将来皆非可久之道"⑦。又专收银而不收钱一层，也因为银价后来跌落，州县颇以为苦，只得于同治三年又复收钱三千之旧，以"州县过于穷窘，未有不殃及百姓者也"⑧。所以曾国藩于同治元年虽已陈奏云："臣与抚臣沈葆桢现方设法减征，容俟妥议章程，另案会奏"；但是后来未能办妥，迟延几年，未能入告。直至同治四年（1865年）孙长绂护理江抚，始行奏定。孙氏事前曾与曾国藩商酌⑨。是年八月间，遂奏闻江省减赋章程。奏折中先述未减赋时浮收之重，耗费之多；再叙述曾、沈减裁浮收，删除耗费的办法，谓"约计丁漕两项，每年核减

---

① 《曾文正公批牍》卷六，页36～37。
② 《曾文正公书札》卷八，页22，又卷二八，页19（两函系同治元年四五月所写的）。
③ 《求阙斋弟子记》卷二八，页39；又《曾文正公书札》卷一九，页2，复沈中丞书。
④ 《曾文正公奏稿》卷一六，页43～46。
⑤ 王先谦：《同治朝东华续录》卷一一，页17；又《江西通志》卷首之四，页25。
⑥ 《曾文正公书札》卷二〇，页10。
⑦ 《曾文正公书札》卷二八，页46。
⑧ 《曾文正公书札》卷二三，页30；又《求阙斋弟子记》卷二八，页43～44。
⑨ 《曾文正公书札》卷二九，页35～36。

浮收银数，不下百万有奇"。最后说："自（同治）元年定章以来，试行数载，一切俱有成规。"① 八月二十一日清廷下谕批准②。

根据孙长绂的奏折，江西每年额征，计起运地丁银一百五十五万余两，漕米七十六万余两。当时米价每石约值银二两余。丁漕二者合计，不过三百余万两；但是所减浮收，竟达百余万两之巨，可见减赋一举，对于人民生计，关系极大。

（4）安徽

咸丰十一年（1861年）八月，曾国藩克复安庆，因为兵乱之后，册档全失，故由善后局拟定"抵征"法，以代正赋③。至同治三年，安徽军事大定，"皖南北两岸肃清"④。是年始废止"抵征"，开办丁漕；同时乘机减定折价，以纾民困。这件事虽系曾国藩主持；但上奏时，是由皖抚乔松年出面；酌议章程时，则有藩台马新贻、臬台何璟，参与其事。

同治二年（1864年）五月，清廷批谕乔松年筹议皖北开征丁漕折，令厘定章程，严饬各州县痛裁浮费，以培养百姓元气⑤。时乔氏以剿捻督师于寿州，所以将厘定章程的事，交给藩臬二司去办理。不久，安徽藩司马新贻等，将安徽漕粮暂征折色章程及酌定所价数目，详禀江督曾国藩。九月初八日，曾氏遂批定此案⑥。详文中的拟议：①漕米每石除部价一两三钱外，另加一两二钱，为司库提存之款；②废止陋规摊捐之费以轻州县负担；又另加丁漕余资，以为州县办公费用，各县并不一律；③折色征银后，再改折钱文多寡，各县亦不一律如怀宁桐城为每石

---

① 《江西通志》卷八五，页21~23。
② 《清史稿》本纪二一，页25。按原书作八月癸酉，但是月无癸酉日，据《江西通志》知为癸丑之误。
③ 《曾文正公奏稿》二一，页48；《批牍》卷五，页6~8。
④ 《曾文正公奏稿》卷二一，页45。
⑤ 《同治朝东华续录》卷三四，页58；又《皇朝续文献通考》卷四，页4。
⑥ 《曾文正公手书日记》同治三年八月廿九日至九月初八日各条，《年谱》卷九，页38，谓系初十日所核定，盖误。

（？）四千八百文，太湖四千四百文，合肥六千六百文；无为、舒城、卢江七千文，巢县、六安七千二百文，英山、霍山九千文。曾国藩的批示，以为所定仍嫌过高，故再加减低；除部价外，司库加提及州县余资二项，合计每石可再减七八百文；因之各县规定收钱数目，亦应减价，依照湖北之例，极多不过六千五百，大例总在五千以内①。曾氏所说的"每石可减钱七八百文"，是指其改定数目与马新贻等原议数目的差数，并不是与完全未减赋前的原来收数相比较。安徽全省额征漕粮正耗米二十八万四千余石②。曾氏所减的总数，已比马氏等原议的减数，多减了二十余万串钱了。至于比未减赋前的原来浮收数，其相差实不止此数，我在下一段中另有估计。

减定以后，由乔松年会同江督曾国藩漕督吴棠奏报清廷。奏折中先述暂征折色的理由，谓运道中阻，本年尚不能运输，且兵燹以后，民力未纾，应大加核减，以示体恤。实行的办法：①解部定价，规定为稜米每石折银一两三钱，粟米每石一两二钱；②至于折收漕价（即折成钱数，取之于民的实在数目，包括司库加提及州县余资等款），视原折价多寡，定以七折六折，体察民力，以易完为断③。而将陋规尽数删除④。取之于民的实征钱数，据安徽通志所载，同治三年议定怀宁等州，县应征熟田漕米，每石折收钱四千至六千五百文不等；四年议定定远、霍邱、天长三县，应征漕米每石折收钱各六千文；六年议定宣城等州县应征每石折收钱五千至六千五百文不等⑤。与曾国藩批示中所说的"最多者不过六千五百文，大例总在五千文以内"一语相合。假使我们以五千文为减赋后每石折价的平均数，又根据乔松年的奏折，以此数为原折

① 《曾文正公批牍》卷五，页19~21。
② 《光绪安徽通志》卷七七，页1。
③ 《光绪安徽通志》卷六九，页15，又卷七六，页18。
④ 《续碑传集》卷二七，页6。
⑤ 《光绪安徽通志》卷六九，页16。

价的七折或六折；则安徽全省漕米未减赋以前的原折价的总数，为二百五十三万余文或二百九十六万余千文；减赋后为民间省钱百十一万余千文，或百五十四万余千文；取其中数，则所省者约达一百二三十万千文。

同治四年（1865 年）正月，曾国藩致函马新贻（其时马氏已由皖藩升任浙抚），询问浙江减漕章程已办定者几府？其立法较安徽新章异同如何①。可见安徽减漕新章的议定，是在浙江之前。可惜关于安徽方面的史料不多，不能作详细的叙述。

（5）浙江

浙江减赋的发动，虽在江苏之后；但是它的奏定，却在江苏之前。同治四年（1865 年）闰五月十一日，浙江减漕一案，奉者批准；但是，江苏减赋一案，却是到是年十一月初五日始奏定。所以我现在先述浙江的减赋经过。

同治二年（1863 年）四月二十日潘祖荫奏请减赋，仅限于江苏。至四月二十三日，丁寿昌奏请减赋，始兼及浙江。丁氏的奏折中，先申述减赋的理由：①为收拾已叛的民心起见，实有减赋的必要；②并且从前时常蠲免及拖欠，徒有重赋之名，并无收税之实；故减赋有益于民生，无损于国课。然后提出他的建议，将苏、松、常、镇、太、杭、嘉湖七府一州之地，按照各州县应征漕粮白粮旧额，永减三分之一，令该省督抚统兵大员，多刻誊黄，遍加晓谕，以便收宣传的效果②。六月初三日上谕，著曾、李酌减苏、松等属漕额，著左宗棠酌减杭、嘉、湖三属漕额③。十二月，左氏复奏，谓杭、嘉、湖三府都未克复，故未能查办。又云：浙东各属地丁南米，浮收弊端也未能免，应该同样加以核

---

① 《曾文正公书札》卷二四，页 28。
② 《浙江减赋全案》卷二，页 1～3；又《江苏减赋全案》卷二，页 4～7。
③ 《浙江减赋全案》卷二，页 9；《江苏减赋全案》卷一，页 3；《同治朝东华续录》卷二三，页 48。

减；因将已减定的温州一府定章奏闻。奏上即遭批准①。于是裁减浮收一举，先行实施；减定漕额一事，俟杭、嘉、湖克复后再进行。

同治二年（1863 年）十二月的奏折中，左宗棠已奏明温州一府减定浮收的数目。次年又奏定核减绍兴府及宁波府的钱粮浮收②。左宗棠赴闽剿匪后，蒋益沣、马新贻继之，于同治四年（1865 年）中，先后奏准核减嘉、杭、湖、金、衢、严、处七属浮收（嘉、杭、湖三属，仅奏及浮收钱）③。是年九月马新贻又奏裁杭、嘉、湖三府漕南浮收米四十八万六千九百另六石，其中以裁革海运津贴一项，所省最多，计裁减津贴米三十余万石，而其他浮收米则仅裁减十八万余石④。浙江十一府中，只有台州一府，尚未办妥，据马氏云："台州府属各县，地本瘠苦，粮额亦少，有无浮收应行核减之处，现在严催详办。"⑤ 后来便不再见提及；但是粮额本少，即有所减，亦必为数无几。现在将上面各奏折中所述的浙江十府核减浮收钱粮数目，列表（表 4）于下。

表 4 浙江十府核减浮收钱粮数目

府　　别	共减去浮收钱数（千文）	共减去浮收米数（石）
温　州	40500	300
绍　兴	221420	361
宁　波	104870	867
嘉　兴	255638	285387
杭　州	69215	64653

---

① 《左文襄公奏稿》初编卷一二，页 4～6；又《同治朝东华续录》卷二九，页 37。

② 《左文襄公奏稿》初编卷一四，页 11，又卷一五，页 4；《同治朝东华续录》卷三三，页 29，又卷三六，页 30。

③ 《皇朝续文献通考》卷九六，页 13～14；《马端敏公奏稿》卷一，页 3～6、40～41；《同治朝东华续录》卷四三，页 48，又卷四七，页 59、61。

④ 《浙西减漕纪略》页 13～14；又《浙江减赋全案》卷一○，页 24～26。

⑤ 《马端敏公奏稿》卷一，页 40～41，同治四年闰五月初六日奏折。《同治朝东华录》卷四七，页 59、61。

续表

府　　别	共减去浮收钱数（千文）	共减去浮收米数（石）
湖　州	205501	136866
金　华	156161	521
衢　州	103929	65
严　州	61986	—
处　州	6833	125
总　　计	1826053	489045

注：此外尚有处州府属减去浮收银洋 8254 元，未曾列入表中。

又杭、嘉、湖三府减去浮收钱共 53 万余千文，包括漕南两项。若专就南粮浮收而言，则仅减去 247800 余千文[①]。又表中杭、嘉、湖三府未曾列入其浮收核减数目，以三府初次所减者，系地丁钱粮浮收；及是年马新贻又奏岁漕米、南米浮收，计杭州府减去 64653 石，嘉兴府 285387 石，湖州府 136866 石，总数为 486906 石，其中以裁革海运津贴所省最多，计载减津贴米 30 余万石，而其他浮收米则仅裁减 18 万余石。[②] 如果将此数与表中所列 20 余万石合计，则共减 49 万石左右；以当时米价每石三千文计，则值钱 147 万千文。再与所减浮收钱合并计算，则是年浙江所减浮收，钱米合计约得 329 万千文，以当时银价每两 1300 余文计之，则合银 200 万两左右。

当时减定浮收的章程，据各奏折中所述，凡分三点：①正额照常征解（惟杭、嘉、湖漕米征额，依谕旨酌减）；②一切陋规，概行禁革；又痛裁浮收，仅酌留平余为办公费；③严禁大小户的分别。这些规程与裁减浮收相辅而行，所以能获得良好的结果。

浙江除了裁减浮收之外，又减定杭、嘉、湖漕粮正额。同治三年

---

① 《浙西减漕纪略》页 16～17；《浙江减赋全案》卷十，页 24～26；又《马端敏公奏稿》卷二，页 13～150。

② 《浙西减漕纪略》页 13～14；又《浙江减赋全案》卷十，页 24～26。

（1864 年）八月，湖州克复，浙江全省一律肃清。左宗棠遂于省城设立清赋总局。十月间，清赋局报告会议减赋大概情形，详请具奏①。左宗棠便根据这详文，复奏核减杭、嘉、湖漕粮大概情形。奏折中先陈述历来征收漕粮积弊之深，然后提出办法四项即减正额，减浮收，筹运费，裁陋规。减正额的办法是：①依原来科则分田亩为上中下三等赋则，按科则的重轻，分别核减；②至于核减的总数，拟于原来额征总数中，减去三分之一②。户部复奏谓统减三分之一，未过免多，应改为三十分中减去八分。同治四年（1865 年）四月清廷谕知浙江督抚，令照部议办理③。其时左宗棠已统兵赴闽，浙事田马新贻主持。闰五月中，马氏会同左宗棠陈奏酌定浙漕应征分数。奏折中拟定：①浙江额征漕白改漕正耗行月等米一百万四百石零，照部议三十分之八为率，共应减米二十六万余石；②各科则分成量减，原额重者减数多，额轻者减数少，以求均平；故于上中下三则之中，再分五等，如上则之一斗六升至一斗九升，酌减十分之三；上则之一斗一升至一斗五升，酌减十分中之二分五；中则之九升至一斗，酌减十分之二；中则之六升至八升，酌减十分中之一分五；六升以下之下则，统减十分之一④。同治四年五月十一日上谕批准，令浙省督抚即"刊刻誊黄，编行晓谕"⑤。浙江减赋的事情，遂告一段落。现在将杭、嘉、湖三属各县减征漕额数及其对于原额的百分率，做成"浙江裁减漕额表"（表5），以供参考。

所减的米数，合原额百分之二十六，即三十分之八，计减米二十六万余石。前面已述及浙江全省所减的浮收米达四十九万石，减浮收钱达一百八十二万余串。可见就数量而言，浙江所减漕粮正额，远不及裁减

---

① 《浙江减赋全案》卷二，页 16～21。
② 《浙江减赋全案》卷二，页 22～27；又《左文襄公奏稿》初编卷一八，页 4～5。
③ 《浙江减赋全案》卷二，页 28～32；又《同治朝东华续录》卷四五，页 26。
④ 《浙江减赋全案》卷二，页 32～39；又《马端敏公奏稿》卷一，页 34～37。
⑤ 《浙江减赋全案》卷二，页 39；又《同治朝东华续录》卷四七，页 59。

表5 浙江裁减漕额表

地 名	原征本色米数(石)	减征米数(石)	减征百分率(%)
仁 和	53038.0747	9470.9534	17.856
钱 塘	22400.2531	2894.5192	12.921
海 宁	53387.4273	9247.4978	17.321
富 阳	6946.7126	677.9870	9.731
余 杭	11653.9584	1281.8165	10.998
临 安	6796.8794	1031.1315	15.170
新 城	4169.8268	577.5315	13.850
於 潜	3029.9448	327.8976	10.821
昌 化	2142.9125	226.1535	10.553
杭州府合计	163565.9896	25735.4880	15.800
嘉 兴	101344.0280	28351.4885	27.970
秀 水	85922.3860	28593.2472	33.277
嘉 善	97701.4404	34405.8576	35.215
海 盐	54657.9749	12187.7828	22.298
平 湖	56923.1700	16542.9974	29.061
石 门	51742.7807	14941.1466	28.875
桐 乡	43984.3210	10393.7809	23.630
嘉兴府合计	492276.1010	145416.3010	29.500
安 吉	8541.7154	845.3811	9.897
归 安	98118.3738	31369.3850	31.970
乌 程	114515.8809	38960.6064	34.022
长 兴	54945.2664	7803.2171	14.201
德 清	56132.4914	15024.9835	26.799
武 康	12313.0120	1592.2699	12.931
湖州府合计	344576.7399	95613.8430	27.700
三府合计	1000418.8305	266765.6320	26.666

注:此表数字,系根据《浙江减赋全案》卷七~卷九,各属除减实征细册。

浮收之巨；换句话说，裁减浮收才是这一次减赋运动的主要部分。

（6）江苏

江苏的减赋，注重裁减漕粮浮额。由于廷臣、疆吏和地绅三方面的努力，这运动才得告成。廷臣方面，同治二年（1863年）四月，潘祖荫、丁寿昌二人，先后交章请减江浙漕赋。丁氏的奏折，已述于上节中，兹不复赘。潘氏的奏请，是限于江苏省苏、松等四府一州的浮赋。奏折中先述减赋的必要：①人民方面，旧赋本属过重，近经兵燹，更非减赋不足以纾民困；②政府方面，减赋以示恩，不但可以弭变；且赋轻易输，可裕国课。最后提出办法，请旨饬江省督抚妥议章程，务使粮无溢额，赶奏定，一面刊刻誊黄，宣布中外①。疆吏方面，也不约而同的奏请减赋；并且地绅在背后极力怂恿。先是，同治二年（1863 年）正月，署松江府方传书禀告督抚，谓苏、松、太赋重为天下冠，方今兵燹余生，恳请督抚奏请朝廷减赋②。当时督抚颇加嘉许，谓俟军事粗定，再行会疏具奏，并令委议覆详③。二月初一日，粮道郭嵩焘偕潘曾玮往访绅士吴云；吴氏便劝告郭氏裁减江南浮粮重赋。越日，吴云又作一书致潘曾玮，详述勒折浮收的病民，苏松重赋的由来，及今日乱后实行减赋的便利④。恰巧当时苏绅冯桂芬正在李鸿章的幕府中。冯氏是研究田赋的专家，自云："三十年来官中一事一言涉及漕赋者，必求其详手录之。"李鸿章间接的看到吴云的信，便加采纳，将这事付托冯郭二人去办。冯氏代郭嵩焘草一详文，呈请督抚具奏请求减赋；又继为李鸿章起草疏稿。但这奏疏迟迟未发；经吴云极力催促，谓事不可缓；乃以五月十一日上奏⑤。奏未上以前，曾李二人曾书函往返商榷，其初都主张俟苏城克复后再行腾章乞恩，但后来也都说事不可缓，当由于受了吴云劝说的影响⑥。这奏折与郭嵩焘的详文，都是冯桂芬起草的，所以内容大

---

① 《江苏减赋全案》卷二，页 1～3。
② 《江苏减赋全案》卷五，页 24～26。
③ 《江苏减赋全案》卷三，页 1～2，又卷五，页 26；又《曾文正公批牍》卷五，页 9。
④ 《两罍轩尺牍》卷五，页 11～16。
⑤ 《两罍轩尺牍》卷五，页 16～17；又《显志堂稿》卷四，页 6～8。发折日期，《显志堂稿》误作为十二日。
⑥ 《李文忠公朋僚函稿》卷三，页 27、30、33；《曾文正公书札》卷三一，页 42，又页 45（复郭书），又卷二二，页 6。

致相同①。奏折中先述苏、松、太浮粮的过重及其起源；继述自明以来征赋的实况，大部逋欠准折，有名无实，现今兵燹之后，更无力完赋；再申述减赋的利益，既可充裕国课，又可收拾民心；又举清初裁减赋的实例；最后提出办法，要求朝廷允许减定苏、松、太三属粮额，折衷定数，期与旧额本轻的常镇二属，通融核计，仍得每年起运九十万石至百万石之间，著为定额②。按常、镇二属岁运五十余万石，故减定后的苏、松、太新额，将仅余五十万左右。

曾李会衔的奏折抵京后，当天便有上谕，令二人督饬司道设局，分别查明各州县情形，折衷议减③。清廷又将曾李原折，交户部议。户部将这折与四月间潘丁二折，合并核议，于六月初复奏，对于曾李原拟的办法，加以修正：①苏、松、太可以量减三分之一，不必如曾李所奏，由原额百二十一万石减为五十万左右，骤减去十分之六；②常、镇二府漕额虽稍轻，亦应量加体恤，不必如原议绝不减少④。奏上后，清廷即降谕令曾李依照户部所奏办理；并令将各州县减额结果，分晰开列奏闻，以便复核批准⑤。

曾李接到上谕后，便转饬江苏藩台刘郇膏设立减赋局，办理此事。时郭嵩焘已调粤，江苏减赋局的事情，完由刘郇膏主持。不幸，刘氏对于减赋的意见，与冯桂芬不同；二人都坚执己议，断断争执⑥。又加以军事尚未结果，不能以全力进行此事；所以迁延二年余，至同治四年始行奏定。

刘冯争执的时候，李鸿章也曾参加意见，但后来便将这事完全交与

---

① 郭氏详文见《江苏减赋全案》卷四，页1～6。
② 《江苏减赋全案》卷二，页13～20；《李文忠公奏稿》卷三，页56～63；《显志堂稿》卷八，页2～10。
③ 《同治朝东华续录》卷二二，页43～44；《江苏减赋全案》卷一，页1～2。
④ 《江苏减赋全案》卷二，页8～12。
⑤ 《江苏减赋全案》卷一，页3～4；《同治朝东华续录》卷二三，页48～49。
⑥ 二人的意见，分见于《显志堂稿》卷五，页7～19、48～49；及《江苏减赋全案》卷五，页1～18，卷四，页7～11，刘氏禀文；又《显志堂稿》卷四，页9，记述此次争执颇详。

曾氏定夺①。曾国藩与李、刘、冯等往返函商，最后折衷刘冯二人的意见，各有取舍，并加进自己的见解：①常、镇二府，不可不减漕米；反对刘氏的提议请朝廷收回成命。②苏、松、太减漕，应墨守部议三分减一之率，反对冯氏的请求再减。③冯氏曾主张合并百余科则为九则；曾氏虽未曾明白表示意见，但观后来的奏折，知道也采用刘氏的意见，仍旧不减。④漕米核减的办法，与刘冯的意见都不同；冯刘都主张递减，仅细节上不同；曾氏初主轻则与重则依率同减，反对分别待遇；但后来让步，允许苏、松、太各科则分别递减；惟常、镇二府仍普减十分之一。⑤冯刘二人都主乘机奏请并减地丁及漕项（钱粮）；曾氏初颇反对；但后来也加允许，惟主张五郡普减十分之二，与刘氏的提议普减十分之一，及冯氏的提议苏、松、太六折，常、镇九折，都不相同②。

曾氏既将大概办法决定后，便使刘郇膏拟具疏稿。曾李再经一度咨商疏稿文字后，便于同治四年（1895年）五月会衔上奏③。这奏折先述接谕准减漕额后设局筹商的经过，次申述要求并减钱粮的理由，谓钱粮的情形与漕粮相同，自应援例一体请恤，故请求将五府额征钱粮银两，普减十分之二。最后又将漕粮裁减办法奏明，请：①苏、松、太三属按则分别递减毋庸并减五升以下的轻则，总数则依部议三分减一的数目；②常、镇二属，一律普减，各照部议十分减一④。清廷交户部核议。后来户部复奏，对于漕额裁减办法，准其所请；对于要求并减钱粮一节，

① 《李文忠公朋僚函稿》卷四，页 26，卷五，页 1～8、页 11～12、页 55，卷六，页 4、页 4～5、页 9～10。

② 《曾文正公书札》卷二三，页 30～31，卷二四，页 19、页 20、页 29～30；《批牍》卷五，页 18、页 14～15；《江苏减赋全案》卷三，页 11～16，卷四，页 9、页 11～12，卷五，页 18。

③ 《李文忠公朋僚函稿》卷六，页 20、页 22；《曾文正公书札》卷二四，页 33～34；《江苏减赋全案》卷三，页 17，卷五，页 21～23。

④ 《江苏减赋全案》卷二，页 24～28；《李文忠公奏稿》卷八，页 60～64。

驳斥不许，谓最好仿浙江办法，对于钱粮，不减定额而裁浮收①。六月二十五日上谕，着曾李依照户部所议办理②。苏绅冯桂芬、潘曾玮等主张上疏再请，但是刘郇膏、李鸿章以为再请无益③。减赋之案遂定，专减漕粮而不减钱粮（指地丁及漕项，略称地漕）。

同治四年（1865 年）九月，李鸿章、刘郇膏奏拟苏、松等属减漕章程，并将派减米数清单与章程一并呈上④。十月，刘氏更将减赋案内原额及派减科则表册呈上⑤。十一月初五日上谕，准照该省督所请办理，并着其即行，刊刻誊黄，遍加晓谕⑥。江苏减漕的事情，便告了一段落。

李刘所奏的章程，重要的有下列三项：①常、镇二属，科则较轻，不分轻重，一律普减十分之一；②苏、松、太三属，分别轻重，依下列"新旧科则表"（表6），按则递减，由旧则减为较轻的新则；③苏、松、太三属有沿海瘠区，地既瘠薄，且不种稻，应酌加减数，以示公允，但与按则递减者通牵合算，减数仍不超过原额三分之一。

表6 苏松太三属新旧科则表

单位：升

原来各科则	减征后新科则	原来各科则	减征后新科则
20 以上	统减为 11	7.73～6.66	7～6（递减）
19.65～16.26	11～10（递减）	6.60～5.15	6～5（递减）
15.72～10.47	10～9（递减）	5.13～5.03	5～4.99（递减）
10.40～9.28	9～8（递减）	5 以下（4.97 以下）	不减
9.21～7.80	8～7（递减）		

注：此表系根据《江苏减赋全案》卷二，页35～37，又卷六江苏田粮新旧科表。

① 《江苏减赋全案》卷二，页 29～32。
② 《江苏减赋全案》卷一，页 5～6；《同治朝东华续录》卷四八，页 8。
③ 《显志堂稿》卷四，页 9～10；《李文忠公朋僚函稿》卷六，页 36，致曾刘二书。
④ 奏折见《江苏减赋全案》卷二，页 33～35；章程见同书同卷，页 35～43。
⑤ 奏折见《江苏减赋全案》卷二，页 47～48；表册见同书卷六，页 8。
⑥ 《江苏减赋全案》卷一，页 8～9；又《同治朝东华续录》卷五三，页 1。

依据上面所说的章程中三条原则，以观江苏减漕的结果，实如表7所列。

表7 江苏减漕结果

单位：石

常 镇 二 属	原额	570715.6341
	减去米数	57071.5635
	适合原额十分之一	
苏松太 三 属	原额	1458459.0917
	减去按则递减米	470784.5567
	又赋去沿海各州优减米	15270.4170
	计共减去米数	486045.9737
	适合原额三分之一	
五 属	原额	202917.7258
合 计	共减米数	

附注：此表系根据《江苏减赋全案》卷二，页47，及卷七，页1~3。

现在更就五属的州别，更作一表，以明当时江苏减赋的情形，兹列表8于下。

表8 江苏五属减赋结果

单位：石

府别	原额	派减米数	减征后仍征米数
苏 州	877564.9538	326632.3420	550932.6118
松 江	427461.39440	116544.6362	310916.7578
太 仓	153432.7439	42877.9955	110554.7484
常 州	355980.5627	35598.0563	320382.5064
镇 江	214735.0714	21473.5017	193261.5643
合 计	2029174.7258	543126.5317	1486048.1887

附注：此表系根据《江苏减赋全案》卷七，页1~4、48、65、75、78。其原额系道光十年赋额。

常、镇二府各县，皆系按赋额普减十分之一，不必再为之作图表。苏、松、太三属是按则分别递减，各县田亩科则不同，故各县所减的分数也各不相同；现在作成"江苏裁减漕额表"（表9），以供参考。

表 9 江苏裁减漕额表

单位：石

地名	原征本色漕米数	减征米数	减征百分率%
长　洲	115087.9622	49593.1429	43.0
元　和	109832.5765	47891.3498	43.6
吴　县	73843.3103	27647.9845	37.4
吴　江	103820.0338	41594.0156	40.2
震　泽	113537.6708	46015.3510	40.5
常　熟	108690.2420	31216.8332	28.7
昭　文	87537.1114	23557.5729	26.5
昆　山	80528.2488	28358.9571	35.2
新　阳	81334.2118	29898.1273	36.7
太　湖	3353.5862	8590077	25.6
苏州府合计	877564.9538	326632.3420	37.2
华　亭	55070.8230	16009.9236	29.0
奉　贤	48358.3441	12860.7920	26.5
娄　县	59408.3733	21882.8687	36.8
金　山	48953.6639	16513.5165	33.7
上　海	64445.8126	14878.5607	23.1
南　汇	64759.3209	11186.4161	17.2
青　浦	76246.7828	21524.3127	28.2
川　沙	10218.2734	1688.2459	16.5
松江府合计	427461.3940	116544.6362	27.3
太　仓	61001.2916	21513.2002	35.2
镇　洋	60291.5341	21364.7953	35.4
嘉　定	17224.9137	（完系五升以下科则，照常不减）	0
宝　山	14915.0045	（同上）	0
太仓州合计	153432.7439	42877.9955	27.9
三属合计	1458459.0917	486054.9737	33.3

附注：此表数字，系根据《江苏减赋全案》卷七，页2~73。减征米数一项包括境内按则递减米数及沿海瘠区优赋米数。

　　上面所说的是专指裁减正额而言；至于裁减赋收，却另外分别进行。同治二年五月曾李奏请苏、松、太裁减时，便附片陈奏江苏漕粮积弊，谓："苏松漕粮核减后，必以革除大小户名目为清厘浮收之原，以裁减陋规为禁止浮收之委。"① 同治四年五月奏请兼减地漕正额时，又于附片中陈奏裁革钱漕积弊，谓同治二年秋间，即曾加以清厘，钱漕都酌定折价，大小户一律征收，又将浮收大加删减，但以"此时米贵银贱，不能遽为定衡，应俟减赋定案，再行妥议章程，另行奏明立案"②。六月上谕，驳斥裁减地漕正额，但令核实删减浮收，并令迅速筹办妥议具奏③。李鸿章于九月中奏拟减漕章程时遂同时，另折奏陈裁减收约数，谓裁减地漕银两浮收，除酌留办公经费外，其余悉行裁减，如照额全完之年，所减银数总在六七十万上下④。同日，又奏陈裁除海运津贴，谓此项津贴，即从前的浮收，业经筹款补抵银七十余万两，与前项所裁革陋规银数合针，则"苏省一年之间，如办理全漕之时，取于民者，共可免一百四五十万两之数"⑤。同治五年六月李鸿章奏陈江苏减漕未尽事宜，谓折色收漕，每石折价年内以四千五百文为率，年外以五千文为率，计苏、松、太、常四属共减浮收漕折钱（包括海运津贴及陋规）一百六十七万余串［详见表 10（甲）项］，征收地漕各款，条银每两折价以二千文为率，计减去浮收条银折价钱四十万余串（按李氏所奏二项合计共达二百万串以上，以当时市价每银一两合钱千三百文左右计之，则合银一百五十余万两，与同治四年所奏者相差不远）。又谓本色收漕，每石余耗三斗为率，不准多取，计苏、松、太、常四属，共减去浮收米三十七万余石［详见表 10（乙）项］⑥。兹将李氏所入奏漕米项下所减浮收钱米，列表（表 10）于下（镇江一府，以当时尚未减定，故未列入）。

---

① 《江苏减赋全案》卷二，页 22～23；又《李文忠公奏稿》卷三，页 64～65。
② 《李文忠公奏稿》卷八，页 65～66。
③ 《江苏减赋全案》卷一，页 5～6。
④ 《江苏减赋全案》卷二，页 45。
⑤ 《江苏减赋全案》卷二，页 60～63。
⑥ 《李文忠公奏稿》卷一〇，页 31～32。

表 10   四属减赋表

地别	（甲）减去浮收钱（串）	（乙）减去浮收米（石）
苏　　州	753500	192800
松　　江	505700	108800
常　　州	215200	73000
镇　　江	201600	—
合　　计	1676000	374600

附注：此表根据《李文忠公奏稿》卷一〇，页 31～32。

　　除苏、松等五属外，江宁府也曾实行减赋；因为它是与苏松等处分开办理的，所以我现在也将它提出来放在这里另行叙述。清代江苏的行政组织，江宁府及江北各属是与苏、松等五属分开的。关于田赋等事情，前者是由江宁布政使及江安粮储道管理的；后者是由江苏布政使及苏松粮储道管理的。太平天国的乱事，江宁府属所受的蹂躏最甚。同治三年（1864 年）收复金陵后，以兵燹后赋册散失无考，故曾国藩奏仿皖章，权办"抵征"。同治十三年（1874 年）始正式开征丁漕。是年及次年，该省督抚数次入奏，请仿苏属的例，酌减赋额，都遭部臣诘驳，至多仅准暂减二年而已①。光绪三年，江督沈葆桢据布政使孙衣言之请，于六月二十八日入奏，请照同治二年恩免苏、松浮粮的旧例，将江宁府属上元江宁、句容、六合、江浦等五县额征漕粮等米，一律减免十分之三。就当时启征熟田而计，应征原额漕粮等米九万二千九百九十五石有奇，共请减三分米二万七千八百九十八石有奇。将来继垦熟田，亦照此科征，不再加重②。七月十五日上谕批准③。至于高邮、溧水二县，以向完折色，故未受裁减三成的优待；但二县向有虚炉，因为其地有田地

————————

①　《续纂江宁府志》卷二，页 1～6。
②　《续纂江宁府志》卷二，页 6～8；又《沈文肃公政书》卷七，页 17～20。
③　《续纂江宁府志》卷二，页 8；又《光朝朝东华续录》卷一七，页 8，惟《东华续录》中误以谓所减者限于本年漕粮。

数万亩遭湖水坍没，而赋额被加摊入全县的田赋中。光绪四年（1878年）三月，沈葆桢奏请豁免高淳虚粮，计豁银九千二百余两，米二百四十余石。光绪六年（1880年）九月刘坤一奏请豁免溧米虚粮，计七万余亩，所豁免的赋额亦当在五六千两左右①。

江苏省江宁、苏州等六属合计，所减赋粮正额，达五十七万石以上，所减浮收米三十七万余石，浮收钱二百万余串，实为长江各省之冠。这是由于太平天国乱前，江苏最为富庶，赋税最重；太平天国的乱事，又以江苏所受的蹂躏为最甚，故减赋也最巨。

（丁）减赋的结果

长江流域各省的减赋经过，上面已经分别叙述过了。现在试将它们合并起来一看，看它们减赋总数是多少，换言之，即减轻了人民负担多少。根据上面各节所述的数目，六省裁减漕额及浮收等项合计银一百五十万余两，钱六百四十万余串，米一百七十万余石。同治三四年时，江浙米价每石约值银二两五钱；每银一两约值钱一千三百余文②。假使我们以这市价为估计的标准，将上面的总数化成为银两为单位，则共达一千另七十五万余两。这估计是不准确的，因为各地的市价不同，即同一地方的市价，也依时涨落；这估计不过给我们以一个大概的印象，使我们知道它数量的巨大而已。这个数量已经够惊人了，但是我们要知道当时每两银的购买力，是抵得上今日的三倍③。我们更可以看得出这一举意义的重大！人民骤然释去重负，辛勤储蓄，便逐渐恢复太平天国乱前的旧状。同治一朝是被称为"同治中兴"的，这减赋运动所替人民省

---

① 《续纂江宁府志》卷二，页 8~10。
② 《李文忠公奏稿》卷九，页 8，及《江苏减赋全案》卷二，页 32。
③ 杨端六等编《六十五年来中国国际贸易统计》页 3 第三表《中国批发物价指数表》，谓以民国 2 年为一〇〇，则同治十三年为六五，而民国 17 年则为一五二，即今日物价比同治间涨高约三倍。

下来的汗血钱，便是这"中兴"的经济基础之一。因为有了这减赋运动，于是农村的复兴，更加迅速，然后才有这"中兴"的局面。不过政府虽替人民省了这许多钱，国库的收入，却并不受大影响。所裁减的都是些官吏的中饱，仅江浙减额八十万石，约合银百余万两而已。

这次减赋运动所注意的是裁减浮收，但是裁减浮收这件事，不是一纸命令便能生效的。这不仅要赖州县官吏的束身自爱，并且要靠地方高级长官的严厉监视。减赋运动初次实施时，地方大员，如骆、胡、曾、左、李等，都是很能干的政治家，并且大乱初平，州县官吏也小心奉行减赋命令。但是即在当时，曾国藩即有"减额赋，则为百世不刊之典；减浮收，则无十年不敝之法"数语①。果然，那些官吏，不久便故态复萌了。加以太平战役之后，捐官（实缺官）成为一大弊政，地方政治，尤为腐败，灭赋之惠便难实现了（此点系胡适之先生指出）。同治六年（1867年）清廷以御史崔穆之请，特下谕禁止州县浮收漕粮，谓浮收之弊，例禁虽严，而不肖官吏，仍敢视若具文，诛求无厌，殊堪痛恨②。同治九年及十二年（1873年），茹家玉数次奏请裁革江西浮收③。光绪四年（1878年），御史欧阳云又奏请革除江西征收丁漕陋规，清廷令巡抚刘秉璋查复，刘氏复奏有云："节寿两项陋规，同治元年奏明革除之后，迄今或违。"④可见旧有的弊病仍复发生了。光绪十年（1884年），御史屠仁守奏请除湖北征收钱粮冗费，谓湖北钱粮积弊，自咸丰年间革除冗费，奏定章程，近年夙弊渐滋，任意浮收⑤。光绪十一年（1885年）十二月，户部条陈整顿钱粮，谓赋税亏额，财既不在国，又不在

---

① 《曾文正公书札》卷二八，页46。
② 《皇朝掌故汇编》内编卷九，页46～47；又《同治朝东华续录》卷六四，页14。
③ 《光绪江西通志》卷首之四，页38～39，又卷八五，页25；《皇朝续文献通考》卷四，页24；《同治朝东华续录》卷九六，页12。
④ 《皇朝掌故汇编内编》卷九，页49～53。
⑤ 《皇朝掌故汇编内编》卷九，页53～54；又《光绪大清会典事例》卷一七二，光绪十年上谕。

民，大率为贪官墨吏所侵蚀，请饬各省督抚藩司，认真厘剔。诏从其请。但是这时已没有咸同年间主持减赋运动的那班人物，所以并未能认真实行。《清史稿》中说："终清之世，诸弊卒未能尽革也。"①

不但州县浮收的积弊，至同治末年后，复行发生；并且连输纳国库的田赋正额，至光绪时以财政困难，也增加了不少。《清史稿》中说：

> （光绪）二十年中日之战，赔兵费二万万；二十六年拳匪肇祸，复赔各国兵费四万五千万。其后练新军，兴教育，创巡警，需款尤多，大都就地自筹。四川因解赔款而按粮津贴捐输之外，又有赔款新捐。两江、闽浙、湖北、河南、陕西、新疆，于丁漕例征外，曰赔款捐，曰规复费捐，曰规复差徭，曰加收耗羡。名称虽殊，实与加赋无大异也。②

自太平天国乱后，至是二三十年，休养生息，民力逐渐恢复；但是这时候州县浮收与赋额附加，也都逐渐加重，人民负担困难，渐觉不安。美人麻斯（H. B. Movse）解释清室倾覆的原因，曾经说：

> 中国自庚子事变以后，中央政府为偿付赔款，向地方政府提款颇多。地方官吏为弥补库款及充塞私囊起见，遂增重旧赋，添征新税。人民甚为不满，怨恨政府，故盗贼横行，叛乱时起。孙中山及康有为即利用这种愤懑的民情，加以煽动，以进行其革命及维新的事业。③

---

① 《皇朝经世文编》卷三九，页4；《光绪朝东华续录》卷七四，页6；《清史稿·食货志》二，页10。
② 《清史稿·食货志》二，页10。
③ Morse：*International Relations of Chinese Empire*, Vol. III, p. 410.

他的话并不是完全无理由的。田赋是一种直接税，所以它的增加，最易使人民感觉到切肤之痛。清室的倾覆，与减赋运动成绩的消灭，并不是毫无关系，由此可以看得出来这减赋运动在晚清史中所占地位的重要了。

余　论

这一次减赋运动最可使我们注意的是他们注重在裁减浮收，删除中饱。虽曾替民间减轻了千余万两的负担，但是对于国库的损失，仅江浙所减价值百余万两的漕米而已。前人对于这广被长江流域各省的减赋运动，多不加注意；即有述及者，亦仅注意江浙的减漕而已。对于这运动在晚清史上的地位，更遭忽视。这实是不应该的。不过这次减赋运动有一个缺点，便是不与减租同时进行。长江流域各省是盛行佃农制的，若减赋而不减租，得益者仅是自耕农与地主而已，与佃农无涉。最高的成绩，不过如汉人荀悦所说的："今汉人或百一而税，可谓鲜矣；然豪强人占田逾侈，其赋太半；官收百一之税，而入输豪强太半之赋。"（《东汉会要》）这次减赋运动后，似乎仅江苏实行过减租。冯桂芬在《江苏减赋记》中说："减赋既定，佥谓租以供赋，减赋自宜减租。是秋，议定每亩一石以内正数减为九七折，一石以外零数五折，仍不得逾一石二斗，是为减赋之终事云。"① 其他各省，似乎都没有实行过，这不能不说是一件憾事。

参 考 书 目

［1］《江苏减赋全案》　刘郇膏等编　同治年间江苏减漕总局刊本
［2］《浙江减赋全案》　觉罗兴奎等编　同治十二年刊本

① 《显志堂稿》卷四，页12。

[3]《浙西减漕纪略》（又名《杭嘉湖减漕纪略》）　戴槃著　同治七年秋重刊本

以上三书，皆为专论此次减赋运动者，为研究江浙减漕经过的重要书籍，前二书为减赋局的官修书，戴氏为浙江减赋局内办事员，其所述者，皆已见于《浙江减赋全案》中，并无新鲜材料。

[4]《光绪十一年重修湖南通志》　原刊本

[5]《民国续修湖北通志》　民国10年湖北省公署刊本

[6]《光绪重修江西通志》　光绪六年六月刊本

[7]《光绪四年重修安徽通志》　原刊本

[8]《同治重修苏州府志》　江苏书局刊本

[9]《光绪松江府续志》　光绪十年郡斋刊本

[10]《民国续修太仓州志》　民国7年刊本

[11]《民国重修杭州府志》　民国11年刊本

[12]《光绪嘉兴府志》　光绪三年鸳湖书院刊本

[13]《同治湖州府志》　光绪九年重刊印本

[14]《续纂江宁府志》　光绪六年冬刊本

以上为方志之书，湘鄂赣皖四省所减者仅及浮收，故无专书记载，即在方志中亦仅在圣谕赋役宦绩三门中略行叙及而已。江浙两者，道咸后亦曾设局重修通志，但皆未成书，幸有减赋全案，以补其缺，苏、松、太、杭、嘉、湖各府志，修于咸丰以后，故皆曾述及减赋一事，其材料不出减赋全案。惟《续纂江宁府志》一书，以《江苏减赋全案》中不及江宁之事，故颇可供参考。长江流域六省之府县志，多不可胜数；以各省减赋运动，皆由省中最高长官发起，普及全省，府县志中之材料，恐罕有出于省志之外者，兼以时间关系，无暇遍阅，是以一概从略。

[15]《骆文忠公奏稿》　光绪十七年重刊本

[16]《胡文忠公遗集》（与本篇有关者计有奏疏、书牍、批札三

类） 同治六年刊本

[17]《曾文正公全集》（与本篇有关者计有奏疏、书札、批牍三类） 光绪二年传忠书局刊本

[18]《曾文正公手书日记》 宣统元年上海中国图书公司影印本

[19]《左文襄公奏稿》初编三十八卷 光绪廿八年上海古香阁石印本（系复刊罗大椿编《左恪靖公奏议》而成）

[20]《马端敏公奏议》 光绪二十年闽浙督署校刊本

[21]《李文忠公全书》（与本篇有关者计有奏稿及朋僚函稿二类）光绪三十一年金陵刊本

[22]《沈文肃公政书》 光绪六年吴门节署刊本

[23]《林文忠公政书》 光绪五年长洲黄氏刊本

[24]《裕靖节公遗书》 裕谦著 清刊本

[25]《心师竹斋章牍存稿》 程楙采著 光绪丁丑（三年）京师奎光斋刊本

以上各书，前八种为咸同间长江流域各省督抚之著作，颇多关于减赋一事之史料。后三种为道光间督抚之著作，可以窥见太平天国事变前夜长江各省田赋情形。

[26]《宝韦斋类稿》 李桓著 光绪庚辰（六年）武林赵宝墨斋刊本

[27]《显志堂稿》 冯桂芬著 光绪二年校邠庐刊本

[28]《两罍轩尺牍》 吴云著 光绪间刊本

以上三书，为参与减赋运动者之著作，颇多为官书所未述及之新材料，不可不加参考。

[29]《骆文忠公年谱》 骆秉章自订 光绪乙未（廿一年）京都重刊本

[30]《左文襄公年谱》 罗正钧编 光绪丁酉（十一年）湘阴左氏校刊本

［31］《曾文正公年谱》 黎庶昌编 光绪二年传忠书局曾文正公全集本

［32］《马端敏公年谱》 马新祐编 光绪间刊本

［33］《胡林翼年谱》 严树森编 民国间国学丛书本

［34］《李文忠公鸿章年谱》 李书春编 燕京大学《史学年报》第一期

［35］《求阙斋弟子记》 王定安著 光绪二年北京龙文斋刊本

［36］《胡文忠公抚鄂记》 汪士铎著 清华图书馆藏稿本

以上各书，为关于当时长江各省督抚个人之传志，其中多少皆有述及减赋之事，骆谱为其自著，所述减赋一段记事，更可珍贵。左谱颇详赡，马谱稍简略。曾胡谱皆不及曾胡二记（即第35及36种参考书）之详。李谱更为简略，可以不阅。

［37］《清史稿》 赵尔巽等纂 北平清史馆刊本

［38］《咸丰朝东华续录》 潘颐福著 光绪丁亥（十三年）京都钦文书局重刊本

［39］《同治朝东华续录》 王先谦著 光绪戊戌（廿四年）文澜书局石印本

［40］《光绪朝东华续录》 朱寿朋著 宣统元年上海集成图书公司刊本

［41］《续碑传集》 缪荃孙编 宣统间江楚编辑书局刊本

［42］《清史列传》 中华书局编 民国17年中华书局刊本

以上各书，《清史稿》中之文宗、穆宗本纪，及咸、同、光三朝《东华录》，皆曾收入减赋之谕旨，《清史稿》、《续碑传集》及《清史列传》，皆有咸同间长江各省督抚之传，亦有叙及减赋者，但皆简略不详，至于《清史稿》中之《食货志》，则殊值得一读，以便鸟瞰地窥见当时减赋运动之概况。

［43］《大清会典事例》 昆冈等纂 光绪间原刊本

［44］《钦定户部则例》 承启等纂 同治四年刊本

［45］《石渠馀纪》（一名《熙朝纪政》） 王庆云著 光绪庚寅（十六年）龙氏刊本

［46］《皇朝续文献通考》 刘锦藻著 光绪乙巳（卅一年）坚匏盦刊本

［47］《皇朝掌故汇编》（内编） 张寿镛等编 光绪壬寅（廿八年）求实书社刊本

［48］《皇朝经世文编》 求自强斋主人编 光绪辛丑（廿七年）慎记书庄刊本

以上各书，前二者为官修书，后四者则为私人著作。户部则例及《石渠馀纪》，记载有道光年间田赋之情形；其余四种对于减赋运动，虽详略不同，而皆曾叙及，惟罕新材料而已。

［49］《圣武记》 魏源著 光绪戊寅（四年）申报馆仿宋聚珍版印本

［50］《洪杨类纂史略》（一名《贼情类纂》），张德坚等著 清华大学图书馆藏抄本

［51］《六十五年来中国国际贸易统计》 杨端六等编 中央研究院社会科学研究所刊本

［52］《太平天国史料》第一集 程演生辑 北京大学刊本

以上四书虽与咸同年间减赋运动无直接关系，但以本篇中曾加征引，故注明其版本，以便对勘。

附记：本篇纂述时，曾赴北平图书馆善本书库，借阅《清代赋役全书》。馆中所藏者，长江流域六省皆备；惜皆为乾隆以前所修，且所记载者为政府之岁入及其用途之分配，与本篇所欲研究之问题，殊罕关系。关于本问题之史料，各省旧档案中，必仍有保存者，惜无法参考。故宫博物院中亦必有此项档案，惜自古物南运后，亦不克获睹。北平社

会调查所于故宫档案未南运以前，曾将故宫所藏关于近代经济史者，大批抄录副本。余以蒋廷黻先生之介绍，曾前往接洽，虽承其允借阅，然亦未能获得关于减赋运动之史料，故在现今之状态下，只能因陋就简，不知则阙，以待将来之补正。

读史札记：论北魏兵士除六夷及胡化之汉人外，似亦有中原汉人在内[*]

陈寅恪批语：

所论甚是，足征读史细心，敬佩！敬佩！——寅恪 一月十五日

北魏军中有汉人自无疑义，但疑多是供运输杂役，此其所以异于斗兵或正式之兵邪，其有妨农事自不待言也。北魏军中兼有中原汉人在内部应亦如此。前所言仅谓其兵之主力非中原汉人而已，《晋书》卷一百一十《慕容儁俊载记》"〔儁〕乃令州郡校阅见丁，精覈隐漏，率户留一丁，余悉发之，欲使步卒满一百五十万。"则此百五十万人中汉人必颇多。魏承燕业统治中原，其征发汉人从军谅亦不异。但据后来高欢之言推之，当是中原汉人，主业在耕农，其在军中多供属于军事之杂役，此其所以非斗兵之故邪。旧史记之甚简，盍更详考之。

---

* 本文系作者就读清华大学历史系时修读陈寅恪"晋南北朝隋史"课程的作业,据作者自存手稿编入文集。整理稿曾在《清华大学学报》(哲学社会科学版)2002年第6期发表。

北魏兵制、史无明文，不可详考。陈师寅恪谓北魏兵制，似乎军民分业，除胡化之汉人（即六镇中之汉人）外，一般汉人皆从事耕织而无服兵役义务。余颇有所疑。今先述陈师之说，然后再伸鄙见。

陈师谓：《宋书·臧质传》云，"〔魏太武遗质书曰〕，吾今所遣斗兵，尽非我国人（言非鲜卑人也）；城东是丁零与胡，南是三秦氐、羌……"魏军中之将官必为鲜卑人，至于下级兵士，则此处言有丁零人、胡人，氐人及羌人，而不提及汉人，殊可注意。《魏书·孝文帝记》云，"军士自代来者，皆为羽林虎贲"。《隋书》卷二十四《食货志》云，"六镇扰乱，相率内徙，寓食于齐晋之郊"。可见六镇军士，有入京师为羽林虎贲者，有徙迁寓食于齐晋之郊者。此辈兵士，皆是鲜卑或鲜卑化之汉人。六镇叛乱后，侵入中原，多归高欢麾下。《隋书》卷二十四云，"齐神武因之以成大业，魏武西迁，……是时六坊之众从帝而西者，不能万人，余皆北徙。……及文宣受禅，多所创革，六坊之内徙者更加简练，每一人必当百人，……谓之百保鲜卑。又简华人之勇力绝伦者，谓之勇夫。以备边要"。可见北齐时仍以六镇之人为兵队之基础。《隋书》卷二十四又述北周之制，谓"建德二年改兵士为侍官，募百姓充之，除其县籍，是后夏人半为兵矣。至是府兵制始成立，此由于宇文泰所率以入关之兵镇兵士过少，不得不借民为兵。至于北齐，仍行兵民分业"。《通鉴》卷百五十七："〔梁武帝大同三年，高〕欢每号令军士，常令丞相属代郡张华原宣旨。其语鲜卑，则曰汉民是汝奴，夫为汝耕，妇为汝织，输汝粟帛，令汝温饱，汝何为陵之；其语华人，则曰鲜卑是汝作客，得汝一斛粟、一匹绢，为汝击贼，令汝安宁，汝何为疾之"。可见北齐制度，以鲜卑及鲜卑化之汉人为军士，而以华人为农民。军民分界，不相混淆。北魏之制度，想当亦如此，至北周始借民为兵，行府兵制，一般华人皆有服兵役之义务。

按：魏太武帝在元嘉二十七年南征之役，系分道而进，围臧质于盱眙者为魏主亲帅之师。在西路，有魏洛州刺史张是连帅众二万，与宋军战于陕城，魏师大败，斩张是连提及将卒三千余级，其余赴河堙死者甚众，生降二千余人。此生降之二千余人，殊可注意，据《宋书》卷七十七《柳元景传》云："〔魏师大败〕，面缚军门者二千余人。元景轻骑晨至，虏兵之面缚者多河内人。元景诘之曰：'汝等怨王泽不浃，请命无所。今并为虏尽力，便是本无善心。顺附者存拯，从恶者族诛，欲知王师正如此尔。'皆曰：'虐虏见驱，后来赤族，以骑蹙步，未战先死，此亲将军所见，非敢背中国也。'"按河内郡在今河南省沁阳县附近，距塞上之六镇颇远，且当时六镇未叛乱南徙，则此辈河内人为非六镇中鲜卑化甚深之汉人，毫无疑问。《资治通鉴》卷一百二十五记载此事，更为明了："〔魏军〕生降者二千余人。明日，元景至，让降者曰：'汝辈本中国民，今为虏尽力，力屈乃降，何也'？皆曰：虏驱民使战，后出者灭族，以骑蹙步，未战先死，此为将军所亲见也。"可见此辈河内人亦非流寓其地之胡人，而为本居其地之汉人。然则魏军中有中原汉人在内，似亦毫无疑问。惟此种汉兵系临时驱之使战者，且待遇极酷，如不从之出战，即有灭族之祸。故余疑当时之制度，系以鲜卑人及鲜卑化之汉人为兵队基本。犹清代之满旗、汉旗，丁零、氐、羌则有类于清代之蒙旗。偶有大举攻伐之事，则亦编民为兵，犹清代咸同间之编人民为练勇，强迫之出战，陕城生降之魏兵二千余人，或即此类之乡兵欤！

至于陈师所提出之证据，与余上段之假设，亦无冲突。六镇为北魏及北齐军队之基本队伍。犹清代以旗营为国家之基本队伍。北齐军民之分，犹清末旗兵与乡民之分；急难时乡民固亦以乡兵（今日市村之保卫团）之资格而被驱出战，但平时则对于旗兵仍隐然有主奴之关系，力耕以供给旗饷。旗兵则坐领口粮，而名义上仍为防御国家及保卫人民之安宁。至于北周之府兵制，则有类于清末所欲推行之征兵制，全国皆兵，军民不分，与魏齐之制有别。

惟《臧质传》所云，殊有可疑。魏军中上级将官必大都为鲜卑人，此点陈师已经指出。但士卒中是否皆为丁零、胡及氐羌之人？颇可疑问。按《资治通鉴》卷一百二十五云：元嘉二十七年，十月乙丑，"魏主渡河，众号百万，鞞鼓之声，震动天地"。十二月乙丑，魏师南向，守宰多弃城走，盱眙太守沈璞谓众曰："虏若以城小不顾，夫复何惧，若肉薄来攻，此乃吾报国之秋，诸君封侯之日也，奈何去之！诸君尝见数十万人聚于小城之下而不败者乎？"臧质至盱眙，与沈璞同守城，后魏主由瓜步返，围盱眙。其致臧质书，即作于此时也。若魏主所率之数十万士卒，皆为异族之人，则以极少数鲜卑将官处于其中，岂非绝险之境。魏主纵使不见及此，沈璞亦必指出以慰城人，谓魏主所率以围城之数十万人，皆为异族之人，其覆亡可以立待。按魏主致臧质书云："如今所遣斗兵，尽非吾国人……卿若杀之，无所不利。"其中"斗兵"二字，殊有弄味。余疑其于"兵"字上加一"斗"字，恐有深意。否则兵之本职在斗，何故加一"斗"字，"斗兵"之意或近于今日的"敢死队"。故魏主云："所遣斗兵"，而不云"所率之军士"。既含有"所率之军士中择出一部分为斗兵（敢死队）而遣之"之意。下文谓"魏人乃肉薄登城，分番更代，坠而复升，莫有退者，杀伤万计，尸与城平，凡攻之三旬不克"，即此种"斗兵"之壮烈行动也。此种"杀伤万计"之"斗兵"，皆为丁零、胡、氐、羌之人，而非鲜卑人。至于围城之数十万士卒，是否皆为异族人，此点虽史无明证，而余颇疑其不然也。余以为此数十万下级士卒中，至少有一部分为鲜卑，决不会悉为异族之人，魏主不遣为"斗兵"之故，或由于珍惜同族之人。又此数十万士卒中，或亦有中原汉人在内；而魏主所以不遣汉人为"斗兵"之故，或由于汉人不习于战事，不及胡人勇猛凶犷，仅可用以壮声势，不能求其实用。

又《资治通鉴》卷一百三十九云，齐明帝建武元年，魏主谋大举入寇，任城王澄曰："……今代都新迁之民，皆有恋本之心，扶老携幼，始就洛邑，居无一椽之室，食无甔石之储。又冬月垂尽，东做将起，乃百堵皆兴，俶载南亩之时，而驱之使擐甲执兵，泣当白刃，殆非歌舞之师也"。按末句所指，若即为首句所言之"代都新迁之民"，则当时鲜卑或鲜卑化之汉人，除服兵役外，亦同时从事耕作。若末句泛指各州兵士，不限于"代都新迁之民"，则可见当时征发所及，耕种之民亦不可免。陕城生降者二千余人，即此辈被"驱之使擐甲执兵，泣当白刃"者也。

又北魏时部曲之制仍盛行。何士骥《部曲考》（《国学论丛》第 1 卷第 1 期）引证《魏书》中述及部曲者凡十九条，细绎各条语意，似当时之部曲，平时与主将之家人同处，力田耕作，但同时仍有擐甲执兵之义务，与兵士无异。盖部曲实兼具军民二重职务，且主将如为汉人，则部曲亦必多为汉人。《宋书》卷七十四《鲁爽传》："长社戍虏有六七百人，爽谲之曰：'南更有军，可遣三百骑往界上参听。'骑去，爽率腹心夜击余虏，尽杀之，驱入虎牢。爽唯第三弟在北，余家属悉自随，率部曲及愿从合千余家奔汝南，遣秀从许昌还寿阳，奉辞于南平王铄曰：'……爽、秀等因民之愤，藉将旅之愿，齐契义奋，枭鹹醜徒，……'。"按当时部曲乃随主将移徙，鲁爽之部曲，当其父鲁宗奔魏时所率去者，其人必大都为汉人，可见魏室对于降归之汉将，仍容其部曲存在，惟派魏兵数百人戍其地以防之而已。鲁爽所杀之长社戍兵有三四百人之多，则其腹心亦必在三四百人以上，其人大概取之其部曲中。鲁爽致南平王辞中所云"藉将旅之愿"，当即指其部曲而言。魏国所收留之南朝降将不少，此辈降将，常有其部曲，或为其由南方携来之部曲（《魏书》卷五十八《杨播传》云："播遂领其部曲千余人来降。"）或为其在北方所招募新部曲（《魏书》卷五十九《萧宝寅传》云"宝寅奔魏，魏人礼赐甚厚，配兵一万，又任其募其天下壮勇得数千人"。此种应募而来的壮勇，当即编为宝寅之部曲，与所配之一万魏兵，待遇不同。又既称"任其募天下壮勇"，则亦必不限于胡人或胡化之汉人。）故部曲中常有汉人在内。部曲虽为私人之军队，而非国家之正式军队，然作战时，主将仍可驱使其部曲赴沙场，其效用与兵士无异；故不能谓与魏之兵制全无关系。部曲有力田及当兵之两种义务，又有汉人在内，不限于胡人及胡化之汉人，其制度颇与北周府兵制相似。宇文泰之创立府兵制，或即受其影响。但宇文泰创立府兵制后，人人皆有力田及当兵二种义务，部曲制度遂失其特征，故"部曲"这一名词，遂亦一变而为"高于奴婢而贱于良民"之身份名称。《周书》卷六《武帝纪下》："诏自永熙三年七月以来，去年十月已前，东土之民被抄略在化内为奴婢者，及平江陵之后良人没为奴婢者，并宜放免，所在附藉，一同民伍，若旧主人犹须共居，听留为部曲及客女"。与《唐律》所定者相同。至于北周以前，"部曲"虽为主将之附从，似未见有作为"法律上之身份解释"。故知"部曲"变成身份之称，与府兵制之成立有关。此点与本篇正题无关，因论部曲，故附带提及耳。

民国二十二年冬

道光十六年刊本《马太传福音书》跋[*]

华译《新约圣书》，当以英伦不列颠博物院所藏之抄本（SI. 3599）为最早，其书系乾隆二年三年之间，英国侨华商人荷治翁（Hodgion）托人在广州所译，标题为《四史攸编耶稣基利斯督福音之会编》，仅有抄本，未见刊行。即马利逊来华以前自修华文所用之读本也。其次则为马什曼（Marshman）译本，嘉庆十八年刊行，书名《耶稣基利士督我主救者新遗诏书》，第一本为《马窦书》，即《马太福音》，书签上简称为《新遗诏书第一本》。目录之末，书明"旹耶稣降生一千八百一十三年镌"。不列颠博物院藏有三部，编号为 15116. c. 10，15116. c. 11 及 15118. d. 30，据拉图累脱（Latourette）之《中国传教》史。其书系刊行于印度的塞拉姆浦尔（Serampore），虽有刊本，流传未广。再其次即为马利逊译本，英博院亦藏有一部，编号为 15116. c. 5，书名《救世主耶稣新遗诏书》，其中之《马太传福音书》，与余所藏此册，不仅文字相同，即行款与字体，亦无不同，盖出同一刊版也。两者首页皆书明，

---

* 本文写作时间不详，应为 20 世纪 30 年代留学初到伦敦时期，据罗尔纲《太平天国史料考释集》（生活·读书·新知三联书店 1956 年出版）第 58～60 页编入本文集。

"新加坡坚夏书院藏版"，惟余书仅有一册，标明"道光十六年镌"，书名为《马太传福音书》；而英博院所藏者首页所标之书名为《救世主新遗诏书》，无刊行年月。此当由于余所藏者为初印本；《马太传福音》为全书第一卷，先行镌版刊印。及全书刊成，则自当改换书题为《新遗诏书》，至于删去刊行年月，则以全书刊行时，已在道光十六年之后，按拉图累脱之《中国传教史》，谓马利逊译本全书刊行在道光十九年，与此正适合也。此书行款，每半页 10 行，每行 26 字。英博院另藏有一部《救世主耶稣新遗诏书》，编号为 15116. c. 4，无出版年月及地点，版本较大，每半页 19 行，每行 38 字，译文与新加坡刊本大致相同，但亦有相异者。封面有钢笔书写题字"Published by the China Union"，疑系麦都思、郭士腊，卑治文辈依马氏译本改订而成，有暇当再考之。

按太平天国亦曾刊行《新约》，名曰《新遗诏圣书》，增一"圣"字，乃太平天国惯例，如"圣库"、"圣宝"之类皆是也。余曾就英博物院所藏之癸好三年刊本（编号为 15116. c. 23），取以相对勘。其译文与马利逊译本大体相同，但与马什曼译本几全异歧。在马氏译本中，又与新加坡刊行之 10 行本相近，而与 19 行本颇多不同；其行款为每半页 10 行，每行 24 字，亦与新加坡本相似。至于其更改之处，如改"國"为"国"，改"苗裔"或"后裔"为"子"，改"流"为"迁"，皆属文字之小节，其故亦多可寻迹。另有一部《钦定前遗诏圣书》（编号为 15117. c. 19），虽亦标为癸好三年所刊，但所列之旨准颁行书目较前者多出 14 种，其刊行月日当稍后，乃根据前者再加删改而成。如改"犹太国"为"犹太郭"，改"希罗德王"为"希罗德侯"，改"耶路撒冷京"为"也路撒冷城"，当由于轻视小国，以为小国不得称国、称王、称京也。增加钦定二字，则以此本增加眉批，出自御笔也。至于改新遗诏为前遗诏，则疑当时洪秀全有另编纂一后遗诏之企图，以耶稣为天兄，天兄之言行为前遗诏，则为天弟者亦可有一后遗诏也。总而言之，太平天国所刊之《新遗诏圣书》或《钦定前遗诏圣书》，实根据马利逊之译本，其所根据之刊本，当即新加坡坚夏书院刊本或与之相似之刊本。此册余购自英伦旧书肆，乃英人蓝浦生（Lampson）于鸦片战争之役随军来华时所购携归移赠友人，有册首题字可证。辗转乃入余手，可谓有缘。披阅之余，稍稽考其源流，聊题数语，以质诸高明君子。

附：罗尔纲读后记

右夏鼐先生，《道光十六年刊本〈马太传福音书〉跋》一篇，夏鼐先生将太平天国刊行的《新遗诏圣书》与马利逊译本《马太传福音书》校勘，看出太平天国刊行本与新加坡坚夏书院刊行的马利逊译本十行本大体相同，其更改之处，如改"國"为"国"，改"苗裔"或"后裔"为"子"，改"流"为"迁"都是文字之小节，其故亦多可寻迹。太平天国后来刊行的另一种叫作《钦定前遗诏圣书》的本子又是根据前者再加删改而成的。故夏鼐先生得出的结论说："太平天国所刊之《新遗诏圣书》或《钦定前遗诏圣书》，实根据马利逊之译本。其所根据之刊本，当即新加坡坚夏书院刊本或与之相似刊本"。夏鼐先生的结论是校勘的结果得出来的，当然是一个正确的结论。

1954 年 9 月 18 日罗尔纲谨跋

新旧《遗诏圣书》及
《钦定前旧遗诏圣书》校勘记*

一 《旧遗诏圣书》

甲本、B. M. 15116. b. 8.（B. M 指英国伦敦不列颠博物院藏本，以下仿此）。

封面黄色，签条已失，封面背后衬纸系红面，与丙本黄色者不同，虽上面亦书"癸好三年新刻"，而中间大字系"旧遗诏圣书"五字，亦与丙本不同（图1，1）。首页旨准颁行诏书总目仅有 14 部，缺《天父圣书》，而《天父下凡诏书》亦无"贰部"二字。《太平救世歌》及以下各书全缺。第一页有"旨准"大印，仅存二卷，第一卷系"创世传"，亦为 76 页，行款相同，惟无眉批。甲本末章多出以下各语：

一节

"约色弗遂偃父面，涕哭，且亲嘴之也"。

---

* 本文写作时间不详，应为上世纪30年代留学英国初到伦敦时期，据罗尔纲《太平天国史料考释集》（生活·读书·新知三联书店1956年出版）第61～80页编入本文集。

1.《旧遗诏圣书》封面　　　　　2.《钦定旧遗诏圣书》封面

图1

三节

"且四旬满，如此满殓人之日，则麦西人为之守丧七十日，丧期毕"。

"在彼惨哭哀涕，约色弗为先君守孝七日"。

盖丙本修改时所删也。其他甲本原文为丙本所删改者如下：（亦在此章内，修改处加点为识）

（甲本原文）王家人（以下同）请奏王闻　却我死时　王之臣，宫之长，此乃麦西国人甚哀哭也。故称约耳坦河外之处曰麦西人之哀哭也。父已崩　我临死矣，且卒。

（丙本改文）侯家人（以下同）请禀侯闻　却我升时　侯之属　卫之长　此乃麦西郭人之丧葬也。故称约耳坦河外之处曰麦西人之丧葬也。父已升，我临升矣，且升。

可见其删去丧礼之哀哭，并不以"王"以"国"称麦西国王，盖以除天王洪秀全之外，他国之王不得称"王"，太平天国之外，他国不得称"国"也。

卷二封面签条系白纸，双龙花边，中间未刻字，首页亦有"旨准"

大印，有"出麦西国传卷二"标题，亦64页。

乙本 B. M. 15116. b. 9

亦系癸好三年刻本，封面系粉红色云笺，签条已失，背面仅书"旧遗诏圣书"五字，书中无眉批，盖与甲本同时刊行者也，仅存39页，28章。准行诏书总目已失，亦无"旨准"朱印。首页夹一小纸，有下列诸字（墨笔写）：

②14　　　　　在天空必

16017

又造星辰焉，上帝遂置之於

二十　　　　　二十一　　　　　新增　二十二　　　　二十四　　　　　新增种字
飞於天空内　又在海洋中　生殖　　原本加多於地　百兽随其种类

又有铅笔写下列英文字句子（译意："更改颇多，但此书乃由二本中较早之一刊本而来。"）

A far alternations but the copy is form the older editions of then two copies。

乃校对此本于郭士腊（Gutzlaff）等后来译本而得到之结论也。

甲本与乙本似非同出一版，例如第37页10行第3字"雅"字，牙字之斜画不同。第1页第3行第1字"遂"之二点，甲本作⌐，乙本作一，但大致相肖。（又如一页之点，甲本之"、"乙本有作","者）

丙本（即《钦定旧遗诏圣书》），B. M. 15117. c. 20　六卷本

封面黄色，双龙夺珠，中书"钦定遗诏圣书卷之一"，封面背后，龙凤花纹，中书"钦定旧遗诏圣书"，上面横行写"太平天国癸好三年新刻"（图1，2）。

首二页每半页10行，列举旨准颁行诏书总目，共29部，较甲本所列之目，多出15部，知其刊行必在甲本之后。正文起端处如下：

创世传卷一

（第一章）

一节　　　　　　　　二
元始上帝原造天地，天地混沌，渊面昏冥，而上帝之神感动在水之

　　　　三　　　　　　　　四
面也。上帝曰：光必发，而发即光也，且上帝观光乃善。上帝遂分

　　　五　　　　　　　　　　　六
光隔暗焉。上帝名光曰日，称暗曰夜，夕则接旦，为之日也。上帝

遂曰，水中间必成苍穹，分水绝水，上帝则创造苍穹，又以

此节上批，"爷是光，哥是光，主是光"九字，正文每半页 10 行，行 24 字，每节以小字注明节数，又加圈点及眉注。每段之末有〇以别之，地名旁加＝＝＝直线。人名则加——直线。卷一共 76 页，50 章，末有"创世卷一终"6 字。眉注颇多有趣，如第九章关于上帝现出天虹，以示不复令洪水灭诸生物。（11 页）

爷立永约现天虹，

　　天虹湾湾，

　　似把弓湾，

　　湾一点是

　　洪日，

　　朕是日头故

　　姓洪，

爷立此记号

　　预诏差洪日，

　　作主也。

出麦西郭传卷二，共 40 章，64 页

利未书卷三，共 27 章，45 页

户口册记卷四，共 36 章，66 页

复传律利书卷五，共 34 章，56 页

约书亚书记卷六，共 24 章，41 页

创世传眉批

第 4 页

夏娃初信鬼话，致后来子孙受洪水浸，未见死之前蛇惑逆圣旨，未必死，还做得神，既见死之后蛇惑有第二世还会变生，代代妇人，多信鬼话，致害命也，（每行 4 字）

第 8 页

爷降洪雨因信鬼话，

哥降赎罪因信鬼话

第 11 页（见前）

第 17 页及第 18 页

爷前下凡救以色

列出麦西

郭，作今日

爷下凡作主开天

国引之，

哥前降生犹太

郭，代世赎

罪，作今日

哥下凡作主大

担当引子。

朕前下凡犒

劳祝福亚

伯拉罕，作

今日

朕下凡作主

救世善引

子。故

爷圣旨云："有凭有

据正为多，

钦此。"

此麦基洗

德就是朕，

朕前在天上

下凡，显此

实迹，以作

今日下凡

作主之凭

据也，盖天

作事必有

引。

第 27 页

信实

上帝故有福，独子

敬

爷如焚犊，世人有

如此真心，

得上天堂

脱地狱。

* * *

按不列颠博物院另有道光二十六年（公元 1846 年）宁波华花圣经

书房刊之《旧遗诏书》（15116.d.7）仅有"摩西五经"：（1）创世传；
（2）出麦西国传；（3）利未书；（4）户口册记；（5）复传律例书。每
半页 10 行，每行 26 字，取以与此相较，大都相同。

	十四节	十六	十七	三十一
（宁波本）	在天空必出列光	又造星辰焉	上帝遂置之于天空	又上帝
（太平本）	天上穹苍必出列光	又创造诸天星宿	遂置之于天空	且上帝

	二十	二十一	二十二	二十四
（宁波本）	飞余天空内也	且上帝创造鲸鱼	各随其类也又上帝	百兽随其类也
（太平本）	飞于天空	又在海洋中创造鲸鱼	各随其类生殖，上帝	百兽随其种类

甲本乙本大致依照此译本，而丙本则删改较多，尤以创世纪第末章
修改最多。

又有耶稣降生一千八百五十五年福汉会（Chinese Evangeligation
Society）出版之《旧遗诏圣书》，乃郭士腊所译，据云"由希伯来音翻
译汉字"。B. M. 15116. 6. 3.

其书共 39 卷，首 6 卷系：（1）创世纪卷一；（2）出埃及记录卷二；
（3）利末记卷三；（4）民数纪略卷四；（5）申命纪卷五；（6）约书亚纪
卷六。每半页 14 行，每行 30 字，内容与前者（宁波刊本）相同，首 6 卷
订成一本。（其次 Judges to 1st Chronicles 7 卷，2nd Chronicles to Son of
Solomon 9 卷，I siah to Halachi 17 卷，合 39 卷）

二 《新遗诏圣书》（《钦定前遗诏圣书》）

甲本 B. M. 15116. c. 23.

封面黄色，无签条，封面背面亦黄色，花纹为龙凤，中书"新遗
诏圣书"五字，上书"太平天国癸好三年新刻"（图 2，1）。

旨准颁行诏书总目 15 部，至《太平救世歌》为止。（《天父下凡诏书》仅一部）

首页题，"马太传福音书"卷一，有"旨准"朱印，每半页 10 行，每行 24 字，本卷共 28 章，计 47 页，末尾书"马太传福音书终"。背封面为红色。

1.《新遗诏圣书》封面　　　　　　2.《钦定前遗诏圣书》封面

图 2

按不列颠博物院另藏公元 1813 年"新约"刊本（共三部，即 15118. d. 30，15116. c. 10 及 1511c. 11）为马什曼所译之"新约"，称"新遗诏书"，分为 8 本。目录末有"旹耶稣降生一千八百一十三年镌"诸字。但译"马太"为"马窦"，"基督"为"基利士督"，尚非太平天国本之所出也。又有 15116. b. 3。New Testament 乃伦敦"福汉会"于耶稣降生一千八百五十四年所出版，为郭士腊之译本。称为"救世主耶稣新遗诏书"，版本与福汉会"旧遗诏圣书"相同，每半页 14 行，每行 30 字。目录与太平天国所刊"钦定前遗诏圣书"相似，惟译名多不同，例如"迦拉大"作"加拉大"，"非立比"作"腓立比"，"提

阁"作"提多","非利门"作"腓利门","希伯来"作"希百来",
"也哥伯"作"雅各","彼得罗"作"彼得","犹大士"作"犹大"。
又二本文句亦颇多不同，如第一章第一节郭士腊译本作"亚伯拉罕，
并大辟之子，耶稣基督之族谱"，太平天国本则作"耶稣基督之族谱，
其乃亚伯拉与之子与大辟之子"，取以与马利逊译道光十九年刊本
（B. M. 15116. c. 5）相校，乃知太平天国本即用马利逊译本而稍有更改，
例如改"耶哥伯"为"也哥伯"，以避"耶稣"之讳也。郭氏译本亦依
据马氏译本，而更改处更多。而二者同出于马利逊译新加坡坚夏书院版
之《新遗诏书》，似无疑问。

乙本 B. M. 15117. c. 19.《钦定前遗诏圣书》（注意改"新"为"前"）
（图 2，2）

封面黄色，有红色签条双龙夺珠，中书"钦定前遗诏圣书"，小字
书"卷之一"，"一"字系墨书所写，封面背面亦系黄色，龙凤花纹，
上书"太平天国癸好三年新刻"。旨准颁行诏书共 29 部，与"钦定旧
遗诏圣书"同。而较甲本所列之目，多出 14 部，知其刊行在后。又有
本书目录如下：（每行二目）

第一本：

马太传福音书卷一　　　　　　　马可传福音书卷二

第二本：　　　　　　　　　　　第三本：

路加传福音书卷三　　　　　　　约翰传福音书卷四

第四本：　　　　　　　　　　　第五本：

圣差行言传卷五　　　　　　　　圣差保罗寄罗马人书（16 章，21 页）

圣差保罗寄哥林多人上书（16 章，21 页）圣差保罗寄哥林多人下书（13 章，13 页）

第六本：

圣差保罗寄迦拉大人书（6 章，8 页）保罗寄以弗所人书（6 章，7 页）

保罗达非利比人书（4 章，5 页）保罗达哥罗西人书（4 章，5 页）

保罗达帖撒罗尼迦人之首书（5 章，5 页）保罗达帖撒罗尼迦人之后书（3 章，3 页）

第七本：

保罗寄提摩太首书（6章，6页）　　保罗寄提摩太后书

保罗达提阁之书（3章3页）　　　　保罗寄非利门之书（1章2页）

圣差保罗寄希伯来人之书（13章，15页）也哥伯之书（5章，6页）

第八本：

彼特罗上书（4章6页）　　　　　　彼得罗下书（2章4页）与上书共10页

约翰三书上（分5章，计5页半）　　约翰三书中（不分章）

约翰三书下（三书上下共7页）　　　犹大士之书（不分章，2页）

圣人约翰天启之传（22章24页）

书中每半页10行，行24字，（无"旨准"朱印），纸质较粗厚，与《钦定旧书遗诏圣书》同。每卷之页数如下：（标点段落亦同）

卷一，28章，47页。（卷末有"马太传福音书终"6字）

卷二，16章，29页。（卷末独无"福音书终"等字，卷首亦无目录）

卷三，24章，49页。（首附目录一页，末卷书（路加传福音书卷三终）

卷四，（佚）

卷五，28章，48页。（首附目录，末页有，"圣差言行传卷之五终"）

以下各书，不注卷数。（每书之页数章数兹分书于前列之目录中）圣差保罗寄罗马人书，圣差保罗寄伽拉大人书，保罗寄提摩太首书，彼得罗上书皆有目录一纸。知共分八本。（目录皆由同一板印刷。故夹缝有"马太书福音传"及"卷一"等字。）各本页数，可由上表统计而得，兹不赘。

取以校癸好三年初刊本（即甲本），大致仍旧，稍有数处更改如下：

章	节	道光十六年刊马译本	甲本(初刊本)	乙本(修订本)
一	十八	感圣神之德而怀孕也	由圣神而蒙被怀孕也	由上帝而蒙被怀孕也
二	一	犹太国	犹太国(以下各节同)	犹太郭
		耶路撒冷	耶路撒冷京(以下同)	也路撒冷城
二	三	希罗得王	希罗德王	希罗德侯
二	十三	天使托梦	天使托梦现(以下同)	上主托梦现
三	十	砍下投火矣	砍下投火矣(以下同)	砍下投炎矣(明字光字不译)
三	十三	耶稣	耶稣(以下有数处同)	救世主(亦有不改者,如第一章各节,实不能改也)
四	一	耶稣	耶稣(本章以下同)	基督
五	二六	吾固然告尔	吾固然告尔(以下同)	朕固然谕汝
五	卅五	大王之京师	大王之京师	前侯之城池
八	五	都司(以下同)	守备(以下同)	军帅
八	五	禀曰	禀曰(八、答曰)	奏曰
九	卅四	邪鬼王	邪鬼王(以下同)	邪鬼头
九	卅八	庄主	庄主(以下同)	庄长(如十八章、廿章)
十	二	耶哥伯	耶哥伯(以下同)	也哥伯
十	一八	王殿	王殿	衙室
十二	卅一	吾言	吾言汝	朕诏汝
十二	四十二	南方之后	南方之后	南方之嫔
十四	一	西罗得公……语其臣	西罗得公……语其臣	西罗得侯……语其属
十八	十七	公会	公会(以下同)	公觐
十八	廿七	其臣	其臣之主	其属之长
二十	廿五	异族之君专务作主	异族之君主治	异族之长掌治
廿二	一	君王	君王	侯长
廿四	七	国必征国	国必征国	郭必征郭
廿七	二	总督	总督(以下同)	总制
廿七	廿九	千岁爷	千岁爷	万岁爷
廿八	十五	兵卒取银依计	兵卒取银循谕	兵卒取银循计

　　因甲本及道光十六年刊马氏译本,皆仅存一卷,故不能校对全书。

然三者递嬗之次序，固已甚为显然。乙本最有意义者为眉批。（有时眉批过多，写入章末，如第三章末节下有分行小字批注"约翰证太兄是上帝之子"）兹抄录之下：

卷一、二章、十五节　以赛亚证太兄是上帝之子。（页三）（以下有许多眉批，皆言太兄为上帝太子之证）

第三章、十六节　圣神是上帝，蓋太兄上帝之子。太兄来，上帝亦来也，今上帝即基督下凡是也。钦此。（页四）

第四章　上帝是炎，太阳亦是炎，故上帝并太阳俱来也，钦此。（页四）

上帝是圣神，连圣灵俱来，故五十日节期，圣神降临，见炎与风，炎与风俱由上帝而出，总合一也。钦此。（页五至六）

上帝是炎，故有神光，太兄是炎，故是大光，朕是太阳，故亦是光。钦此。（页五）

第五章　一大国是总天上地下而言，天上有天国，地下有天国。天上地下，同是神父天国，勿误认单指天上天国。故太兄预诏云："天国来"。蓋天国来在凡间，今日天父天兄下凡，创开天国是也。钦此。（页六）

以下仅举较有趣者：

第八章二十六节　天上使风是东王，故遵之也。钦此。（页十一）

第九章十三节　太兄诏："愿哀矜，无祭祀"是说人要好心，方可祭祀，蓋好心即是祭祀上帝，非诏人不用祭祀上帝也。钦此。（页十二）

第十章三十四节　今爷哥下凡斩邪留正，验矣。钦此。（页十五）

第十三章三十七节　今天地安息期至，爷哥下凡，斩邪留正，收麦焚稗，验矣；义人享福，在天父之国，验矣。钦此。（页二十一）

第二十七章四十节　三点是洪，三日是洪日，太兄隐诏，洪日作主，

复建上帝已毁之殿。钦此。（页四十五）

卷二、一章、十二节　圣神，上帝也，既住临太兄其上，又引太兄，何得另有圣神成太兄之身。又另外有一圣神，凑成三位，其中有一圣灵东王也。须知。钦此。（页一一二）

第十二章二十九节　太兄明诏止一太主，后徒因何误解基督即上帝，信如尔解，则是有二上帝矣。钦此。（页二十一）（其他各处亦多处力证耶稣非上帝）

三十六节　尔偏误解基督即上帝，上天合为一，缘何大辟之前，太兄来生得见上主语太兄乎，又缘何朕上天时，得见天上有天父上帝，天母老妈，又有太兄基督，天上大嫂，今下凡又有天父天母天兄天嫂乎。钦此。（页二十一——二十二）

卷三、一章、三十五节　是说圣神上帝降临他（马利亚），非是说圣神上帝入他腹成孕为人也，须知。钦此。（页二十一）

卷五、一章、六节　会是被凡情用坏，今改觐字，盖爷哥来下凡作主以前，齐当会集，爷哥既下凡作主，以后齐当朝觐也。钦此。（页一）

保罗寄哥林多人上书第二章十节　圣神即上帝，非圣神自圣神，上帝自上帝也。钦此。（页二）

第十五章四十七节　一人之生，先有灵玑，后有肉身，盖灵玑爷先生其玑，后其玑入母腹，成肉体，而肉身乃见。钦此。（页十九）

保罗寄以弗所人书第二章十五节　上帝十诫律法，太兄圣旨非想朕来以废律法，律法一点一画不废，钦此。（页二）

保罗寄提阄书第一章六节　今上帝圣旨，大员妻不止，钦此。无责之人，只娶一妻。（页一）

保罗寄希伯来人之书七章二节　此麦基洗德就是朕，前在天上，老妈生太兄暨朕辈，朕时知爷将差太兄。由亚伯拉罕后裔而生，故朕劳将兵，犒劳祝福亚伯拉罕善人也。
爷爷圣旨云，禾王作主救人善，一以作今日下
凡作主之凭据焉。钦此。

约翰三书 上帝独一人至尊，基督是上帝太子，子由父生，原本一体合一，
但父自父，子自子，一而二，二而一也。至圣灵东王也，上帝
圣旨，边大至瘟脱归灵，东王是上帝爱子，与太兄暨朕同一老
妈所生，在未有天地之先者，三位是父子一脉亲，盖天父上帝，
是独一真神，独一圣神，上帝曰："除朕外不可有别神别帝也。"
圣神即是上帝也，若另有圣神则是有别神矣。即圣神风亦是上
帝圣神之风。非风是圣神也。风是东王，天上使风者也，圣神
自圣神，风自风，一而二、二而一。子由父生，原本一体合一。
但父自父，子自子，又合一，又分开也。如今上帝下凡降东王，
降托东王是圣神，东王本职则是风劝慰师也。爷知"新约"有
错记故降东王诏证，圣神是上帝，风是东王。又知凡人误认基
督即上帝，故上帝降东王，以明神父在是，基督降西王，以明
太子在是。父自父，子自子，兄自兄，弟自弟，一而二，二而
一，一下凡间，而名分定矣。若泥解基督即上帝，则是有别帝
矣，使太兄心何安！今太兄下凡降圣旨教导朕曰："秀全胞弟，
尔后来不好再帝，爷方是帝也。"太兄周时说子爷，况朕上高天
见过天父多少，见过天妈多少，见过太兄多少，见过天嫂多少，
有凭有据正为多，上天下凡，总是一样，耳闻不若目见也。钦
此。

圣人约翰天启之传第十四章十五节 今当禾熟之时，即得救之候，朕是禾王，
东王禾乃，禾是比天国良民，禾王禾乃
俱是天国良民之主也，验矣，钦此。

由此类批语，可以窥见太平天国宗教思想之一斑。

附：罗尔纲读后记

右夏鼐先生《新旧〈遗诏圣书〉及〈钦定前旧遗诏圣书〉校勘记》，这是一篇重要的校勘记。在太平天国刊行的经籍中，关于版本修改，也就是思想变迁的问题发生了争论：一种说法是洪秀全本来是儒生，久受中国传统思想的熏陶，虽以耶稣教发动革命，而起初所认识的教义。仅限于梁阿发的《劝世良言》，因此，那时候他的著作就多援引儒家思想与术语，不能出其范围。其后起义建国，急于宣传，而军事倥偬，未及删改，赶着印行，所以辛开元年和壬子二年印行的经籍都还保存有很浓厚的儒家思想。到了癸好三年建都天京后，草创渐定，"万样更新"，于是乃有删书之举，定一尊于上帝，以谋思想上的统一。另一种说法是太平天国本来先定一尊于上帝的，举一切儒家经典都毁弃去，到后来"积数年之经验，因社会之情形不得不翻然变计"，然后才加入儒家典训名言，故为佐证，谋合耶稣教与中国固有思想于一，以迁就人心环境的。根据前一种说法，则援引儒家经典的是初刻本，不引儒家经典的为改正重刻本；根据后一种说法，则不引儒家经典的是初刻本，引儒家经典的是改正重刻本。

我是主张前一种说法的，1948 年夏，我在《太平天国经籍考》一文中发表了我的主张，其中最重要的一条证据是根据历史事实指出癸好三年后太平天国所行的新丧礼，是以"死为升天，为喜事，不准哭"，只准"以锦被绸绞包埋"的丧礼来证明那一种引用儒家经典的、规定依儒礼行大殓成服还山准用棺椁的丧礼的《天条书》的本子为初刻本，另一种刻本《天条书》不引儒家经典的、规定升天是头顶好事，宜欢不宜哭，一切旧时坏规矩尽除，不准用棺椁只以锦被绸绞包埋的丧礼的本子为改正重刻本。《天条书》是太平天国第一部重要的经典，由于《天条书》的考定，也就可见天平天国经籍凡援引儒家经典的为初刻本，凡不引儒家经典的为改正重刻本。

我发表那篇论文后，夏鼐先生把他这篇精细的校勘记送给我。夏鼐先生的校勘记指出：初刻本《旧遗诏圣书》中尚存亲死"惨哭哀涕"、"满殓"、"守丧"、"守孝"等记载，又未改"死"为"昇"。到了改正重刊本《钦定旧遗诏圣书》则将"惨哭哀涕"等记载全删，并且在字句之间，遇到"死""崩""卒"等字都一律改为"昇"，"哀哭"改为"丧礼"。《钦定旧遗诏圣书》这些地方的删改正同《天条书》改正本对初刻本的删改完全一致的，都是由于太平天国新丧礼的规定而修改的。所以夏鼐先生这几条校勘记就给我们的考核以有力的证明，从而解决了这一个太平天国经籍版本的争论。

此外，夏鼐先生在校勘记中又抄写了许多《钦定前遗诏圣书》上的洪秀全眉批。从这些眉批中，我们不但可以看出了太平天国的宗教思想，而且可以启发我们去研究若干太平天国的重要史实，特别是东王杨秀清在太平天国的地位。

以上所说都是夏鼐先生这篇校勘记对太平天国史的研究上的贡献，是值得我们珍重的。

1954 年 9 月 18 日罗尔纲谨跋

《叶适年谱》叙言[*]

叶水心先生为宋时永嘉学派之后劲。盖永嘉之学始于元丰九先生衍伊川之流派，至南宋时中原陆沉，郑伯熊、薛季宣乃务致用，实究治体；陈傅良继之，叶水心稍晚出，而集其大成。全祖望云："乾淳诸老既殁，学术之会统为朱、陆二派，而水心断断其间，遂称鼎足。"可以窥见先生在南宋学术界之地位焉。曩昔余在燕京，曾据叶适本传，参以群书，排次事实，系以年月，仅成长编，未加删定，且以罅漏尚多，未敢问世。十余年来以游学四方，率于他事，此稿弃置笈中，未遑重理。顷归永嘉，获交张一纯先生，知其已具创叶适年谱，杀青行有日矣。张君从事此谱有年，近且搜得叶公墓铭，勤者有获，信矣；余乃启箧出旧稿，发视于张先生，以为千虑一得，或可补其所未备。张先生坚主二人合编，余以表章乡哲乃余素愿，故赞成此举，遂商榷体例，删其重复，

---

* 作者于1930～1931年就读燕京大学时，曾醉心编撰乡贤叶水心的年谱，悉心收集有关资料，已成长编。1949年回温州家居期间，与张一纯（1913～1967）相识，知其亦从事叶氏年谱的撰作，遂相约合作，本文即写于1949年。据作者日记记载，后张一纯去山西大学历史系任教，彼此时有联系，1963年5月15日曾致信言及"关于水心年谱问题"，6月25日"寄去水心年谱初稿"。（见《夏鼐日记》卷六第338、349页）1967年张一纯在太原因车祸身亡，其人生前是否已有合编的成稿？下落如何？均未能查明。

广稽典籍，颇加增葺，经时累月，规模粗具，修饰润色，一出于君。书既成，张君属叙缘始，不敢以谫陋辞，谨识梗概如右。民国己丑，永嘉夏鼐。

西洋种痘法初传中国补考[*]

彭泽益先生在本刊第 7 期发表了《西洋种痘初传中国考》一文，引证颇详。但仍有值得补正的地方；尤其是关于郑崇谦的《种痘奇书》。他以为"郑书今已无传，内容不详"；又云："《种痘奇书》今已无传"；不知道这书仍在人间。我在英国时，曾在伦敦不列颠博物院获见这书的原刊本，当时转录副本，现在抄出作为这篇文章的附录。

彭先生以为《种痘奇书》的刊行最早当在嘉庆十四年前后，最迟亦必在嘉庆十八年之前。现在我们知道这书实刊行于嘉庆十年（1805年）六月，即种痘法输入中国的当年，又彭先生以为邱氏《引痘略》自序后所附的《翻译外洋夷医种痘原序》一文，或为郑氏《种痘奇书》的原序。现在我们知道这书并无序文。将二书互相校证，知道邱氏所录的是转抄这书正文的第一段，仅将字句稍加删改润色而已。彭先生所推测的，可以说是猜中了一半。《道光南海县志》谓郑崇谦殁后，"遂有窃其书而增益之以问世者"，彭先生以为便暗指邱氏。现在取二书互相

* 本文原载《科学》1950 年第 32 卷第 4 期。

校证，知道邱氏《引痘略》一书，确曾受到郑氏《种痘奇书》的影响。例如将痘分真伪，干苗法，及所附种痘刀和小簪图，因袭的痕迹很显然。但是这些只是全书的小部分；全书大部分确是邱氏自序所说的"爰取其法之历验者条述之"，郑书之所以失传，实由于译笔生硬，叙述种痘法欠详。邱书采取郑书的精华，文笔畅顺，说理清晰；并且羼入中医的学说，又根据自己的亲身经验，叙述详尽，所以遂取而代之。百年以后，尚有人取而加以重订出版（指民国六年郑奋扬重订邱浩川原本《引痘要略》）。邱书之所以盛行，并不是无因的。

彭先生的结论，以为嘉庆十年皮尔逊医生传种牛痘之法于广东，大班多林文亦随携痘浆至，开始传种。这是因为各种所载互异，彭先生欲调和二说，以为"皮尔逊传入者乃其法，而哆啉哎携入者为痘方，即痘苗"。现在根据这新发现的史料，知道这实是一件事情。哆氏是东印度公司驻广东的大班，统摄对华贸易；皮氏是他手下的一位医生。我们知道要传入种痘法，痘苗和施种手术二者缺一便不成功。嘉庆十年种痘法入华，若就主持者而言，可以归功于哆啉哎；若论亲施手术，则当归功于皮尔逊。这本《种痘奇书》的末尾，标明哆氏敬辑，皮氏敬订，当亦由于这个缘故。执笔撰述者当为皮医生；但辑编这书的功，仍可归之于主持其事的大班。这实是同一事情的两种说法。

彭先生在结论中又说：当时提倡传习者以郑崇谦为始，并募人习之。同时习者有梁辉、邱熹诸人，而以邱氏之术较精，故后世记载家遂误其为中国接受西洋种痘法之传始人。彭先生这说法，似亦未确。种痘法的传始人，在中国当为邱氏，当时中西记载，都无异辞。邱氏自序谓嘉庆十年种痘法传入时身试果验，行之家人戚友亦无不验者。邱氏身试种痘时年 32 岁，就其生年推算之，便是嘉庆十年。彭先生改而归功于郑崇谦，实根据于下列两种史料：①《道光南海县志》谓时洋行商人郑崇谦译刊《种痘奇书》一卷，募人习之。同时习者数人，梁辉、邱熹、张尧、谭国。②莫尔斯《对华贸易编年史》谓皮尔逊著种痘书，斯当顿译成中文，郑崇谦曾接受此书，并为传授。实则二者皆仅指郑氏刊行这书，广为传播；并非言其曾亲习此技。现在根据这新发现的史料，知道这书是斯当顿"译与"郑氏的。斯氏翻译这书，或出于郑氏的怂恿；译笔或曾经郑氏加以润色；译后似由郑氏出资刊行；所以一般记载多以为郑氏译刊这书。郑崇谦为当时富商，出资刊行有益于世的善书，是中国富商常有的事情；但恐郑未必有闲暇或兴致去亲身学习这技术，并传授此技于人。彭先生的新说法，似乎出于误解所引的史料，并没有旁的确证。

《道光南海县志》驳阮氏通志种痘方出于邱氏之说，以为"未究其源"。原意似以此方由西洋传习而来，并非出自邱氏。彭先生解释为其指邱氏传习此法较郑氏为迟，似属误解，《南海县志》仅云郑氏译刊此书，并未言其曾亲传习此技。又《南海县志》谓郑氏译刊此书后募人习之，同时习者数人梁辉、邱熹等。彭先生便以为梁、邱诸人的传习种痘法，乃受郑氏雇募为之。说虽可通，但细读原文，似亦可作另一解释。郑氏募人习之；同时梁辉、邱熹等未受郑氏雇募即直接向西洋人传习。《同治番禺志》谓梁辉闻西人有种痘法，乃以重金购其法习之。邱熹自述谓由洋医处身试种痘法，然后行之于家人戚友。二人所说的很可能都是实情。他们都是直向西人学习，并非受郑氏雇募而隐匿其事。郑氏似未亲习种痘术，他们更不会是向郑氏学习此技。至于梁、邱二人哪一位传习较早，现在无法确定。彭先生因《道光南海县志》将梁辉列于邱熹之前，便断邱氏传习此法必不致先于梁辉，似未免近于武断。我们没有证据可以确定有比邱氏传习这法更早的华人；纵使他不是传习此技的第一人，至少也是最先一班人之一。又因他技术最精，行术最久，被传种的人最多，称之为中国接受西洋种痘法的传始人，并无愧色。把西洋种痘法的传入，不归功于出资刊行《种痘奇书》的富商，而归功于亲自动手施行种痘法的邱医生，这是当时及后世的一般公论，并不像彭先生所说的是由于"后世记载家的误认"。

附录:《暎咭唎国新出种痘奇书》

此书现藏伦敦英国博物院，编号为 15252.a.14。封面黄色。第一叶正面刊书名《暎咭唎国新出种痘奇书》10 字，分列 2 行，首行 6 字，次行 4 字。背面为种痘之臂形，象牙小簪，及外科小刀等三图（见图 1）。第 2 页至第 7 页为正文，每半页 7 行，每行 18 字。句读用圆圈。

新订种痘奇法详细（此为第 2 页首行标题）

天花之症，原西边诸国本无。前于一千一百余年，由东边地方传染，遍行西域，诸国时遇天行，国中无一宁户。虽都甸僻隅，多因惨遭其害，或损兄弟，或损儿孙。父子亲眷悲切难闻。若傥幸命存，或痘痛疾于耳目手足，难以枚举。即王侯士庶，家家户户，无不惊惶，都以生灵为重。及至前百余年，曾有医书种法，尚未尽善尽美。试其用法言之：如遇天行时，将好痘者，用小刀取其痘浆，刺在未出痘者臂上；俟数日痘随此出，不能尽善，以致殒命，并损害手足耳目，甚而至服药调治者亦不知何许。今本国暎咭唎，有蓄牛取乳者甚多。时即嘉庆元年，本国遇值天行。遭经遍户，纷纷传说，惟蓄牛取乳者不染天花，（以下第 3 页）各闻为异。适有医生名呫嚷者，国内声名昭著，颇称济世良医。见遭天花之患，不可胜数，常欲明达救济之法。随即往视，果见揸牛乳者不染天花之奇。是以坚意细察，见牛奶及奶头奶傍之处，有小蓝疱，形类如痘。细猜牛痘，莫非能解散人痘之毒乎？随即想法与人试种，或能减却天花之原，亦是美事。于是与人试种，果经所种之人，随种随效。每自初种至第四日，始露形影，及至八九日满浆，至十四日靥脱全愈。后来相传至大西洋、哑咖哑、哑嘆唎嚟

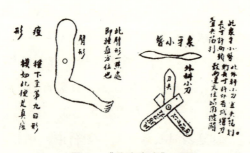

图 1　《种痘奇书》附图

等国，依法栽种。男女大小数百余万，无一损伤，无一复出。此法继传至大吕宋。得闻如此奇妙，伊国王不惜万金，特发一船装载婴儿驶至本国传种此痘。由船次第轮种回返，依法而行，每种必效。随后发（以下第4页）谕伊所属国小吕宋，亦遍行栽种。其经种者果免天花之患。如此奇法，保全生灵无限，实伊国中之大幸也。兹于嘉庆十四年四月内由啤嗜嗜嗜船由小吕宋装载婴儿，传此痘种到澳。本国医生协同澳门医生，照法栽种，华夷童稚不下百数，俱亦保全无恙。今余等见天花之症，荼毒不浅。谨将目击屡效之法，先与医生详订，翻译辑成一书，传行于世。诸名医者，不可不留心此法也。但此牛痘种与天花痘种不同。天花之症，能传染于人；而牛痘之症，非种不行。天花之症，定必发寒发热，大小便结闭不通，或昏迷不醒，喉干舌燥唇焦乱语不等，虽用针熏药法，亦不能保其无虞。但其牛痘种，在于所种之处，只出一颗，如小指头大；至寒热各症，不能相染。内中（以下第5页）或有些微寒微热，虽服药不服药，与病亦无干碍。想此灵妙之法，相传于数十年之后，永不防有染天花之患矣。此法始凭牛出之种，种于人后，将人出之痘浆，可轮传种于万万人。其种法不论春夏秋冬，遇时皆合；不论男女大小，以其年纪幼少者为佳。初将外科小刀，向相近肩膊臂上，不拘左右手，平刺皮膜；或用铁针如锥嘴大，务要最薄利者方合用。切切不可直企刺入；若刀入肉里，血出太多，将所种之痘浆攻出，恐不成功。务宜平刺皮膜，无血为妙；或血出些少，亦无妨碍。如种下四日，其形发红；至六日起一小疱；八日其疱略大些，顶平不尖，中央一点硬的，周围涨如清水，根脚如有红线围绕，觉有些疼；至九日浆已满足。若取痘浆种于别人，务以第（以下第6页）九日为度，恐后其浆脓渐干。如是第十四日，或至十八日，魇焦脱退，其人永无出痘矣。如取种之法，以鲜痘浆即时传种更妙。可将铁小针，向其痘相近边傍处，刺三四小孔；俟有些浆水流出，沾在小刀尖上，即可种于别人。若离隔远涉，难取鲜浆；可将象牙小簪沾些痘浆，俟干了藏于鹅毛筒内，用密蜡封固，可能留至两个月之内；如过期断断不能用矣，务宜于两月之内早种为佳。临种之时，于毛筒内取出象牙小簪用煖水重润，先将铁扁针刺破皮膜，然后将象牙小簪上之痘种，插入刺破皮膜处；少顷拔出，如有微血，勿被衣衫拭出。此种法或出一颗，称为伪痘。其痘顶圆而且软，中央无一点硬的，浆水白色如脓，根脚不甚鲜红，是为伪也。其痘虽伪（以下第 7 页）实无患险。不过遇时行而复出矣。若真的，其痘顶平，中央一点硬的；根脚鲜红，如红线圈绕；痘脚之外，觉有红影；痘浆如清水，不转白色如脓者便真。须于此用意分别。如遇伪痘，再取种种于别处，无不效验者也。凡戒口不食猪肉鸡鸭咸物及酒更佳，宜食粥饭鲜鱼及瓜菜等物可也。嘆咭唎国公班衙来广统摄大班贸易事务哆啉哎敬辑。嘆咭唎国公班衙命来广医学啵咂敬订。嘆咭唎国世袭男爵前乾隆五十八年随本国使臣入京朝觐现理公班衙事务嘶啕唟翻译。与外洋会隆行商人郑崇谦敬书。

嘉庆十年六月新刊

略谈番薯和薯蓣[*]

　　《文物》今年（1961 年）第 3 期中刊登了一篇《略谈甘藷和甘薯录》。这篇文章既以甘藷（即甘薯）便是番薯的异名，但又依照《甘薯录》的编者的意见，以为我国从很远的古代起就种植了甘薯（番薯）。实则番薯并不是我国古代的"甘薯"，后者当是薯蓣的一种。这事牵涉到我国农业作物史上的一个重要问题，不可不加以辨明。

　　我国古代有一种叫作"薯"或"薯蓣"的食用植物，便是现在的山药。它是属于植物学上"属"名叫做薯蓣属（Dioscorea）的薯蓣科的单子叶植物。这一"属"的有许多"种"，例如"D. batatas（中国薯蓣）、D. esculenta（甜薯）、D. japonica（日本薯蓣）、D. sativa（黄独）等。其中第一种是我国的土产，种植较为广泛，苏联和西方国家有叫它做"中国的马铃薯"的。这一"种"中又有许多不同的品种。它们不仅有野生的和人工栽培的不同，并且它们的块茎形状也有圆柱形的、块形的、手掌形的不同，味道也有甜淡的不同。明末谢肇淛的《五杂俎》卷一一中说："山药原名薯蓣……其种亦多。今闽中以山谷中所生，大

　　* 本文原载《文物》1961 年第 8 期。

如掌者为薯；而以圃中生直如槌者为生药。不知原一种而强分之也"（国学珍本文库本，下册，第 128 页）。《异物志》和《南方草木状》的"甘藷"，可能是今日学名叫作"甜薯"（D. esculenta）的一"种"，但也可能是普通薯蓣（D. batatas）中较为甘甜的一个品种。

另外一种食用植物叫作"芋"，属名是芋属（Colacasia），有芋（C. esculenta）、青芋（C. antiqurum）等各种，是天南星科的单子叶植物。这也是我国的土产，栽培较早，古代也叫它做"蹲鸱"。藷蓣似芋，所以，也叫作山芋（见《本草纲目》），但是二者是容易区别开来的。

今日叫作甘薯（或甘藷）的食用植物，便是番薯，拉丁文学名叫做 Ipomaea batatas，是旋花科的双子叶植物，和前二者不仅并不同种、属，并且不同纲、目。它的原产地是美洲中部，很早以前便被美洲印第安人所载培，16 世纪时西班牙人把它移植到吕宋岛（菲律宾岛）。我国便是由吕宋输入的。因为它不是我国的土产，我国语言中没有它的名称。因为它的供食用的块根有点像我国土产的薯和芋，所以初输入时曾叫它为"番薯"或"山芋"（这和山药的异名相同），也有就它的颜色和甜味，叫它为"朱薯"或"甘薯"的。这里的"甘薯"或"甘藷"的取义，是指它有点像薯而味较甜。它是另一种植物，和古代的"甘薯"（薯蓣中味甜的那一品种），实是同名异实。另一种原产地也是美洲的食用植物——马铃薯（Solanum tuberorum，属茄科 Solanaceae），输入我国较晚，所以也叫作"洋山芋"、"洋芋（或阳芋）"或"山药蛋"。

番薯输入我国的经过，明代人有明确的记载。除了陈世元的《金薯传习录》（见"甘薯录"引录）说是明季其祖陈经纶自吕宋移其种归闽之外（《同治长乐志》等书说是经纶的父亲振龙所传入的），现在再引录周亮工的《闽小纪》作为一例。这书中卷下有"番薯"一条。他说："万历中，闽人得之外国。……初种于漳郡，渐及泉州，渐及莆；

近则长乐、福清皆种之。"他指明这外国是"吕宋国"。他又描写番薯："其茎叶蔓生如瓜蒌、黄精、山药、山蓣之属……其根如山药、山蓣、如蹲鸱者。"（龙威秘书本，第 45 页）。蹲鸱即芋，前文已说过。这里山药和山蓣并举，当指薯蓣属中的不同的"种"，或同一"种"中的不同品种。它们以及芋类都和新输入的番薯（或甘薯），完全不同。《五杂俎》卷一一说"百谷之外，有可当谷者，芋也，薯蓣也，而闽中有番薯"（国学珍本文库本，下册，第 122 页）。他怀疑嵇含《南方草木状》中的"甘薯"可能即番薯，但只说："想即番薯，未可知也"，仍不敢作完全肯定。徐光启在《农政全书》卷二七中，便误以为番薯和古代的"甘藷"是同一类植物，但是他仍知道："藷有二种：其一名山藷，闽广故有之；其一名番藷，则土人传云：近年有人在海外得此种。……两种茎叶多相类，但山藷植援附树而生，番藷蔓地生。山藷形魁垒，番藷形圆而长。其味则番藷甚甘，山藷为劣耳，盖中土诸书所言藷者，皆山藷也。"他又说："薯蓣与山藷显是二种，与番藷为三种，皆绝不相类。"（万有文库本，第 5 册，第 44 页）他认为它们是不相类的三种。他的所谓"山藷"，似乎便是《五杂俎》中所谓"山谷中所生、大如掌者"的"薯"，也即《闽小纪》中的"山蓣"。无论如何，他已明说出"山藷"与番藷不是同种，绝不相类。至于山药（或薯蓣），这三部书都是用以指"直如槌"（"形圆长细"或"形如手指"）的一种薯蓣，认识是一致的。徐光启不过因为"山藷"和"番藷"有点相似，所以把它们归在一起。实则这是不及谢肇淛把薯（山藷）与山药归在一起为较合理，因为它们是同一"种"植物中的不同品种而已。李时珍《本草纲目》卷二七，也以为山藷与山药都是薯蓣的异名。不过徐光启认为"中土诸书所言藷者皆山藷也"，当然包括古书中的"甘藷"在内；在这点上他的看法是正确的。后来的写书者，常将古书中的"甘藷"与明万历以来的番薯（或甘薯），混为一谈。《甘薯录》的编者也犯了同样的错误。

我们知道番薯是有各种不同的品种，它的表皮颜色有白色的，有紫红色的；它的内肉有白色的，有橙黄色的。根茎的形状和大小，也有不同。但是它们都属于植物学上同一个"种"。也许有人问：晚明以前的古书中的"甘藷"，虽可以解释为薯蓣中味较甘甜的一个品种，但是，是不是也可解释为番薯中的一个品种呢？我的意见是不能这样解释的。栽培的农作物都由野生的加以长期栽培选种，使它更适合于人类的需要。番薯的原产地是美洲中部热带地带。整个旧大陆，包括我国在内，在发现美洲以前并没有番薯这一"种"植物。所以可以肯定我国古代没有番薯。纵使我国有野生的与番薯近缘的植物，但是明以前的书中叫作"甘薯"的一种植物所以起这个名称，一定是因为它和薯蓣相似而味甘，决不会因为它是明末从外国输入的番薯（甘薯）在植物学上系近缘植物。与番薯不同"种"的近缘植物，也不会突然变种，变成和美洲由野生的番薯（I. batatas）经长期栽培而成的家生番薯同"种"的植物，何况它在万历时由吕宋输入福建，在文献上有明确的记载，更不容我们曲解事实。我们很难设想，像番薯这样丰产而易于栽培的食粮，如果我国古已有之，为什么要等到明末才突然地得到大量的推广。

我国的人口，在西汉末年便已接近六千万（汉平帝元始二年即公元 2 年，人口为 59594978，见《汉书·地理志》），但是千余年以后，到明代极盛时仍只有六千万有零，有时还减到五千多万（洪武二十六年，即 1393 年，为 60545812 口，弘治四年即 1491 年为 53281158 口，万历六年即 1578 年为 60692856 口，见《明史·食货志》）。清初因战乱有所减少，但是到乾隆六年（1741 年），便达到一万万四千余万，到乾隆末年更增至三万万以上，道光十五年便增至四万万以上（乾隆六年为 143410559 口，乾隆五十五年为 301487115 口，道光十五年为 401767053 口。见《东华录》及《东华续录》），最后达到今日的六万万五千万。这样的人口激增，虽然与版图的扩大、田地的开辟及赋税法的改变（康熙五十二年即 1713 年，宣布滋生人口永不加赋，所以没有隐匿以逃避人口税的必要），都有关系，但是与明朝晚年输入原产于美洲的番薯和玉蜀黍，恐关系更大。这两种作物都是适合于贫瘠的土地上种植而可以获得丰产的。今日我国五种最主要粮食的产量的比重依次是：水稻、小麦、玉蜀黍、番薯（甘薯）、谷子（小米）（见万国鼎《五谷的起源》，1961 年 3 月 26 日《工人日报》）。可见这两种由明季才输入的谷物的重要。如果生产关系没有变化，人口的增加主要是依照农业物生产量的增长。除非以工业品向国外交换食粮，否则便须要农业过关。由这一角度来看，考证番薯在我国出现的历史，是有它的重要意义的。

补记：这文写就后，才读到胡锡文同志的《甘薯来源和我们劳动祖先的载培技术》一文（见 1958 年出版的《农业遗产研究集刊》第二册）。他关于甘薯名称的结论，也认为"甘薯原先并非番薯，在明代以前，也不是指番薯而言，当时也没有番薯。以甘薯作为番薯，是在番薯传入我国以后，系属张冠李戴讹传之误"（第 21 页）。因为我的这文章的论据，和他的不大相同，可以互相补充，所以仍让它发表。

张舜徽的《中国史论文集》
还有不少错误[*]

　　贵刊 116 号吴天墀、冯汉镛二同志的《评张著〈中国史论文集〉》一文，举出了原书的不少错误。原书确如评者所说，"作者的考证工夫是存在着问题的"，而思想方法上也有弱点。我现在把评者未及提到的再举出几点来：

　　（1）原书第 60 页说："《后汉书·皇甫嵩传》登录了当时老百姓一首颂扬他的歌。……这说明了劳动人民从来对那般掀起战火，破坏农村的人，极其仇恨。如果有人安定秩序，恢复生产，替人民做了一些好事，人民总不会忘却他的。"案皇甫嵩是怎样一个人，作者不应该不知道的。皇甫嵩是镇压黄巾的刽子手，所杀的农民达二十余万人。这首颂歌显然是统治阶级的帮闲文人所编造出来的。作者竟也称赞皇甫嵩这位染满人民鲜血的屠手为"替人民做了一些好事"的人，而诬蔑起义的农民为"掀起战火、破坏农村"的为人民所"极其仇恨"的人。这和国民党时代的御用文人诬蔑共产党为"掀起内战、破坏农村"，又有什么不同？作者是站在什么立场上说话的？

　　* 本文原载 1957 年 10 月 10 日《光明日报》之《史学》第 118 期。

（2）第49页说："医方一千卷，曰'神医普救总类'。成，帝日览三卷，一年而读周，赐名曰《太平御览》。"案这几句连句读也弄错了。"神医普救"和"总类"是两部书。前者即《宋史·艺文志》的《神医普救方》一千卷，后者即上文的"太平总类"，后来改名为《太平御览》的。……原文句读应作："……普救。总类成，帝……"宋太宗所阅览和改名的，只是"太平总类"一书。

（3）第153页说："敦煌壁画是千余年前的艺术品，罗氏从德人勒柯克处，选印精品，成《高昌壁画菁华》。案《高昌壁画菁华》所收的是新疆吐鲁番的壁画，并无敦煌壁画。吐鲁番为古代高昌地，就书名可以知道他的内容。勒柯克也没有去过敦煌。"

关于斯当东著《英使朝觐乾隆记实》中译本[*]

《古籍整理出版情况简报》1962 年第 3 号中，登载一条 "商务将出版《英使朝觐乾隆记实》新译本" 的消息。据我所知道的，斯当东的这本《英使朝觐乾隆记实》，从前并未曾有过汉译本，不知道为什么称它为 "新译本"！

刘复译的《乾隆英使觐见记》，并不是斯当东这本书的译本。译序说："书凡三卷，英使马戛尔尼自述。" 马氏这部日记体的自述，并未出过单行本。我曾加查对，知道刘复的译本，是根据 Helen H. Robbins 的 Our First Ambassador to China 一书中卷十、卷十一、卷十二等 "三卷" 译成的。Robbins 这书是 1908 年伦敦 John Mnrray 公司出版。原著中引及参考文献，如页 3（中华书局清外史丛刊本，1917 年汉文版），"参考《史但顿出使中国记》"，便是指斯当东《英使朝觐乾隆记实》（1797）；页 5，"参考《摆劳氏中国旅行记》"，便是指 Barrow, *Travels in China*（1804）；页 45，"参考《安德生笔记》"，便是指 A. Andersen, *Narrative of Embassy in China*（1795）。这些都是 Robbins 书中所原有的

＊ 本文原载内部刊物《古籍整理出版情况简报》1962 年第 7 期。

（刘复所添的按语，都曾注明"译者案"）。马戛尔尼这部日记体的自述，斯当东的书中未曾收入，据 *National Biography*，它最初发表于 Barrow 的 *Publio Life of Earl Macartney* 第二卷（1807 年出版）中。Robbins 的书曾采用一些未发表过的材料；书较易得，当为刘复译本所出。

编者按： 商务将出版《英使朝觐乾隆记实》译本的报道，我们是根据有关材料摘录刊载的。由于我们工作粗疏，发表时未经仔细查核，致发生错误，承夏鼐同志指正，特为刊出，藉代更正，并向夏鼐同志致谢。

对《〈大唐西域记〉整理计划（初稿）》的意见[*]

　　前星期收到你组寄来《大唐西域记》整理计划（初稿），知道你们准备将这书整理出一个较完善的标注本，甚为欣喜。闻 10 月间已开过一次座谈会，对于这计划当已作相当的修改。现在专就这初稿而论，阅后有些想法，提出以供参考。

　　从前亡友向达、贺昌群二教授，都曾打算整理《大唐西域记》，有志未遂，遽归道山，殊为可叹！可惜！尤其是向达教授，晚年曾以全力从事《大唐西域记》的校订，要仿《蛮书校注》先例，作出一个定本。我曾听他自述计划，谓先从事校勘，以作定本，然后再作注释，闻校勘已进行一阶段工作，但其手校本，今存佚莫可究诘，亟希望再行追迹，可能尚在人间也。

　　计划（初稿）的起草者，似乎并未接触过《大唐西域记》原书，仅利用第二手资料。第一段谓玄奘"从新疆经中亚到印度所经历的一百五十余国（包括现在我国的新疆地区、苏联的中亚地区、阿富汗、印度、巴基斯坦、尼泊尔、孟加拉）的见闻"，实则他所经历的只有一

　　* 本文是作者 1977 年 1 月 9 日写给《大唐西域记》整理小组的意见，现据其自存文稿编入。

百一十国，得之传闻者二十八国，总共一百三十八国，并没有一百五十余国之多。这一百三十八国中，包括伊朗（波斯）、斯里兰卡（锡兰）这二国竟漏去未列入。

计划（初稿）第二段整理方法，标点应在校勘之后，不应在校勘之前。未经校勘，有些地方无法断句，有些地方经校改后，标点便大不相同。

校勘以 1957 年金陵刻经处吕澂校本或 1977 年沪版章巽校本作底本，都是可以的。我建议最好用某一宋本作底本。因为供校勘的本子，可分两类：一类为古本，一类为近代合校本。古本中有些是同一系统辗转翻刻之本。如果祖本仍存，应以初本为准，翻刻本除非作过校正工作，一般仅是依样画葫芦，写刊中或增加错处，则虽为古本，并无多大价值。近代合校本，如果所根据之本都保存，仍应依原本复校，不能贪便用合校本即为满足，因为合校本在校勘中或排印中，仍可能发生错误。计划中所列参校各本，不知何以漏去《高丽藏》。《高丽藏》为日本两种校本，本计划中 10 和 11 两种的底本，而源于已佚的《开宝藏》，应设法搞到一部，以便参校（计划中插图目录有《高丽藏》的书影）。此外，日本的中尊寺本、石山寺本、醍醐三宝院本等，亦应设法搞到照片，以便参校。吕校本和章校本，都是"近代合校本"。吕校本号为善本，向达教授称之为"校勘相当仔细"，但是仍认为"不免误字"，曾略举十五例。如加细校，失校处可能不止于此也。

注释方面，我以为对于前人成果，不管国内或国外，如加吸收，仍应注明出处。当然可以撮要或仅引结论；而详细考证，可查原书。我曾遇到外国学者，有许多"人"对于我们解放后书刊中利用他们研究成果，而不直接引用，不注明来源，好像是自己的研究成果，对此很有意见，说"偷了我们的成果，反而骂我们"。这绝不是赶超国际水平的办法（通俗性普及书刊，那是另一回事）。至于注释者自己的长篇考证，最好另外发表或作为本书附录。

插图中，校勘部分，可以附上一些书影⑤～⑨；为了配合序言，可以附上玄奘像等①～③；配合注释，仅有④那烂陀寺遗址一处，实嫌太少。印度、巴基斯坦等各处的佛教遗址，玄奘曾亲历其地者，现仍保存不少，许多处有图片可作插图之用。有些遗址近年来还曾加发掘。1965年我曾去过 Txila（呾叉始罗），此处曾有过多年发掘，有 Marshali 所写的几大本发掘报告（考古所有之），还有近年发掘简报发表于期刊中。将来这一部分的工作最为困难繁重，而不在于考证史地。因为考证史地方面，容易解决者前人几乎都已加解决，不易解决者，我们可能再解决一些，但有些仍无法解决（只是希望不要强作解人，无法解决者可留待将来再说）。

《风俗通义》小考*

听说吴树平同志《风俗通义校释》之作已经脱稿，顷阅《文史》第七辑所载吴同志的《〈风俗通义〉杂考》一文，具见用力之勤。读后有几点意见，现在提出以作商榷。

关于作者应劭的生平事迹，《杂考》中考证应劭做太尉邓盛议曹掾的年代，以为根据《后汉书·五行志》（按即《续汉书·五行志》），应在灵帝光和中（178～183年），但依照《后汉书·灵帝纪》，邓盛为太尉始于中平元年（184年）四月。因之，作者结论是："应劭不可能提前到光和时期为太尉邓盛的掾属，究竟错误发生在《后汉书》还是《续汉书》，有待进一步考订"。

按《后汉书·灵帝纪》，邓盛为太尉在中平元年四月。但是灵帝是光和七年十二月己巳才改元中平，次月即作中平二年正月。所以中平元年四月实即光和七年四月。《后汉书》和《续汉书》的歧异，当由于《续汉书》根据原始记录，本应作"光和七年"，但《续汉书》作者知道光和只有六年，所以改作"光和中"。《后汉书·本纪》依年月重行

---

* 本文原载《文史》1980 年第 10 辑。

排列，故有中平元年而无光和七年，但是二者都是指公元184年这一年，这里并没有"错误发生在《后汉书》还是《续汉书》"的问题。《续汉书》改光和七年为"光和中"，而不改为"中平元年"，虽觉未妥，但似乎也算不得是年代上"错误"。

《杂考》考证应劭的字号，引李贤注云"谢承《书》、《应氏谱》并云字'仲远'，《续汉书·文士传》作'仲援'，《汉官仪》又作'仲瑷'，未知孰是"。作者引《太尉刘宽碑》，以碑文作仲瑗，"应该是靠得住的"，又引《水经注》卷二东阿县下和《文心雕龙·议对篇》皆作"仲瑗"以为佐证。

按汉人的名和字，常常字义相关。《后汉书》中和劭字子将，"将"有"长久"的意思，《楚辞·哀时命》："哀余寿之弗将"。又有许劭字申甫，"申"有"仲长"的意思。应劭字仲远，远字有久远的意思，可以相比类。又查《后汉书》中崔瑗字子玉，应劭有弟珣字季瑜，也都是所谓"以义相扶"（《后汉书·刘珍传》李贤注语）。瑗为大孔玉璧，和劭字的意义无关。不过，劭弟既字季瑜，他自己采用仲瑗为字号，昆仲排行，于义亦通。至于援当为瑗之误，应改正。可能仲远为初取之字，而仲瑗为后来所改用。这二字音近，口语上可通用。后世文署名也常常同音字混用。近人中例如上海国画院名书家马公愚，他的墨迹中便有自署"公驭"的。我们似不能说原来一定是仲瑗，而断言范晔《后汉书》、谢承《后汉书》等作仲远的都是错误。

《杂考》中关于《风俗通义》的卷数的结论，以为全书原来有三十卷，这是对的；但是以为"如果加上录，即今本中的序，全书则为三十一卷，三十一篇"，似乎尚可商榷。

按《隋书·经籍志》原文作"《风俗通义》三十一卷"，原注："录一卷，应劭撰。梁三十卷"。《隋书·经籍志》所载，正文是唐初"见存"的书（包括残本），而注语是利用后汉班固《汉书·艺术志》、宋王俭《七志》、梁阮孝绪《七录》，所谓"远贤马《史》、班《书》，近观王、阮《志》、《录》"。《风俗通义》三十一卷是唐初现存的本子，注中"梁三十卷"是根据阮孝绪《七录》的记载。一般而论，唐初现存的本子不应比萧梁时的本子反多出一卷。今本唐马总《意林》卷四引者亦作"《风俗通义》三十一卷"。《杂考》以为"一卷之差，在于录的加减"。这是不错的。但又以为"录"即今本中的序，似尚可商榷。一书的序是不能随意增减的。查《隋书·经籍志》中"《史记》一百三十卷"下原注"目录一卷，汉中书令司马迁撰"。我以为这里的"录一卷"似应作"目录一卷"解。古书中目录犹如今日的索引，有的还是后人所编的，抄写者可以加减。至于序言，都作为一卷，有时放置于全书的末尾，如《史记》中的自序，《论衡》的《对作篇》，《风俗通义》一书原本或者也是这样的。

关于《风俗通义》的佚文，我曾见到一本《〈风俗通义〉校补》稿本，其中的辑佚部分，有一条文引自《太平御览》，原文是"俗说谢景仁为豫州主簿，在玄阁下。桓闻其善弹筝，便乎〔呼〕之。既至，取筝令弹。谢即理弦抚筝，因歌秋风，意气殊迈。桓大以此奇之"。辑佚者原注："《御览》二百六十五，未言《风俗通》，只云：'俗说'。以文意观之，疑是《风俗通》文。"今按：谢景父为东晋至刘宋时人，《宋书》卷五二有传。景仁是谢安从孙，曾经做过桓玄幕僚。桓玄为豫州刺史，在东晋安帝元兴元年（402）的时候，上距应劭的卒年已二百来年了。这条"俗说"不会是《风俗通》的佚文。因为《杂考》中提到"对于《风俗通义》佚文，还需要做去伪存真的工作"，所以附带讨论这一条曾误被当作《风俗通》佚文的引语。

关于古籍整理出版的一些意见[*]

我以为古籍整理这工作，顾名思义并参考以往的经验，应该是整理古代文化遗产的工作的一部分，而不是全部。它的第一步工作是搞出一个整理书目来，把那些应该首先整理的，列入第一批中。然后又按缓急轻重，再加排队。每一部列入名单的古籍要查清楚从前是否整理过，整理的完备与否。有的已有整理好的本子，便可从书单中剔掉（如存书已售罄而需要仍多者，当然可以重印）。其余的便可根据需要来组织力量做各项整理工作，包括标点、校勘、注释、辑佚、今译等，还有整理的附属工作如影印善本，搞插图，编索引等。其中有的并不需要各项整理手段都具备，例如《红楼梦》不需要今译，但仍需要校注。有的书只需要标点。有的是需要各项具备的，但那也只能做到今译为止。整理好后的古籍也只能起参考资料的作用，这是工作性质所决定的。写研究性的专史是一个学术工作，整理古籍也是一个学术工作，但是二者是两码事，似不能把写专史也放在古籍整理中。写中国哲学史、中国文学

---

* 本文是作者在 1982 年 3 月召开的古籍整理出版会议时提出的书面意见，原载《出版工作》1982 年第 5 期，又见《文献》1982 年第 4 期。

史，等等史学专著，那是文、史、哲各研究所的任务，规划由它们去做。因其不算是古籍整理，故不能列入古籍整理规划中。但是各研究所的规划中古籍整理部分，仍应列入规划中，工作仍由他们继续去做。如把专题史部分作为补充规划，反而分散了古籍整理工作的力量。此其一。

有些科技、医、农等方面的古籍，可以让别的部门和别的出版社来做。但是，这些书仍是古籍，他们的整理仍需要校勘、训诂、注释、标点、今译。并且我国古籍中有许多是难以归类的，有的一本书中便包罗万象。但是他们仍都是古籍，需要由古籍整理专家和农、医、科技专家共同协力来整理。我主张具体工作可以仍由原来的部门继续负责，需要古籍整理小组协助的地方，可以就力所能及的加以协助。但是仍应纳入整个古籍整理规划中来。此其二。

我以为整理古籍第一步是整理出一个曾经精心校勘过的本子，作为定本。有时这需要找到一个善本作为底本，用多种不同版本对勘，择善而从。其次是注释，可以包括训诂和考证。有时利用考证的结果，以"理校"来改正错字。再其次才是标点（指新标点）和今译。前两步是清代乾嘉学者已做出许多成绩，最后一步的今译是五四运动后才开始的。如果没有整理好的本子，又不经过训诂和考证的工夫，那么便不能真正读懂古籍。标点和今译一定会错误百出。所以，我以为除非已有好的本子，否则整理一本古籍是不能由标点开始的。

古籍整理中一般所谓注释，实际上包括"注释"、"校释"和"笺释"。如果"校释"中包括"校误字"和"校时间、地点、人名的错引、异说"，这便包括校勘和考证。名物训诂和音读，我同意"实在没有必要去代读者查字典、查辞书"。但是在普通的辞书和字典中所没有收入的生僻字或罕见事物，或者虽被收入而误释的，仍应加注释。我同意这样的意见：一切注释，都要求简要，力戒烦琐。注释的主要目的是使读者能更深刻地了解原书，同时也有助于标点和今译。（笺仍是注的意思。郑玄注诗，因为已有毛注，所以改用"笺"字，兼有表明毛义的意思。《六艺论》谓"毛义若隐略，则更表明，如有不同，即下己意，使可识别也"。）

古籍整理有时要附带一些工作，例如辑佚、复印孤本和善本、编索引等。但并不是每一部古籍都需要这样做。善本的复印，一方面可以做校勘之用，另一方面也可作为文物的复制，保存文化遗产。这和孤本的复制能起同样的作用。我主张再将《四部丛刊》（有些《古逸丛书》本也可收入，因为这是缩印的，与《古逸丛书》本用大开本精装者不同）三编出齐，并且继续下去。至于《四库全书》，存世的只有三部半，近于孤本，但不必复印。这书就版本而言，乱改误字很多，是一劣本。大部分书都有校好的版本存世。台湾省已在陆续复印全部《四库全书》，这种事让他们去做好了。但可选印《四库珍本丛书》第二集。索引为工具书，可出单行本，但篇幅不多者可附在书后。《三通》或《九通》及《会要》不能归入工具书中。这类"政书"，已有的自然可以作为古籍来整理，列入规划中。但是如果另行编纂一部新的政书，那是新著作，不是整理古籍。

所谓《汇编》，那些已有的《汇编》本身便是古籍，可以增入新材料。但是我以为暂时似可不必再花工夫新编宋、明、清的诗文《汇编》。宋以前的是带有辑佚的性质。从宋代起，因为有了印刷术，诗文集的数量大增，并且时代较近，传世者多，真是"汗牛充栋"，似乎没有把他们收集在一起全部加以印刷的必要。丛刊类则与下面丛书没有什么分别。关于丛书，我主张把《丛书集成》第一集所未印的补齐（约全部三分之一），这真是事半功倍。我不主张把丛书打散了分类再编《丛书专录》，而主张可编些某一专题的书目索引，可以包括单行本，不限于丛书本。许多古籍另有善本或通行本可供利用，而丛书本有时是删节的、误改的，或误刻的劣本。至于图录，在整理过的古籍中，有的可加插图，篇幅多可以单出。这等于注释的图释类，从前学者也曾编过，如《考工记图》、《水经注图》等，方便读者不少。古物图录如甲骨文、金文、汉简、敦煌卷子和碑版墓志等以文字为主的，需要做释文和考释的工夫。这类图录可以算是特殊的古籍，可以列入整理计划。但是像《名画选录》、《陶瓷选录》、《中国历史地图集》等图录，可以让别的部门、别的出版社组织力量来搞，古籍整理出版规划小组可以不管。

总之，整理古籍的最终结果，是把重要的古籍通过校勘、注释、标点这几种手段，加上一些附带的整理工作，以便出版一些仔细地整理过的古籍；其中工农兵和一般群众所需要的，一定要根据整理好的本子加以今译出版，古籍整理出版规划小组应加以重视。

现在我国各条战线上都在争取做出超越前代的成绩，我希望古籍整理工作也同样地做出超越前代的成绩来。

《〈真腊风土记〉校注》序言及版本考[*]

校注者序言

真腊便是现今的柬埔寨。《隋书》（卷八二）有《真腊传》，同书《炀帝本纪》（卷四）载"大业十二年二月己未（616 年 2 月 24 日），真腊国遣使贡方物"。这是我国史书中初见真腊这一个国名。唐宋时仍称真腊。明代万历后，我国改称它为柬埔寨（关于真腊国名，详见下文《总序》中真腊条注）。

公元 10 至 13 世纪为柬埔寨文明最灿烂的时代，也称为吴哥时代。国都吴哥城中的许多建筑和雕刻，都是这时代的文物精华。19 世纪中叶被重新发现时，这遗址仍保存得相当良好。后又经精心修复，便成为东南亚最重要的古迹之一。惜近年来柬埔寨遭受侵略，这地区也屡遭兵火。吴哥古迹有否损失，不得而知，这是一切关心吴哥古迹命运的人们

---

* 作者《〈真腊风土记〉校注》一书，原由中华书局编入《中外交通史籍丛刊》，于 1981 年 3 月出版，2000 年 4 月再版。作者自存本，书名改为《〈真腊风土记〉合校集注》，对书中集注部分有若干订正，再版本未能据以改动。现据作者自存本，将该书的"校注者序言"和"《真腊风土记》版本考"编入文集，题目是文集编者拟定的。

所挂念的。

这本《真腊风土记》便是反映吴哥时代情况的著作。它记载柬埔寨 13 世纪末叶各方面的事物，既翔实，又生动；《四库全书提要》也称赞它"文义颇为赅瞻"。全文约 8500 字。书中除了描写国都中的伟大建筑和雕刻之外，还广泛地叙述当地人民经济活动，包括农业、工业、贸易等，和叙述当地人民日常生活，包括衣、食、住、行等情况。这各方面的重要史料，是现存的同时人所写的吴哥文化极盛时代的唯一记载。连柬埔寨本国的文献中，也没有像这样一部详述他们中古时代文物风俗生活的书籍，所以研究柬埔寨历史的学者对它极其重视。书中也记载了柬埔寨人民与我国人民的通商友好关系，是研究元朝同真腊交通的重要参考资料。书出版之后，便受到我国学术界的重视，迄今刊本有十余种之多。由于时代的局限，作者也带着大国主义的思想；书中对于所谓"奇风异俗"的记述，有时夸大了他们落后的一面，并掺杂一些荒诞无稽的传闻。但这些叙述，只占本书的极小部分。清末，上海滩上文人所辑的《香艳丛书》，节录《真腊风土记》，专选本书中这些反映落后面的几则，把本书原来的面目也歪曲了。

作者周达观，自号草庭逸民，浙江省温州路永嘉县人。元朝成宗元贞元年（1295 年）奉命随使赴真腊；次年（1296 年）至该国，居住一年许始返。这次遣使为各书所未载，仅赖这书得知始末。他返国后，根据亲身见闻，写成这书。吾邱衍《竹素山房集》卷二，有题作《周达可随奉使过真腊国作书纪风俗因赠三首》的诗（《武林往哲遗著》本）。如果"可"字不误，则达可当为达观的别号。至于钱曾《读书敏求记》作"周建观"（卷二），则建字显系达字之误。据《竹素山房集》集末所附胡长孺撰墓志，吾邱衍卒于至大四年腊月甲午（1312 年 2 月 5 日）。可见《真腊风土记》于 1312 年以前便已成书。林坤《诚斋杂记》（《津逮秘书》本）有"丙戌嘉平望日永嘉周达观序"，丙戌系元顺宗至正六年（1346），这时周达观还在世，上距随使赴真腊已 51 年，当已是年逾古稀的老年人了。周达观是否尚有其他著作，现已无考。有之亦已失传。伯希和（P. Pelliot）译注的 1902 年初稿中，误以为《诚斋杂记》乃周达观所撰写，系沿《说郛》本《诚斋杂记》之误；伯氏在 1951 年出版的增订稿中，已依《津逮秘书》本改正，认为《诚斋杂记》的作者是林坤。雍正《浙江通志》经籍门根据万历《温州府志》，载有周达观《滇腊纪闻》。孙诒让《温州经籍志》谓此书明以来书目并无著录。疑《真腊风土记》一名《真腊纪闻》，传写又误真为滇，遂分为二书，今删之（卷一二）。

明初陶宗仪不仅在他所著《书史会要》（刊于洪武九年即 1376 年）引及《真腊风土记》中关于真腊文字的一则，还在他所辑的百卷本《说郛》这部丛书中收入这书。除了钱曾《读书敏求记》中所提到的，似已失传的元钞本以外，则陶氏所收入《说郛》者，也许是这书最早的一个刊本。后来明人所辑的几部丛书如《古今说海》、《古今逸史》等等，清代所辑的《古今图书集成》、《四库全书》，等等，将于下面附录三《版本考》中详加论述，这里不多赘说。

19 世纪初期继法国殖民者侵入印度支那之后，法国"汉学家"便开始注意这本书。1819 年雷慕沙（A. Rémusat）曾根据《古今图书集成》本译成法文。1902 年伯希和又根据《古今说海》本译成新的法译本，并加注释（有冯承钧译本，收入《西域南海史地考证译丛》）。伯希和又曾想重写出增订译注本。1924 年这项工作中断，未及成书（注释仅写到第三则服饰）。伯氏死后，由戴密微（P. Démiville）和戈岱司（G. Coedès）加以整理，作为遗著第三种于 1951 年出版。戈岱司对于这书，也曾两次作过补注；整理伯氏遗著时，戈氏又曾在脚注中作过附注。此外，本书还有 1936 年的日译本（松枫居主人译）、1967 年的纪尔曼（D'arcy Paul Gilman）英译本（系由伯氏 1902 年法译本转译，曼谷出版），和近年台湾出版金荣华的校注本，这三种本子，我都还没有看到过。〔作者补注：1981 年 9 月加州大学洛杉矶分校周鸿翔教授由美国来京，途经台北时，购得金氏校注以赠，同年 12 月泰国友人 Pisit 寄来纪尔曼英译本的复制本，现所缺者为 1936 年日译本。1982 年 1 月 15 日记〕

我根据现存的各种版本，以明刊本《古今逸史》（用商务印书馆影印本）为底本，对勘各本，择善而从，校定出一个比较好的本子。向达同志在世时，曾打算将《真腊风土记》列入他所主编的《中外交通史籍丛刊》中，并注明采用《古今逸史》本。我当时便告诉他，我已有合校本初稿。他拿去后，不久即去世，那本初稿也不知下落。幸得我还保存未加清理的原始稿。这次将它再加整理，写成合校本的定本清稿。

至于考证部分，对于书中的事实和地名，主要是参考伯希和的译注（1902 年初注本，1951 年新注本），加以注释；但也采用中外各家的说法，并略抒己见，写成笺注。这部分的初稿，因为所引用材料大都是文言文，所以草稿也用文言。这次写定，仍保留原样未改，以免多所更动。

这校注本，除了标点分段和添加注释之外，还加上几个附录：附录一，吾邱衍关于题《真腊风土记》的三首诗及周达观撰的《〈诚斋杂记〉序言》，这些都是有关周达观的直接史料。附录二，是《四库全书总目提要》中关于《真腊风土记》的提要和钱曾《读书敏求记》中的题跋等。附录三，《版本考》。附录四，关于柬埔寨语诠释索引。此外，又绘制了一些地图和插图，并收入几幅照片，以供读者阅读时参考。

最后，在写作这书的过程中，承中华书局编辑部谢方同志等热情帮忙。初稿写定后，又承老同学王祥第同志协助整理。中山大学东南亚历史研究所提供部分参考资料，中国社会科学院考古研究所提供部分参考资料，中国社会科学院考古研究所技术室代为绘图照相，一并致谢。校注中一定有错误，这些错误都要由我自负其责。

1980 年 4 月　夏鼐识

《真腊风土记》版本考

元朝初年周达观奉使到真腊国（今柬埔寨国）；归后，他把所见的该国风俗记下来，写成《真腊风土记》一书。这书是研究当时真腊国风俗和它同中国交通关系的重要参考书，受到了中外学者的重视。

从前向达先生（1900～1966 年）主编《中外交通史籍丛刊》时，曾有一个拟目，把《真腊风土记》也收进去，并且拟用《古今逸史》本。我从前家居无事时，因为周达观是我的老乡，我对他的书发生兴趣，曾整理了一个合校本。后来向先生知道后便借去，想过录一副本。"文化大革命"中向先生被抄家，他自己也因为受到迫害而发病去世。他的藏书发还后，现归北京大学，但已有许多抄本散佚。我的合校本也遍觅无着落。幸得我还保存有原来在自己藏本的眉端和行间所作的校注。我近来抽空重加整理，并且根据他本比勘，所得益多，遂写成合校本一册。现在根据合校本，写出这篇《版本考》。

（一）各版本的书目

这书的各种刊本，都有很多缺文误字。为了要整理出一部比较近于原本的合校本，我曾参考过十几种本子，包括刊本和抄本。这书曾有元抄本，但现存最早的本子是明抄本和明刊本。现在把我所看到的 11 种刊本和两种抄本，列成一书目如下：

（1）涵芬楼百卷本《说郛》　这套丛书是元末陶宗仪所编，共百卷。原百卷本现仅存残本，已无完帙。涵芬楼本是近人张宗祥由六种明抄本重辑而成，1927 年由商务印书馆排印出版。书见卷三九，简称"《郛》甲本"（每半页 13 行，行 25 字，共 14 页）。

（2）明嘉靖年刊《古今说海》　明陆楫等辑，有嘉靖甲辰（1544年）序。明俨山书院刊本。后来清道光元年（1821 年）邵松岩加以覆刻，"悉依其旧，一字不改"。这覆刻本很忠于原刊，连版心的"俨山书院"四字也都照样刻出。我所取校的便是这覆刻本。书见"说选部庚集·偏记家十二"，简称《说海》本（每半页 8 行，行 16 字，目录 1 页，正文 38 页；覆刻本加《四库提要》2 页，版心有"松岩补刻"四字）。

（3）明刊《历代小史》 明李栻辑，刊行于隆庆万历间（约1567～1577 年）。今有 1940 年商务印书馆《影印元明善本丛书十种》本。书见卷一〇三，简称"《小史》本"（每半页 11 行，行 26 字，共 17 页）。

（4）明刊《古今逸史》 明吴琯辑，万历刊本（约 16 世纪末）。书中《凡例》说，所收各书，曾"少加订证"。今有 1940 年商务印书馆《影印元明善本丛书十种》本。书见"逸志类"，简称"《逸史》本"（每半页 10 行，行 20 字；目录 2 页，正文 25 页）。

（5）明重辑《百川学海》 这套丛书原为宋代左圭所辑，有 1917年陶氏影印宋咸淳刊本，其中当然没有收入元人著作的《真腊风土记》。明人重辑时增入多种，这书才补收进去。今用中国科学院图书馆藏本。书见"癸集"中；书名下有校阅者"明徐仁毓阅"姓名。刊本书体亦类于天启、崇祯（1621～1644 年）间物，最早不过万历晚年。简称"《百川》本"（每半页 9 行，行 20 字，《总叙》2 页，正文 25叶）。

（6）清初重定陶氏重辑《说郛》 凡 120 卷，是明万历间陶珽重辑，武林宛委山房刊行。清顺治丁亥（1647 年）李际期重定，部分用宛委山房刻版剜补重印。这重印本后来较为通行。但《四库提要》（卷一二三）引都印《三馀赘笔》谓"《说郛》后三十卷乃松江人取《百川学海》诸书足之"。今查此顺治本（考古研究所图书室藏本）《说郛》，其中《真腊风土记》即利用《百川》刻板（有剜板处，"明徐仁毓阅"五字即剜去）。书见卷六二；简称"《郛》乙本"（行款同《百川》本）。因为它和《百川》本既同一刻板，所以不再取校（参阅景培元《说郛版本考》，见《中法汉学研究所图书馆馆刊》第一期，1945年北京刊行）。

（7）清《古今图书集成》 清雍正四年（1726年）刊本。今用1934年中华书局缩印本（每半页3栏，每栏27行，行20字，版心有"第几册之第几页"和"中华书局影印"字样）。此本脱作者姓名。书见中华本第217册（《方舆汇编·边裔典·真腊部汇考二》，卷一〇一），简称"《集成》本"。

（8）清乾隆《四库全书》 在《提要》中注明底本是天一阁藏本（卷七一）。这次校勘用文津阁抄本，现藏北京图书馆。乾隆四十九年（1784年）抄校。书见"史部十一·地理类"，简称"文津本"（每半页8行，行21字）。

（9）清瑞安许氏刊本 道光己丑（1829年）巾箱本。书版今仍存温州市立图书馆。简称"许本"（每半页8行，行20字，目录1页，正文31页）。1963年温州文管会补刊藏版，杭州古籍书店重印。

（10）清吴昱凤手抄本 原为李木斋（盛铎）藏书，今归北京大学图书馆，编号为"李4341"。这抄本据抄写者跋语，是由《说海》本录出；跋语全文，见本书附录二。简称"吴本"（承宿白同志代查后见告，此本每半页8行，行16字。卷前有"古欢堂"朱文长方钤印）。

（11）民国王辑《说库》 民国四年（1915年），王文濡编，上海文明书局石印本。书见第29册，简称"《说库》本"（每半页14行，行32字，目录1页，正文16页）。

（12）冯译伯希和《真腊风土记笺注》 这译本中的周氏原文，冯承钧采用《说库》本，有订正和错排的地方。今用1957年中华书局出版《西域南海史地考证译丛七编》本，简称"冯本"〔每页14行，正文（大字）每行38字，注释（小字）每行43字；绪言7页，笺注45页，共52页〕。

（13）陈正祥《真腊风土记研究》 1975年香港中文大学刊本。书中第六章一整章全录周氏原文（主要依据《逸史》本），另加校语和注释。简称"陈本"（正文每页 33 行，每行 31 字；脚注小字，每行 35 字）。

此外，还有两种丛书也收入《真腊风土记》，但是刊行时代很晚，又不收全书，只节录五六则（全书连《总叙》共有四十一则），所以校勘时便不加利用了。现仅列目如下：

（14）清《旧小说》 吴曾祺编，宣统庚戌（1910 年）商务印书馆排印本。书见"戊集"。仅选录五则（即第七、八、九、十四、三十七则）。1930 年刊行的《万有文库》也收入《旧小说》整部。

（15）清《香艳丛书》 宣统间虫天子辑，上海国学扶轮社排印本。书见第 16 集，仅选录六则（即第六、七、八、九、三十六、三十七则）。

这书元代便有抄本。元人林坤《诚斋杂记》（有《津逮秘书》本和陶氏重辑《说郛》本，后者误以为周达观著）和陶宗仪《书史会要》都曾引用过这书，但都未明言资料来源。清初钱曾（遵王）曾见到过一部元抄本，据说很是精善，远胜《说海》本等通行本（《读书敏求记》卷二，全文见本书附录二）。但这部元抄本和钱曾校录的一本，现在都不可得而见。钱谦益《绛云楼书目》（卷一，史志类）中也有一部《真腊风土记》，当时这书没有单行刊本，当为抄本。我们不知道它是元抄本还是明抄本；若为元抄本，也不知道它和钱曾所见到的，是否同一抄本，还是另一抄本。绛云楼一炬，这书如果不是劫余幸存而转归钱曾，那么一定是被焚毁了。

至于明代其他抄本，《四库全书》的底本是宁波天一阁藏本，当是明抄本。这部书不见于阮元《天一阁书目》和薛福成《天一阁现存书目》中，可能进奉入《四库》馆以后便没有发还，现在更不易追踪了。陆心源曾收藏一部明抄本（《皕宋楼藏书记》卷三四），现归日本静嘉堂文库。我还未见及。傅增湘所藏的几种明抄本（即商务印书馆排印本的百卷本《说郛》的底本）和丁日昌持静斋所藏的明抄本（田雯古欢堂原藏，见《持静斋书目》），现在也不知道在哪里收藏。国内外公私藏书中，一定还会有这书的旧抄本，这只好等待将来有机会时再行取校。

伯希和在《笺注》1902年初版中，提到他当时只知道这书有五种版本，即上面书目中的（二）、（三）、（四）、（六）、（七）等，其中（三）、（四）两种为他当时所未见（冯译本，第124页）。后来1951年出版的伯氏新注（法文本）中五种之外又加了两种刊本，即（五）和（九），其中后一种他只是从清光绪《永嘉县志·艺文志》（卷二六）中见到书名，并没有获见原书（新注第39~47页）。他也知道那时刚出版的《郭》甲本（同上，第7页、40页），但没有用以校勘。陈正祥在《真腊风土记研究》中，说他曾看到过六种版本，即上面书目中的（一）至（五）和（七），比伯氏所举的少许氏巾箱本一种；并且陈氏似乎不知道《说郭》有百卷本（即《郭》甲本）和百二十卷本（即《郭》乙本）的区别。书中有时写"涵芬楼《说郭》本"，有时径写"《说郭》本"，实则都是指《郭》甲本。

（二）各种版本的渊源和优劣

就我所见到的十三种刊本和抄本而论，各本的优劣不同，但是它们都有许多"牴牾错落"的地方。根据我自己所作的校勘记，我以为明代便有两种不同系统的版本：一种为甲系，也可称为《郭》甲本系统，另一种为乙系，也可称为《说海》本系统。现将这书的版本渊源，制成一表，然后逐一加以讨论。

观此表（表1），可以看出甲、乙两系的流传的不同。甲系流传不广，影响不大。但是很重要。甲系的特点是各则都没有标题，其次是第四十则脱落27字。属于这个系统的，只有《郭》甲本一种。这二系中，《郭》甲本系统更接近于祖本（元抄本）。例如第40则中说："〔新主〕元以典兵为职"。其他各本"元"都作"原"。明初为了消除元朝

表 1　《真腊风土记》各种版本渊源表

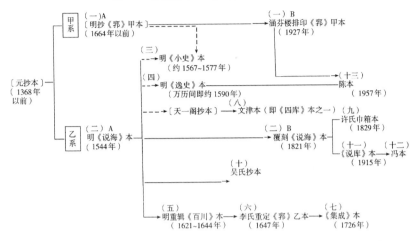

说明：汉字数码为书目中编号，阿拉伯数码为刊写年份，方括弧中为未见之抄本。→
　　　为同一刻版。虚线（－－－→）表示未能确定是否出于明《说海》本抑或出于
　　　其相似之明抄本。

的影响，把元任官改成原任官。顾炎武说："元者本也。本官曰元官，
本籍曰元籍，本来曰元来。唐、宋人多此话。后人以原字代之，不知何
解。原者再也……与本来之义全不相同。或以为洪武中臣下有称元任官
者，嫌于元朝之官，故改此字。"（见顾炎武《日知录》卷三二，"元"
字条）此说或似可信。《小史》本不仅改元为原，还将《总叙》中的
"今圣朝"、"圣天子"等字都行删去。这是由于明初视元朝和元帝为鞑
虏，所以加以删改。元抄的祖本不会是这样的。《郏》甲本的优点很
多，详见我的合校本中的校语。现在暂举数例：《总叙》虎符万户未误
作虎符百户；第二则近门作近北门，桥梁作柱梁，屋头佳丽作屋颇佳
丽；第 10 则监都作蓝，姑夫下多出姊夫等 6 字；第 24 则少者作不见
者；第 26 则肚甚脆美作蛏甚脆美；第 30 则多出"罥……鑞"16 字；
第 31 则无凳作有凳，轿杖作轿杠，杠有作扛之；第 36 则其用作其国；
第 37 则漾洗作澡洗等，都比较其他各本为胜。但是也有他本未误而
《郏》甲本独误的地方，例如二则象形误作像形；第 10 则脱"字蓝六

为"4字；第17则方下误作方止；第24则脱"故得其种"4字，第40则烛字下脱27字等。

《小史》本各则也都无标题，同于《郭》甲本。但是第40则仍保存《郭》甲本所脱落之27字，与乙系各本同；其他误夺字也同于乙系各本，而有异于《郭》甲本，所以应归入乙系。但无标题这一点可能受到甲系影响。《小史》本又有改动原文处，如上述的删去"今圣朝"及"圣天子"。又有他本未误而这本独误者。例如《总叙》中七洲洋作七州洋，第13则夥误作颗，蚀误作镯，第30则羹误作美，第37则河边误作河中等。

最后，我想讨论由甲系的《郭》甲本系统而推想元代原本的真面目。其一，第40则所脱落的27字，元代的原本一定是会有的，其他的《郭》甲本的讹文夺字，也是如此。其二，各则的标题，到底是甲系把它删去呢？还是乙系把它增添进去呢？这点现下还难确定。一般而论，一部书可能原无标题，后有标题而无目录（如《百川》本和《郭》乙本），最后有标题又有目录（如《说海》本、《逸史》本、《集成》本）。这是可说得过去的。但《小史》本也有可能后出而删去原有之标题。但是我是倾向于原本虽分段而无标题。如上面所说的，《郭》甲本虽也有误字和脱落，但是在许多地方都胜于其他各本。我认为还是比较接近于元代祖本的。当然我也并不完全排除这些标题是原有的，《郭》甲本一度删去，《小史》本再度又删去。其三，元抄的祖本，在作者周达观的姓名下当有"号草庭逸民永嘉人"8字（《郭》甲本及《说海》本都有之），其他刊本已删去，《集成》本连周达观的姓名也脱落了。

乙系也可称为《说海》本系统。这一系统的各本（除《小史》本之外）每则都有标题，而且第40则都没有脱落27字。但这一系统的各本，颇多讹文脱字，脱字较多的有第10则"姑夫"下脱6字，第30则脱落"罳"至"钃"16字，又误夺"夜多蚊子亦"5字，个别的本子，如《百川》本、《郭》乙本、《集成》本，且有脱整叶237字的。

乙系现存的各刊本，以嘉靖《说海》本为最早。《说海》以后，又分为两支，一支为旁支或别支，也可称为缺页本，另一支为本支，即未缺页本。

缺页本的特点显著，先加讨论。这一支开始于明重辑《百川》本，原以《说海》本为底本，而脱落第 16 页一整页，乃第 10 则后半和第 11 则前半，共 237 字。《百川》本在第 10 页后半页 2 行"如"字以下，即接"党中"，文义不相接。清顺治时李氏重定之《郛》乙本，即利用明代重辑《百川》的刻板，所以仍之不改，未得补正。《郛》乙本有剜改处，如剜去作者姓名后的校者"明徐仁毓阅"5 字，书末剜去"《真腊风土记》终"一行，《百川》本于佳句或要语的字旁加点，《郛》乙本都加以剜去，仅剩留三处（仅 10 字，即第 5 页前半 6 行 4 字，第 10 页后半末行 2 字，第 17 页后半 6 行 2 字），这是由于当时剜版者疏忽，以致删除未尽。

《集成》本从这一刻本抄出排印，所以这里也缺 237 字，并且在重编的目录（第一○一卷目录）中也略去第 11 则"野人"的标题（《百川》本和《郛》乙本都没有目录）。《集成》本为雷慕沙（A. Rémusat，亦译烈米查）1819 年法译本的底本。实则这本在各本中最劣，不仅这里脱落 237 字，并且全书讹文脱字很多，臆改的地方也不少。例如第 3 则"打布"改为"缠布"；第 6 则改"村僻"为"幽僻"；第 9 则"撞"改为"獞"；第 14 则"体究"改为"报官"，"证候"改为"症候"；第 19 则"画黄"改为"姜黄"，"大风子"改为"大枫子"；第 21 则改"水珠"为"木珠"等，都是和其他刊本不同，详见我的合校本。《集成》本第 3 则末尾有校者夹注"按：顶上载珍珠三斤许，此斤字似误。然外国人又未可以理度。姑从原本"。就此可见校者对于可以"理度"的地方径行臆改原文的地方当不少。我的合校本间或采用"集成"本的校正，实际上等于同意它的校者的"理校"，并不相信他另有善本可供校正。这些地方，合校本中校语都注明出处。《集成》本增多的讹文脱字也不少，例如第 6 则脱"如北人开水道之状"8 字，第 13 则脱"车象"2 字，第 17 则脱"想别一种也"5 字，第 19 则"随时"脱"时"字，第 23 则脱"雀儿"2 字，第 26 则脱"吐哺鱼"3 字，等等，详见我的合校本。

至于乙系本支，即未缺页本，在嘉靖《说海》本之后，明代有万历刊《逸史》本和上已讨论过的《小史》本，以及天一阁明抄本（可能还有其他明抄本）。《逸史》本的内容，尤其是讹夺处，基本和《说海》相同，当出自后者（或与后者相似的明抄本），而且它较《小史》本更接近于《说海》本，例如书前有目录，书中每则各有标题；《小史》本独误的文字，《逸史》本都同《说海》本未误。但《逸史》本中的讹字也比《说海》稍增，例如第 2 则"古木"误作"古本"，第 9 则"巴驰"误作"已驰"。而且也偶有改动《说海》本文字的地方，例如第 24 则"猿"改为"猨"，第 30 则"固瓦钵"改为"用瓦钵"。这些为数不多，或者像《逸史》全书凡例中所说的，所收各书"少加订证"，而通例是"抱残守缺"，不加改动。

至于天一阁抄本，它是《四库》本（包括文津本）的底本。我们虽然见不到原书，但就文津本的校勘结果来推论，似乎也是出于嘉靖《说海》本（或其相似的明抄本）。二者基本上相同，只是文津本增加些讹文脱字，如《总叙》"佛村"误作"佛材"；第 1 则"蛇形"误作"蛇行"；第 37 则"虽"误作"惟"；第 40 则"坐衙"误作"出衙"，"止用"误作"上用"，又脱一"远"字，等等。共校出 20 余处，异体字还不计在内。别处的《四库》抄本，当也会有抄错的地方。四库馆也曾校正讹字。据王太岳等编《四库全书考证》中《真腊风土记》条（卷四〇）下，据《说郛》本改正四处（这里的《说郛》指四库馆所藏的百二十卷本，也便是《郛》乙本；实则这四处在《郛》甲本中未误）。又在百二十卷本《说郛》条（卷五六）下有关于《真腊风土记》的校正二处，没有说明来源，似出于理校，实际上百卷本《说郛》（即

《郛》甲本）这二处都未误。

　　道光间覆刻本《说海》是由嘉靖本影刻的，等于同一版本。上面书目中已加说明，不再重复。由《说海》本而《说库》本，而冯本，一脉相承，最为清楚。《说库》本虽未说明所依据的版本，但我曾取那些比它为早的乙系本支各本相勘，知道它实出于《说海》本，而与《逸史》本不同。例如《总叙》"古木"未误作"古本"，第9则"巴驰"未误作"已驰"，第24则"猿"字不作"猨"。反之第30则《说海》本误用为固，《说库》也从之未改正。这些皆可为证。冯本也未说所用的版本，但经过勘对，知道实由《说库》本而来。例如第8则和第13则，"棚"都误作"栅"，第13则"点放"误作"点于"，第14则"拖置"都作"拖至"，第18则"遝杂"误作"邏杂"，第40则"仗剑"作"杖剑"。但冯本也有更正《说库》本之误的地方，例如第19则"竦"改作"辣"，第30则固改作用，第37则"亦女"改为"女亦"。这些当皆出于理校，似乎并未曾取善本校对。但是也有《说库》本未误而冯本误者，例如第32则"船"误作"般"。第40则"臣僚"误作"巨僚"等，当出于抄写或排印之误。

　　许氏巾箱本也未言底本，校对后知道也是出于《说海》本。书名下作者一行，有夹注小字"号草庭逸民永嘉人"8字，这是《说海》本和《郛》甲本二者所独具的，其他明代刊本都已删去。许氏本书中文字基本上与《说海》本合，而不合于《郛》甲本。当然与《说海》本也有微异，共校出40来处。许本间或使用异体字，如第6则"馈"作"餽"，第27则"麨"作"麷"，第31则"竖"作"豎"；也有少数缺文误字，如第11则"备世"五见，其中一处"世"误作"西"；第7则"妇女"脱"女字"。但也有改正《说海》本的误字，如《总叙》中"舶岸"改为"泊岸"，第31则"轿杖"改为"轿杠"。总之，它是出于《说海》本无疑。吴氏抄本，也出于《说海》本。吴跋云："右从《说海》本出，不知全否？"（吴跋全文见本书附录三）

最后，谈一谈1975年陈正祥的本子。他是采取合校的办法。他看到过六种本子，即上举书目中的（一）至（五）及（七），他没有明白地说明用哪一种作为底本。但是他似乎是用《逸史》本为底本。陈氏校语，除偶提及《郛》甲本、《逸史》本及《百川学海》本外，有的没有注明出处，有的只说"依通行本"。通行本的错误有许多都没有校出。有几处他改正原文，是用"理校"的办法。有的地方他的"改正"是改错了的。

（三）总评各种刊本

伯希和、陈正祥都曾比较他们所看到的各版本，并论述各版的优劣，伯氏1902年初注中以为所看到的三种中，丙本（指《集成》本）最劣，而以甲本（指覆刻《学海》本）最优，凡乙本（指《郛》乙本）所有者，皆见于甲本，而甲本所有者并不皆见于乙本，丙本除其固有之缺陷外，尚有与乙本相同之缺陷（冯译本，第125页）。乙、丙两本相同的缺陷，主要是指缺一页（237字），而丙本误文脱字也较多。1951年出版的伯氏新注虽然提到商务印书馆新出的《郛》甲本，但没有利用它来校勘。伯氏以为他所看到的六种版本（许氏巾箱本他未看见，所以除外），都出于嘉靖本《说海》（第47页），这很可能是对的；但是有的也可能出于与《说海》本相近的另一明抄本。但是他误以为《郛》乙本直接由《说海》而来，而重辑《百川》本是出自顺治四年刊行的《郛》乙本，则未免前后倒置。实际上，今日通行的《郛》乙本是用《百川》的刻版稍加剜改。伯氏又以为《小史》本较《说海》本约晚25年，文句又完全和《说海》相同，非常可能即出于《说海》本。我将二种版本对勘，其中误文脱字，大体相同。但《小史》本无目录，每则前又都删去标题；正文中又删去"今圣朝"、"圣天子"等，似不能说二者完全相同，但是二者是可能有渊源关系的。伯氏以为《逸史》文字和《说海》本相同，因之，它很可能便是出于《说海》

本。我校勘的结果，认为《逸史》本比《小史》本更接近于《说海》本。《逸史》有全书目录和各则标题，和《说海》本相同，删改处较少。伯氏以为《集成》本最劣。它出于《郛》乙本而增加臆改处不少（新注第 39~47 页）。伯氏相信钱曾的话，以为有一元抄本比较完整。而"《说海》中刻者，牴牾错落，十脱六七，几不成书矣"，因之伯氏以为原书一定是更为详细，《说海》本只是一个删节本。我以为《说海》本是完整的本，虽然稍有误抄、漏抄或改订的地方，但并不是删节本。

陈正祥在《真腊风土记研究》中对于他所看到各种版本作了评价。他说：每一版本都作了些文字方面的修饰工作，但有时为求文字的通畅美观，反把意思改错了（第 6 页，注 8）。实则就《真腊风土记》而言，各种版本中似乎只有《集成》本曾做过较多的改订文字的工作，其余版本都由于所用底本已有错脱，只能抱残守缺，纵有订正也为数不多。这些版本都不见佳，大多数误文脱字都由于抄写或刊刻时疏忽所致，并不是由于修饰文字致误。陈氏又说："一般地说，《古今逸史》本比较保守，和多数版本相似；《说郛》本（按指《郛》甲本）则改动较多。在若干处《说郛》又较其他本为详，例如器用节多出十六字，语言节多出六字。"又说："可能因为《古今逸史》本的校注者比较保守，所以竟把与中国情形不符的删掉了。"（同上注）这里有几点不合事实。《逸史》本并没有"注"，看来也没有做多少"校订"工作。陈氏举例中脱文二处，在较早的嘉靖年间刊印的《说海》本（可能是《逸史》本的底本）中早已脱落，不是吴氏编辑《逸史》本时才删掉的。器用节脱落"器可盛三四盏许，其名为恰，盛酒则用镴"16 字，语言节"姑夫"后脱落"姊夫姨夫妹夫"6 字，都不会是由于"与中国情形不符"而删掉的。尤其是器用节脱落 16 字后，根据文义，真腊人竟是用"注子"（酒壶）饮酒。原文据《郛》甲本补正后，可见是用注子盛酒，用盏饮酒，《郛》甲本这里还保存酒盏一名的柬埔寨语名称。陈氏对于

《郛》甲本的评价也是不公平的。我前面说过的，《郛》甲本较之各本最为接近原本，许多地方可用以校正各本的误夺。这书虽也有误夺处，但是看不出有为了叙述较详或为了文字通畅美观而改动原文的地方。《总叙》中有"虎符百户"一辞，陈氏特别指出："涵芬楼《说郛》本径改为虎符万户是错的"，又说："错在虎符二字而百户之军皆不误。"（同上，第33页注65，又第41页注60）实际上，《郛》甲本的"万户"是保留原文，并没有"径改"。倒是其他各版本在这里将万户误作百户了。我在校注本中对这问题曾作过考证。这书中叙述元朝遣使真腊，所派使节，在"虎符万户"的后面为"一金牌千户"。一般史籍中叙述使节，都正使在前，副使在后。元代史籍中记载，当时派遣南洋诸国使节，如仅有正使一人，则他佩虎符或金符；如正、副各一，则正使佩虎符，副使佩金符。如二人都佩虎符，则一为三珠虎符，一为一珠虎符。所以虎符二字未误，其他刊本"百户"都应依《郛》甲本改正。所以我说陈氏贬低《郛》甲本是不公平的。

我写这篇《版本考》是我从事合校本的副产品。合校本以《逸史》本为底本，但是合校本并不拘泥于底本，择善而从。改动底本处都注明出处。共计改正80余，增补140余字。这篇《版本考》也许可以有助于对合校本中文字取舍的理由的了解。

关于南海七洲洋问题与谭其骧的通信[*]

一

季龙同志：

在京时承蒙见告有大作一篇在《中国史研究动态》上发表。最近抽空拜读一过，引证渊博，立论谨严，敬佩，敬佩！宋、元、明记载中之七洲洋皆指今七洲列岛附近海面，可作为定论。大作应在公开刊物中发表，以纠正一些人的错误。

惟文中谓"这个说法（指以七洲洋为西沙群岛）据我所知始于1905 年法人夏之时所著《中国坤舆详志》"。实则此说提出之时间更早。文中又以为伯希和"沿袭了这种说法"，引伯氏《真腊风土记笺注》为证。伯氏此书有冯承钧译本，原发表于 1902 年之《法国远东学校校刊》第二期，岂能以 1902 年之文沿袭 1905 年之著作中所提之说法？实则据伯氏自云，在伯氏之前，迈厄斯（Mayers）于《中国评论》（*China Review*）第三期（1874 年）中，格伦末德（W. P. Groeneveldt）

---

* 据《南海诸岛史地考证论集》，中华书局 1981 年版。

于《关于印度支那论文集》第二辑第一册 151 页中，夏德（F. Hirth）于 1894 年《通报》第五卷（388 页）中，均曾误以七洲洋指西沙群岛（Paracels）。

又伯氏此本《笺注》，有增订本，在其死后作为遗著于 1951 年出版，增订本已改正错误，已改以七洲洋为七洲列岛（Taya Is.）附近海面。据云：1904 年即已发现此误（86～94 页），伯氏所引之史料，与大作中所列者，有同有不同，而结论则完全一致，真所谓"英雄所见略同。

大作注语中谓"《宋史·二王本纪》载元将刘深追宋端宗至七洲洋，《宋史纪事本末》作七里洋。两个'七'字都是'九'字之误，'里'字则系'星'字之误。九星洋一名九洲洋，在今珠海县九澳岛稍北,'另有考。"不知此考已杀青否？亟欲先睹为快。里为星之误，似无疑问，但二"七"字是否都是"九"字之误，尚可商榷。查《元文类》卷四十一引《经世大典》亦谓俞如珪被执处在七洲洋，岂此"七"字亦为"九"字之误？《正德琼台志》卷五，谓"七洲洋山在［文昌］县东大海中，……一名七星山"。若然，则由七洲山得名之七洲洋亦可称七星洋。此次海战之处，史文未明言距秀山、井澳之远近，既可在九洲洋，亦可在七洲洋。增改文字解经，经师所忌，质之高明，以为如何？

顺颂

著安！

夏鼐　一九七九年十月二十八日

二

季龙同志：

《宋端宗到过的"七州洋"考》提纲，已拜读一过，足见读书细心，敬佩，敬佩！但尊说可备一说，尚不能如前文之以"十八世纪以前华籍中之七洲洋皆非西沙群岛"可作定论。

大作所举理由四条，兹略加论述，以求指教：

一、《经世大典》作追至"广州七洲洋"，故此洋必在广州境内。此条理由最为坚强。但《经世大典》此处并非如正史各地理志之列举各州及其所属城镇洋面等，乃一般叙述一件史事。刘深追宋端宗由广州出发，则叙及七洲洋时，有意或无意中称之为"广州七洲洋"，亦非不可能。刘深追至七洲洋，在井澳战役之后，见《二王本纪》。《陈宜中传》谓井澳之败，陈宜中欲奉王走占城，乃先如占城谕意，则端宗败后遁逃可以至琼州七洲洋。

二、琼州、广州二说并存，此为乡土观念之作出。吾国方志中关于名人籍贯、名人陵墓以及重要史事之发生地点，皆有此种现象，有时不止于二说。大作以为"核以史实，《广州志》之说可信"，不知所谓"史实'者，除上述第一条外，尚有其他史实可作证欤？第一条尚难作为定论。

三、道光《香山县志》之编纂者，恐亦不能完全脱去乡土观念。其以《经世大典》及《宋史》之七州洋即今所谓九洲洋，可信亦可不信。正由于明清以来香山县境但有九洲洋，别无七州洋，故欲上溯明清以前之"九洲洋"，只能认宋元时代之"七州洋"为祖宗，而不管宋元时代之七州洋在香山县境抑在琼州。

四、此条乃先肯定结论，然后作解释。（一）自然地理方面是否此处有海底上升，明清增添二州，现无实证，只能等待今后研究。但若在琼州，则宋之七州，明清亦七州，不必再作假设。（二）史文"七"字可能系"九"字之误，此种可能虽不能否定，亦不能肯定。校订史文，须有证据，否则当以不改为胜。证据包括理证，而此条校改之理由，并不充分。

敬抒己见，质之高明，诸希教正，而勿以泥执见相晒也。

敬礼！并祝

新年愉快！

夏鼐　一九七九年十二月十九日

附：谭其骧复函

作铭同志：

去岁岁末奉到论七州洋第二函，适因参加地理学会代表大会，有广州之行，未遑作复。三日前归来，又为杂务所羁，今日始得就大函对拙作《宋端宗到过的"七州洋"考》所提质疑四点，谨以鄙见奉答如下，仍希进而教之。

一、《经世大典》记元兵追宋端宗"至广州七州洋及之"一语之前，所叙端宗行踪，皆在广州境内，依行文惯例，则此处"七州洋"前，本无需再着"广州"二字，故此二字最足以说明此七州洋必在广州境内。盖作者知琼州亦有七州洋，因而有意加此"广州"二字以免混淆也。《陈宜中传》谓井澳败后，宜中欲奉王走占城，乃先如占城谕意。《二王本纪》则谓景炎二年十一月端宗自浅湾走秀山时，陈"宜中入占城，遂不反"。至次年三月又谓"昰欲往居占城，不果，遂驻硇州"。纪、传记事时间有出入，姑置勿论。要之，宜中之如占城，实未尝挟端宗同行，宜中如占城可过琼州之七州洋，然与端宗无涉。史但称端宗"欲往居占城，不果"，未尝谓已成行而又折回也。

二、尊论地方志于名人籍贯，陵墓及重要史事发生地点，往往二说或数说并存，皆由于乡土观念作祟一节，至为精到。然亦不得遽谓二说或数说中遂无一说可信。愚见之所以以《广州志》之说为可信者，一则证以琼州七州洋、广州九洲洋距井澳之远近。盖史载端宗自井澳出奔过七州洋仅一日程，故知此"七州洋"只能为广州之九洲洋，决非远在千里外琼州之七洲洋。二则证以史载自井澳至七州洋途程中有"复入海"一语，以海陆形势度之，正当为香山近岸之九洲洋，不应为远离大陆之文昌七洲洋。果不仅以《经世大典》于"七州洋"前明著"广州"二字一事为据也。此三证分别言之，或可视为不够坚强，若合为观之，窃以为足够坚强矣。

三、大函谓道光《香山县志》以《宋史》"七州洋"为"即今所称九洲洋"，其说"可信亦不可信"，自属深合于逻辑推理之论。若单凭《县志》此一语，自不敢谓其说必可信。愚之所以认为可信，当然是由于此说正好符合于我自己的推论之故。

四、九洲洋海底宋明间是否曾上升，因而增添二洲，诚如大函所指出，"现无实证，只能等待今后研究"。但愚见亦非纯属无根据的假说，实由于据到过西沙群岛之友人见告，西沙群岛一带原在海面下（暗礁），确在不断出水成岛并继续上升中，故设想宋明间九洲洋海面宜亦有此可能。史文"七"字可能系"九"字之误，尊见亦以为不能否定有此可能，惟径行校改则理由尚不充分。前函所摘拙文提纲殆未及《方舆纪要》九星洋一条。有此一条后，理由岂不是更充分一些了吗？

欲求学术繁荣，非百家争鸣不可，更非破除禁区不可，这番咱俩就这个小问题不惮烦地争鸣了数千言，虽然截至目前看来还谁也说服不了谁，却已充分享受了嘤鸣之乐，对历史真相的探索也至少较前推进了一步。

专此，敬颂

撰祺

其骧手上　一九八〇年一月十日

三

季龙同志：

尚有几点余义，敢再质之高明，仍望勿吝指教。

一、《经世大典》中"至广州七州洋及之"一语中之"广州"二字，诚如尊函所云，最足以说明此七州洋必在广州境内。（我只看到毕沅《续资治通鉴》中《考异》所引之《经世大典》，仅有《七州洋》三字，其前无"广州"二字，可能为引用时删去。尊引不知根据何种辑佚本?）

二、陈宜中之如占城，实未尝挟端宗同行，此为公认之史实，自无问题。但尊函以为史称端宗"欲往居占城，不果"，未尝谓已成行而又折回也，则尚可商榷。史明言端宗至七州洋后欲往居占城，则可能于追兵退后，虽已行至文昌七州洋，仍可折回也。

三、自井澳出奔过七州洋仅一日程，史载由井澳复入海，刘深追至七洲洋（或七星洋）。颇疑香山近岸为九州山（一名九曜山）及九州洋（即九星洋），"复入海"后则何处为九洲洋与七洲洋之分界处，史无明文。七州山在文昌县境，远离井澳，但七州洋可能北伸数百里，《东西洋考》谓广州与厓州之间顺风约五日程，则广州至文昌七州山顺风可三日程，如七州洋北伸数百里，则由广州井澳至此亦可为一日程。"千里江陵一日还"，虽为诗人夸大之辞，但"顺风相送"，海船可于一日内由井澳至七洲洋之北部洋面。

四、尊函谓得《方舆纪要》一条，弥觉理由充分。按《方舆纪要》广州"九星洋一条，显然由《经世大典》中"广州七州洋"一条而来。颇疑由于顾氏知广州有九星山（九曜山）及九星洋而无七州洋，故改七为九，并非宋元时为七岛而明末清初增为九岛也。明末清初一般学者所能见及之元初史料，已限于《宋史》、《经世大典》等数种，估计顾氏不会另有秘籍为其此条之根据也。

五、尊函以为七岛成为九岛，或有其事，引西沙群岛为证。按西沙群岛为珊瑚礁，珊瑚遗骸逐年增高，继续上升为正常现象，文昌之七州山及广州九星山（即九曜山），据闻皆为火成岩而非珊瑚礁，尤其是问题所在之广州九星山（九曜山），除非地壳上升，或海水下降，则逐年经侵蚀变低，不会上升，窃以为不能引西沙群岛为证也。

考据之事，其证据坚强达十分者，则不抱成见或别有用意者，皆将首肯。有仅达六、七或八、九者，则或以为不够坚强，或以为足够坚强，可以有不同看法，至于如何评分，亦各人标准不同，不能强求划一。未知尊意以为如何？

大作《七州洋考》鄙意以为可视为定论。《宋端宗所到过的七州洋考》则已达九分，尊函以为已够坚强，鄙意以为可以如此说。

至少我们可以说《经世大典》之编写者，已认为此为"广州七洲洋"。但他书皆仅作"七洲洋"，此广州二字为编者所臆测增入或另有所本？是否有万一可能为编者知广州亦有七洲洋，并认为广州七洲洋之可能性较大，故径增入此二字？故鄙意以为"已是九分，但尚未达一间"者，为此故也。至于《方舆纪要》之文，则不足为强证。

此复，顺颂

研安

夏鼐　一九八零年一月二十六日

附：谭其骧复函

作铭同志：

兹就兄所提出的待商数点，辄以鄙见奉答如下：

一、我所引用的《经世大典》，见《四部丛刊》景印元刊本《国朝文类》卷四十一，原文是：至元十四年十二月二十三日，"沿海经略使行征南左副都元帅府兵追昰、昺、世杰等至广州七洲洋，及之，战海洋中，夺船二百艘，获昰母舅俞如珪等。"《续资治通鉴》本文作"追至七里洋"，《考异》云，"《经世大典》作七州洋，今从《宋史》。"今按《宋史》实作"七州洋"，作"七里洋"者乃《宋史纪事本末》，可见《考异》之疏舛。

二、关于宋端宗"欲往占城，不果。"《宋史纪事本末》系此语于景炎二年十二月"元刘深袭井澳，帝奔谢女峡，复入海至七里洋"后，您大概是以此为据，所以说"史明言端宗至七州洋后欲往居占城，则可能于追兵退后，虽已行至文昌七州洋，仍可折回也。"但《宋史·二王本纪》记此事与《纪事本末》异。本纪于至元十四年（景炎二年）十二月只说"丁丑，刘深迫昰至七州洋，执俞如珪以归"，不言欲往占城。直至十五年三月，才说"昰欲往居占城，不果，遂驻硇州。"证以上引《经世大典》一节，及《宋史·张世杰传》所载"移王居井澳，深复来攻井澳，世杰战却之"一节，可知刘深袭井澳，端宗奔谢女峡复入海至七州洋，为深所追及，战船二百艘被夺，母舅俞如珪被执，幸而终于为张世杰所战却，端宗因而得以保全，乃景炎二年十二月丁丑（二十三日）一日内之事，当时战况危急，宋君臣但求击退追兵，保全性命及残余部队，焉得议及此后行动大计？是日元兵既却，宋君臣当复返井澳，故欲往占城一议，自应出于喘息稍定之后即次年春间，《本纪》宜较《纪事本宋》为可信。至是端宗已决定离开井澳，初议往占城，此议不果，乃改计移驻硇洲，至四月遂殂于硇洲。我是根据这样看法，所以认为端宗占城之行既未成行，即不可能到过文昌的七洲洋。前函中没有阐明立说的根据，当然难免要引起您的责难了。

　　三、尊见认为九洲洋与七洲洋分界处史无明文，七洲洋北界可能起自去井澳一日程处，故端宗自井澳出奔，一日内有可能至于七洲洋的北部。窃以为不然。九洲洋在珠江口内，与远在珠江口西南七八百里外的七洲洋，不可能相接。《东西洋考》、《顺风相送》、《指南正法》皆谓南亭门（珠江口）西南五更至乌猪山（上川岛东南），乌猪山又西南十三更（或作十五更）方至七洲洋，则七洲洋一名，仅得起自七洲山附近，不得用以指乌猪山以东去井澳一日程之洋面甚明。故端宗自井澳出奔，一日之内，只可能至九洲洋，不可能至七洲洋之任何部分。

　　四、《方舆纪要》广州九星洋一条，手教谓显系本于《经世大典》广州七州洋一条，又以广州有九星洋而无七洲洋，乃擅改七州为九星。

愚见以为不然。《纪要》此条作"元将刘深袭井澳，帝至谢女峡，复入海至九星洋 欲往占城不果"。与《经世大典》文字迥不相同，而与宋史《纪事本宋》除一作"七里"一作"九星"外全无差别，足见与《经世大典》无涉，应与《纪事本末》同出一源。顾氏去陈邦瞻时代不远，陈所见书，顾氏宜亦得见之；二人同采一书，惟陈误九星为七里，而顾氏不误。二氏所本为何书，今日虽已不可得而考定，设想在《宋史》与《经世大典》外，当时另有一种元人记载，则以不能排除有此可能。否则"帝奔谢女峡，复人海"二语，岂得谓为出于陈顾二人凭空虚构乎？愚以为顾氏所见书一般虽不超出今日见在诸书，然亦不能断谓绝无，因为毕竟时代相去已三百年了。

五、尊函指出西沙群岛系珊瑚礁而九洲洋中之九星山（九洲）系火成岩，不能以西沙之逐步增高作为九星亦可能在上升之证，此点完全正确。惟鄙意仍以为端宗所到之七州洋即明清之九洲洋，至同一洋面而宋元称七洲明清称九洲，则有两种可能：一为出于海面下降，宋元本为七洲。明清又有二洲露出海面；二为七洲者指涨潮时而言，九洲者指退潮时而言。此事自有待于实地勘察方可得出正确结论，非专凭文献记载常理推论所可臆断者也。

大札结尾又谓考证之事，除证据坚强达十分者外，其仅能达六七分或八九分者，如何评分，各人可有不同标准，不能强求一律，自属通人之论。又谓弟所主宋端宗所到七州洋即九洲洋一说"已达九分"，则未免过誉，弟自问或可达七八分耳，断断乎不至于狂妄到自封为定论也。

专此，即颂

撰祺

弟　谭其骧　一九八〇年二月十八日

关于扶桑国与美洲发现问题
致罗荣渠的信[*]

一

荣渠同志:

顷在《历史研究》二期上获读大作《扶桑国猜想与美洲的发现》一文,结论是"扶桑国的记载的疑点甚多。这段史料本身足以否定扶桑国即墨西哥的假设,但不足以确证扶桑国的具体所在"。所论极是。我对这问题也很感兴趣。去年《中国建设》杂志社要组织一篇关于这问题的文章,我便推荐你在《北京大学学报》1964 年第 4 期上的大作,并认为这篇文中的立论是谨严的、正确的。并请他们直接找你写一篇。这事你大概是知道的。

但是你这次大作中无端添上了"对于扶桑国的方位探测"一节,说什么"扶桑国猜想在印度以东通往中国的某处地方"(《历史研究》第 56 页)。还自以为"也能言之成理",未免使人失望。这是画蛇添足,多此一举。反而降低了全篇的科学性。古代记载地理方位,其中里

---

* 罗荣渠(1927~1996)时任北京大学历史系教授。据其所著《中国发现美洲之谜中国与美洲历史联系论集》一书(重庆出版社,1988)的附录,收入本文集。

程远近常有误记、夸大或（后世）误抄之处，但是方位不会大错的（一般不会错达90度以上）。《梁书》中的"扶桑国"也许是慧深捏造出来的，不过，如果它确存在，记载有夸张而不完全失实。则一个当时人都理解为"东夷"之一的"扶桑国"（慧深说它在倭国东北的文身国之东大汉国的东边），是不能把它解释成在中国的西边或西北边的"由印度通往中国的某处地方"。所以《山海经》中将印度误作为中国东北之一国，这是郭璞（大作误作郭瑛，由于误排）作注时望文生义，只顾到对音而不顾方位，以致造成荒唐的错误。《山海经》原书中的"天毒"，（像朝鲜一样）当是中国东北的另一国。并不是在中国西南的天竺或身毒（印度）。所引《梁书》"游行至其国"一语，说什么"哪有海外之国可游行而至之理"（51页）。古人所说"游行"，只是"旅行"之意，并不一定带有"步行"或"游泳"之意。康有为游行十几国，也多在海外。今日的旅游局或旅行社，也都办理游行海外的事。扶桑国虽有可能在东北亚的大陆上，但是据说慧深来华的旅程似乎是由扶桑国而大汉国而文身国而倭国，最后才达中国。这只能理解为渡海而来。我希望你试作为一个批评者，将这"方位探测"的一节重读过一遍，还可以找出许多漏洞。如果将来你这篇大作收入某种论文集中时，最好把这一节"方位探测"的论证完全删去。我的话或许太直爽了。君子爱人以德。我做过推荐你的人，不得不写这长信给你，你不会生气吧！

此外。47页上的海尔达尔是挪威学者，不是"瑞典学者"。49页中说石锚的石头还没有进行过碳十四的测定。这是外行语，一般石头不含"有机碳"，是无法进行碳十四的年代测定的。这两点也希望将来加以改正。

此致

敬礼

夏鼐　1983年5月31日

二

荣渠同志：

6 月 3 日来信已收到了。

我知道您也会承认关于扶桑国的方位问题，您的推论，是很勉强的，很不严谨。在您这篇立论严谨的大作中，忽然添入这一节，在我看来是未免"白圭之玷"。读来信后，知道您仍未肯割爱，那也只好由您自己决定。

我记得从前顾颉刚先生否定唐尧虞舜和夏禹的传说的可靠性和历史性，震动中国文学界，得到了很高的评价。但是他后来提出了大禹是一条虫的创见，便遭到有识者的批驳。鲁迅先生后来还把他写进《故事新编》中《洪水》（？）一篇中去，加以嘲笑。实则顾先生这个创见，未免"蛇足"，多此一举，反而使"古史辨"派遭到很大的打击。对于您的创见，我也有此感。对于"反美洲说"不利。如果有人攻击您这推论的弱点，那便要打防御战，很是被动。如果有些妄人附会您的推论而加以发挥和引申，那更糟了。顾先生自己后来也不再提他的创见了。

我认为扶桑国的方位依现在的资料，只有两种可能性：① 根本没有这个国家（不相信记载）；② 在中国之东，即东北亚某地，离倭国不太远之处（相信记载，但可能慧深有夸张失实）。我同意您的意见，绝对不可能在美洲，至于推测它不在中国之东（包括东北）而在西域来中国的途中某处，这与现有史料"南辕北辙"，似乎不大可能。

今天六届人大已开幕，今后还要开大会小会，预定 6 月 11 日才闭幕，会忙无暇多写，余容后叙。

此致

敬礼

夏鼐　1983 年 6 月 6 日

三

荣渠同志：

6月19日来信及大作打印本。都已收到，谢谢！

您改写的那一段①，我阅后觉得远胜初稿，您能"割爱"，殊为可佩。（板屋、佛教来自荆州，皆可作为日本及其邻地解释，亦无不可。扶桑纸不知为何物，仅蒲桃一项，似西域较出名。）

顷收到云南大学出版的《思想战线》1983年1期。有《古代中国船只到达美洲的文物证据——石锚及有段石铸》。作者曾有一简文投稿，我审稿认为还是不要发表为好。作者不服，又加以扩充，洋洋万余言，说得越来越玄。不知道你曾见到否？不知您读后感想如何？

我在人大开会结束后，又将于下星期（6月27日）赴西德访问，下月17日左右返京。一切容返京后再谈。此复。

顺祝

研安！

夏鼐　1983年6月22日

四

荣渠同志：

11月5日来信已收到。

关于中国新石器时代的花生问题，江西修水的发掘，见《考古》

---

① 指罗荣渠《扶桑国猜想与美洲的发现》一文修订后打印稿的一段文字。

1962 年 7 期 365 页。浙江钱山漾的，见《考古学报》1960 年 2 期 85、88 页，图版柒、2（右）。后来的《考古文物工作三十年》（1979 午）也有叙述，见 217、241 页。

我所安志敏同志，对于我国新石器时代的农业生产，很有兴趣。对于这花生同题，也有他的看法。你可以写信向他请教此事。

至于四川茂汶汉魏板岩石墓的情况。上引的《考古文物工作三十年》中也有叙述．见 352～353 页。但是没有提到玉米棒的发现。听说自 1978 年冬以来，曾有新发掘，但似未发表过。新发掘的资料藏在四川省博物馆，何不去信给四川大学童恩正同志询问一下？（你可以直接写信去。信中可以提到经我介绍去信查询。）我曾在考古所问过几位同志，他们也只在《北京晚报》上看到。

关于这事，你也可以就近向贵校考古专业（现已独立成系）的开过新石器时代考古学及汉魏时代（边区）考古学课程的先生们请教。

此复，顺致
敬礼！

夏鼐　1983 年 11 月 9 日

五

荣渠同志：

来信及大作①，均已收到。谢谢！

读大作后，知较前作又有所提高，甚为钦佩！其中尚有几点似可商榷。又打印稿中有错字数赴，现在另纸写出，以供修改时参考。

---

① 指罗荣渠《扶桑国猜想与美洲的发现》一文修订后的定稿。

大作不知拟在何处发表？我所《考古》杂志将于 5 月号出纪念 200 期的特辑，现将发稿。10 月号又将出国庆 35 周年纪念号，已征集一部分稿件。拟借重大作，以光篇幅，不知能得愈允否？当然我所《考古》发表后，别种刊物或论文集亦可转载，仅需声明原载《考古》某期即可。大作似可加入插图（如中美交通路线示意图，加州沿海近海出土石锚等），此事只需你指出材料所在的书刊，或另作草图，《考古》编辑室可以代为描绘制版。但是一般需要比文稿早一个多月交印刷厂制版，以便排文字部分时可以插入适当地方。

此事请决定后早日示知，以便通知《考古》编辑室。

此致

敬礼

夏鼐　1984 年 1 月 21 日

【附笺】

我以为以下各处可以商榷：

1. 5 页，6~7 行：（2）"初生如笋"；（3）"实如梨而赤"，"国人食之"。今按《梁书》原文为："而初生如笋，国人食之。实如梨而赤"则所食的是笋形物，可能为嫩茎，而非笋壳（箨）。竹箨不可食。扶桑叶如桐叶，如竹箨则亦不可食。至于扶桑实是否可食，文中未提及。如果这样，则 5~6 页的一段。应照改。"之"字是代名词，只能指前面已出现过的名词，不能指前面尚未出现过的名词。

2. 17 页 14 行，"而且我认为它似在大路而不在海上"一语，似可删去。因为这里没有说明理由。我是知道你这句话的根据，但是根据很薄弱。

3. 34 页 9 行，说刘敦励的文章"独辟蹊径"。既未见到原著，何以知道这文章"独辟蹊径"。这四字可删。

4. 34 页倒 2 行，注 ［46］晋人嵇含《南方草木状》的"篻竹"条。按这书现在一般认为是宋代所撰的伪书，不能早到晋代。"篻竹"一条抄自古籍。见 Toung Pao，64 卷（1978 年）pp. 216 – 252，马泰来的辨伪的文章。

5. 37 页 1～2 行，注 ［65］，按这条注应注明李书系转引 R. D. Dixon, *Building of Culture*, London, 1928, p. 223。Dixon 的这部书，我在英国时也买到一部。他是李济在哈佛读博士学位时的导师，这部书中讨论文化传播问题，很是中肯，值得细读。

六

荣渠同志：

1 月 24 日来信已收到。

我已将手头的您的大作打印稿交给《考古》编辑室卢兆荫同志，请他设法与您联系。

注 ［60］"比较重要的著作"似可删去"比较重要的"五字。这些著作，并不重要。Van Sertima 一书，据 *Antiquity* 的主编说，是一片胡说。（*Antiquity*，No. 220，July，1983，p. 85 "编者的话" Editorial，关于批评一些美洲发现史的胡说，pp. 84 – 85 可以一读）。Meggers 的文章，主要是根据 Ecuador 发现的绳纹陶有点像日本的 Jomen Culture（绳纹文化）的陶片。她倒是严肃的考古学者，曾来过北京找我谈过。最后一本书。我不知道他的论据如何，但是书名便不像一部科学性的书。不知尊意以为如何？

敬礼！

夏鼐　1984 年 1 月 27 日

七

荣渠同志：

4 月 20 日来函早已收到。关于大作改稿一事。可以依尊函意见办理，以将来另撰新文为更佳。《历史研究》上发表大作，甚得各方好评，被列为"优秀论文"之一，甚为公允，敬伸贺忱！

我最近收到美国华裔学者 Paul Shao 寄来一本关于美洲与中国上古交通的书，以为殷代亡国后殷人曾连续渡海来美洲。书名为 *The Origin of Ancient American Cultures*。不知已读过否？Shao 当为"邵"姓，但素不相识，虽然他说曾向我请教过。不知台驾在美国讲学时亦曾晤面否？如果贵校尚无此书，贵校邹衡教授处可能有此书。而吾兄欲先一读请进城有便来取。否则亦可托人奉上。

因为 4 月 23 日由法国巴黎开会归来后，又参加全国文物工作会议。接着赴洛阳视察我所发掘工地。现下又出席六届二次人大会议，以致久稽裁答，甚为抱歉！

连日开会，抽暇作此函，余容后叙。

此致

敬礼

夏鼐　1984 年 5 月 24 日

关于"红岩碑"考订文稿的审查意见[*]

本篇的作者两位先生，是费了很大的工夫，搜集各种"红岩碑"的拓片资料，和有关的文献资料；并且花了很大工夫试探考释碑上的文字，企图从各方面加以解释，牵涉到古天文学、民族学、文字学、历史学等方面。表面上看起来，似乎渊博精深，实际上这些考订全属臆测之词，没有科学价值。

作者虽费力很大，而考订收效甚微。根本原因是这碑文的各种拓片（包括作者所推崇的吴振棫、张春潭本），都不是原石的"拓本"，不是真貌。原石系平面上绘色（所谓"字青石赤"），而非镌刻悬壁；又位于高山，字大不易施拓，故或为勾勒的摹本，或为摹本缩刻（另刻于石板上，嵌于屋内墙上），或为以桐油、石灰堆于每字周围，使之隆起而施拓。故今传本皆异，此点亦为本文作者所承认。

关于古文字考释，纵使拓本为精拓的拓本，亦须知其为何种民族言语，何种民族文字，然后才可考释。红岩碑没有这条件，作者以为

---

[*] 本文是作者对《考古》杂志关于"红岩碑"来稿的审查意见，写作时间不详，据其自存手稿编入文集。

即古代彝族文字，但与今日彝族文字绝异，所谓某字即今彝文某字，实则并不相似，"由于墨汁汗漫和苔菌滋生，致笔画稍有变态"，不足以服人。

作者以为即古濮族，今日民族学家中，对于濮族属今何族，仍不能肯定。作者以为今日少数民族中许多皆无文字，但今日无文字，不足以证明古代即无文字，我国古代少数民族如契丹、女真、西夏，后来文字皆不用而废弃，若无文献记载岂亦能臆断其古代即无文字欤！

中央研究院第一届院士的分析[*]

　　这次中央研究院举行第一届院士会议，可算是近年来国内文化界的一件大事。中央研究院创办已达二十年，今年才举行选举院士；原拟选出八十名至一百名，听说选举时第一次投票仅选出六十来名。一连投了五次票，才选足八十一名，可以说相当的郑重审慎。不管各方面对于这次院士名单的意见如何（尤其因为提名的办法不佳，有些可以当选的学者，根本没有被提名，以致无从选出，令人颇有遗珠之感），我们如果说，"这一个名单，相当的足以代表今日中国学术界的情况。"这话大致不会有多大的错误吧。我现在根据中央研究院所刊印的院士录，试作客观的分析。

　　第一，先说年龄方面。我将这八十一位院士依照他们的年龄试作一表。今年是一九四八年，凡是一八八九年生的，今年恰是六十岁。现在将一八八九年以前生的作为一格，其余各以五年为一格；最年轻的是生于一九一一年，即以此为断限。兹列表如下（表1）。

---

　　* 本文原载《观察》第 5 卷第 14 期，1948 年。

表 1　院士年龄表

	数理组	生物组	人文组	三组合计
一八六三至一八八八年	零	一人	八人	九人
一八八九至一八九三年	十人	二人	十人	二十二人
一八九四至一八九八年	七人	十一人	七人	二十五人
一八九九至一九〇三年	六人	九人	三人	十八人
一八〇四至一九〇八年	二人	二人	零	四人
一九〇九至一九一一年	三人	零	零	三人

就全体的院士来说，以四十六至六十岁为中坚主要分子，占百分之八〇·三；其中尤其是五十一至五十岁者为最多，占百分之三〇·九。如果分组来说，数理组没有超过六十岁的，生物组的超出六十岁者仅一位。怪不得有人说，我国派遣代表出席自然科学的国际会议时，人家多是银鬓白发皤然老翁的前辈学者；相形之下，人家常以小孩子来看待我们。或以为这是由于我国学者以先天及后天的种种关系，体力远不及他人，未老先衰，罕享高寿。然而据我看来，主要的原因，还是我们自然科学的发轫过晚。有几位未到望六之年的学者，不仅是他所专长的那一门学科的现存的最老师，并且往往是这门科目在中国的开山祖师。至于人文组则超过六十岁者有八人之多，几占人文组全体三分之一。八位中有两位是社会科学，其余六人都是文史科学。这是由于文史科学是继承清代朴学一系统，已有相当的基础，并不完全需要向西洋学习后始能开始发达，所以尚有几位老人作后辈的典型。同时恐怕也因为这关系，人文组竟没有一位是在四十五岁以下的学者，五十岁以下的也仅有三位。但数理组及生物组中五十岁以下的都有十一位，生物组中有二位在四十五岁以下，数理组且有三位更在四十岁以下。后者都在数理组数学门，也许像一位数学界前辈说的，数学方面的天才，是比较容易显露出来，所以天才的数学家，在年轻的时候，往往便已有辉煌的成就。

其次，依各院士的出生地，试作省别的统计，列表如下（表2）。

表 2　院士省别表

省别	数理组	生物组	人文组	三组合计	依所知原籍统计
浙江	九人	六人	二人	十七人	十九人
江苏	五人	六人	六人	十七人	十五人
广东	二人	一人	六人	九人	七人
江西	三人	二人	二人	七人	七人
湖南	一人	一人	四人	六人	六人
湖北	一人	三人	二人	六人	七人
福建	四人	二人	无	六人	六人
四川	一人	一人	一人	三人	三人
河南	无	一人	二人	三人	三人
山东	无	二人	一人	三人	三人
河北	一人	无	一人	二人	二人
陕西	一人	无	元	一人	一人
甘肃	无	无	一人	一人	无
					安徽一人
					山西一人

不论依出生地或依原籍来说，都以江浙二省为最多，二者共占全体百分之四十二。从前丁文江先生曾写过一篇《中国历史人物与地理之关系》，在《东方杂志》20 卷第 5 号发表（民国十二年），记得也以为近世人物以江、浙为最盛。我们这次的结果，除江、浙占首位外，其余当推江南沿海各省及长江流域各省，这是在大家意料之中。但如果依出生地来说，长江流域的安徽省，竟无一人，殊出人意料之外。怪不得胡适之先生想为他的本乡挣面子，要依照原籍来算，不必管他的出生地上海市。不过，这样一来，有好几位院士都应该同样以原籍来计算。例如张元济先生原籍浙江海盐，生于广州市；汤用彤先生原籍湖北黄梅，生于甘肃；李方桂先生原籍山西昔阳，生于广州；俞大绂先生原籍浙江绍兴，生于南京。不过，这次院士录中，除胡、张二先生外，都仅填明出生地，不兼注明原籍。据我所知道的，既已有好几位，其余漏列的一定也还有。上面表中末项虽依照知道原籍的几位，另作一表，但因并不完备，所以下面的讨论，仍以录中所载的出生地为根据。

出生地在江苏的十七位，都在长江以南的各县，计上海市及武进各四人，南京、镇江、金坛各二人，苏州、青浦、奉贤各一人。浙江方面，也集中于沿海及太湖流域。如果以浙江旧分的十一府来说，杭州计占四名，其余为宁波温州各三名，绍兴、台州各二名，嘉兴、湖州、金华各一名。广东省集中于广州市（四名）及新会（三名）。福建、湖南都集中于省会，福建六人中四人生于闽侯，湖南六人中五人生于长沙。其余各省比较分散，没有这样集中，每县市不管他是否省会，都只有一名。

其次，说到学历方面，除了人文组有六位未曾到过外国受西式的教育以外，其余都曾出过洋。兹将留学的国别，列表如下（表3）。

表 3　院士留学国别表

国别	数理组	生物组	人文组	三组合计
美国	十七人	十七人	十五人	四十九人
英国	三人	四人	二人	九人
德国	三人	一人	（二人）	六人
法国	二人	一人	二人	五人
比国	一人	一人	无	二人
瑞士	一人	无	无	一人
日本	一人	一人	三人	五人

就上表而论，以留美的为最多，占全体院士百分之六〇·五。其次为英德法及日本。人文组有两位留学过他国后又在德国研究，所以在上表中虽填入德国一项下，但另加括弧以示区别。表中留欧的比较留美的为少，这和留学生人数的多寡有关系，似乎是成比例的。但是我国留日的学生，在数量上恐远超过留美学生，但是在院士的百分比却很低。这大概由于留日的多在受过大学教育后便返国，很少仍留日本进研究院获得较高学位。在上面表中数理组二十八人中得有博士学位者二十五人，硕士学位者二人实习者一人；生物组二十五人中得有博士学位者二十人，硕士学位者二人，余三人未详；人文组留学欧美的十九人中得有博

士学位者十三人，硕士学位者三人，余三人未详。博士或硕士学位，并不见得和一个人将来在学术的成就有什么必然的因果关系。但是在导师的指导下，做过一番比较狭而深入的研究工作，多少总可使之领悟到研究工作的性质和途径。如果返国后有适当的研究环境，加以个人的努力，自然容易有所成熟。

至于国内所受的教育，六位人文组的从未出国受西式教育的院士，四位是前清科举中出来的（进士、举人、癃生各一人，一未详），两位是国立大学本科或研究所（即研究院）毕业的。至于出洋深造的院士，在未出国以前所受的国内教育，因为院士录中多未填明，所以无法做完备的统计，现在只好将录中已填明的摘录出来；连同上面所说的未曾出国的6位，合并作为一表。又如果原录中注明连大学本科教育也在国外受的，这表中也收进去，依国别另成一项。所得的结果如下表（表4）。

表 4 院士所受教育地点表

	数理组	生物组	人文组	三组合计
清华	三人（又研究所二人）	四人	五人	十二人
北大	二人	一人	四人	七人
东南	四人	一人	○	五人
南开	二人	一人	○	三人
唐山	二人	○	○	二人
金陵	○	二人	○	二人
复旦	○	二人	○	二人
他校	二人	三人	○	五人
科举	○	○	四人	四人
美国	三人	五人	四人	十二人
日本	一人	一人	二人	四人
英国	○	○	二人	二人
未详	九人	五人	七人	二十一人

这表不很完备，未详一项达全数四分之一，所以统计结论的价值较低。但是也可以大概的表示国内学籍的分布情形。国内各校，以清华出身的为最多。我想如果将未详一项下的各位及美国大学本科毕业的各位，

都查出他们在国内的学历，恐怕大半是清华出身的。清华从前本是留美
预备学校，本篇上一节已述及院士中留美的达四十九人之多，所以可以
断言院士中清华出身的绝不止十二人。至于各组分布的情形，就已经知
道的而论，清华比较平均，三组都有好几位。北大以人文组见优，数理
组二人都属于地质学，生物组的一人属于心理学。东南（即中央大学前
身）似限于数理及生物组，同组的所谓"他校"，是交通及同济各1人。
金陵（农学）复旦（生理学）各二人，都限于生物组。同组的所谓"他
校"，是协和、湘雅（皆医科）、厦门（鱼类学）各1人，前清科举出身
的，都限于人文组。这表中所未详的太多，将来查清楚后，需要修正的
地方一定很多。但是我想纵使有些小出入，大致的情形，不会相差太远。

最后，就现在职务的分布来说，各院士所服务的机关，可列表如下
（表5）。

表5　院士服务机关统计表

	数理组	生物组	人文组	三组合计
中央研究院	八人	八人	五人	二十一人
北平研究院	二人	○	○	二人
北大	四人	三人	三人	十人
清华	一人	三人	五人	九人
中央	二人	二人	○	四人
浙大	二人	二人	○	四人
辅仁	○	○	二人	二人
其他七校	一人	二人	四人	七人
国外大学	○	○	二人	二人
文化机关	二人	一人	一人	四人
技术机关	二人	四人	○	六人
工商业	一人	一人	一人	三人
行政长官	二人	○	二人	四人
其他	○	○	三人	三人

中央研究院的竟占百分之二十六，怪不得向觉明先生说："本院的
所长，大部分的专任研究员，几乎都是当然院士。"以为"令人有一种

诸子出于王官之感。"（见北平版《中建》1卷6期，《祝南北两学术会议》）查中央研究院现有13所，其中11个所的所长被选为院士，所占的比例确是大。但是如果我们假定中央研究院设立每一所时，是认定这一所研究对象的学科，在中国确已产生有专长于此的权威人物，否则宁缺毋滥；又如果中央研究院所延聘的所长，确实便是这一种权威人物；那么，各所长几乎全体被选为院士，毋宁认为是一件当然的事情。不过，事实是否如理想上所假定的那样的美满，那是另外的一件事。至于专任研究员（兼任的及副研究员都不算在内）中央研究院现下共有六十八名，这次被选为院士的，共计9人，仅占百分之十三，似乎不能称作"大部分"。中央研究院的所长和专任研究员，因为"近水楼台"的关系，他们的工作和贡献，院中同仁自然比较熟悉。又加以人类到底是感情的动物，朝夕相处的熟人之间多少有点"感情"的关系。所以同等成绩的学者，也许是院内的人比较稍占便宜。为着"避嫌疑"及延揽院外人才起见，也许须要采取一种政策，如果遇到有同等成绩的学者，优先推选院外者，以表示礼貌（Courtery）。但是此后的选举权是操于院士会议之手，仅占四分之一的中研院中人，并没有完全的决定权。向先生提出这一点，可以供给中研院内负责推选院士者的注意和参考。

上面的表是根据今年春间的调查，现下经过了半年多，职务当已有好些更动。但是至少可以代表春间被选时各院士的职业分布。其中最多的是大学教授，共三十八人占百分之四十七。这些教授中有六人是以大学校长的资格兼任教授。依学校的分布，以北大（十人）、清华（九人）为最多，其次为中央及浙大，各为四人。这和上节所说的各院士国内读大学时学历的情形，正相呼应。那一个表中，也以北大、清华、东南（即中央的前身）为最多。浙大创办较晚，毕业出来的人才尚未能有所表现。一个学校中师资的优劣，和他所造就的人才，自有相当的关系。此外辅仁有二人，国外大学也有二人，都是人文组的。其他七校是武大、川大、湖南、山东、复旦、台大、和社会教育学院，每校一人，这都是暑期前的情形。暑期是教授聘约更换的时间，现下当已不同。至于文化研究机关，国内甚少。所以除了中央研究院外，只有北平研究院和地质调查所各二人，静生调查所及国学图书馆各一人。所谓技术机关，数理组是矿产测勘处和桥梁工程处各一人；生物组是医院或实验院共四人。工商业方面，在中国因为工商落后，很少利用高级的专门人才。所以只有化学工业公司、制药厂研究所，及银行顾问各一人；其中制药厂还是美国人在美国所办的工厂。可见得中国工商业和研究工作人员，很少取得联络。因为幼稚的工商业，并不需要或无法维持一个规模宏大的研究室。至于行政官，因为表中将兼任文化机关职务的都算到文化机关中去，所以剩下来的仅有四人。如果连兼任的也计算在内，行政官也仅六七人。不仅人数不多，并且他们所以当选，并不是由于做官的煊赫，实是由于他们在学术工作方面的贡献。未了一项"其他"是包括两位年逾八旬的老者、仅担任学校或公司的董事长的名义，和一位仅填"自由职业"的。这三位都是人文组的院士。由于各院士职业的分析，可以知道绝大多数是仍在继续做学术的工作。在今日的国内情形之下，谁都知道做学术工作是非常困难的。最近北平各大学及研究所，不是为了生活的压迫，实行罢教、罢研和总请假么？院士们大部分是大学教授和研究所人员，便是感受这生活压迫最甚的人。虽然学术界中人，大多能忠于所学，不肯轻易地离开他们的岗位，但是在妻儿啼饥号寒的环境下，教人如何能埋首研究以求产生伟大的成绩？教人如何能专心教诲后进以求造成下一代的学者？纵使是教者谆谆善诱，有心想要带出几个徒弟来，但是优秀有为的青年有几人肯再踏覆辙，走上纯粹学术研究的途径？中国学术的根基极浅，尤其是自然科学可以说刚是萌芽。如何能使政治经济上轨道，使这嫩芽不致为缺乏阳光和雨露而枯萎，这有待于我们今后的努力。

卅七年十一月四日写于南京北极阁下

抗战时期温州经济情况[*]

永嘉当瓯江出海之口，故光绪二年即由《烟台条约》开关为商埠，但以逼近上海、宁波及福州，故抗战以前，进出口贸易并不十分发达。"七七"事变后，沿海各商埠非遭沦陷，即被完全封锁，故永嘉遂成为沦陷区与内地贸易唯一门户，商业乃有空前之发达。全盛时瓯海关全年税收达 200 余万元。去年（三十年）"四一九"事变后（温州一度沦陷），瓯江封锁加严，轮船不复进口，温州之对外贸易遂稍衰落。现下水路与瑞安、乐清及温溪皆有小轮船往来。海路仅有帆船与定海、沈家门及上海往来运输货物。公路以抗战关系，均已自动破坏，须由水路运至丽水，然后转金华，可达杭、甬等沦陷区，及内地未沦陷各处。兹就各方面经济状况，分别述之如下。

一　工业

战前永嘉新式工业，并不十分发达。重要者有棉织业、印刷业、机

　＊　此文系作者 1942 年 4 月 21～22 日为浙江地方银行写作，现按其自存文稿编入。

器锯板业、碾米业、制造罐头业等。手工业有雨伞、皮箱、木竹器，茶叶制造业等。战事发生后，内地工业日用品缺乏，而去年以封锁加紧，进口困难，更为缺货，故新办工厂如西山电瓷厂、中国蜡纸厂、浙江制革厂等，遂应运而产生。但永嘉逼近海口，时时有沦陷之可能，去年"四一九"事变后，此种教训更为深入人心。故近来工厂多设于离海岸较远之丽水等处，即浙江制革厂现亦开始将设备迁移至丽水碧湖。百亨牛奶厂及淘化罐头厂均遭敌机炸毁，为战时重要损失。淘化厂最近闻有人进行改组复业。永嘉各工厂所感觉之困难，一为原料来源之缺乏，如中国蜡纸厂本年3月即曾以此而一度暂停营业。一为动力缺乏，永嘉仅有电气公司一所，即普华兴业公司，有400瓦特之蒸汽机及500匹马力柴油机各一，现均改用木柴及植物油作为燃料，供给全城电灯亦感困难，故无余力输电与各工厂作为动力。各厂须各自备发电机或另设它法。将来抗战胜利后，永嘉工业必可更形发达。

二　商业

永嘉商业可分本埠、对外二种。本埠商业以城区最为繁盛，永强、瞿溪、梧埏次之，其主要商业为绸布业、南北货业、油业、鱼鲞业、参药业、纸业、洋广货业等。战前每年营业额皆达百万元以上。抗战后永嘉成为国内重要商埠，地人获利颇厚，故人民富庶，购买力强盛，市面甚为繁华。城区中山路（五马街）及南北大街各店多高楼大厦，堂皇华丽，较内地各城为远胜。去年"四一九"事变，虽稍受损失，但不久即恢复原状。此一年中仅受敌机小轰炸一次，市面熙熙攘攘，不减升平时世。

永嘉近年来之繁华，实受对外埠贸易之赐。抗战以前，永嘉对外贸易额甚微，出口货以瓯柑、茶叶、木板、纸张、皮箱、草席等为大宗。进口货以布匹、洋纱、南北货、煤油、华洋日用杂品为大宗。抗战以后，出口运输外洋之重要货物皆归政府统制，东南运输处贸易委员会有办事处设于永嘉，管制茶叶、桐油等出口货。近以轮船停顿，无法出口，且惧敌人登陆，物资集中，惧以资敌，故出口货物甚少。至于进口货物，则永嘉曾一度作为东南沿海之唯一国际路线。外贸输入内地，几皆经瓯海关，其货物大部分系供给各省份之消耗，并非全部供给本地之需要。永嘉商人居间代客买卖，获利极丰。去年"四一九"事变，公家囤积之货物损失巨大，但经营对外埠贸易之商人，购得货物后大都即运销内地，故损失不大。惟其后封锁加紧，轮船断绝，贸易衰落。现下海路仅有帆船由沈家门运货来温，以布匹为大宗。陆路则由沪、甬沦陷区走私，经由金华、丽水而来。现下内地各省份之商人多直接在金华采办货物，永嘉商业已远不如前，惟海路运输，运费较省，故仍有一部分内地商人来温采购。现下法币跌价，物价飞涨甚速，故囤积之风甚盛，一转手之间即可获巨利，是以掮客人数亦大为增加，五马街口每日掮客成群结队，为前所未有之现象，而物价因之更为飞涨，似应加取缔也。

至于金融机关，现下有中国、交通及浙江地行之分行，私营者有中国实业银行分行，及当地金融界所组织之瓯海实业银行。钱业公会设立于民国四年，现今入会钱庄有三十余家。借贷利息依银根紧宽而定。日下商人获利极丰，资本多多益善，故拆息亦因之提高，有至二三分者。

三 农业

永嘉人民以经营农业者占最多数，据县志全县田地、山、池塘征粮者计七十三万四千七百六十八亩有零。田赋则地丁正附税每年六万八千七百七十两有零。漕南抵补金正附税三万八千三百零五石有零。民国后皆折成银元缴纳。自去年（三十年）下季起改缴实物，又缴购公谷，全县可征集四百余万斤。

永嘉农田大部分为水稻田，每年有二季收获，秋收后种菜籽、豆、麦，一部分农田种植柑橘或烟草，山地则种番薯，近郊间种蔬菜。抗战后物价飞涨，米价亦涨，去年一度曾涨至白米每斤二元余。"四一九"事变后遭敌抢掠，米粮更为缺乏，贫民多以番薯丝及杂粮为生。幸去年秋季丰收，今年米价每斤一元左右。农民收入除米粮外，尚有菜籽、豆、麦等副产品。近以物价飞涨，农民获利尚可温饱，较赖薪给收入者为稍胜。惟农民资本缺乏，春耕购农具、肥料等，在在需款，故地方银行于乡间举办农贷所数处，以救济农村经济。近且扩充农贷所为分理处矣。

注：

1942 年余返里闲居，时湖南人李亦怀任浙江地方银行温行经理，嘱余拟撰温州经济情况简报，以供呈报上级之用。余乃穷数日之为，于 4 月 21 日脱稿交之。此为自留之底稿也。夏鼐跋。

解放以前，抗战胜利后，温州有海轮二艘，穿山轮每星期三由上海开，行经定海至温州，星期六由温州返沪。大华轮则每星期日由上海开，经宁波来温州。

双屿山的惨剧*

—— 寇难纪实之一

时间是 8 月 2 日，是永嘉沦陷的第二十二天。

离城数里的双屿山村，沦陷前几天因成为疏散区，躲空袭的人蜂集蚁聚，熙熙攘攘，现在却变成了一个阒无人迹的荒村。陇亩中已经成熟的稻禾，因为没有人去收获，结实沉重的稻穗都垂着头在阳光下叹气。

村侧的仁王山妩媚清秀，平日是牧童游憩的地方，现在被日军所驻扎，在山顶上架起小炮，其旁站立着一两个负着步枪的哨兵，顿使满山杀气腾腾。

日军驻扎在南麓的永瑞宫，虽只有二十多个兵，却分成数班，四出掳掠，受害最深的自然是双屿山本村，尤其是村中的大户李宅。

李宅因为有几间空余的房子，便给亲戚朋友们做疏散避难之用。疏散来的亲友，自然携带些箱笼来，开铺子的亲友还带了许多货物来，为着惧怕邪人觊觎，夜间打劫，所以都藏匿在秘密的场所。但是以掳掠当训练的日兵，驻在双屿山不久，便在李宅搜到一两处藏匿东西的处所。苍蝇尝到了血的滋味，然后几乎每天都来搜寻。日兵每次进来时，便用

* 本文原载 1942 年 11 月 20 日浙江温州的《浙瓯日报》第 2 版。温州市图书馆卢礼阳提供。

刺刀拳头威吓看守的人，逼他们说出藏匿贵重东西的处所，如拳打脚踢得不到结果，然后才自己动手；将楼板墙壁，都拆毁了好几处。李宅的主人，早已携眷逃到西洋底去，便是长年佣工，也都耐受不住日兵的折磨，逃避到别处去。李宅只好临时雇用一个村人陈碎宝，看守自己的房子。便是这个临时看守人，也是每天一早，趁日兵未来搜检以前，逃避到邻村去，傍晚日兵归营后，潜行返宅。更可怜的，每天要开门揖盗，早晨出来时要将门户洞开，以便强盗化的日兵，可以自由出入；否则，强盗生了气，便要用枪托或大石条捣毁锁着的门户进去；进去后，还要多捣毁房中几件器具来出气，所以都只好每天天黑以后回来睡觉时，关上了门，以防宵小入窜。

一天，双屿山的日兵照常实行他们的例行公事，到李宅去搜检。李宅的看守人陈碎宝，与租住李宅侧屋的王宅雇工进发，租住李宅后屋的叶宅小主人承新，午后由邻村潜回本村打听情况，都躲在李宅屋后的踏碓坊中，大家都屏息蹲伏在一处，静听着李宅屋中捣毁器具箱笼的声音。村人阿林也来了。少顷，城里新源兴店东黄文善夫妇，因为有箱笼寄放在李宅被日兵搜检，想来检点应用的东西回去，刚到踏碓坊前，也被躲在坊中的几个人唤住，叫他们等日兵出来后再进去。日兵搜了好久，有点疲倦了，才停止工作，起身回营。今天的抢掠成绩，大概不很好，两个日兵由李宅出来时，都有点气愤，经过踏碓坊时，瞧见了躲藏在那里的几个人，便喊他们："来！来！"年轻身强的叶承新，便溜之大吉，黄文善夫妇，躲在踏碓坊中不肯出来，其余三人，以为日兵拉夫，叫他们去做工，便跟着日兵出来，踏碓坊前有一小桥，经过这小桥时，日兵突然停步，把这三个人都推到河里去，并且拿石块抛掷浮起来的雇工进发，趁这机会碎宝与阿林便拼命游泳，逃到远处，才敢爬上岸，飞奔到邻村去。两个日兵站在桥上继续投石，直到进发沉下去不再浮起来了，才开口狞笑，离开小桥，再到踏碓坊中，将黄文善找到，硬拖他到小桥那里去，虽经黄氏夫妇再三的哀求，就是不理，拖到桥边后，扑通一声，又多一个无辜者淹死。日兵在桥边拾起几个石块，投到河里去，最后两个尸身都沉在河底，河面上水平如镜，只有两个浮着的笠帽，表示这河中曾有几个农夫被推下水。这时候，这两个日兵才觉得满意，狰狞的脸上，露着可怕的微笑，口中吹着轻微的哨声，从小桥慢慢地走回永瑞宫，很得意地归营了，觉得今天的成绩到底不差。

这一天，李宅的主人，由西洋底坐船到双屿山附近的嵇南浦，想打听这许多天家中被扰得如何天翻地覆，但是没有到嵇南浦，在邻村便听到下午所发生的惨剧，于是更不敢回家，远望着仁王山上的小炮与哨兵，在暮色苍茫中有类鬼魅的影子，遥想山麓村中家内，不知现下作何光景，很想回去一探视，但是仰头一望山上的魅影，只好吁叹一口气，坐着原船回到西洋底去。一会儿，暮色更深了，这惨剧的发生地，村落，小桥河流和仁王山，都笼罩在黑暗中。

九山乡梦绕师门[*]

我童年和少年的岁月，是在故乡温州度过的。五十四年前，我在当时名为浙江省立第十中学的初中部毕业后，便离开了故乡外出读书；接着在异地工作，很少回家。因之，常有"年年跃马长安市，客舍如家家如寄"之感。1952年移家北京后，只在1956年还乡一次，到现今已经二十多年了。但是故乡景物和生活往事，常涌现在我眼前，也多次在梦里复现，仿佛回到了故乡。

我梦见次数最多的是温州城内的九山一带。这不仅由于这里风景优美，而且更由于这里常使我回想起一桩往事。那是1924年的夏间，我在十中附小，正是念旧制春季高小三年级的小学生，还差半年才好毕业。当时学制变革，允许跳过半年考初中①。这样，要加一把劲儿，我和同班级同学金志庄在一起，时常跑到九山旁边的城墙下去温书。我们温书过久时，脑袋有点累了，便一起散步，爬到城墙上休憩片刻，再坐

---

* 本文原载《浙南日报》（温州）1981年6月26日；《中国教育报》1985年1月12日转载。

① 在章程上并不允许，所以我是借堂兄夏时的文凭，后来改回来，索性把夏国栋改为夏鼐，以与哥哥夏鼎排行。我读的是旧制，三年制。

下来温书。在这里，可以俯瞰九山河和城内毗连的瓦房；向郊外看，可眺望到郊区一片稻田，点缀着几处村庄，青山绿水，景物宜人。傍晚时候，凉风习习，高处越发凉快。在暮色苍茫中万家灯火亮起来的时候，我们才从城墙上走下来回家。

在考期临近前，有一次，志庄忽然对我说，他不去投考了。我听了后不胜惊讶。原来是在这一年暑假里，他父亲金嵘轩先生受任十中校长，不让他报名投考。志庄说他父亲认为大部分应届毕业生落第，而还未毕业的校长的儿子如果居然考上了，人家将怀疑有私弊，会引起闲议。我听后默默无语。

那一年投考十中初中部的有八百多人，只录取一百名。我侥幸考上了。志庄曾说，他如果应试，很有把握可以录取。但他不会后悔，也不埋怨父亲。第二年，他毕业后才去投考，晚了一年进初中。

志庄的话是可信的。他在初中毕业后，赴日本鹿儿岛读第七高等学校，成绩优良，常名列前茅。日本九州帝国大学招生考试，他考上了，而且名列第四，攻读医学，造诣很深。志庄不幸于 1976 年 10 月病故。回首当年九山共同读书的往事，使我悼念不已。

温州城墙是早已被拆掉了，但这件事在我的心中印象很深，历五十多年并没有把它冲淡。最近几年，我每听到或读到关于高校考试中开后门的丑事，便会联想起金嵘轩校长这件故事。他的感人的事迹，当然不止这一件。那年温州市为金先生开追悼会，我由北京寄去一副挽联①：

绛帐追思，春草池塘犹昨梦②；
素帷遥奠，燕山瓯水共含悲。

---

① 此挽联，在作者日记的记载中，与本文写定的文字稍有出入，第二句原作"春草池塘如昨梦"，第四句原作"雁山瓯海共伤心（销魂）"。（见《夏鼐日记》卷八第336页）
② 当年温州十中初中部在仓桥原中山书院旧址，院内有一池塘，相传为谢灵运任永嘉太守时梦到他的弟弟，而作"池塘生春草"一诗。

　　十年浩劫中，温州社会的良善风气听说遭到了很大破坏，又传闻九山河也遭到一些污染。但是在我的梦中，故乡仍然是那样美好，九山河仍然是那样波平如镜清澈见底。

夏鼐先生学术活动年表

1910 年

2 月 7 日生于浙江省温州府永嘉县（今温州市）。

1914 年

在温州入私塾读书。

1920～1924 年

在温州浙江省立第十中学（后改名浙江省立温州中学）附属小学读书。

1924～1927 年

在温州浙江省立第十中学初中部读书。

1927～1930 年

到上海，入私立光华大学附属中学高中部读书。

1930 年

在《光华大学附中周刊》发表《吕思勉先生〈饮食进化之序〉的商榷》。又作《论永嘉学派》一文。

考入燕京大学社会学系。

着手收集资料，编撰《叶水心年谱》。

1931 年

转入清华大学历史系。师从陈寅恪、钱穆、雷海宗、蒋廷黻等教授。

阅读马克思《资本论》、恩格斯《反杜林论》与《家庭、私有制和国家的起源》、列宁《唯物论与经验批判论》等马克思主义经典著作。

1933 年

接替吴晗任《清华周刊》文史栏主任（为时半年）。在该刊发表《秦代官制考》、《魏文侯一朝的政治与学术》、《宾词数量限制说之批评》、《奥本海末尔的历史哲学》等文。

1934 年

与吴晗、汤象龙、罗尔纲、梁方仲、朱庆永等 10 人合组清华大学史学研究会。

在《清华周刊》、《外交月报》等刊物发表《二程的人生哲学——读〈宋元学案〉札记之一》、《鸦片战争中的天津谈判》等文，以及对萧一山《清代通史》等书的评介。

所作《读史札记：论北魏兵士除六夷及胡化之汉人外，似亦有中原汉人在内》，得到陈寅恪师的称赞。

由清华大学历史系毕业，获文学士学位。在蒋廷黻教授指导下撰写的毕业论文，题为《太平天国前后长江各省之田赋问题》（翌年在《清华学报》发表）。

先后考取清华大学研究院中国近代经济史名额、清华留美公费生的考古学门（考古成绩均为本年度第一名）。决意出国学习近代考古学，清华聘请傅斯年、李济为其指导老师。

1935 年

春，以实习生身份在安阳殷墟参加梁思永主持进行的侯家庄西北冈殷代陵墓区的发掘，开始从事田野考古工作。与刘燿（后改名"尹达"）、石璋如、胡厚宣、高去寻等相识。

夏，经有关方面同意改去英国留学。在伦敦大学科特奥特研究所注册，学习中国考古与艺术史及田野考古等方面课程，曾参加惠勒（M. Wheeler）教授主持进行的梅登堡（Maiden Castle）山城遗址的发掘。

1936 年

转学伦敦大学埃及考古学系，决心攻读艰深的埃及考古学，以期日后返国从事历史时期考古学之需。师从伽丁纳尔（A·H·Gardiner）教授，学习古埃及象形文字。

1937 年

在《埃及考古学杂志》发表《一个古埃及短语在汉语中的对应例子》一文。

1938 年

随同英国考察团，参加埃及阿尔曼特（Armant）的调查发掘，并参观古埃及的多处神庙和帝王陵墓。又参加巴勒斯坦泰尔·丢维尔（Tell Duweir）的发掘。返英途经意大利时，参观罗马、那不勒斯的诸多古罗马时代遗址。

在格兰维尔（S. Glanville）教授的指导下，确定以古代埃及串珠为研究方向，开始制作古代埃及串珠资料卡片，汇编《古代埃及串珠集成》。

1939 年

由伦敦大学毕业。后在埃及开罗博物馆从事考古研究工作一年。着手撰写学位论文《古代埃及的串珠》。

1940 年

写完学位论文的第一、二、三章，曾陆续寄请埃及学泰斗彼特利爵士（Sir W. F. Petrie）指教。后在返国途中，前往耶路撒冷，向定居该地的彼特利当面求教。

1941 年

返国途经昆明时，应邀在北京大学文科研究所作题为《考古学方法论》的演讲，演讲稿后在《图书季刊》发表。至四川南溪县李庄，任中央博物院筹备处专门设计委员。与吴金鼎、曾昭燏、高去寻等在彭山县豆芽房、寨子山发掘汉代崖墓。

继续撰写关于古代埃及串珠的学位论文。

1942 年

返回阔别六年余的故乡温州，与父母妻儿团聚。在温期间继续撰写学术论文，曾遭遇日寇的侵扰，发表《双屿山的惨剧》一文叙述其事。

在埃及《考古工作年鉴》发表《关于贝克汉姆岩的几点评述》一文。

1943 年

应聘至中央研究院历史语言研究所考古组，在李济领导下工作，任副研究员。

完成学位论文，并寄往伦敦大学（1946 年免予答辩，授予埃及考古学博士学位。）

1944 年

在《美国考古学杂志》和《皇家亚洲学会孟加拉分会会志》分别发表《若干埃及出土的玻璃分层眼状料珠》、《几颗埃及出土的蚀花肉红石髓珠》。

历史语言研究所、中央博物院筹备处、北京大学文科研究所等单位合组西北科学考察团，由向达和夏鼐负责其历史考古组，前往甘肃进行考古工作。本年调查发掘了敦煌县佛爷庙、月牙泉的北朝和唐代墓葬，汉代玉门关烽燧遗址，以及民勤县沙井的史前遗址。

1945 年

继续在甘肃进行考古工作，调查发掘了宁定县阳洼湾和临洮县寺洼山的史前墓葬，武威县喇嘛湾的唐代吐谷浑墓葬，以及兰州附近的史前遗址。其中，阳洼湾齐家墓葬的发掘，第一次从地层学上确认仰韶文化的年代早于齐家文化，从而纠正安特生（J. G. Anderson）关于甘肃远古文化分期问题的错误论断，为建立黄河流域新石器时代文化的正确年代序列打下了基础。又因寺洼山遗址的发掘，第一次提出中国史前时期的文化系统问题。

1947 年

历史语言研究所所长傅斯年出国考察，受命代理所长职务。

发表《太初二年以前的玉门关位置考》。

1948 年

晋升为历史语言研究所研究员。

发表《齐家期墓葬的新发现及其年代的考订》、《新获之敦煌汉简》、《武威唐代吐谷浑慕容氏墓志》、《〈敦煌石室画像题识〉后记》等文。

1949 年

年初，拒绝随历史语言研究所迁往台湾，退居故乡温州。

秋，应聘在浙江大学人类学系任教，讲授考古学和史前史。

发表《临洮寺洼山发掘记》，第一次详细论述寺洼文化的特点，并提出马家窑文化的命名。

1950 年

8 月 1 日，中国科学院考古研究所正式成立。周恩来总理根据郭沫若院长的提名，任命郑振铎为所长，梁思永、夏鼐为副所长。

10 月，考古所派出以夏鼐为团长、郭宝钧为副团长、苏秉琦为秘书的发掘团，前往河南辉县进行建所后的第一次考古发掘（队员有安志敏、王伯洪、石兴邦、王仲殊、马得志等）。通过辉县发掘，第一次在安阳以外发现早于殷墟的商代遗迹，从地域上和年代上扩大对商文化的认识；又亲手成功地剔剥古代车马坑中的木车痕迹，初次显示新中国田野考古工作的技术水平。

1951 年

春，率领安志敏、王仲殊等在河南中部和西部地区进行调查发掘。进一步指出渑池县仰韶村遗址既有仰韶文化遗存，又有龙山文化遗存。

确认郑州二里岗是一处早于安阳殷墟的重要商代遗址。

秋，率领安志敏、王伯洪、石兴邦、王仲殊、陈公柔等在湖南长沙近郊，发掘战国和两汉墓葬，初步解决当地这一时期墓葬形制和随葬器物的分期问题，为楚文化研究开辟了道路。

发表《兰州附近的史前遗存》一文。

1952～1955 年

为培养新中国急需的考古人才，中央文化部、中国科学院和北京大学从本年起联合举办四届考古工作人员训练班，并共同创办北京大学考古专业。夏鼐参与考古训练班的组织领导，并亲自担任田野考古方法课程的讲授任务。又兼任北京大学教授，为考古专业讲授考古学通论。

1953 年

发表《中国考古学的现状》、《〈实践论〉与考古工作》。

1954 年

发表《考古工作在新中国的蓬勃发展》、《"辟尔当人"疑案的解决及其教训》、《追悼考古学家梁思永先生》等文。

1955 年

中国科学院成立哲学社会科学等学部，被任为哲学社会科学部学部委员（1957 年任常务委员会委员）。

《考古通讯》创刊，任该刊主编。

中华人民共和国文化部、中国科学院联合组成黄河水库考古工作队，兼任该队队长。10 月 18 日在洛阳为即将出发去三门峡水库区进行广泛调查的 40 余名队员，作了题为《考古调查的目标和方法》的报告。

发表《放射性同位素在考古学上的应用》一文，介绍国外发明不久的碳－14 测定年代情况，呼吁早日建立中国自己的碳－14 实验室，以满足中国考古学发展的需要。又发表《敦煌考古漫记》。

1956 年

中国科学院、中华人民共和国文化部联合召开考古工作会议。在 2

月 27 日的闭幕式上，夏鼐从学术上对新中国成立 6 年来考古工作的成绩和问题作了总结报告。

考古研究所成立西安研究室，兼任研究室主任。去半坡、沣西、汉长安城等发掘工地进行现场指导。

指导考古研究所和北京市文化局合组的长陵发掘委员会工作队，着手对明十三陵中的定陵进行大规模发掘。

参加翦伯赞为团长的中国学术代表团，出席在法国巴黎举行的第九次欧洲青年汉学家会议。会上，作了关于新中国近年考古发掘的报告。返国途中曾在莫斯科逗留，并访问苏联科学院物质文化史研究所。

新疆维吾尔自治区举办考古工作人员训练班，应邀前往乌鲁木齐讲授《新疆考古学概说》。

主编并参加执笔的《辉县发掘报告》，由科学出版社出版。这是新中国成立后出版的第一本大型考古报告。

1957 年

为考古研究所见习员训练班讲授田野考古方法。

主编并参加执笔的《长沙发掘报告》，由科学出版社出版。在《考古学报》发表《中国最近发现的波斯萨珊朝银币》，根据国内各地发现的考古资料进行中西交通史的开拓性研究。

1958 年

夏，北京明十三陵中定陵的发掘工作，在其领导下历时两年零两个月顺利结束。清理玄宫期间，强忍病痛终日深入地下工作三四周之久，事后疗养两个多月。

发表《青海西宁出土的波斯萨珊朝银币》。为《浙江新石器时代文物图录》作序。上年考古所见习员训练班的全部讲义，经审定编为《考古学基础》一书，由科学出版社出版。

1959 年

发表《关于考古学上文化的定名问题》统一全国考古学界对文化

命名问题的认识，推进考古研究的健康发展。又发表《十年来的中国考古新发现》、《〈永乐大典〉引〈元河南志〉古代洛阳图跋》、《咸阳底张湾隋墓出土的东罗马金币》等文。

为长江流域规划办公室文物考古队队长会议作题为《长江流域考古问题》的报告。报告中正式提出良渚文化的命名。

任《辞海》修订稿考古学分科主编，领导考古所有关同志进行该项修订工作。

1960 年

发表《元安西王府址和阿拉伯数码幻方》、《汉简中关于粮食计量的"大"、"少"二字释义》等文。

1961 年

前往西安视察考古发掘工作期间，为陕西省历史考古方面人员作了题为《关于考古研究中的几个问题》的学术报告。

集结截至 1959 年发表的重要论文为《考古学论文集》一书，由科学出版社出版。发表《外国字铭文的汉代（？）铜饼》、《西安土门村唐墓出土的拜占庭式金币》等文。

考古研究所集体撰写、经其主编的《新中国的考古收获》，由文物出版社出版。

1962 年

接替尹达，任考古研究所所长。在《红旗》杂志发表《新中国的考古学》一文，提出在中国考古学上应予关注的六个方面基本课题，并首次提出"二里头类型文化"名称。又发表《和阗马钱考》等文。

1963 年

参加以张友渔为团长的中国学术代表团去日本访问，多次做学术讲演。

发表《解放后中国原始社会史的研究》、《新疆新发现的古代丝织品——绮、锦和刺绣》、《作为古代中非交通关系证据的瓷器》等文。

439

1964 年

发表《我国近五年来的考古新收获》、《唐苏谅妻马氏墓志跋》等文。

选编《中国原始社会史文集》，由历史教学社出版。

1965 年

与刘大年等去拉瓦尔品第参加巴基斯坦历史学会第十五次年会，在会上做了题为《中巴友谊的历史》的报告。

考古研究所碳–14 实验室在其亲自筹划和指导下，由仇士华等同志具体负责，经六七年的艰苦努力，终于正式建成。这是全国同类实验室中建成最早的一所。

与吴晗一道视察北京后英房元代居住遗址发掘工地，进行现场指导。

发表《洛阳西汉壁画中的星象图》、《西安唐墓出土的阿拉伯金币》等文。

1966 年

发表《新疆吐鲁番最近出土的波斯萨珊朝银币》等文。后遭受迫害，中止学术活动。

1968 年

在身处逆境的情况下，依然关心满城汉墓出土文物的修复工作，向有关人员悄悄提出具体意见。

1970 年

被迫下放河南息县劳动期间，与苏秉琦等利用假日休息之便，考察当地发现的古代文化遗存。

1971 年

主持并参加《中国历史地图集》一书原始社会遗址分布图的编绘工作。

与王仲殊、安志敏筹备恢复《考古学报》和《考古》两种刊物。又参与筹划和领导我国出土文物的出国展览工作。

1972 年

与王仲殊代表中国科学院去阿尔巴尼亚，参加在国立地拉那大学召开的第一次伊利里亚人研究会议，并在会上致贺词。

参加在长沙召开的马王堆一号汉墓女尸解剖工作会议，与各方面专家共商解剖方案，报周恩来总理批准后施行。会间，曾就如何开展古病理学研究，对有关人员加以指导。

发表《我国古代蚕、桑、丝、绸的历史》、《长沙马王堆一号汉墓的棺椁制度》、《晋周处墓出土的金属带饰的重新鉴定》、《柬埔寨著名的历史遗产——吴哥古迹》、《秘鲁古代文化》等文。

1973 年

亲往长沙对马王堆二、三号汉墓的发掘工作进行现场指导。《长沙马王堆一号汉墓》（发掘报告）在其具体指导下写成并经详细审定后，由文物出版社出版。

与王冶秋共同率领中国出土文物展览代表团去英国访问。又与王仲殊等去秘鲁、墨西哥访问。

在为《考古》发表《河北藁城台西村的商代遗址》一文所作《读后记》中指出，台西遗址出土的铁刃铜钺，"根据已做过的化学分析和金相学考察，似乎并不排斥这铁是陨铁的可能，还不能确定其系古代冶炼的熟铁"。后经柯俊教授主持进行详细检验，完全证实了他的论断，从而否定我国早在商代已进入铁器时代的错误结论。

1974 年

7 月，被英国学术院推选为通讯院士。

对北京大葆台汉墓的发掘工作进行现场指导。

发表《综述中国出土的波斯萨珊朝银币》、《沈括和考古学》、《我国出土的蚀花的肉红石髓珠》等文。

1976 年

去河北武安县磁山遗址发掘工地进行现场指导。

发表《从宣化辽墓的星图论二十八宿和黄道十二宫》一文。

1977 年

率领中国考古代表团一行 4 人参加伊朗全国考古中心在德黑兰召开的考古学年会，并在伊朗各地参观访问。

参加国家文物局在河南登封召开的王城岗遗址发掘现场会，做了题为《谈谈探讨夏文化的几个问题》的报告，进一步指明探索夏文化的正确途径。

应邀为《中国纺织科学技术史》（古代部分）编写组作关于中国古代纺织史的专题报告，对该书的编写工作多所指导。又对《大唐西域记》整理小组的工作计划提出十分具体的意见。

发表《碳 - 14 测定年代和中国史前考古学》，对中国史前考古学的研究提出重要的指导性意见。又发表《考古学和科技史——最近我国有关科技史的考古新发现》、《赞皇李希宗墓出土的拜占庭金币》等文。

1978 年

2 月，参加中国社科院召开的批判"四人帮"炮制的"两个估计"座谈会，作了关于实践是检验真理标准的发言。发言稿后在《人民日报》发表。这比嗣后社会上开展的"真理标准"大讨论早 3 个月。

率领中国考古代表团去希腊访问，曾参观弗吉纳新近发现的马其顿皇陵。又与许涤新、钱锺书等组成中国学术代表团，出席在意大利奥蒂赛举行的欧洲研究中国协会第二十六次会议，在会上作了题为《近年来中国考古新发现》的报告。

任郭沫若著作编辑出版委员会委员，主持《郭沫若全集·考古编》的编辑工作。

关怀随县曾侯墓的发掘，嘱湖北省博物馆同志注意清理墓内随葬的皮甲胄，后同意将其运到考古所进行复原工作。又应邀去石家庄察看平山中山王墓出土的文物。

发表《郭沫若同志对于中国考古学的卓越贡献》、《近年中国出土萨珊朝文物》等文。

1979 年

4 月，中国考古学会成立大会在西安举行，会上做了题为《我国考古工作的巨大成就和今后努力的方向》的报告，当选为第一届理事会理事长。会间，曾去秦始皇陵兵马俑坑发掘工地视察，对其发掘工作提出指导性意见。

5 月，与周扬率领中国学术代表团一行 12 人，应京都日中学术交流恳谈会的邀请，前往日本访问。其间受到日方特别邀请，单独进入奈良高松冢古坟内部参观。

12 月，出席联合国教科文组织在泰国曼谷召开的起草亚洲历史名城研究计划专家会议。

发表《五四运动和中国近代考古学的兴起》、《三十年来的中国考古学》、《扬州拉丁文墓碑和广州威尼斯银币》等文。致函谭其骧教授，讨论南海七洲洋问题。

集结历年来根据考古新资料，运用考古学方法，创造性地研究中国科技史问题的论文，为《考古学和科技史》一书，由科学出版社出版。

1980 年

4 月，重建中国史学会的代表大会在北京举行，会上被选为第二届理事会常务理事（1983 年 4 月选举产生的第三届理事会连任）。

4 月，与宦乡率领中国社会科学院代表团去英国访问。

5 月，率领中国考古代表团前往美国，参加由纽约大都会艺术博物馆和美国学术协会中国文化研究委员会共同举办的中国青铜器国际讨论会，在会上做了题为《湖北铜绿山古铜矿的发掘》的报告。又参加加州大学伯克利分校举办的中国青铜器和铭文学术讨论会。

8 月，率领中国历史学家代表团一行 13 人，参加在罗马尼亚布加勒斯特举行的第十五届国际历史科学大会。会上，做了题为《中世纪中国和拜占庭的关系》的报告。

10月，应瑞典哥德堡大学的邀请，作为1980年"菲力克斯·纽伯格讲座"的讲演人在该校公开讲演，讲演内容为中国的考古研究成就。又接受纽伯格奖。

11月，中国考古学会第二次年会在武汉举行。开幕式上，做了关于楚文化研究问题的讲话。会间和会后，曾去黄陂盘龙城、大冶铜绿山、江陵纪南城等遗址视察。

12月，被任命为国务院学位委员会委员。

1981年

3月，《中国大百科全书》考古学卷分编委会，经两年多的筹备，在北京正式成立，被聘任为分编委会主任。

3～4月，应邀去美国讲学。在堪萨斯大学，作为1981年"穆菲讲座"的讲演人在该校公开讲演，并主持研究生讨论班。又在美国亚洲协会（纽约中心和华盛顿分会）、哈佛大学、加州大学（洛杉矶分校和伯克利分校）、斯坦福大学等处，多次公开讲演。讲演的题目有《汉代的丝绸和丝绸之路》、《汉代玉器传统的继承和变化》、《殷墟妇好墓》、《中国最近的考古新发现》等。

10月，参加在北京举行的中国早期冶金史国际会议。会上，做了题为《湖北铜绿山古铜矿》的报告。

11月，联合国教科文组织在法国巴黎召开《人类科学文化史》国际委员会史前组编写会议，应邀以该组成员身份出席会议。

12月，中国考古学会第三次年会在杭州举行。开幕式上，做了关于中国东南沿海地区新石器时代文化和中国古代青瓷问题的讲话。

中国古陶瓷研究会、中国古外销瓷研究会和中国古代铜鼓研究会成立，被选为三会名誉理事长。前此又被选为世界古代史研究会名誉会长。

中国文物出版社、日本平凡社合作出版大型资料丛刊《中国石窟》，任编委会中方编委。

所著《〈真腊风土记〉校注》由中华书局出版。

发表《两种文字合璧的泉州也里可温（景教）墓碑》、《瑞典所藏的中国外销瓷》等文。

1982 年

在《中华人民共和国文物保护法》的起草过程中，积极向有关方面提出建议和意见，使之制定得更加完善（本年 11 月第五届全国人民代表大会常务委员会第二十五次会议通过）。

3 月，被任命为国务院古籍整理出版规划小组成员，对古籍整理出版工作提出详细的书面意见。

4 月，专程去湖北江陵察看马山砖厂一号墓出土的大批战国丝织品。

9 月，与胡厚宣、张政烺等 10 位学者前往美国，参加在檀香山举行的中国商文化国际讨论会，做了题为《商代玉器的分类、定名和用途》的报告。会后，访问了旧金山、华盛顿、纽约、洛杉矶等城市。

12 月，被德意志考古研究所推选为通讯院士。任中华人民共和国国家地图集历史地图集编纂委员会委员（1983 年 8 月任副主任委员）。

为考古研究所集体撰写的《新中国的考古发现与研究》一书作序。撰写《有关安阳殷墟玉器的几个问题》一文（收入《殷墟玉器》一书）。发表《郭沫若和田野考古学》、《〈梦溪笔谈〉中的喻皓〈木经〉》等文。

1983 年

任中国社会科学院副院长兼考古研究所名誉所长（考古研究所所长由王仲殊继任）。

文化部聘请 16 位专家组成国家文物委员会，以加强对文物保护工作的指导、计划和检查，提供咨询意见。被聘任为该会主任委员。

3 月，应日本广播协会（NHK）的邀请，在东京、福冈、大阪三地作公开讲演，通过电视向日本全国广播。讲演的题目有《中国考古学的回顾和展望》、《汉唐丝绸和丝绸之路》、《中国文明的起源》。讲演稿的译文，以《中国文明的起源》为书名，当年在日本出版。

5月，中国考古学会第四次年会在郑州举行，会上做了关于夏文化探索等问题的讲话，当选为第二届理事会理事长。会间，曾去登封王城岗遗址发掘现场视察。

6～7月，应德意志考古研究所所长 E. 布赫纳的邀请去联邦德国访问，在该所做了关于汉唐丝织品的报告；又应瑞士伯尔尼大学史前考古学教授邦迪（S. G. Bandi）的邀请去瑞士访问，在该校做了关于中国考古新发现的报告。

8月，中国考古学会、中国社会科学院考古研究所和联合国教科文组织联合举办的亚洲地区（中国）考古讨论会在北京和西安举行。在开幕式上被选为讨论会主席，又提出关于中国考古工作概况的报告。

9月，去广州象岗山西汉南越王墓发掘工地，进行现场指导。

12月，瑞典皇家文学、历史、考古科学院授予外国院士荣誉称号。

12月，第二届国际中国科技史研讨会在香港举行，以中国代表团顾问的身份与团长席泽宗等一行16人前往出席。在开幕式上，做了题为《中国科技史和中国考古学》的报告（翌年在《考古》发表）。会后，又应香港中文大学中国文化研究所所长郑德坤的邀请，做了题为《中国考古工作的现状和展望》的报告。

考古研究所在其筹划和指导下编纂的《殷周金文集成》，开始交付出版。第一册卷首有所写长篇前言。

发表《汉代的玉器——汉代玉器中传统的延续和变化》、《北魏封和突墓出土萨珊银盘考》等文。多次致函罗荣渠，对扶桑国和美洲发现问题提出驳正的看法。

1984 年

3月，出席文化部文物局在成都召开的1983年考古发掘工作汇报会，曾在开幕式上讲话并作了题为《文物和考古》的报告。

应邀担任联合国教科文组织《人类科学文化史》国际委员会第一

卷编委和第二卷副主编。4 月，去巴黎出席第一卷正、副主编会议。9
月，去巴黎出席第二卷正、副主编会议。

5 月，被美国全国科学院推选为外籍院士。与王仲殊等去偃师商城
发掘工地，进行现场指导。

8 月，第三届国际中国科技史研讨会在北京举行，以中国代表团顾
问身份参加会议。

10 月，被第三世界科学院推选为院士。

10 月，参加在安阳举行的全国商史学术讨论会，并在开幕式上讲
话。

11 月，视察北京琉璃河发掘工地，进行现场指导（前此曾多次前
往视察，这是最后一次去该发掘工地）。

12 月，参加在北京举行的北京猿人第一个完整的头盖骨发现 50 周
年纪念会，并在会上讲话。

由其主编并作序的《新中国的考古发现和研究》一书，由文物出
版社出版。

发表《什么是考古学》、《所谓玉璿玑不会是天文仪器》等文。

1981 年去美国讲学的部分英文译稿，以《汉代的玉器和丝绸》为
书名在美国出版。

1985 年

1 月，被意大利近东远东研究所授予通讯院士称号。

3 月，中国考古学会第五次年会在北京举行。在开幕式上做了题为
《考古工作者需要有献身精神》的讲话。又在理事会上宣布，将自己坚
持艰苦朴素生活节省下来的 3 万元人民币，捐赠给中国社会科学院考古
研究所，作为面向全国的考古学研究成果奖金的基金。

3 月，前往伦敦，参加英国史前学会成立五十周年纪念会并在会上
作了题为《中国文明的起源》的演讲。

4 月，前往华盛顿，参加美国全国科学院 1984 年年会，接受该院

授予的外国院士证书。

5月，在北京主持召开《中国大百科全书》考古学卷分编委会扩大会议，进行考古学卷的定稿工作。《中国大百科全书》考古学卷，集中体现了中国考古研究的巨大成就。该书的编写过程中，他本人除具体审定全书的框架结构和大量稿件外，还亲自撰写了卷首的特长条《考古学》（与王仲殊合作）。

6月6~10日，与王仲殊等前往洛阳，对考古研究所偃师商城等发掘工地进行最后一次现场指导，又去龙门石窟等处视察。

6月17日下午，正在继续审阅《中国大百科全书》考古学卷有关稿件时，因患脑溢血突然病倒。经多方抢救无效，于6月19日下午4时30分在北京医院逝世，终年76岁。他献身中国的考古事业，孜孜不倦地奋斗了整整50年，直到生命的最后一息。

（王世民）

编后记

　　这部增订重编的五册本《夏鼐文集》，经过整整四年的努力，多方搜罗，反复校对，终于可以出版了。与 2000 年出版的三册本相比，收录的论著文字从 141 篇 150 万字，增加到 213 篇 200 多万字，篇数增加50%，字数增加将近 40%。新增的内容包括：①原先未收入的记录稿；②原先未收入和新收集到的已发表稿；③夏鼐家属提供的自存手稿。现在，夏鼐遗存下来的中文论著，业已基本收录齐全，我们可以更加全面地研讨夏鼐先生丰富的学术遗产，以期更好地继承和发扬他的治学精神。

　　新版《夏鼐文集》的分编，与旧版基本一致。原第一编"考古学通论与考古学史"，因新增内容较多，进一步区分为"考古学通论"和"考古漫记与述评、短论等"，前者仍为第一编，后者则为第六编。原第二、三、四、五编基本上保持原状，包括中国史前时期、历史时期和中国科技史的考古研究，以及中外关系史的考古研究和外国考古研究，大体没有增加新的内容。原第六编"历史学研究和其他方面文章"现为第七编，增加不少新的内容。

　　第一编"考古学通论"中的第一篇文章——夏鼐先生留学回国之初的讲演稿《考古学方法论》，是过去因我们的疏忽而失收的重要文章。最近，北京师范大学历史学院的一位在读博士研究生，根据《夏鼐日记》透露的线索找到这篇文章，使我们得以在新版《夏鼐文集》出书前的最后阶段将其追补进来。夏鼐先生留学回国时，于1941年2月3～27日途经昆明停留，21日应邀前往北京大学文科研究所作了题为《考古学方法论》的讲演。其间因遭遇日机侵扰的空袭警报，曾在防空壕里写稿，事后在北京图书馆主办的《图书季刊》上发表。夏先生这篇6000字的讲演稿，虽然写成于仓促之间，没有翻阅参考书，但讲述的都是烂熟于心的考古学理念，因而弥足珍贵。他讲到考古学方法：第一步为调查；第二步为发掘；第三步为整理研究，即审定时代及文化关系（包括文字记载的证据及层位学、标型学和分布图方面的考查）；关于最后一步的综合工作，夏先生着重论及考古学与历史学的关系，认为"考古学家亦犹史学家，各人得依其性之所近而有不同之方向"。又说"考古学及历史学之最终目的，即在重新恢复古人之生活概况，使吾人皆能明了人类过去生活也"。

这篇我们前所不知的讲演稿，以及新收的1950年代发表于《光明日报》的《〈实践论〉与考古工作》一文、两次在北京大学历史系讲授考古学通论的讲义、1962年在西安讲演的《关于考古研究中的几个问题》，都是学习与研讨夏鼐学术思想发展的重要新资料。在夏鼐先生毕生的一系列论著，以及1978年2月在中国社会科学院召开的批判"两个估计"座谈会上，关于"坚持客观真理"的难能可贵的发言中（时间比社会上的"真理标准"大讨论早三个月），他始终如一地坚持实践第一，贯穿着实事求是、严肃认真的基本原则。他在1941年演讲的最后说："此项综合工作，虽极有兴趣，最易引人。但材料若不充足，稍一不慎，即易成为荒谬之谈。今日吾国考古学之材料仍极贫乏，作此项综合工作者，更须谨慎。将来材料累积至相当程度以后，则此项工作，亦不可少。"即仍须谨慎对待。夏鼐的一系列论述，无疑至今仍有现实意义。

　　《夏鼐文集》其他各编原有的那些名篇，脍炙人口，早有定评。新增的论著，则进一步展现夏鼐先生博学与严谨的治学特点。2000 年版原收有《裴文中〈从古猿到现代人〉的商榷》一文，本版第六编在该文之后附载了裴文中先生的答辩和夏鼐对答辩的一些批注，以及夏先生对裴先生随后出版的关于世界各地人类化石新发现和考古与第四纪地质工作新方法的两本小册子所作批注。夏先生对国际上古人类学和第四纪地质学进展情况的熟悉程度令人叹服。《考古学报》1957 年第 4 期罗宗真《江苏宜兴晋墓发掘报告》之后夏先生的跋语中，除对金属带饰的成分为铝存有疑问外，又指出：青瓷的釉色呈青绿色，并不是因为含氧化矽和氧化铝；墓内过道出土的暗红色釉小陶壶，形制与洛阳西晋墓所出几乎完全相同，应非后世盗墓者的遗留；墓砖文字中的"议曹"官名为晋袭汉制，严耕望发表的文章中已有考证，等等。《对宿白同志《隋唐长安城和洛阳城》的一点商榷》，是根据夏先生自存手稿编入的，对于后学颇有启迪。宿白先生在《考古》1978 年第 6 期发表的《隋唐长安城和洛阳城》一文，文后第 43 号长注根据《新唐书·西域传》推断，中亚有被突厥掳掠的中原人民集居的"小城三百"。夏先生指出，《旧唐书》并没有这方面内容，应是欧阳修根据唐人著作在《新唐书》中增加的，经查宋人常引用的唐人关于中亚史地之书《大唐西域记》，载有"南行十余里有小孤城，三百余户，本中国人也，皆为突厥所掠……"等语。夏先生推测，《新唐书·西域传》可能原作"［南］有小城，三百［余户］，本华人为突厥所掠，……"这就是说，中亚并没有三百座集居中原人的小城，而是有一座小城集居三百户中原人。查 2011 年文物出版社出版的宿白著《魏晋南北朝唐宋考古文稿辑丛》一书，所收《隋唐长安城和洛阳城》一文，业已将文末注 43 中"小城三百"这段话删去。这应是宿白接受夏先生意见后所作修正。

　　第六编中新收入的文章：《追悼考古学家梁思永先生（原稿）》，前辈学者马衡、杨树达、王献唐和英国考古学家叶慈、柴尔德、吴理的传略，以及夏鼐本人为陈请延长留学年限写给清华大学校长梅贻琦的陈情长信、1984 年在考古发掘汇报会议上题为《文物和考古》的报告，具有学术史上的价值，自不待言。

夏鼐先生说过，考古研究进入"历史时期"，便要掌握狭义历史学中的大量文献和运用文献考据功夫。《夏鼐文集》原收有夏鼐先生就读清华大学阶段的论著：上古时期对于钱穆师课程中"井田制"意见的讨论、中古时期根据《史记》有关记载梳理秦代的官制、进行宋代思想家二程和叶适思想的研讨，以及关于中国近代外交史和近代经济史的一些论文和书评，每篇都具有资料翔实、分析缜密的特点（2000 年版《夏鼐文集》属第六编，现属第七编）。

第七编新收入的论文，《读史札记》论述"北魏兵士除六夷及胡化之汉人外，似亦有中原汉人在内"，尽管对陈寅恪师课程中的论点提出异议，却得到陈先生的称赞，批语称："所论甚是，足征读史细心，敬佩！敬佩！"夏先生不仅在历史学上具有坚实的根底，而且对逻辑学下过功夫，《宾辞数量限制说之批评》是这方面的一篇笔记。所以他论证问题总是十分严密，与其他学者讨论问题时也往往注重是否合乎逻辑。

夏鼐先生在就读燕京大学社会学系时和转入清华大学历史系后，对社会科学理论十分关注，阅读过许多马克思主义经典著作和现代社会学名著。新收入他在 1933 年发表的一篇学习心得《奥本海末尔的历史哲学》。奥本海末尔（奥本海默）是德国社会学家，属于强制论一派，主张国家起源于暴力的征服与平定。夏先生的文章在详细介绍奥本海默的国家起源学说之后，引用恩格斯《家庭私有制和国家的起源》的论断，对其学说进行了批评，指出国家的起源"并不一定由于暴力的侵占，有时是经济发达的自然结果，且又不一定是一种族对于他种族的征服，而可以是社会内部分裂的结果"。认为"奥氏概归之于〔暴力〕一元，似属未妥"。针对奥本海默主张国家发展的趋势是"经济手段逐渐发达，政治手段逐渐萎衰，以至于最终达到仅有经济手段而无政治手段"的渐变，即由阶级国家突变为无阶级的自由市民团体。夏先生断然指出这"也许在梦想中，永远不能实现"，强调"革命仍是突变所未可免的手段"。

夏先生刚到伦敦时，在不列颠博物馆找到太平天国文献新旧《遗诏圣书》和《钦定前旧遗诏圣书》，他不厌其烦地对早晚不同年代的两个版本耐心进行仔细校勘，发现早期版本尚存浓厚的儒家思想色彩，如有亲人死亡"惨哭哀涕""守丧""守孝"等记载，后来的版本则将这类文字全删，凡"死""崩""卒"等字一律改为"升"，表明包含儒家思想的是初刻本，不包含儒家思想的是重刻本，从而解决了太平天国史研究中经籍版本的争论。罗尔纲先生对夏鼐的校勘记相当重视，认为是太平天国史研究上"值得珍重"的贡献，写过一段很长的跋语，连同夏先生的校勘记收入所著《太平天国史料考释集》一书之中。现在，我们将夏先生的这两篇校勘记，连同罗先生的跋语一并收入《夏鼐文集》。

《夏鼐文集》第七编新收的论著，还有夏先生为南海七洲洋问题写给谭其骧先生的几封信、为扶桑国与美洲发现问题写给罗荣渠先生的几封信，也都是令人信服的历史考据。而他的《〈真腊风土记〉校注》更被有关专家誉为"出类拔萃的古籍校注"，"代表了当前这方面所能达到的水平"。再如《抗战时期温州经济情况》，概述了抗战时期温州地区的经济状况；《双屿山的惨剧》，真实地记述了作者在日本侵略军侵扰温州期间亲历的惨剧，具有不可多得的史料价值。

在《夏鼐文集》增订重编的过程中，得到各方面人士的关怀与支持。中国社会科学院考古研究所领导对此十分重视，原所长王仲殊先生生前多加指导，现任所长王巍不时关注。在搜集资料方面，夏鼐先生哲嗣夏正炎，中国社会科学院考古研究所文献资料中心巩文、张文辉，近代史研究所思想史研究室宋广波，北京师范大学历史学院史学研究所王兴，都曾给予帮助。英文目录则由考古研究所莫润先翻译。编辑加工方面，社会科学文献出版社责任编辑蔡莎莎颇费辛劳。对此，我们深表感谢！

编者

2016 年 8 月 25 日

图书在版编目（CIP）数据

夏鼐文集：全5册／夏鼐著． -- 北京：社会科学
文献出版社，2017.5
 ISBN 978 - 7 - 5097 - 8708 - 3

Ⅰ．①夏…　Ⅱ．①夏…　Ⅲ．①夏鼐（1910～1985）-
文集②考古学 - 中国 - 文集　Ⅳ．①K870.4 - 53

中国版本图书馆 CIP 数据核字（2016）第 018090 号

夏鼐文集（全五册）

著　　者／夏　鼐

出 版 人／谢寿光
项目统筹／周　丽　蔡莎莎
责任编辑／赵子光　蔡莎莎

出　　　版／社会科学文献出版社·经济与管理分社（010）59367226
　　　　　　　地址：北京市北三环中路甲29号院华龙大厦　邮编：100029
　　　　　　　网址：www.ssap.com.cn
发　　　行／市场营销中心（010）59367081　59367018
印　　　装／三河市东方印刷有限公司

规　　　格／开　本：787mm×1092mm　1/16
　　　　　　　印　张：166.75　插　页：1　字　数：2288千字
版　　　次／2017年5月第1版　2017年5月第1次印刷
书　　　号／ISBN 978 - 7 - 5097 - 8708 - 3
定　　　价／1480.00元（全五册）

本书如有印装质量问题，请与读者服务中心（010 - 59367028）联系